刘炎欣 蔡兆梅 刘琳 陈婷◎编著

四川大学出版社

责任编辑:敬铃凌
责任校对:余　芳
封面设计:严春艳
责任印制:王　炜

图书在版编目(CIP)数据

教育学新论 / 刘炎欣等编著. ——成都：四川大学出版社，2017.7
ISBN 978-7-5690-1033-6

Ⅰ.①教… Ⅱ.①刘… Ⅲ.①教育学-教材 Ⅳ.①G40

中国版本图书馆 CIP 数据核字（2017）第 191968 号

书　名	**教育学新论**
	Jiaoyuxue Xinlun
编　著	刘炎欣　蔡兆梅　刘　琳　陈　婷
出　版	四川大学出版社
地　址	成都市一环路南一段24号 (610065)
发　行	四川大学出版社
书　号	ISBN 978-7-5690-1033-6
印　刷	四川盛图彩色印刷有限公司
成品尺寸	170 mm×240 mm
印　张	21.75
字　数	450 千字
版　次	2017 年 7 月第 1 版
印　次	2017 年 7 月第 1 次印刷
定　价	80.00 元

● 读者邮购本书，请与本社发行科联系。
电话:(028)85408408/(028)85401670/(028)85408023　邮政编码:610065
● 本社图书如有印装质量问题，请寄回出版社调换。
● 网址:http://www.scupress.net

版权所有◆侵权必究

前言

　　教育学是研究教育现象和教育问题、揭示教育规律的一门科学。从其体例而言，一般可分为理论教育学和实践教育学两个范畴。理论教育学，也即教育原理，是研究教育的一般规律、教育目的、教育功能、教育原则、教育制度等，揭示教育的发展规律及其功用的科学，既要回答"教育是什么"的科学问题，也要回答"教育应该是什么"的价值规范及其取向问题；而实践教育学主要探讨教师"如何教"和"如何做"的具体问题，以教学、教师、学生、师生关系等为主要内容，研究教师培养的实践机制和发展路径，将教育理论成果以实践取向的形式呈现给教育者，为教育者的教学行动提供实践指南，为现实的教育教学情景提供具体的实证知识，是教育学理论的实践总结及运用。

　　教育理论与教育实践的关系一直是教育学的核心问题。早在古希腊时期，亚里士多德就对此作了区分。他认为，科学理论是了解特定的现象、探究现象产生的原理与原因的学术，它是一种最高级、最普遍的知识。而实践理论是以实用为目的而探求的知识或经验。涂尔干在《教育学的性质和方法》一文中指出，人们可能从科学和实践两种不同的层面来思考教育。就科学层面而言，所做的尝试是描述和解释"是什么"和"曾经是什么"的问题，其结果形成了科学理论；从实践层面而言，所做的尝试是确立"应该做什么"和"应该怎么做"的问题，主要着眼于规范指导和行动准则，其尝试的结果是实践理论。涂尔干把科学的教育理论称为"教育科学"，把实践教育理论称为"教育学"。"教育学"（实践教育理论）的目的在于为教育者的活动提供指导思想，而不是对各种教育体系做科学的研究。

　　笔者在多年的教学实践中一直尝试解决教育理论与教育实践的有效融合问题，试图为教师教育专业的学生从理论构建和实践培养两个层面奠定良好的素养，为他们未来从事教育工作打下良好的基础。基于这样的思考，本书从理论与实践两个维度布局谋篇，立足于教育学的学科特点，围绕教育学的概念、教育学的研究对象、教育学的功能、教育学的研究方法等方面进行深入研究，同时对教育教学的实践问题进行探讨，力图为学习者提供实践指导。在编写中坚持如下指

教育学新论

导思想：以教育学的基本理论和基本原理为基础，沿着教育的社会功能和人的发展功能两条线索，有效地揭示教育在社会发展和人的发展之间的辩证关系，把教育满足社会发展的需要和满足人的发展的需要结合起来；同时坚持实践教育学的理念，从教育教学实践的角度设计了备课与说课、上课与课堂管理、教学评价、听课、评课、教学反思、校本教研、教学反思等内容，力图从理论与实践两个维度形成既有深厚理论阐释又有实践操作指导的教育学专著。全书共七编十一章，具体内容如下：第一章，教育学学科概论；第二章，学生论；第三章，教师论；第四章，教育功能及类型；第五章，教育目的概论；第六章，我国的教育目的；第七章，教育制度；第八章，教学理论及课堂实践策略；第九章，备课与说课；第十章，上课与课堂管理；第十一章，教学评价。

本书既忠诚于教育学的研究视域，围绕教育学的核心内容布局谋篇，又不拘泥于传统圭臬，体现创新性，突出教育学的理论性、实践性和指导性，既可以是大学生的良好教材，也可以是各级教育工作者的案头书，适于作为师范院校教师教育培养、在职教师培训以及教育工作者学习的教学用书或参考书。

笔者于2004年涉足于教育学领域的学习，先后跟随青海师范大学前校长何波教授、西北师范大学继续教育学院院长刘旭东教授读完了硕士、博士，后有幸结识内江师范学院院长陈理宣教授，我们建立了亦师亦友的学术关系，他深厚的学术底蕴和宽厚仁慈的思想品质永远激励着我不断进取。承蒙他的金针度人、玉汝于成，我在学术道路上跑步前进，在此表示诚恳感谢！也非常感谢四川大学出版社敬铃凌老师对本书出版的辛苦付出！本书的出版，凝结着前辈和老师们的心血和汗水，在此表达诚挚谢意！对于书中引用文献的相关作者，一并表示感谢！

本书由刘炎欣、蔡兆梅、刘琳、陈婷编著，具体写作分工如下：刘炎欣负责第一、第二章，共约4万字；蔡兆梅负责第三、第六、第九、第十章，共约13万字；刘琳负责第四、第五、第十一章，共约12万字，陈婷负责第七、第八章，共约4万字。全书由刘炎欣统稿。

由于水平有限，书中的错误和不妥难免，恳请学界同仁和前辈方家不吝赐教。

刘炎欣

2017年1月18日于沱江清居宅

目录

第一编　学科篇

第一章　教育学学科概述 ·· 002
　　第一节　教　育 ·· 002
　　第二节　教育学及其研究对象 ·· 026

第二编　要素篇

第二章　学生论 ·· 043
　　第一节　学生发展的阶段性特征 ···································· 043
　　第二节　学生发展的主体性特征 ···································· 049
第三章　教师论 ·· 053
　　第一节　教师职业 ·· 053
　　第二节　教师专业发展 ·· 061
　　第三节　教师教育 ·· 074

第三编　功能篇

第四章　教育的功能及其类型 ·· 084
　　第一节　教育功能概述 ·· 084
　　第二节　教育与人的发展 ··· 088
　　第三节　教育与社会的发展 ·· 097

第四编　目的篇

第五章　教育目的概论 ··· 114
　　第一节　教育目的的类型与功能 ···································· 114
　　第二节　教育目的的属性与意义 ···································· 126
　　第三节　教育目的的选择与确立 ···································· 131
　　第四节　培养目标与教学目标 ······································· 147

第六章　我国的教育目的 ……………………………………………………… 153
　　第一节　我国教育目的及精神实质 ………………………………………… 153
　　第二节　我国教育目的的层次结构与内容构成 …………………………… 157
　　第三节　确定我国教育目的的价值取向 …………………………………… 159

第五编　制度篇

第七章　教育制度 ………………………………………………………………… 163
　　第一节　教育制度概述 ……………………………………………………… 163
　　第二节　教育制度的历史沿革 ……………………………………………… 165
　　第三节　教育制度的发展趋势 ……………………………………………… 171
　　第四节　我国教育制度 ……………………………………………………… 178

第六编　教学篇

第八章　教学理论及其课堂实践策略 …………………………………………… 182
　　第一节　教学理论的范型及其实践意义 …………………………………… 182
　　第二节　学习理论的比较分析 ……………………………………………… 196

第七编　实践篇

第九章　备课与说课 ……………………………………………………………… 206
　　第一节　备　课 ……………………………………………………………… 206
　　第二节　说　课 ……………………………………………………………… 224
第十章　上课与课堂管理 ………………………………………………………… 238
　　第一节　上　课 ……………………………………………………………… 238
　　第二节　课堂管理 …………………………………………………………… 268
第十一章　教学评价 ……………………………………………………………… 290
　　第一节　教学评价概述 ……………………………………………………… 290
　　第二节　听课与评课 ………………………………………………………… 299
　　第三节　教学反思 …………………………………………………………… 305
　　第四节　校本教研 …………………………………………………………… 316

参考文献 …………………………………………………………………………… 337

第一编　学科篇

第一章 教育学学科概述

教育是培养人的社会实践活动，是传递生产生活经验、传承社会文化的基本途径。教育学是有关教育的理论研究，是对教育活动和教育实践的理性认识，是研究教育现象和教育问题，揭示教育规律的一门科学，它为未来从事教育事业的教育者提供理论和方法指导。教育随着社会的发展有了两种形态：专门化的学校教育和依然在生产劳动过程中进行的非学校教育。教育要素是决定教育发展的内在条件，就教育实践活动而言，教育要素包括教育者、受教育者和教育影响。

第一节 教 育

一、教育的含义

自有人类，便有教育。教育是人类社会实践活动的产物。但对教育是什么的问题，一直存在各种纷争和歧义。经典的教育概念的表述是：教育有广义和狭义之分。从广义上说，凡是增进人们的知识和技能，影响人们的思想观念的活动，都具有教育作用。狭义的教育则指以影响人的身心发展为直接目标的社会活动，主要指学校教育，即由专职人员和专门教育机构根据一定的社会要求，有目的、有计划、有组织地通过学校教育的工作，对受教育者的身心施加影响，促使他们朝着期望方向变化的活动。

探寻"教"与"育"这两个字的词源，在我国最早出现在甲骨文中。"教"在甲骨文中像有人在旁执鞭演卜，训导小孩学习的形象；"育"在甲骨文中像妇女育子之形。在先秦古籍中，大都只用一个"教"字来论述教育。我国古代的思想家荀子（约前313—前238）将其解释为"以善先人者谓之教"。而最早将"教""育"二字用在一起的是孟子（约前372—前289），他在《孟子·尽心上》中说，"得天下英才而教育之，三乐也"，在《学记》则说，"教也者，长善而救其失者也"。东汉学者许慎在《说文解字》一书中将其解释为"教，上所施下所效也"，"育，养子使作善也"，可以理解为是上对下、成人对儿童的一种影响，其目的是使受教育者成善，其手段是模仿。也就是说，教育是地位处于上者（国君、父母、教师等）对地位处于下者（臣民、子女、学生等）、成人对儿童的有目的的影响。而我国古典名著《中庸》对教育的界定则更进了一步，"天命之谓性，率性之谓道，修道之谓教"，揭示了教育与人性之间的关系。《中国大百科全书·教育卷》中认为："凡是增进人们的知识和技能、影响人们的思想品德的活动，都是教育。"[1] "教育（education）是传递社会生活经验并培养人的社会活动。通常认为：广义的教育，泛指影响人们知识、技能、身心健康、思想品德的形成和发展的各种活动。……狭义的教育，主要指学校教育。即根据一定的社会要求和受教育者的发展需要，有目的、有计划地培养一定社会（或阶级）所需要的人的活动。"[2]

在西方国家，"教育"一词，英文为education，法文为éducation、enseignement，德文为erziehung，概由拉丁语eduiere演变而来。拉丁语的eduiere又是从动词educere变成的，该词首的"e"在拉丁语中有"出"的意思，该词中的"ducere"有"引"的意思。因而，"教育"一词含有"引出"的意思。而西方先哲关于"教育"概念的述说更有启发意义。古希腊哲学家柏拉图说："教育就是灵魂的转向。"卢梭认为："教育应当依照儿童自然发展的程序，培养儿童所固有的观察、思维和感受的能力。"裴斯泰洛齐（J. H. Pestalozzi，1746—1827）认为："教育的目的在于发展人的一切天赋力量和能力。"[3]法国著名社会学家涂尔干则认为："教育是年长的几代人对社会生活方面尚未成熟的几代人所施加的影响。其目的在于，使儿童的身体、智力和道德状况都得到某些激励与发展，以适应整个社会在总体上对儿童的要求，并适应儿童将来所处的特定环境的要求。"[4]《美利坚百科全书》指出："从最广泛的意义说来，教育就是个人获得知识或见解的过程，就是个人的观点或技艺得到提高的过程。"[5]如果我们继续寻找，还可以列举出更多关于教育概念的不同理解和表述。

19世纪末，法国哲学家、社会学家雷徒诺在《各人种的教育演化》一书中首先明确提出了动物界已经存在教育的观点。他以老猫教小猫捕鼠、老鸭子教小鸭子游水等为例，证明教育超出人类社会范围，并早在人出现以前就存在了。他认为人出现之后只是继承了业已形成的现成的教育形式，并对其加以不断改变和演进。因此，人的教育虽有一些新的性质，但本质上依然和动物界的教育一样。类似的观点也能从我国已有的译本、20世纪20年代初在英国出版的英国教育家沛西·能的《教育原理》中找到。他也认为教育从它的起源来说，是一个生物学的过程，教育是扎根于本能而不可避免的行为，因此生物的冲动是教育的主流。他在此书中反复强调人与动物没有根本的差别："高等动物如狗和猿它们的生活在许多方面是我们的模

---

[1] 董纯才等：《中国大百科全书·教育卷》，中国大百科全书出版社1985年版，第1页。
[2] 顾明远：《教育大辞典（合编本）》，上海教育出版社1998年版，第725页。
[3] 曹孚：《外国教育史》，人民教育出版社1979年版，第124，159页。
[4] 张人杰：《国外教育社会学基本文选》，华东师范大学出版社1989年版，第9页。
[5] 叶澜：《教育概论》，人民教育出版社1991年版，第7页。

型"。并由此推断，很多时候人类在很多教育上的努力之所以没有效果，也许正是因为忽视了人类与动物的一致性。此类观点虽然在中华人民共和国成立后出版的教育学科书中不受赞同，但近年来我们仍然可以看到在有些报刊上出现了以《动物也会教育培养后代》为标题的文章。在讨论教育的起源问题时，也有人提出："人类教育的前身只是也只能是古猿的教育——老一辈古猿为了维持自己的种类的存在而将自己求生的固有技能传授给新一辈古猿的行为。"尽管这是在谈教育的起源问题，但实际上却涉及教育是否只为人类社会所特有的问题。因为承认有"古猿的教育"，也就是说教育的概念应该扩大到人类社会之前，至少要包括古猿的教育在内。由此可见，探讨这个问题在我国当前来说并非无的放矢。

首先，所谓动物的"教育"，其实质只是一种低等动物基于亲子和生存本能的自发行为。它的产生与动物的生理需求直接相关，其内容也与动物的生存本能如捕捉食物、逃避天敌等相关。正如马克思所指出的那样："动物和它的生命活动是直接同一的。动物不把自己的生命活动区别开来。它就是这种生命活动。"把人跟动物的活动直接区别开来的是人类活动的目的性、有意识性与社会性。而人类的教育活动与动物的相比，最大的差别正是在其社会性上。尽管在教育人时要考虑到人也是生物，人也有自然的生物本能属性，教育一定是遵从人的生物属性规律进行的，但人的主要属性是社会属性，教育是完成人的社会化的主要手段，教育一开始就是一种具有社会性和为了社会的活动。

其次，动物没有语言，不具备"个体"经验的"类"化，并将类经验积累起来向他人传递的能力。"它们不能为同类的共同利益和方便做出任何贡献。"因此，动物的"教育"只停留在第一信号系统的水平上，局限于动物个体与个体之间的行为的"传授"，它不可能把"类"经验转化为"个体"经验，因而也不可能通过"教育"使动物一代胜过一代。"人则不同，各种各样的才能和活动方式可以相互利用，因为人能够把各种不同的产品汇集成一个共同的资源。"人通过语言和其他自己创造的物质形式（如工具、产品），把个体的经验保存和积累起来，成为"类"经验。人类教育传递的是人类社会共同体积累的类经验，不只是个体的直接经验，这些经验是人类智慧的结晶，是其他任何一种高等动物都无法比拟的。

最后，动物教育的结果无非是小动物适应环境，维持生命，并独立生存。而人类教育的结果远远不止于此。人类教育不但使受教育者获得适应环境的经验，而且培养了人进一步改造环境、参与社会生活、创造财富、推动社会发展的能力，培养了人创造新经验的能力，这也是人类社会迅速发展的重要原因。由此可见，教育是人类社会特有的活动。

让我们来分析一下两种关于教育最广义的定义。

《美利坚百科全书》中写道："从最广泛的意义说来，教育就是个人获得知识或见解的过程，就是个人的观点或技艺得到提高的过程。"我国也有学者认为，从广义来看，教育可以说是对人从生到死的全部影响的总和，即有计划的和偶然的、有组织的和无组织的、自觉的和自发的、来自自然环境和社会环境的影响的总和。这两种观点在我国20世纪80年代出版的《中国大百科全书·教育卷》中以概括的方式得到表达："凡是增进人们的知识和技能、影响人们的思想品德的活动，都是教育。"上述教育定义一般称为广义的教育，与此相对应的是狭义的教育，即学校教育。

学校教育与其他教育比较起来，其最主要的区别有两个方面。第一，学校教育是有目的，系统性、组织性最强的教育活动，因此也是可控性最强的。不仅各级学校内部是这样，各级学校之间的关系也体现了这个特征。第二，学校教育是由专门的机构和专职人员承担的，学校的任务是专门培养人，这些人是取得了入学资格的。满足了这两方面要求的教育活动可称为学校教育。因此，学校教育（即狭义教育）可定义如下：学校教育是由专职人员和专门机构承担的有目的、有系统、有组织的，以影响入学者的身心发展为直接目标的社会活动。但狭义的教育并不限于学校教育，目前的函授教育、刊授教育也属于此类。

最后需要指出的是，教育的概念是对教育活动的概括。因此，它不是一成不变的，而是随着教育活动的变化、发展而变化的，也是随着人对教育活动认识的深化而变化的。

二、教育的构成要素

从对教育概念的分析中，对什么是教育产生了一个大致的认识，依据这种认识，接下来进一步分析由哪些成分构成了教育，或者说，构成教育的要素有哪些？

陈桂生教授对近代西方教育史上教育的构成要素作了分析，并认为对于教育过程的要素多数学者持三因素说，即教师、学生和介于两者之间的中介，学者间分歧在于中介因素的认识差异。例如，卢梭把这种中介因素认定为事物，美国教育家格雷戈认定为功课、教材，德国文化教育学派认定为陶冶材料。我国近代对教育要素的较早分析，可见于1928年《中国教育词典》中的"教育之要素"条目。该条目指出，教育要素有人员、物品、场所三者，其中人员包括教师、学生，物品即教育之材料，场所即教育活动的地方和设备。1978年以来，由南京师范大学教育系编写的《教育学》率先从分析教育的构成要素入手，揭示教育的本质和规律。该书把教育的构成要素分解为受教育者、教育者和教育影响，认为受教育者是教育实践活动的对象，教育者是教育实践活动的主体，教育影响是教育实践活动的手段。叶澜教授在《教育概论》中指出，教育的基本要素包括教育者与受教育者、教育内容与教育物资，其中教育者与受教育者是复合主体，教育内容是教育活动中的纯客体，教物资是进入教育过程的各种物质资源。陈桂生教授在其《教育原理》中参照马克思对劳动过程的分解，提出简单教育过程的三要素，即教育者的有目的活动、教育对象（受教育者）、作为教育者与教育对象联系中介的"教育资料"，并认为教育者与受教育者构成教育过程中的两极——教育主体与客体。

在日常生活中，常常会听到这样一个词语——自我教育，概指人为了提高自身素质，有意识地加强学习、反省，从而使自身得到一定发展的过程。那么，自我教育是不是一种教育活动呢？与此相关，自学或者明确知道的学习，能否称之为教育呢？对这两个问题的回答，直接涉及对教育自身所包含要素的解析。

对教育无论做什么样的界说，似乎都会承认教育是离不开"教"与"学"两方面的。《说文解字》曾对教育作了如下解释："教，上所施下所效也"；"育，养子使作善也"。在教育活动中，教育由施教者与受教者双方共同构成，这一点是颇为明显的。教育活动总是在教育者与受教育者之间展开的，任何单方面的活动，都不能称之为教育。如果教育者虽"好为人师"，但教育对象"主动"接受"教育"，此时教育活动就不能说是真正展开了，真正意义上的教育者与受教育者并不存在，教育活动也就不存在了。按照这样一个理解，上面所说的"自我教育"和没有明确指导的"学习"，都不应归入教育之列。

由此可见，教育在其构成上，至少存在着这样两个因素——教育者和受教育者（即教育主体和教育客体）。但是，只有这两者似乎还不够，教育者与受教育者，只是一种角色或者说身份，他们要形成一种教育活动，还需要借助于一定的条件，例如需依据一定的目的，采用各种各样的方式，传递一定的内容等，这些也是必不可少的。因此，构成教育活动的基本要素是：教育者、受教育者、教育内容与教育中介。下面将分别阐明各要素的内涵、特点，以及它们在教育活动中的地位、作用和相互关系等。

（一）教育者和受教育者

教育活动是由"教"与"学"两类相互依存的活动构成的。教育者与受教育者是教育活动中人的因素。凡是在教育活动中承担教的责任（包括直接承担者和间接承担者）和施加教育影响的人都是教育者。从广义教育来看，教育者包括各级教育管理人员、专职和兼职的教师、校外教育机构的工作人员、家长等，在有明确目的、独立进行的自学活动中，受教育者自己教育自己，因而也承担着部分教育者的责任。从学校教育来看，教育者主要是指具有一定资格的专职教师和相对固定的兼职教师。由于教育者的任务是研究教育的目的、内容、方法、过程和组织形式，在教育活动中，他们处于领导、控制和执教的地位。但是，这一地位并不是教育成效的可靠保证，只有在受教育者接受了教育者的要求并付出努力后，要求才能转化为现实。

在传统的观念中，教育者一般是指年长的一代或专门从事教育工作的人员。因为在传统社会里，信息传播单一、封闭，年长一代和教师具有较多的知识，他们相对于青少年儿童来说，是唯一的知识源，这种代代相传的教育是一种典型的"后喻文化"（post-figurative culture）现象，表现为"未来重复过去"，教育就是青少年儿童对成年人文化的"复制"和延续。现代社会中，信息资源丰富，而且获取信息的渠道也不再是教师和教材；年长一代和教师的知识权威被打破，加之社会飞速发展，年长一代的经验已失去了被模仿的价值，儿童面临一个完全未知的因而也无法掌握的未来，并且年轻人的知识经验有许多不为年长者所知，这就发生了年长者或教师向孩子、学生学习的情况，这就是现代社会的"前喻文化"（pre-figurative culture）现象。所以，现代社会，很难说谁是固定的教育者，教育者和受教育者因不同的知识经验而具有易变性和相对性。

凡是在教育活动中承担学习责任和接受教育的人都是受教育者。在广义教育中，几乎任何人都可能成为受教育者，只要他是因缺少点什么在向别人学习。在学校教育中，受教育者是获得入学资格的相对固定的对象——学生。在教育活动中，相对于教育者，受教育者处于被领导、被控制和受教的地位。只有受教育者把外部要求转化为自己的学习、成长需求时，或者善于做出自己的选择时，他才能成为自己学习的主人。

人是自由的，受教育者在教育过程中也应该是自由的。这种自由依次表现为三个层面。教育以自由为出发点，首先是要受教育者具有独立性和自主性。人只有成为独立自主的人，才会有主体性，才会有自由。相反，一个人被陈规陋矩所束缚，被外界影响所牵制，便会失去自由，沦为工具和奴隶。人受外力所奴役、折磨和遏制，就谈不上主动的发展。其次，自由的教育过程必须使受教育者具有自觉性和能动性。教育的过程假若不为外力所驱使，就必须成为受教育者的一种自觉、自愿的活动，这是人的活动的意向，在活动过程中，要具有克服困难、不断进取的能动性。舍此，教育就不会是人的教育，"灌输式的传授方法，由于缺乏学习者所表现出的机智性和自愿性，而被排除在教育之外了"。"以自由活动反对外部纪律"，这是杜威给教育的一个基本原则。最后，自由的教育过程以创造性为受教育者在教育过程中的根本特征。"训练"与"教"是两个不同的含义：训练重在让受训者重复地练习，以掌握某种技能；"教"是对人的潜能的引发，引发的不是外在的教师交给的东西，而是自己的"内心"。"内心"的东西，是自己的，自己创造的。不仅超越了外在的事物本身，而且也超越了自身的认识。创造性不是训练的结果，也不是中国传统意义上"教"的结果，而是培养的结果。教育不是copy或"克隆"知识、技能，也不是再现"教师"一样的人，而在于人内心的生长和创造性的生发，这才是自由的内在要求，也是教育的根本追求。

由此可见，决定谁是教育者、谁是受教育者的关键是个人在教育活动中所处的地位和承担的任务，而不是个人的年龄、性别和职位。决定个人在教育活动中地位的自身因素又在于他的相对发展水平。一般来说，在身心发展各方面，或者某些因素甚至某一方面水平相对较高的一方，就可能成为教育者。另一方则成为受教育者。对于学校来说，教育者的资格须以一定的形式得到社会承认，他们承担着社会委托的教育学生的任务。

在教育活动中，教育者与受教育者是人的因素中不可分割的两个方面。他们之间有着十分复杂的相互关系。

首先，教育者与受教育者的地位有一定的相对性。我们以学校教育为例。在每一个教育活动的全过程中，学生从总体上相对教师来说是受教育者，但是每一个学生不一定在一切方面都不如教师。而且，经过一段时间的学习学生也可能超过教师，即所谓青出于蓝而胜于蓝，生未必不如师，这就意味着教师也可能向学生学习。学生群体中的每个人各有长处，学习速度有快有慢，效果有好有坏，他们可以互教互学。而且当学生具有较强的自我教育的意识和能力时，各自也经常扮演着教育自己的教育者的角色。教育者与受教育者地位具有一定的相对性，这是两者关系复杂性的表现之一。

教育者与受教育者相互关系的复杂性还表现为：尽管他们在教育活动中承担的任务不同，但相对于教育活动的其他基本因素，他们都处于主体地位。就教育者与受教育者的相互关系来说，他们互为主客体，互为存在的条件。而就每方自身来说，在教育过程中，从不同的角度看，各自同时是这一活动的主体，又是另一活动的客体。

在教育活动中，教育者和受教育者尽管承担的任务不同，但都是教育活动的承担者，都处于主体的地位。他们的共同客体是教育内容，即主体活动指向的共同对象。又因为在教育活动中，教育者与受教育者的活动是密切联系、相互影响、共时交织或前后相干的，因此，应该把教育者与受教育者称为教育活动的复合主体，而不是平行的双主体。

此外，在教育活动内部，存在着教与学两种活动，在教的活动中，教育者是活动的承担者，受教育者是他认识、塑造的对象，是客体，也是他开展活动的必不可少的条件。相反，在学的活动中，受教育者是学的主体，教育者却成了学习者学习所必须的条件和客体之一。因此，在复合主体的内部又呈现出互为主客体和条件的复杂关系。

（二）教育内容

教育内容是教育活动中教育者与受教育者共同认识、掌握、运用的对象，是教育活动中的纯客体。它是教育过程中传递的信息的主要组成部分，但不是全部。不难理解，没有教育内容，教育活动同样不能进行。

教育内容的组成十分丰富多彩，从其涉及的范围来说，包括人类社会各种领域的知识、经验和技能技巧；从其价值来说，它具有发展人的智慧、品德、体力、审美能力和劳动能力等方面的作用；就其表现形态来说，有物质的、符号的、精神的、行为的。因此，不要把教育内容与学校课程所包含的内容等同起来，更不要把教育内容看作就是教材，后者被包含在前者之中，前者的内涵与外延要比后者丰富多彩得多。由于教育活动的多样性和各类教育活动具体教育目标的不同，教育内容有着各种不同类型的组合。

一般来说，学校教育比起非学校教育来说，在内容上更注意全面性和系统性，更注意目的与内容之间的吻合。学校教育内容与其他认识活动或实践活动中的客体比较起来，有下列几个显著的特点：

第一，学校教育内容具有明确的目的性和预定性。学校教育的目的决定了内容，而不是相反。学校、教师要培养怎样的人，希望学生在哪些方面得到发展，就必须选择相应的内容。而且这些内容中最基本的和大量的是在教育活动进行前就选择好的，并不是随机捕捉到的或偶然决定的。在不是以影响人的身心发展为直接目标的其他活动中，虽然也会产生教育的影响，但这种影响是偶发的，并非预先确定的。

第二，学校教育内容不仅具有一般的认识价值，而且具有社会性的价值。学校要求学生掌握的教育内容，不仅是为了认识世界和参加社会实践，而且是为了把人类共创的和共有的、长期积累而形成的重要的知识与经验，转化为受教育者个体的知识、经验、智慧、能力、品德、信念和行为等，以促进个体的发展，保证人类社会的延续和发展。因此，在选择教育内容时必然要考虑到两种价值标准，而不是只考虑其认识的价值。而在其他的社会实践中，完成实践任务本身是主要的，所以，认识实践对象是活动的主要任务。以上两点体现了学校教育内容与其他认识活动、实践活动中的客体的区别。

第三，学校教育内容被两个处于不同地位而又密切联系的主体共同利用。在学校教育活动中，教师虽然对教育内容是已知的，但他还必须从教的角度，即从如何使学生掌握、运用并转化为学生个人成长的角度重新研究、掌握和运用教育内容，以实现教育目的。学生对教育内容是未知的或知之不多、知之不系统的。他对教育内容的掌握是为了认识世界，促进自己的成长。因此，学校教育内容的组成与结构必须顾及教与学两方面的可能与需要。

第四，学校教育内容在教与学的两种活动中，分别与学生、教师组成复合客体。在教的过程中，教师把教育内容与学生都作为对象来处理，两者构成复合客体；而后，又把学生作为实施对象，把内容作为中介，开展教的工作。在学的过程中，学生则把教学内容与教师作为自己的学习对象，它们又构成了一组复合客体。这一特点反映了教育内容与教育中两个主体的不同相互关系。

关于教育内容，还有必要强调的是：在教育目的确定以后，精心选择和设计教育内容，是学校教育活动取得成效的重要保证。如果教育内容事先选择、设计得好，教师可以把更多的精力集中到怎样教和掌握、研究教育过程的动态变化，研究教育对象上去。否则，教师就要花很大的精力去寻找教育内容，去"找米下锅"，这势必会影响教育质量。但是，这并不是说教师与选择、设计教育内容无关。相反，教师在教育实践中要根据自己教育对象的实际情况，不断丰富、修改教育内容，教育者负有提高教育内容质量的责任。此外，好的教育内容能否达到好的教育效果，还取决于教育主体作用的发挥。因此，教育者认识教育内容的特点，掌握其内在价值，无论对于提高教育内容的质量还是提高运用教育内容的水平、充分发挥教育内容的价值都是重要的。

（三）教育中介

教育中介是教育者与受教育者进行教育活动时所依赖的一切事物的总和。它包括物质中介和非物质中介。

教育的物质中介主要包括进入教育过程的各种物质资源。根据这些物质资源在教育中的不同作用，可以把它们分为教育的活动场所与设施、教育媒体以及教育辅助手段三大类。这是教育活动中物的要素。

作为一种活动的教育，不可能没有空间和必要的设施，尽管空间的大小、类型，设施的齐缺程度、高低水平可以各异。

教育的活动场所与设施在学校中主要指校舍、教室、操场、实验室、校办工厂、农场等以及内部的设备装置。从教育活动的理想模式看来，在这些方面有一定的客观标准（这个标准也是随时代而变化的）。但在现实中，不可能所有学校都达到标准。生产发达水平不同、富裕程度不同的国家以及政府、国家对教育事业的认识与态度不同，使这方面的差距很大。即使在同一国家中，不同地区、城市与农村差距也很大。在学校以外的教育活动中，同样需要一定的场所与设施。如在家庭中，孩子有没有自己学习的空间、书桌等，对学习效果会产生影响。

与其他社会活动中的场所与设施相比，学校活动场所与设施的特殊性在于：它不仅反映了一个国家的经济、技术发展水平，反映了国家或人民、民族对教育的重视程度，而且反映了教育作为特殊的社会活动的专门化程度和一定的教育观，在某种意义上，可以说是一定教育观的物质体现。就拿学校建筑物的结构来说，在以班级授课制作为教学的基本形式的观点支配下，学校的空间分配以讲授课程的教室为主，这些教室集中、固定、整齐、规划得如兵营一般，室外操场等学生活动场地很小。在教室内部，学生的桌椅固定且面向讲台与黑板，是一个不可分割的空间，完全适合教师讲与学生静听。但是，如果在强调教学过程中学生积极活动和户外活动重要性的教育思想指导下，学校建筑的总体结构与教室的内部设施将是另一番景象：户外活动的空间增大，且与教室、实验室、车间、图书馆、礼堂等分别组合，在总体上呈现分散、灵活、多样，犹如簇簇花丛的形式。在室内，随着功用的不同，各种设施，甚至包括墙壁的颜色也各不相同，即使是教室，桌椅可能不再固定，可按教学活动的需要排成不同的图形；此外还可设有活动墙壁，在需要时把一个教室分割成几个独立的小空间，供学生开展小组活动，而又不互相干扰。

教育媒体是教育活动中两类主体（教育者与受教育者）之间传递信息的工具。由此可见，教育媒体是教育内容的载体，也是教育中其他信息的载体。然而，同样的教育内容，也可使用不同的媒体，随着媒体的不同，教育的组织形式、方法、效果等都会发生变化，故有必要把媒体作为独立的要素来考虑。

教育媒体具有多种形式，从最简单的实物、口头语言到图片、书面印刷物、磁带、录像带、电影、电视、计算机程序等等。它们的形式是随着人类科学技术的发展，教育活动的日趋普及化、个别化而越来越丰富多彩和综合化的。在现代社会中，"教育媒体"已成为教育研究中不可忽视的一个课题。

教育媒体在教育过程中的主要作用是成为沟通教育者与受教育者之间的桥梁。只有借助于教育媒体，教育内容才可被不同的主体所操作，信息才有传递的可能。教育媒体还对教育活动的范围、组织形式，教育内容的容量、来源，教育者的职能，学习者的学习方法等产生影响。如在印刷术发明与普遍运用之前，教育的媒体主要是教师的口头语言或用手工书写或刻出的各种"教材"，在这种情况下，教育不可能普及，教育的组织形式主要是个别式的，教育内容的容量也十分有限，教育者的职能主要是传递知识。当印刷术发明并普及后，情况就发生了变化，它为教育的普及、班级授课制的推行、教育内容的增多与及时更新、教育者职能的多样化尤其是指导职能的增强提供了可能。现代教育媒体的发展给教育带来的冲击更大，有人甚至提出学校可能消亡，教师的职能可由教学机器代替。可见，这实在是不可忽视的教育要素之一。在现代教育中，为了有效实现教育目的，不仅要考虑内容的选择，还要注意媒体的合理选择与组合，只有为一定教育目的服务、在教育过程中供复合主体使用的媒体，才是教育媒体。

教育辅助手段是那些帮助教育者教和受教育者学的物质工具与技术手段，它与媒体的区别在于它本身并不是教育中需要传递的信息的载体,而是某些信息载体传递时必须有的工具或手段。如录音机、计算机以及供教师教和供学生学习使用的工具。它与教学媒体的材料有密切关系,不同的媒体对辅助手段有不同的要求。

教育活动的进行总离不开物质中介,并有一个最低限度的要求。自然,最低限度的具体标准是随着时代、具体国家的发展水平而变化的。如在我国当前对中小学教育物资的最低要求是学校无危房,每个班级需有教室,每个教室应有桌椅。如果连这些要求也不能做到,那么就不可能办教育。在教育物资低于基准线的情况下,教育中的"物"的要素,就成为教育活动能否开展的决定因素。

但是,如果这个基本要求已经达到,那么,教育物资的改善只是有利于教育质量的提高的重要条件,并不能对教育活动的开展起决定性的作用,也不是学校水平或教育质量的根本标志。在教育活动中起决定作用的还是人——活动的主体。教育物资的某些不足带来的困难,通过人的主观努力,能够克服或得到部分补偿。相反,有了很好的教育物资,但教育者不愿教或不善教,学习者不愿学或不善学,那么,这些物资不能充分发挥作用,仅仅成为一种显示经济实力的"摆设"。

教育的非物质中介主要包括教育影响、教育措施、教育资料,以及教育的方法、手段、组织形式、环境条件等,也有人认为还应该包含教育目的在内。应该说,教育的目的并不是先验的、已预定了的、自然而然的,它在不同的教育活动中的表现是不同的,是一个相对独立的成分。作为教育者来说,教育目的会内化为行动的指南,成为从事教育活动的内在驱动力,但并不意味着教育目的的消失。它同教育内容等一样,仍是教育活动过程中重要的中介因素。

以上我们对教育活动三个基本要素及其相互关系作了概要的分析,从中可以看到,它们是任何教育活动都必不可少的,并且在活动过程中相互联系、相互影响。在教育活动中,在三者都具备的情况下,主体因素是教育活动成效大小的决定因素,因为教育目的、内容、途径、方式方法、组织形式活动的控制作用,关键是要处理好复合主体的内部关系。从对教育基本因素的分析中,我们可以看出,在教育活动中,教与学的矛盾是基本矛盾。教育的目的能否实现,取决于这一对矛盾能否合理解决。

三、教育形态

教育的形态,是指教育的组织形式,也指教育现象,是指可以被人们感知到的教育的外在形态。还可以指由教育者、学习者和教育影响三个基本要素所构成的教育系统在不同时空背景下的变化形式,也是教育理念的历史实现。根据不同的标准,可以划分出不同的教育形态。从目前教育学的研究来看,划分教育形态的标准大致有三个:一是教育系统自身的标准,二是教育系统所赖以运行的场所或空间标准,三是教育系统所赖以运行的时间标准。从教育系统自身的标准出发,可以将教育形态划分为"非制度化的教育"与"制度化的教育";从教育系统所赖以运行的场所或空间标准出发,可以将教育形态划分为"家庭教育""学校教育"与"社会教育";从教育系统赖以运行的时间标准以及建立于其上的产业技术和社会形态,我们可以将教育形态划分为"农业社会的教育""工业社会的教育"与"信息社会的教育"。下面,我们来分别阐述和比较这些教育形态的关键特征。

(一)非制度化的教育与制度化的教育

根据教育系统自身形式化的程度,可以将教育形态划分为非制度化的教育与制度化的教育两种类型。非制度化的教育是指那些没有能够形成相对独立的教育形式的教育。这种教育是与生产或生活高度一体化的,没有从日常的生产或生活中分离出来成为一种相对独立的社会机构及制度化行为。人类学校产生以前的教育就属于这种非制度化的教育。就是在人类的学校已经形成一个高度复杂网络的今天,非制度化的教育也仍然存在,只是它在个体发展和整个教育系统中所占的地位和所起的作用已经非常有限了。制度化的教育是从非制度化的教育中演化而来,是由专门的教育人员、机构及其运行制度所构成的教育形态。制度化教育是人类教育的高级形态。它的出现是人类教育文明的一大进步,也极大地推动了人类总体文明的进步。今天所谈的种种教育和教育改革,基本上指的是这种制度化的教育。

不过,比起非制度化教育来说,制度化教育也有其不足的地方,因而引起了思想家们的批判,有的批判还是非常激烈的。美国教育家、非学校化运动的倡导者伊里奇(I. Illich)在《非学校化文化》(*Deschooling Society*)一书中指出,近代以来人类所建立起来的以组织化、制度化和仪式化为主要特征的学校体系,在总体上具有压制性、同质性和破坏性,妨碍了真正的学习和教育,降低了人类自我成长的责任心,是导致许多人"精神自杀"的根源。真正的教育应该是创造性的,依赖于对出乎意料的问题的惊奇,对事物的想象以及对生活本身的热爱。所有这些,都是现代叫作学校的地方所不能提供的。因此,应该彻底颠覆制度化的现代学校教育以及建立于其上的学校化社会,代之以"教育网络"以及建立于其上的"非学校化社会"。而对这些批评,应该用更加理智的眼光来看待制度化教育和改革制度化教育。

(二)家庭教育、学校教育与社会教育

从教育系统赖以运行的空间特征看,可以将教育形态划分为家庭教育、学校教育和社会教育三种类型。比较来说,家庭教育是指以家庭为单位进行的教育活动;学校教育是以学校为单位进行的教育活动;社会教育是指在广泛的社会生活和生产过程中所进行的教育活动。这种划分是众所周知的,也没有留下什么理论上的问

题。有意义的是这三种教育形态以及它们彼此之间关系的历史变迁。

在人类历史的绝大部分时间里，家庭作为一种基本的社会单位，承担了大量的教育任务。对青少年一代进行教育，也是传统意义上家庭的一种重要功能。在西方，许多教育著作都是作者从事家庭教育经验的结晶。在中国，传统上的"家学"对于保存和发展中国文化也起到了不可忽视的作用。只是到了大工业革命以后，家庭的教育功能才像家庭的经济功能一样开始衰弱，让位于公共的学校教育。然而，即使是在今天，家庭的教育功能仍然是非常重要的，特别是在培养青少年健全人格方面的教育，更是学校所无法取代的。由于今日的学校面临越来越多的问题，家庭教育更是为人们所看重。在一些国家或地区，甚至出现了"家庭学校"（Home School）这种新兴的教育方式。如何重新发挥家庭的教育作用，是一个值得研究的课题。

学校教育作为一种教育形态，有其自身的优越性，有专门的教育机构，有专门的经过职业培训的教师，有比较充裕的教育经验，有精心设计的课程和教学计划，有比较及时的反馈和评价机制，如此等等。正是由于学校教育的这些特征，它才能成为一种主导性的现代教育形态。但是，自从学校产生以来，思想家们对于学校的批评也从没有中断过。他们的批评告诫我们：并不是所有的学校都有利于青少年一代的发展；为了一代又一代青少年的健康发展，我们必须不断地改良我们的学校。

社会教育作为一种教育形态，也是自古就有。原始社会人们所进行的各种仪式或宗教活动，都具有社会教育的意义。社会教育从其外延上说，主要包括了"社会传统的教育""社会制度的教育"与"社会活动或事件的教育"等不同类型。社会传统的教育是指一个社会的传统风尚对个体的发展具有一种不言而喻的教育性。人们通常意义上所说的"国民性"主要就是由一个国家或民族的社会传统所塑造的。社会制度的教育指当下的社会政治、经济、文化等方面的制度对个体德行的形成和发展，这是非常容易理解的事情。社会活动或事件的教育，是指个体从各种各样的社会活动经验中所获得的教育。在今天这样一个终身教育的时代，社会教育从内涵和外延上也正在发生质的变化。

"社会教育"这一词本身也是不周延的。依照马克思主义的理解，社会是以共同的物质生产活动为基础而相互联系的人类生活共同体，"是人们交互作用的产物"。因此，无论学校也好，家庭也好，都是一种社会组织，是隶属于社会的，用"社会教育"一词，似乎完全可以指代学校与家庭所进行的教育活动。

鉴于这样一种情况，可以将原来意义上的"社会教育"涵盖的内容加以分解，区分为这样几个方面：职业组织教育、文化组织教育、社区教育。这一分类也是由我国著名的教育学家孟宪承著的《教育概论》中的有关论述所启发的。他在《教育机关》一章中，曾将教育机关区分为家庭、学校、职业组织、文化组织四大类。这种分类比"社会教育"词语的含糊不清更好一些，也更文明一些。如此，我们也就将依从教育的机构，将教育的形态区分为学校教育、家庭教育、职业组织教育、文化组织教育、社区教育五类。这五类教育的承担者各不相同，其中职业组织教育，指的是各种各样的职业部门所从事的职业技能训练等，如农民和手工业者的生产训练、工厂等职业部门的培训等；文化组织教育，主要是由文化机构，如青少年宫、图书馆、展览馆等来承担的；社区教育是由社区机构特别是领导机构承担的，是社区机构间一种横向的联系与协调。

"社区"这个概念，最初来自德国学者滕尼斯（F. J. Tonnies）采用的德文"gemeinschaft"一词，原义是指共同的生活。滕尼斯用这个词指那些具有共同价值取向的、关系密切的社会关系和社会团体。

对社区进行系统的研究是从20世纪20年代开始的，人们至今仍对其含义有着不尽相同的认识，大体上可把它界定为根据一定的规范和制度结合而成的、聚集在一定地域范围内的社会群体和社会组织。"社区教育"这个概念的正式确立和广泛使用，是在第二次世界大战后。社区教育就其目的来讲，是要把社区内的人力与物力资源集中起来，为社区的居民提供更多的受教育机会，因而它是以社区内多个社会组织与机构的参与为特征的。美国曾有人列举了社区教育的如下要素：利用各种公共设施，如学校；所有人（不论年龄、收入、种族）都参与；识别人们的需要和问题；编制满足人们需要的各种教学计划；社区中各组织和机构相互配合；多渠道筹措资金，包括私人的和各级政府部门的。

家庭教育、学校教育和社会教育三种形态之间的关系是一个值得认真研究的课题。这个课题的研究，有助于充分地利用家庭、学校和社会的教育资源，更好地发挥每一种教育形态的优势与长处，从而形成"教育合力"；有利于解决当前学校教育所面临的许多棘手问题，促使青少年一代更好地发展。从根本的方向上说，打破传统意义上学校教育、家庭教育和社会教育的界限，建立一个高度一体化的"家校关系""校校关系"以及"（学）校（社）区关系"，是改革当前学校、建设学习化社会的一个重要举措。

（三）农业社会的教育、工业社会的教育与信息社会的教育

这三种教育形态的产生与社会形态的变迁有着密切的联系，是适应不同的生产力发展阶段以及建立于其上的经济形态和生产关系变革的结果。

1. 农业社会的教育形态所具有的特点

第一，学校教育成为教育的主要形态。据历史记载，中国在四千多年前的夏代就有了学校教育的初步形态。《孟子·滕文公上》里说夏、商、周"设庠、序、学、校以教之。庠者，养也；校者，教也；序者，射也。夏曰校，殷曰序，周曰

庠，学则三代共之，皆所以明人伦"。西周时期，初步建立起较完备的学校教育体系，形成了以礼乐为中心的文武兼备的"六艺教育"，即礼、乐、射、御、书、数。春秋战国时期，官学衰微，私学兴起，突破了以往"学在官府"的限制，儒、墨两家学派及其私学成为当时的显学。到了汉代，儒家思想从民间学说上升为官方意识，重视德治教化，促使学校教育事业进一步发展。隋唐以后学校教育日趋制度化、系统化。直至19世纪末、20世纪初，中国古代学校教育才被现代形态的教育所取代。

西方古代教育的特点虽与我国有所不同，但专门学校逐渐成为教育机构的主流，这一基本趋势与中国是相同的。

第二，学校具有鲜明的阶级性和等级性。在奴隶社会和封建社会，生产资料和剩余产品被少数人所垄断；教育作为社会不可分割的组成部分，必然要反映这种生产关系，于是就出现了不同等级享受不同教育权利的现象，表现出鲜明的阶级性和等级性。例如，在古代印度婆罗门教的控制下，把人分成四种等级，有着严格的教育等级规定：处于最高等级的是僧侣祭司，受到最优良的教育；其次是刹帝利，为军事贵族，这两个种性是天然的统治者；再次是吠舍，仅能从事农、工、商业；最低等级的是首陀罗，被剥夺了受教育的权利，识字谈经被认为是违反神的旨意，可能被处死。

第三，学校教育与生产劳动相分离。学校教育原本即建立在脑力劳动与体力劳动分工的基础上，而在阶级社会更具有了阶级对立的性质：脑力劳动成为统治阶级的特权，学校教育的主要目的是培养统治者，只讲"治术"，不讲"技术"。也就是说，教育的象征性功能占主导地位，教育的功用性价值少受重视。能不能受教育和受什么样的教育，是区别社会地位的象征；经典、教父的教育处于较高的地位，习得实用知识的教育处于较低的地位。

第四，教育的发展相对比较缓慢。奴隶社会和封建社会的生产力虽然较以前有了很大提高，但与后来相比还极其低下，社会结构比较稳定，社会变迁相对缓慢。因此，学校教育就整体趋势而言虽然是不断发展的，但学校数量增长迟缓，教学内容变化不大，教学方法和教学组织形式比较简单。

2. 工业社会的教育形态所具有的特点

工业社会的教育从14、15世纪的欧洲开端，至今已经历了约五六百年的时间。14、15世纪开始，欧洲先后经历了文艺复兴运动、宗教改革、工业革命和资产阶级革命，18世纪最终确立了资本主义制度。资本主义制度以大机器生产为标志的生产力水平为背景，引发了欧洲社会思想观念和生活方式的巨大变化，也使教育发生了前所未有的变化。

第一，教育的世俗化。19世纪以前，欧美国家的学校教育主要由教会或行会举办或主持，国家较少参与也较少干预。此时教育逐渐确立了实用功利的目的，开始普遍与宗教分离。有些国家明确规定，宗教不得干预学校教育。例如，英国在全面实施义务教育和加强对教育的管理时，规定公立学校可以不进行宗教教学，允许学生不参加学校的宗教教学。同时，教育与社会实践以及社会经济发展联系日益密切，教育的生产性日益突出。

第二，教育的国家化。19世纪以后，资产阶级政府认识到公共教育的重要性，政府开始购买和接管一批教会学校，尤其是开始大规模举办学校，并且加强对学校的拨款和管理，逐渐建立起公共教育系统。英国从19世纪30年代以后，率先加强了国家对教育的干预，开始拨款资助教育，强化对教育的监督和管理，任命了四个皇家教育委员会，分别对高等教育、初等教育、公学和文法学校进行调查、审议和制定改革方案。

第三，教育的法制化。19世纪以来，西方教育的一个明显特点就是重视教育立法，教育的每次重要进展或重大变革，都是以法律形式予以规定和提供保证的。各个国家先后制定了大量的教育法律法规，依法办学，依法治校，明确了国家、学校、教师、学生、公众等多方面的权利义务关系，促进了教育事业的规范化、持续性发展。

第四，初等教育义务化。机械化工业革命的基本完成和电器化工业革命的兴起，既在客观上提出了普及初等义务教育的要求，也为普及初等义务教育提供了必要的物质基础。英国1870年颁布《初等教育法》，标志着国民教育制度正式建立；1880年正式规定初等教育免费入学；1893年规定11岁以下儿童必须入学；19世纪末，全国学龄儿童入学率达到90%。日本在19世纪80年代以后资本主义经济飞速发展，教育也走上国家主义道路，义务教育迅猛发展，义务教育年限不断延长；20世纪初，其初等小学的入学率基本达到90%左右。

第五，学校类型多样化。随着教育事业的发展，无论初等教育、中等教育、高等教育还是成人教育、社会教育，包括学校类型等，都日益丰富化、多样化。这既适应了经济社会发展的需求，也为受教育者提供了充分的选择。

3. 信息社会的教育形态所具有的特点

信息社会的教育是指第二次世界大战结束之后，尤其是20世纪六七十年代以来，世界经济迅猛发展，世界格局深刻变化，终身教育理念广泛传播，由此所引起的现代形态的教育向着终身化、全民化、民主化以及科学教育与人文教育相整合方向的发展与进步。

第一，教育的终身化。"终身教育"（lifelong education）一词始见于1919年的英国。终身教育真正成为一种国际性思潮始于20世纪60年代，堪称人类教育思想史上最重要的创新之一，也是教育在人类发展历程中的重要作用的最集中体现。

在终身教育理念的形成与传播过程中，联合国教科文组织起到了重要的作用。时任联合国教科文组织成人教育局局长的法国学者保罗·朗格朗，堪称终身教育思想的真正创始者。1965年，他在于巴黎召开的联合国教科文组织会议上，率先提出了现代意义的终身教育概念，并阐述了其必要性、内容、目标、方法和发展策略。1972年，联合国教科文组织在其著名报告《学会生存——教育世界的今天与明天》，以及1996年由雅克·德洛尔任主席的21世纪教育委员会向联合国教科文组织提交的题为《教育——财富蕴藏其中》的报告中，都倡导把终身教育作为制定教育政策的主导思想，把保障全民的终身学习机会作为21世纪教育发展的重要目标。当代，终身教育的理念已经日益成为"知识社会的根本原理"，并最终发展成为世界性的教育改革主导理念，许多国家以立法的形式对终身教育给予保障。

终身教育与其说是一种教育制度，毋宁说是一种教育理念。可以从纵横两方面来理解它：从纵的方面讲，教育必须贯穿于人的一生；从横的方面讲，教育要同时满足人各个层面的学习需求。

第二，教育的全民化。全民教育与终身教育是相辅相成的当代最具影响力的两大教育思潮，它们不仅主导了当前国际教育改革和努力的方向，也代表了21世纪国际教育发展和进步的趋势。所谓全民教育，主要是指教育对象全民化，即教育必须向所有人开放，人人都有受教育的权利，而且是一种必需。值得指出的是，全民教育更多侧重于普及教育，终身教育主要倾力于继续教育。全民教育的六大目标是：扫盲、发展幼儿教育、普及初等教育、促进男女教育机会平等、生活技能培训、全面提高教育质量。其中扫盲、普及初等教育、男女教育机会平等三项已列入联合国大会通过的"千年发展目标"。

第三，教育的民主化。教育民主化是20世纪60年代以来世界教育改革的主流之一。教育民主化包括教育的民主和民主的教育两个方面：前者是民主外延的扩大，即把政治的民主扩展到教育领域，使教育成为公民的权利和义务；后者是教育内涵的加深，即把专制的、不民主的、不充分民主的教育改造成为民主的教育。用概括的语言说，教育民主化是指全体社会成员享有越来越多的教育机会，受到越来越多的民主教育。

第四，教育的整合化。20世纪70年代开始，人文主义在西方出现全面复兴之势。这一新人文主义思潮并不反对科学与技术本身，而反对唯科学主义和技术决定论，主张将人文主义与科学主义相互融合，使二者相得益彰。新人文主义包括两个相关的方面，即人文关切和科学理性。于是，科学教育与人文教育也日益呈现出整合的趋势，就是要在教育中倡导一种科学的人文主义，即科学主义和人文主义的融合。

21世纪的教育，除了继续加强科学教育外，还要把人文教育提高到应有的地位。近年来,一些国家不约而同地提出了"学校的人化"和教育的"人化""人性化""人道化"等主张,这逐渐成为当今教育改革的一项重要特征。

四、教育的发展历史

自从有了人类社会,也就有了教育。教育在其漫长的历史发展过程中,为我们留下了一些宝贵的遗产。了解教育发生、发展的历史,对于认识现在的事情有着一定的助益。杜威在其名著《民主主义与教育》中,对历史有着一段精彩的论述,为研究与学习历史提供了一个基本的原则:"过去的事情让它过去,不再是我们的事情了。如果过去的事情全部过去了,一切完了,那么,对待过去只有一个合理的态度。让死亡埋葬它们的死者吧。但是,关于过去的知识是了解现在的钥匙。历史叙述过去,但是这个过去乃是现在的历史。"

(一)教育的起源

讨论教育的起源,有两个根本性的问题需要考虑:一是动物界中是否存在教育,教育是不是人类特有的现象;二是产生教育需要一些什么样的条件。

1. 教育是人类特有的现象

关于动物中是否存在着与人类一样的教育,实际上是有着一些不同认识的。西方有的学者认为,动物中存在着与人类相同的教育,因而可以从动物界中探讨教育的起源问题。这方面的突出代表是法国的勒图尔诺(C. Letourneau,也译利图尔诺)和英国的沛西·能(Percy T. Nunn,1870—1944)。

勒图尔诺认为:"动物尤其是略为高等的动物,完全同人一样,生来就有一种由遗传而得到的潜在的教育,与许多动物对其孩子进行的教育甚至相差无几。"[1]他列举了许多动物对其后代进行"教育"的例子,以此来证明在动物界中确实是与人类一样,存在着教育。他说,在许多哺乳动物中,可以看到父母(尤其是母亲)在对子女进行教育。例如,母熊会热忱地对幼熊进行训练,教幼熊行走、攀登和吃东西,为了使幼熊学会这些行为,母熊不惜对幼熊进行处罚,不惜用脚踢和打耳光,甚至不惜轻咬幼熊。母熊虽不指导,但却遵循着一句古老的格言:"爱得深,责得厌。"在野鸭中间,母鸭会带着一窝雏鸭下水,开始的时候还特别注意选择浅水区,并逐步地训练幼鸭捕获苍蝇、蚊子和金龟子。

沛西·能1923年在不列颠协会教育科学组大会上的主席演说词《人民的教育》中指出:"原生动物的生活和人的生活之间的差别,好像一间乡村教堂和大教堂的差别一样,这种差别虽然很大,但并不是在主要特点上有什么根本不同……只是在精巧的程度上有所区别而已。""教育从它的起源来说,是一个生物学的过程,不

---

[1] 瞿葆奎:《教育学文集》,人民教育出版社1993年版,第159页。

仅一切人类社会有教育,不管这个社会如何原始,甚至在高等动物中也有低级形式的教育。我之所以把教育称之为生物学的过程,意思是说,教育是与种族需要相应的种族生活,而不是获得的表现形式;教育既无周密的考虑使它产生,也无须科学予以指导,它是扎根于本能不可避免的行为。"又说:"生物的冲动是教育的主要动力。"[1]

勒图尔诺和沛西·能的观点,构成了教育史中通常所讲的"生物起源论",即认为教育是超出人类社会范围的一种现象,是在人类出现之前就产生的,人只是继承了动物早已有的一种本能,并在逐步形成的人类社会中对其不断加以改进,使"教育"这种本能获得了一些新的特性而已。

动物的行为,到底是一种本能的行为,还是一种经"教育"而得到的行为?如果它们的行为甚至是一些看上去较为高级的行为,没有摆脱本能的限制,是在本能的范围内形成的,那就根本用不着教育,用不着有意识的训练。待到它们的生理机制发展到一定的程度,这些行为就会自然而然地出现了。勒图尔诺列举的母鸭教幼鸭的所谓的"教育",实际上,即使没有母鸭的训练,幼鸭等发育到一定程度,也会自如地游泳、捕食。虽然我们也会在马戏班里,可以看到各种各样的动物进行非常复杂而有趣的活动,例如狗熊骑自行车,大象在乐队中充当鼓手等,但这只能说明动物的确有着一定的学习能力,而不能说它们中间存在着教育。一来动物的这些行为仍然局限于其本能的的范围内,是一种在本能基础上形成的条件反射行为,是不自觉形成的;二来它们的这些行为是由人类强加给它们的,不是在它们之间进行的。它们能掌握一些复杂的动作,但却不能相互交流,更不能将这些动作传至下一代。

由此看来,动物的种种学习行为,都不能称之为教育,教育只能是人类社会特有的现象,这在下述教育产生的条件中,可以得到进一步的说明。

2. 教育产生的条件

在人类祖先主要依靠自身器官去获取生存材料,并用自己的身体去使用环境时,他们基本上与其他高等动物一样,依赖无条件反射和条件反射去应付周围环境解决生存需要。如果生存环境改变,有机体本身在生理上,以及在生物学反应上也随之改变以适应环境。这一切都是生理和生物过程,都不需要教育。教育的产生,还必须具备下列条件。

首先,人类自觉意识的形成是一个根本性的前提。教育既然在出现之初,是一种有意识地为后代将来做准备的活动,那么,在人类意识形成以前,教育是不可能产生的。只有当人类意识形成以后,才能意识到自己以及后代的将来,才能意识到

---

[1] 沛西·能著:《教育原理》,王承绪等译,人民教育出版社1992年版,第8页。

为将来获取生存资料而培养本领的必要，才会进行教育。如果只是一种萌芽状态的意识，只是在直接刺激物暂时联系的基础上才产生的，它就不稳固且会转瞬即逝，那么，这种萌芽状态的意识不可能使人类的祖先意识到自己的将来，至于后代的将来就更不用说了，此时出现教育也是不可能的。自觉意识或者说自主意识，是意识形成的重要标志，它能摆脱刺激物的支持，在自主支配的活动中，获得对事物的一些认识。

在这个问题上，美国教育家孟禄（P. Monroe）有着不同的见解，他认为，教育就是儿童对成人的本能的、无意识的模仿，模仿是教育的起源。他对教育起源的这种认识，是从人的心理发展方面进行分析的，由此也被称为"心理起源论"。他说："原始社会以最简单的形式展现它的教育……用来帮助或强制个体服从普遍要求的复杂手段，绝大部分是无意识地对个体施加影响的……使用的方法从头至尾都是简单的、无意识的模仿。"将教育活动归为无意识的活动，其实也就是否定了教育活动的目的性、意识性和控制性，教育也就失去了区别于学习等其他活动的本质特征。孟禄在这个问题上之所以有这样的认识，是与西方对教育概念的理解有关的，正如他们把非正式教育也归为教育一样，他们所理解的"教育"与我们有着不小的差别。如果承认教育是一种有意识的社会活动，那么无意识或模仿的活动就不能称之为教育活动，至少不是我们所阐述的那种教育活动。

其次，语言的产生。缺乏语言，就缺乏了教育的媒介，无法传达意思，使进行教育成为不可能的事情。另外，人们借助于第二信号系统使积累经验成为可能，当第二信号系统尚未形成时，积累经验是不可能的，传递经验就更谈不上了。

第三，必须要具有一定的经验。教育不管怎样简单，怎样具体，总是须传递某些经验的，它关系到过去的经验、景象及其意义，并需要一定的关于周围世界的知识。这种经验的形成，是以人类自身的意识为基础的，缺乏对事物的意识，缺乏对自身的意识，与周围世界相互作用时产生的印象，就不会在大脑中积存下来而形成经验。

第四，在大脑中建立起对一系列事物的联系。具有经验以后，大脑还要能随时唤起这些经验，并且意识到与传递经验有关的一切事物的联系。教育过程本身可能非常简单，例如，一个老猿人将要打磨一块石片去割肉时，会用非常简单的话语对小猿人说："来看，以后割肉，这样做石片。"但是，如果老猿人没有在头脑中唤起一系列的联系——割肉的需要、打磨石片的经验、生活中不可缺少的活动、新生一代掌握劳动方法的必要、不学会就会挨饿等，便不会意识到对后代进行教育的必要。

最后，集体活动的出现。教育是一种社会活动，建立在集体生活的基础上，社会若没有形成，也就不可能有教育这一社会现象。集体性是在人类意识形成以后才可能出现的。

对教育来说，缺少上述任何一个条件，都是不可能出现的。上述条件也是纵横交织在一起的，很难截然分开，这里只是为了便于分析，将它们一一分解开来，实际上，没有空洞的自觉意识，而只有以经验为基础，借助于语言等形成的自觉意识；经验也不能摆脱意识、语言而存在；如此等等。依照这些条件，也可以看出，动物界与教育是无缘的，它们缺乏意识，缺乏第二信号系统，无法在大脑中保存和随时唤起过去的景象和意义，更不能建立起经验及其相关事物的一系列联系，一句话，动物界不具备产生教育的条件。教育是人类所特有的现象，是伴随着人类传递经验的需要而产生的。

（二）学校的产生与发展

学校是有计划、有组织地进行教育的机构，是开展教育活动的主要场所，它的产生与发展，在一定程度上反映着教育活动的发展历程。

1. 学校的萌芽

一般认为，学校这种特殊的教育机构是在奴隶社会时期产生的，但是，若追溯其根源的话，可以在原始社会后期见到其萌芽。

据考证，在原始社会，确切地说是在母系社会时期，曾出现过一种公共教育机构——"青年之家"。"青年之家"是原始社会全体成员的儿童都在里面受教育的一种原始社会制度的特殊机构。

在原始部落中，常常依据不同的年龄将人们划分为不同的人群，同时，每种年龄群都有自己特殊的标志，儿童和青年们只有经过了特定的仪式之后，才可以从一个年龄群转入另一个年龄群。这种仪式常被人称为"冠礼"或"青年礼"。在这种仪式之后，他们即与成人分开单独居住，这个年龄大体是7至9岁，接受即将到来的生活训练，以便履行氏族组织加在他们这个年龄群人们肩上的那些义务。他们居住在一些特别的房间——"青年之家"，接受着专门的训练。到了父系氏族时期，这种"青年之家"逐步演变为"男子之家"，并且成为一个氏族的社会生活、军事生活和宗教生活的中心。

在"青年之家"中，少年和青年们接受着从事未来劳动生活的训练，学习自我照料，参加社会劳动，如建筑房屋、耕种或收获、照看牲畜等。从一定年龄起，成年人就向他们传授作战的方法，吸收他们参加部落间的争斗。

他们还要学会举行各种宗教仪式，以及与部落生活相关的庄重礼节。成人们教他们唱歌、游戏、舞蹈，给他们讲各式各样的传说，讲氏族和部落的历史，帮助他们通晓已形成的风俗和已建立起来的行为规则。

原始社会中新生一代在"青年之家"所受的教育是多方面的，但这种教育远未达到理想化的境地，正像列宁所讲的："过去从来没有过什么黄金时代，原始完全被生存的困难，同自然斗争的困难所压倒。"[1]

2. 学校的产生

"青年之家"是产生于前文字时期，即文字尚未出现的时期，而作为学校来讲，则大为不同了，它是同文字一道，与社会要使新生一代掌握文字等的要求一道产生的。

传递文字以及文字所承载的知识经验，在原始社会末期的"青年之家"中就已经进行了，但是，由于文字产生的时候，也是社会阶级逐步形成并分化的时候，脑力劳动和体力劳动发生了分离，于是造成了一部分人（主要是僧侣和官吏）对文字的垄断。在这种情况下往日的"青年之家"就分解成两种机构：一种是为大多数儿童设立的公共教育机构（在一定意义上，也可称之为学校），它与以往的"青年之家"没什么不同；另一种是为一小部分儿童，主要是僧侣和官吏的孩子专门开设的学校。学校逐渐从"青年之家"中分化出来，成为一个独特的教育机构，当然，此时的学校仍属于原始状态的教育组织，在很多方面与真正意义的学校不符。它还兼具多方面的功能。

在我国，学校的萌芽可能在原始社会末期就出现了，古籍中传说虞舜时代便已有了"庠"这种社会机构。例如，《礼记》中的《王制》说："有虞氏养国老于上庠，养庶老于下庠。"《明堂位》说："米廪，有虞氏之庠也。"但是，那时的"庠"并不能算是一种学校，而是一种带有教育作用的养老机构。到后来进入奴隶社会的历史阶段时，"庠"才成为学校。"庠"的原始意义是饲养家畜的地方，后来又变为储存谷物的地方，故又名"米廪"。

夏朝已开始进入奴隶制社会，有可能产生了学校，《孟子》说："夏曰校，殷曰序，周曰庠。"《说文》及《汉书·儒林传序》说："夏曰校，殷曰庠，周曰序。"夏朝可能已出现了尚未发展成学校形式的非专门的教育机构。"庠"是从虞舜时代继承下来的，大概是起源于养老与敬老的习俗，以养老为主，并附带教育儿童和青年的功能；"序"和"校"大概是起源于军事训练的需要，因为"序"是习射的地方（《孟子》说："序者，射也。"），"校"是角力比武的场所。

至商朝，学校的存在已有了确凿的证据，但古籍所载商代学校的名称不一，如上面《孟子》说的"殷曰序"，《说文》等所说的"殷曰庠"，《王制》说殷有"右学"和"左学"，《明堂位》又说殷学叫作"瞽宗"。这就说明，商朝已经有了"庠""序""学"和"瞽宗"四种学校形式了。"庠"本来是养老的地方，到了商朝仍然有养老的作用，并由此逐渐注意到孝悌的教育，同时，"庠"也成为习

---

[1] 列宁：《列宁全集（第5卷）》，人民出版社1986年版，第80页。

射的地方了。从地下挖掘出来的甲骨文,有一片"卜辞"记载了在"庠"教练射箭的事,这证明"庠"的教育功能扩大了。"序"不仅习射,还要学习"武舞",即不仅学习射的技术,而且还逐渐注重学习"射礼"了。"射礼"的意义不外"明君臣之义"和"明长幼有序"。"庠"和"序"的教学内容逐渐丰富和同化,它们的教育功能逐渐合流,这种演变过程直至西周才完成。

商朝的"瞽宗"和"右学"是同一种学校,都属于大学的性质,是异名而同实。据考证,殷人尚右尚西,所以把大学设在西郊,古人以西为右,所以设在西郊的大学也叫作"右学"。"瞽宗"起源于祭祀的需要,是学习礼乐的学校,"瞽"是乐师的官名,"瞽宗"是乐人的宗庙,有道德的教师被选到那里去教授。

我国学校至商朝已初具雏形,它已经成为一个有组织的教育机构,也有着一定的目的任务和一定的教学内容,但是,此时的学校并不纯粹是一个教育机构,还兼有其他的任务,虽然它们逐渐地发展起越来越多的教育功用,但在教学专门人员的选用及教学的组织上,都不可与现代的学校同日而语。

学校在产生初期含有非教育的功用,这并非是我国原始形态学校的独有特征,西方也是如此。英语school源于拉丁语schola,其原意是"闲暇、休息"。正像《管子》说的:"处士必于闲燕",人没有闲暇,就不会有学校生活。我们认识到这一点,大概对我国夏朝时期,为何把"养老"与教育结合在一起,就不会感到奇怪了。

目前世界上所发现的有较丰富的文字记载的学校,是位于现在伊拉克卡迪西亚省尼善尔以南的苏美尔学校(Sumerian School)。1902年至1903年,挖掘出了大量的、大约公元前2500年的学校"教科书",实际上是几百块刻有象形文字的小泥板(small pictographic clay tables),一些上面是供学习和练习用的词汇表,也有一些是写满各种作业的练习泥板。这些考古发现的材料,为我们提供了一副苏美尔学校的图画。

苏美尔学校的目标,是培养国家经济和管理需要的缮写人员,主要是培养寺院和宫廷里的缮写员。在学校里,儿童主要是学习和誊写过去的文学作品,学生毕业后,担任寺院和宫廷的缮写员。这也说明,苏美尔学校一开始可能是附属于寺院的,过了一段时间后,才成为世俗的机构。学生大多来自富有的家庭,并且均为男性。

苏美尔学校的课程包括两部分,一部分是半科学性的、学术性的课程,另一部分是关于文学和创造的课程。

半科学性的、学术性的课程之所以产生和发展,是因为出于教缮写员怎样书写苏美尔语的需要。为了满足教学上的需求,教缮写的苏美尔教师设计了一套教学方法,主要是对语言进行分类,即把苏美尔语分成相关的词和短句,让学生记忆并抄写，直至他们能熟练地书写出来。在这些"教科书"中，已发现列有许多树和草的名称，各类动物的名称，国家、城市、乡村的名称，岩石和矿石的名称等。这样的编排方式表明他们已相当熟悉植物学、动物学、地理学、矿物学等方面的知识了。

文学和创作方面的课程，主要是学习、抄写和模仿创作于公元前2500至前2000年的、大量的、各式各样的文学作品，主要有以下几种类型：以叙事诗形式写成的神话和传奇故事，献给伟人和国王的赞美诗，哀悼苏美尔城市毁灭的挽歌，以及哲理性的作品，如格言、寓言、随笔等。

3. 学校的发展

在学校产生后的历史过程中，随着社会的发展，其组织不断完善。

历史发展到17世纪，由于文科学的出现，现代意义上的学校已经形成，它作为一种有组织、有计划的特定的教育机构，专注于传递知识经验、教育儿童，其先前的其他功用已渐渐削弱了。教育的标准，对所要学习的内容，以及教师的选择等，都有着较为严格的规定，与现代的学校也更为接近。但同时也应注意到，此时的学校虽已日趋完善，但是学校系统尚未发展起来，学校形成一个相对完整的系统，还是在18世纪以后。

文科中学是以古典人文主义教育为特征的，它偏重于传授拉丁文和希腊文等内容，忽视自然学科，及至后来，才增加了一些现代人文教育与自然科学教育的成分。到18世纪初，与文科中学相应的实科中学出现了。这种类型的学校，比较注重自然科学与现代语文的教学，它是面向广大贫民的，是贫民化的学校。尽管实科中学在创立初期受到歧视，但是终究仍缓慢地发展着。18世纪中叶以后，在欧洲一些国家，相继出现了实科中学，与普通教育平行的职业教育逐步成为学校教育系统当中的一个重要组成部分，学校教育在类型分化的同时，各个不同层次的衔接也逐步加强。大体是在19世纪下半期，严格意义上的学校教育系统在西方已基本形成。

我国的学校虽历经数代，形式日趋多样化，层次也日益多样，但是，组织程度远不像今天这样严密，按现在的尺度来衡量，它们在一定程度上还只能算是一种非正规教育。例如，就拿由各朝廷直接设立并管辖的、最为"正规"的太学来说，在汉代，太学虽大规模发展，太学生由50人发展到后来的3万多人，但教学制度甚不严格。许多学生仅仅是"注册"而已，而不去参加正规的学习。并且，由于学生众多，太学里一方面设立长十丈、宽三丈的讲堂，使同时听讲的人数多达几百万人；另一方面，采取以高年级学生教低年级学生的形式，"至一师能教数百人，必由高足弟子教之"。学生入学也没有年龄限制，其中既有年及"弱冠"的青少年，也不乏白发苍苍、已界垂暮之年的老人。这些太学生或住校内，或住校外，真正上课的时间并不多，主要靠自修，随自己的兴趣去研究。太学也没有肄业年限，只要通过了考试，就可以毕业，并被授以一定的官职。

魏晋时期，官学时兴时废，太学生几乎是来去无踪，一般是"冬来春去，岁岁如此"，其中有很多是为避役而来的；进行教学的"博士"也是"率皆粗疏，无以教弟子"。如此一来，"学者虽有其名而无其实，虽设有教而无其功"，也就不足为奇了。

清朝的府、州、县学，与科举密切相关，由童生参加入学考试取得秀才资格后，方是府、州、县学的生员，对入学年龄没有限制。而一旦童生入学以后，在学校学习时间也甚少，入学肄业，实际上是有其名而无其实，主要的任务就是考课。

可以说，直到19世纪末，也就是仿照西方的样式设立"学堂"之前，我国在学校的组织上，始终是不完备的，或者说尚没有出现真正意义上的学校教育。清末"废科举，兴学校"以后所建立的一些"学校"，才向真正意义上的学校靠近。

第二节 教育学及其研究对象

一、教育学的概念

一般认为，教育学是研究教育现象和教育问题，揭示教育规律的科学。

所谓教育现象，是指人类各种教育活动的外在表现形式。教育现象有三层含义：第一，教育现象是一种可以感知、可以认识的古今中外已经存在或正存在于现实中的存在物，就是说教育现象是客观存在的，并且是人类能够感知、认识的客观存在物；第二，教育现象是教育实践的表现形式，或正从事着的教育实践本身，它包括各种形式、各种类型、各种模式的教育事实、教育活动、教育问题、教育理论研究等，即教育现象要通过各种教育实践形式来表现，它不是一个抽象的实体；第三，教育现象是以教与学为主体形式相互作用的客观存在，不以教与学为主体形式相互作用的活动就不能称为教育活动，与之相应，也就不能称为教育现象。

教育问题是人们在对客观的教育现象的感知、认识的基础上，发现具有积极意义而需要引起重视、更好利用的现象，或者是人们发现需要改善的不良现象等。教育科学通过观察、研究教育现象，发现教育问题，然后再深入研究，以揭示教育规律。教育现象虽然是客观的，但是它的具体表现形式很复杂，不一定所有的现象都必然地能够被人们感知和认识，比如过去，我们就没有发现或意识到潜在课程或隐形课程现象。因此，教育科学也要发现、研究还没有被人们感知和认识到的教育现象。

教育规律是教育现象与其他社会现象及教育现象内部各个要素之间本质的、内在的、必然的联系或关系。由于人类具有认识客观规律的能力，人们总是遵循教育规律开展教育活动，教育的历史发展过程就是人类不断认识教育规律、遵循教育规律的过程。教育中有很多矛盾、很多规律。但从根本上看，贯穿教育活动的基本规律有两条：第一，教育与社会发展之间的矛盾或关系；第二，教育与人的身心发展之间的矛盾或关系。教育活动中方方面面的矛盾或关系都是由这两条基本规律派生出来的，最终又复归到这两条基本规律中。派生的规律是具体的规律、微观的规律。

二、教育学的产生与发展

（一）教育学的萌芽

自从有了教育活动，就有了人们对教育活动的认识。但是近代之前，人们对教育的认识活动主要停留在经验和习俗的层面，没有形成系统的理性认识，也没有成为教育之"学"。因此，我们可以把这一阶段的教育认识活动称之为"前教育学时期"。这种对教育现象和问题的前科学认识，不仅存在于人类教育认识的早期，而且存在于当前和今后人类对教育的认识中。只有把各种教育问题和各种教育思想材料作为客观的问题加以研究，形成关于这些问题和思想系统的理论体系时，才能超越前科学时期，进入科学时期。

这一时期所取得的教育认识成果主要体现在一些哲学家、思想家们的哲学或思想著作中。西方的如毕达哥拉斯（Pythagoras，约公元前580—前500）的《金言》、柏拉图（Plato，公元前427—前347）的《理想国》（*The Republic*）与《美诺篇》（*Meno*）、亚里士多德（Aristotle，公元前384—前322）的《政治学》（*The Politics*）与《尼各马可伦理学》（*The Nichomachean Ethics*）、昆体良（M. F. Quintilinanus，35—95）的《雄辩术原理》（*Institutio Oratoria*）以及中世纪和文艺复兴时期许多思想家们的哲学、社会学论著。中国的如孔子（公元前551—前479）的《论语》、孟子（约公元前372—前289）的《孟子》、老子的《老子》、庄子（约公元前369—前286）的《庄子》、无名氏的《中庸》、朱熹（1130—1200）的《四书集注》、王守仁（1472—1528）的《传习录》等。在这一时期也出现了一些教育专著如中国古代无名氏的《学记》、无名氏的《大学》、韩愈（768—824）的《师说》等。其中，《学记》是我国古代最早也是世界最早的成体系的古代教育学作品。但就其理论的系统性与深刻性而言，还没有达到科学的水平，在思维与论述方面也大都采取机械类比、比喻、格言、寓言等方式，也没有形成专门的教育学语言。

但是，不能因为这一时期是前教育时期就忽视这一时期人类对教育的认识，特别是那些伟大思想家们的教育认识的价值。恰恰相反，我们应该高度重视他们在这一时期所取得的思想成果，所提出的许多深刻而精辟的观点。一方面是因为他们的教育思想指导了当时人们的教育活动,不深入了解他们的教育思想,就不能深刻地理解那时的教育实践;另一方面是因为他们的教育思想中包含着大量科学的成分,对后来教育科学的形成和发展产生过并将继续产生深远的影响。

(二)教育学的创立

近代教育学的创立是在种种主客观条件的综合作用下产生的。首先,教育学的创立像其他许多学科的创立一样,来源于社会实践的客观需要,就教育学而言,主要来源于教育实践发展的客观需要。17至19世纪间,随着新航路的开辟,资本主义的产生和发展,产生了一些新型的实科学校。由于他们主要讲授一些新兴的自然科学、社会科学知识和现代语,因此传统教会学校和骑士教育中所使用的方法都不再适用了。学校越发展,就越需要冲破传统的教育习俗,需要新的教师和新的教育方法。因此,培养具有新的教育思想并掌握新的教育方法的教师就成了适应教育实践发展的客观要求。在这种情况下,从17世纪末开始,欧洲陆续出现了一些教师习所,或者是在一些大学内增设示范课程,培养师资。所有这些都促进了教育学的创立。其次,教育学的创立与近代以来科学发展的总趋势和一般科学方法论的奠定有着密切的关系。近代以前,哲学是一切知识的母体,相当广泛的知识探索都是在哲学的旗帜下取得的,而且由亚里士多德创立的古典演绎法被认为是获取知识的唯一方法。近代以来,人类在各个领域的认识已经积累了丰富的资料,资料的整理也已达到了一个新阶段,提出了许多新的问题,认识渐渐地由综合向分化发展,许多学科日益从哲学母体中分化出来,采用实证科学的方法,成为独立的学科。教育学的独立和科学化也是不可避免的事。最后,教育学的独立与一些著名学者和教育家们的努力也是分不开的,凝聚着好几代教育家的心血,最终使教育认识从教育术的阶段上升为教育学的认识阶段,从前科学转变为科学。不过,需要说明的是,由于教育学研究自身的复杂性,这一时期的教育学的研究还是初步的、不成熟的,因而在许多教育问题的论述上也是不正确的。

独立形态教育学创立的标志主要有:第一,从对象方面而言,教育问题成为一个专门的研究领域;第二,从概念和范畴方面而言,形成了专门的反映教育本质和规律的教育概念与范畴的体系;第三,从方法方面而言,有了科学的研究方法;第四,从结果方面而言,产生了一些重要的教育学家,出现了一些专门的、系统的教育学著作;第五,从组织机构方面而言,产生了一些专门的教育机构。这些标志并不是同时出现的,而是在比较长的历史时期内逐渐形成的。因此,教育学的创立也不是瞬间完成的,而是经历了一个历史的过程,前后二百多年的时间。

英国哲学家培根(F. Bacon,1561—1626)为独立形态教育学的出现做出了重要贡献。作为"近代实验科学的鼻祖",培根猛烈地批判了亚里士多德以来的经院哲学,提出了实验的归纳法,将其看成是获得真正知识的必由之路,为后来教育学的发展奠定了方法论基础。此外,1623年培根还首次把"教育学"作为一门独立的科学提了出来,与其他科学并列。

在教育学的创立过程中,捷克教育家夸美纽斯(J. A. Comenius,1592—1670)取得了突出的成就,受到后世教育学家们的高度赞誉。夸美纽斯一生写了大量的教育论著,其中最著名的就是《大教学论》。在该书中,他提出了泛智教育思想,探讨"把一切事务交给一切人类的全部艺术",提出了系统的教育目的论、方法论、教育原则体系、课程与教学论、德育论以及一些学科教育思想。该书的教育价值就在于不仅指出了教育应该怎么办,而且努力地为教育措施寻找理论依据。在教育史上,一般把夸美纽斯的这本书看成是近代第一本教育学著作。但是,由于他的宗教立场和目的,人们又很难把它看成一本真正的科学著作。无论如何,在他以后,人们开始了教育学的独立探索时期。

在教育学的创立问题上,德国著名哲学家康德(I. Kant,1724—1804)的贡献也是不可磨灭的。康德在哥尼斯堡大学期间,先后四次讲授教育学,并在晚年将自己有关教育的演讲稿交给学生编纂发表。1803年,《康德论教育》(Education Theory of Immanuel Kant)一书出版。在该书中,康德明确指出,教育是一门很难的艺术,其实践必须和"真知灼见"结合起来,否则就会变成"机械的"东西。所谓真知灼见也即"明确真实的概念",实际上也就是一种理性的态度和知识。如何才能获得这种真知灼见呢?康德认为,教育一定要成为一种有系统的学问。这就是他所理解的"教育学"超出他的前人和他的同时代人的地方。

康德之后,对教育学的创立做出最大贡献的就是赫尔巴特(J. F. Herbart,1776—1841)。赫尔巴特是哥尼斯堡大学康德哲学教席的接任者,近代德国著名的心理学家和教育学家,在世界教育史上被认为是"现代教育学之父"或"科学教育学的奠基人"。他的《普通教育学》(Allgemenine Padagogik aud Zawek der Erziehung,1806)被认为是第一本现代教育学著作。赫尔巴特强调必须有"一种教育者自身所需要的科学",有"科学与思考力"。这门科学最重要的是要有"自身的概念"。他明确指出,"普通教育学必须把论述基本概念放在一切论述之前",只有这样才能获得科学的统一性。赫尔巴特不仅论述了教育学的独特性,而且还非常明确地提出了教育学的学科基础,即心理学和哲学。他说,"教育者的第一门科学,虽然远非其科学的全部,也许就是心理学";"教育学作为一种科学,是以实践哲学和心理学为基础的。前者说明教育的目的;后者说明教育的途径、手段与障碍"。此外,赫尔巴特在哥尼斯堡大学期间,除了讲授哲学和教育学课程外,还创办了一个教育学研究所和实验学校。所有这些,最终使得教育学从哲学中独立出来，成为科学大家族中的一员。

在赫尔巴特之前，还有许多著名的哲学家、思想家写出了专门的教育学著作，为教育学的创立做出了重要贡献。如英国哲学家洛克（J. Locke，1632—1704）于1693年出版了《教育漫话》（*Some Thoughts Concerning Education*），提出完整的绅士教育体系，对后世有比较大的影响。法国教育家卢梭（J. J. Rousseau，1712—1778）于1762年出版了享誉全球的《爱弥儿》（*Emile*），深刻地表达了卢梭的资产阶级教育思想，是反封建的理性革命声音在教育领域的表达，对后来康德、杜威（J. Dewey，1859—1952）等的教育学说产生了深远的影响。卢梭将教育的目的规定为全面、和谐地发展人的一切天赋力量和能力。而为达到这个目的，教育必须与生产劳动相结合，必须要符合学生的本性，必须从最简单的要素开始直到最复杂的事物。他明确提出"使人类教育心理学化"的口号，对于推动教育活动的科学化及教育学的诞生都起到了重要作用。

（三）教育学的发展

随着各国教育实践的不断发展和来自教育学内部的批判，由赫尔巴特创立的教育学在19世纪末以来得到了迅速的发展，出现了许多新的教育学派和重要的教育学著作。

1. 实验教育学

实验教育学（Experimental Pedagogy）是19世纪末20世纪初在欧美一些国家兴起的用自然科学的实验法研究儿童发展及其教育关系的理论。其代表人物是德国教育学家梅伊曼（E. Meuman，1862—1915）和拉伊（W. A. Lay，1862—1926），代表著作主要有梅伊曼的《实验教育学纲要》（*Outline of Experimental Pedagogy*，1914）及拉伊的《实验教育学》（*Experimental Pedagogy*）。实验教育学的主要观点是：第一，反对以赫尔巴特为代表的强调概念思辨的教育学，认为这种教育学对检验教育方法的优劣毫无用途。第二，提倡把实验心理学的研究成果和方法运用于教育研究，从而使教育研究真正"科学化"。第三，把教育实验分为三个阶段——就某一问题构成假设；根据假设制定试验计划，进行试验；将试验结果应用于实际，以证明其正确性。第四，认为教育实验与心理实验的差别在于心理实验是在实验室里进行的，而教育实验则要在真正的学校环境和教学实践活动中进行。第五，主张用实验、统计和比较的方法探索儿童心理发展过程的特点及儿童的智力发展水平，用实验数据作为改革学制和教学方法的依据。实验教育学所强调的定量研究成为20世纪教育学研究的一个基本范式，近百年来得到了广泛的应用和发展，极大地推动了教育科学的发展。实验教育学的方法也是有局限性的，因为像教育目的这样涉及价值判断和选择的问题就不能通过实验的方法来解决，当实验教育学及其后继者把科学的定量方法夸大为教育科学研究的唯一有效方法时，它就走上了教育学研究中"唯科学主义"的迷途，受到了来自文化教育学的批判。

2. 文化教育学

文化教育学又称精神科学教育学，是19世纪末以来出现在德国的一种教育学说，其代表人物主要有狄尔泰（W. Dilthey，1833—1911）、斯普朗格（E. Spranger，1882—1963）、利特（T. Litt，1880—1962）等，代表著作主要有狄尔泰的《关于普遍妥当的教育学的可能》（*Uber die Mogichkeit einer Allgemeingiiltigen Padagogishen Wissenschdft*，1888）、斯普朗格的《教育与文化》（*Kulturdung, Menschenbildung*，1958）等。文化教育学的基本观点是：第一，人是一种文化的存在，因此人类历史是一种文化的历史。第二，教育的对象是人，教育又是在一定社会历史背景下进行的，因此教育的过程是一种历史文化过程。第三，因为教育的过程是一种历史文化过程，所以教育的研究既不能采用赫尔巴特纯粹的概念思辨来进行，也不能依靠实验教育学的数量统计来进行，而必须采用精神科学或文化科学的方法，亦即理解与解释的方法进行。第四，教育目的就是要促进社会历史的客观文化向个体的主观文化转变，并将个体的主观世界引向博大的客观文化世界，从而培养完整的人格；培养完整人格的途径就是"陶冶"与"唤醒"，发挥教师和学生个体两方面的积极作用，建构和谐的、对话的师生关系。文化教育学作为科学主义的实验教育学和理性主义的赫尔巴特式教育学的对立面而存在与发展，深刻地影响着德国乃至世界20世纪的教育学发展，在教育的本质、教育的目的、师生关系以及教育学性质等方面都能给我们以许多启发。文化教育学的不足之处表现在它的思辨气息很浓，在许多问题的论述上具有很强的哲学色彩，这就决定了它在解决现实的教育问题时很难提出有针对性和可操作性的建议，从而限制了它在实践中的应用。另外，它一味地夸大社会文化现象的价值相对性，忽视其客观规律的存在，也使它的许多理论缺乏彻底性。

3. 实用主义教育学

实用主义教育学是19世纪末20世纪初在美国兴起的一种教育思想，是典型的"美国版"教育学，对20世纪整个世界的教育理论研究和教育实践发展产生了极大的影响。其代表人物是美国的杜威、克伯屈（W. H. Kilpatrick，1871—1965）等，代表性著作有杜威的《民主主义与教育》（*Democracy and Education*，1916）、《经验与教育》（*Experience and Education*，1938），克伯屈的《设计教学法》（*Project Method*，1918）等。

实用主义教育学也是在批判以赫尔巴特为代表的传统教育学的基础上提出来的，其基本观点是：第一，教育即生活，教育的过程与生活的过程是合一的，而不是为将来的某种生活做准备的。第二，教育即学生个体经验不断地增长，除此之外教育不应该有其他目的。第三，学校是一个雏形的社会，学生在其中要学习现实社会中所要求的基本态度、技能和知识。第四，课程组织以学生的经验为中心，而不是以学科知识体系为中心。第五，师生关系以儿童为中心，而非以学科知识体系为中心，教师只是学生成长的帮助者，而非领导者。第六，教学过程应重视学生自己的独立发现、表现和体验，尊重学生发展的差异性。实用主义教育学是以美国实用主义文化为基础的，是美国资本主义发展的教育学表达，对以赫尔巴特为代表的理性主义教育理念进行了深刻的批判，推动了教育学的发展。其不足之处就是在一定程度上忽视了系统知识的学习，忽视了教师在教育学教学过程中的主导作用，忽视了学校的性质，并因此受到了20世纪美国社会及其他社会人们的连续不断的批判。

4. 马克思主义教育学

马克思主义教育学包括两部分内容：一部分是马克思、恩格斯以及其他马克思主义的经典作家对教育问题的论述，也就是他们的教育思想；另一部分是教育学家们根据马克思主义的基本原理（包括教育原理）对现代教育一系列问题的研究结果。

马克思主义教育学的基本观点是：第一，教育是一种社会历史现象，在阶级社会中具有鲜明的阶级性，不存在脱离社会影响的教育。第二，教育起源于社会性生产劳动，劳动方式和性质的变化必然会引起教育形式和内容的改变。第三，现代教育的根本目的是促使学生个体的全面发展。第四，现代教育与现代化大生产劳动的结合不仅是发展社会生产力的重要方法，也是培养全面发展的人的唯一方法。第五，在教育与社会的政治、经济、文化的关系上，教育一方面受它们的制约，另一方面又具有相对独立性，并反作用于它们，对促进工业社会政治、经济与文化的发展具有巨大的作用。第六，马克思主义辩证唯物主义和历史唯物主义是教育科学研究的方法论基础，既要看到教育现象的复杂性，不能用简单化的态度和方法来对待教育研究，又要坚信教育现象是有规律可循的，否则就会陷入不可知论和相对论的泥坑中去。

马克思主义的产生为教育学的发展奠定了科学的方法论基础，但由于种种原因，在实际教育研究过程中，人们并没有能够很好地理解和运用马克思主义理论，往往犯一些简单化、机械化的毛病，这是我们在学习和发展马克思主义教育理论时应当特别注意的。

5. 批判教育学

批判教育学（Critical Pedalogy）是20世纪70年代之后兴起的一种教育思潮，也是当前在西方教育理论界占主导地位的教育思潮，对于教育诸多问题的研究都有比较广泛和深刻的影响。批判教育学的代表人物有美国的鲍尔斯（S. Bowles）、金蒂斯（H. Gintis）、阿普尔（M. Apple）、吉鲁（H. Grious）以及法国的布厄迪尔（P. Boudieu）等，代表性著作有鲍尔斯与金蒂斯的《资本主义美国的学校教育》（Schooling in Capitalist America，1976）、布厄迪尔的《教育、社会和文化的再生产》（Production in Education, Society and Culture，1979）、阿普尔的《教育与权力》（Education and Power，1982）、吉鲁的《批判教育学、国家与文化斗争》（Critical Pedagogy, the State and Cultural Struggle，1989）等。

由于各自的理论基础不同，批判教育学学者之间的问题、发表的观点也不尽相同。但是，他们之间也有一些共同的地方，构成批判教育学的基本理论景观：第一，当代资本主义的学校教育并未像实用主义教育学所宣称的那样是一种民主的建制和解放的力量，是推进社会公平和实现社会公正的强有力手段和途径，相反，它是维护现实社会的不公平和不公正，是造成社会差别、歧视和对立的根源。第二，之所以出现这种现象是因为教育与社会是相对应的，有什么样的社会政治、经济和文化，就有什么样的学校教育机构，社会的政治意识形态、文化样态、经济结构都强烈地制约着学校的目的、课程、师生关系、评价方式等，学校教育的功能就是再生产出占主导地位的社会意识形态、文化关系和经济结构。下层人家的子弟、文化处境不利者的子女以及被统治阶级的孩子就很少能在学校教育系统内取得成功。第三，人们已经对这种事实上的不平等和不公正丧失了"意识"，将之看成是一个自然的事实，而不是某些利益集团故意制造的结果。第四，批判教育学的目的就是要揭示看似自然事实背后的利益关系，帮助教师和学生对自己所处的教育环境及形成教育环境的诸多因素敏感起来，即对他们进行"启蒙"，以达到意识"解放"的目的。第五，批判教育学认为教育现象不是中立的和客观的，而是充满利益纷争的，因此教育理论研究不能采取唯科学主义的态度和方法，揭示具体教育生活的利益关系，使之从无意识的层面上升到意识的层面。世纪之交的批判教育学仍在发展之中，必将对21世纪的西方教育理念乃至我国教育理论产生相当的影响，应当给予积极的关注。

透过百年来这些不同的教育学派我们可以发现：第一，教育学的发展总是受到具体的社会政治、经济、文化条件的制约，反映着具体的社会政治、经济、文化发展的要求。社会政治、经济、文化改革深入的时期，也就是教育学研究最活跃的时期。第二，在教育学的发展过程中，不同的国家形成了不同的教育学传统和风格，例如美国的实用主义教育学、德国的文化教育学、苏联和我国的马克思主义教育学等。后来的教育学发展可以批判传统，但是却不能绕过传统。第三，教育学的发展得益于不同教育学派之间的相互批评和借鉴，如实用主义教育学对赫尔巴特教育学的批评、文化教育学对实验教育学的批评、批判教育学对实用教育学的批评，等等。没有不同教育学派之间的理论争鸣，就没有现代教育学的发展。

(四）当代教育学的学科趋向

纵观教育学发展的历史，可以预见当代教育学未来发展趋向：一是研究问题领域的扩大，二是研究范式的转换，三是进一步分化与综合，四是理论研究学科基础的扩展，五是教育学与教育改革的关系日益密切，六是教育学学术的国际交流合作加强，七是对自身反思的加强，以及教育学的元理论的形成。这些发展趋向是符合教育学自身发展规律的，随着教育学学科体系的不断完善和诸多教育家教育思想的不断成熟，教育学将成为未来社会最主要的中心学科。

教育学与其他学科一样，有一段漫长而又短暂的历史。说它漫长，是因为早在几千年前，我们的先哲就有对教育问题的专门论述和精辟见解；说它短暂，是因为作为一门独立规范学科，它只有不到200年的历史。追溯教育学学科发展的历史，对于学习教育学，丰富与发展教育科学，都具有重要的意义。

1. 教育学研究问题领域的扩大

随着教育学的社会影响不断扩大，其问题领域亦随着教育内涵的丰富、外延的拓展而扩大，人们已不再把教育简单地理解为读写算的教学，而开始把教育看成是陶冶性情、提高人的精神品位、塑造健康人格的重要途径，教育在促进整个社会文明、发展方面无处不起作用。现在的教育已渗透于社会的各个领域，其内涵与外延已远远超出了传统教育的范畴。如今的教育学不但要研究学校教育等正规教育形态，而且也要研究成人教育、继续教育、远距离教育、社会文化教育、闲暇教育等非正规教育形态。因此，有人把教育学说成是对所有人的教育的科学。教育学变成了终身教育学、大教育学。

2. 教育学研究范式的转换

所谓范式，就是一种科学信念以及与这种科学信念相联系的研究方法论的集合体，概念、理论工具等是其构成要素。在历史上，教育学研究范式的转换经历了如下几个历程："经验—描述"教育学阶段→"哲学—思辨"教育学阶段→"科学—实证"教育学阶段→"规范—综合"教育学阶段。

在当代，这种以"规范—综合"为特征的教育学研究范式，将在相当长的时期内制约着人们的教育研究活动。

3. 教育学的进一步分化与综合

教育学的分化和综合导致了教育学学科群的出现，在未来，教育学研究的专门化将进一步提高，许多分化趋势还将继续，同时，学科综合的趋势也将加强，学科群的发展与壮大将为综合性的教育学研究奠定必要的基础。

4. 教育学研究学科基础的扩展

基础理论是一门科学赖以生存和发展的基础，是保证概念准确、立论确凿、论据充分的依据。教育学的发展与其研究的学科基础的发展有很大关系：教育研究者们积极地吸取众多学科的新鲜血液，借鉴其他学科的最新成果，使得教育学的基础理论又有了进一步扩展。当代教育学的基础学科不仅包括哲学、社会科学的一些主干学科，甚至包括自然科学和数学中的有关主干学科，横断学科（信息论、系统论、控制论）也迈进了教育学领域，拓宽了人们的研究思路，大大丰富了教育科学的范畴和方法，它们逐步成为教育学的重要理论基础。

5. 教育学与教育改革的关系日益密切

教育学与教育改革的联系加强，是教育学发展的趋势之一。教育改革的实质是调整教育内部各要素以及教育与外部因素的相互关系；教育学的活力与魅力应该从多视角对教育现实的各种问题的探索中去寻找。因此，教育改革为教育学的发展提供了动力源泉，教育学理论只有在投身教育实践与改革的过程中才能获得滋养，焕发生机。另一方面，教育改革也愈来愈依赖教育学理论的指导，这是由教育改革的复杂性所规定的。教育学理论对教育改革指导功效的增强之所以成为可能，一是因为人们对改革复杂性的认识提高了，二是因为教育学理论自身科学性增强，学科成熟度提高了。也就是说，这两点是教育学有效、成功地指导教育改革的前提条件。

6. 教育学学术的国际交流合作加强

随着社会的发展和国家开放程度的增强，当代国际教育交流以及跨学科的比较研究愈来愈明显，人们试图在更广阔的经济背景和文化背景下来观察、研究教育问题，使教育以其正确的发展方向和更高的效率来造福人类。

7. 教育学对自身反思的加强，以及教育学的元理论的形成

教育学的发展与其对自身的反思是分不开的，正如一个人的发展与他对自己的人生反思是分不开的一样，两者是相辅相成的。当代教育学发展的一个重要特征就是出现了自觉的教学反思。教学反思作为一种教学活动而言不同于对教育实践的研究，它是对教育研究的研究，也是对教育的元研究，其目的不是要形成教育理论，而是要检讨教育研究活动本身的目的、性质、价值、知识结构等，形成教育观。教育学元理论的出现，会极大地促进教育学学科自我意识的觉醒，会推动明日教育学的发展，使之在当代和未来教育改革中产生更大的作用。教育学作为一门研究教育现象和教育问题、揭示教育规律的科学，它的目的是深化人们对教育的认识，更新人们的教育观念，并为教育的发展和改进提供决策依据，为提高教育管理水平和教学水平提供理论选择。

三、教育学的研究对象与研究意义

每一门科学都有自己的研究对象，都有自己特有的研究领域。科学就是按照研

究对象领域所特有的矛盾而分成各种门类的。那么，什么是教育学要研究的特殊矛盾或者说是教育学的研究对象呢？

教育学的研究对象是教育现象和教育问题。教育现象是教育实践的产物，广泛地存在于人类社会教育活动中。现象是直接被人们的感官所感知的事物的外表形象。人们感知教育现象，对它进行议论、评说就成为教育问题，如人们有意识地提出"要造就什么样的人""用什么样方法去培育人"等。人们为了有效地进行教育工作，只能从研究教育现象开始，分析矛盾，即教育问题，才能把握本质，揭示规律。我国当前教育学研究的主要问题有：教育的本质，教育与社会发展的关系，教育与任务、过程、内容、原则、方法和组织形式，教师和学生，教育评价和教育的管理等。教育学是以教育现象和教育问题为研究对象的科学。教育学的历史也就是对这些教育现象和教育问题不断进行探索，并找出各种各样的答案的过程。

教育学的研究意义在于揭示教育规律。什么是规律？规律是事物之间的内在的必然联系，它是不以人们意志为转移而客观存在的。规律的客观性的最明显表现是它的必然性、普遍性和重复性。人们不能创造规律，但能够逐步认识规律，并用它来为改造客观世界服务。教育规律就是教育内部诸因素之间、教育与其他事物之间的本质联系，以及教育发展变化的必然趋势。教育规律具有如下特点：第一，它是教育现象所固有的客观存在。只要教育现象存在，教育规律就存在。第二，它是反复起作用的。教育在任何情况下，都受自身规律的制约。第三，在阶级社会里，人们对教育规律的认识，受阶级意识的制约和影响。教育规律是教育科学的依据。按教育规律的层次性，可分为一般规律与特殊规律。一般规律存在于一切教育现象之中，并贯穿于整个教育发展的过程。这些规律主要有以下几点。

（一）教育适应并促进社会发展的规律

马克思主义认为，物质生活的生产方式制约着整个社会生活、政治生活和精神生活的过程。人们只有在一定程度上解决了吃、喝、穿、住，然后才能从事政治、科学、教育、艺术、宗教等活动。社会生产方式对教育的制约主要表现在两个方面：一是社会生产力制约着教育发展的规模和速度、教育目的、教育内容、专业设置、教育的设备、教育方法和教育组织形式；二是社会的政治、经济决定着教育的领导权、受教育权、教育目的和一部分教育内容。教育既受社会生产方式的制约，同时也对生产力和政治、经济的发展起积极的促进作用。这主要表现在教育把可能的劳动力转化为现实的劳动力，是劳动力再生产的重要手段。教育也是科学知识再生产的手段，并且是发展科学的重要手段。从这个意义上说，教育是具有生产性的。教育还通过培养一定社会政治、经济所需要的人才，使他们具有当时社会要求的思想品德、知识技能，用以巩固和发展一定社会的政治、经济。此外，教育还通过宣传群众、教育群众、组织群众为一定社会的政治、经济服务。

（二）教育适应并促进儿童身心的规律

儿童身心发展是指儿童思想品德、智力和体力诸方面的发展。教育是儿童身心发展的重要条件，它受到儿童身心规律的制约。儿童从出生到成人，其身心发展是有规律的。教育必须遵循儿童身心发展的规律。无论是制订教育计划，选择教育内容，还是采取有效的教育方法，都必须从儿童发展的实际阶段出发，才能收到预期效果。教育要符合儿童身心发展的特征，并不意味着消极适应和迁就，而是要促进"成熟"，促进发展。

（三）培养全面发展的人的规律

学校是通过培养人来为社会服务的。生产和政治是社会生活的主要内容。学校教育要为生产服务，主要是对学生进行科学技术知识和生产劳动技能的教育；为政治服务，主要是对学生进行政治理论、思想品德的教育；人们无论进行何种生产劳动或其他种种活动，都需要强健的体力，这就要求增强学生的体质。处理好教育工作内部德、智、体诸方面的关系，使它们相互促进、协调发展，这是实施素质教育，培养全面发展的人的核心所在。

上述教育规律是相互密切联系的，教育与社会发展相适应是通过人来培养实现的，儿童身心发展也必须体现在人的全面发展上，而人的全面发展又受到社会发展和儿童身心发展的制约。

教育的特殊规律是指不同时期、不同领域或教育过程不同阶段存在的本质联系和必然趋势，包括不同社会形态下教育发展的不同规律，不同领域教育活动的规律，如德育规律、教学规律、体育规律等。

教育规律与教育方针、教育政策不同，教育规律是客观存在的，而教育方针、教育政策是人们根据对教育规律的认识，并联系一定历史时期的任务、条件制定的，具有主观性，并且有国家意志、国家强制的属性。通过一定立法手续规定的正确的教育方针、政策部分地或全部地不符合规律、不符合实际的情况也是存在的。违背教育规律的方针、政策，尽管在一定时期内可能作为一种"能动的社会力量"起着作用，推动教育按一定的倾向发展，但它终究会被人们抛弃或纠正。否定教育规律的客观性，夸大主观意志的作用，必然会给教育工作带来严重的后果。学习和研究教育学，正是为了认识教育事业发展和教育工作的客观规律，以便掌握规律，运用规律，指导教育实践，提高教育效益。

四、教育学的学科性质

对于教育学的学科性质一直是教育界关注和探讨的热点问题之一。迄今为止，已经形成了"教育学是科学""教育学是艺术""教育学是社会科学""教育学是人文科学""教育学是理论学科""教育学是应用学科"等不同认识。由于对教育学学科性质认识上的模糊，使得教育学多年来一直受到理论和实践两方面的责难。

衡量和判断一门学科性质有两个维度，一是这门学科属于自然科学、社会科学还是思维科学，二是这门学科属于理论学科、应用学科还是两者兼有的学科，我们可以按照这两个维度来衡量和判断教育学的学科性质。

首先，教育学是一门社会科学，因为教育学是研究教育现象和教育问题的一门科学，教育现象是一种社会现象。虽然在研究教育问题时也会用到许多自然科学知识和自然科学的研究方法，但是总体上还是运用它们解决社会问题，可以说，教育学属于社会科学范畴，只是不断朝着科学化和综合化的方向发展，兼具科学化和人文化的性质。其次，教育学是一门理论学科，因为它有自己的完整的理论体系。但是，教育学又与一般的理论性学科不同，它是一门实践性极强的理论学科。教育科学与教育实践之间有着天然的密切的联系。教育学既从教育实践中概括出教育理论，又用教育理论指导教育实践，教育学的研究不是纯学术性的研究，而是指向教育实际问题的解决，教育学研究成果最终将转化为教育实践。要当好一名教师，不但要有教育理论知识和正确的教育观念，懂得教育规律，还要具有从事教育实践活动的各种能力，因为教育理论是应用性的理论，光说不练是不行的。教育学能够提出教育工作的原理和方向，却不能对具体的问题都提出解决的方法，因为影响教育的因素有很多，要做实际分析与研究，也因此说明教育是一门"艺术"，而不仅仅是"技术"，要善于处理好教育学"实用"和"应用"的关系。

其次，教育学又是一门人文科学。从根本来说，教育学的学科属性决定于其研究对象，而教育学的研究对象是人类一切的教育现象。从结构上看，可以将教育现象划分为宏观教育现象和微观教育现象。研究宏观教育现象即教育事业的教育学为宏观教育学，其学科属性为社会科学；研究微观教育现象即教育活动的教育学为微观教育学，其学科属性为社会科学与人文科学的融合。从教育事业的角度来说，教育学是最明显的社会科学，如果从教育的内容、过程及方法来说，它更是人文科学。所以，教育学应当属于人文社会科学。

五、教育学的学科使命

现代教育学的本质特征决定了它与传统教育学的区别，而学科发展的世纪转换和研究重心的转移，以及现代教育学对实践的关注，都要求其理论研究必须突破传

统教育学的研究重心和取向。以实验和实证研究为主导,教育学在研究中将主要探讨下面一些热点问题:

(一)主体教育研究

现代教育学的本质特征之一即强调教育过程中学生的主体性的充分展现。学生的主体性是在教育活动过程中培养和发展起来的,研究教育活动的主体性既是培养和发展学生主体性的必然要求,也是当代教育发展的重要趋势。如何充分发挥教师的主体能动性与充分调动学生主体能动性问题,不仅成为现代教育学的核心,而且成为教育本体论的焦点。教育主体性的建立,就是意味着在教育过程中,教与学的主体能动性都得到充分发挥,主体意识充分觉醒,主体的精神世界和意志充分拓展,这已成为当代教育关注的中心。处于新世纪的我国中小学教育,应从多方面探讨适应时代的理念与方法,而其中关于在教育活动中如何培养学生主体性的问题,必将成为未来教育学关注和研究的"热点"。

传统教育以其专制、封闭、僵化、保守的特性,在很大程度上遏制了人的主体性的发展。现代教育和教学则具有全面性、科学性、民主性和开放性等特征,这些特性围绕着一个最基本的内容,那就是创造一切条件来发展人的主体性。透过现代教育的特征,我们也看到了现代教育的一个根本原则,那就是人的主体性原则。因此,现代教育的首要职能是为人的主体性的建立奠定最一般的基础。

(二)素质教育研究

一个合乎时代潮流和社会发展要求的教育思想的产生和实践,必然伴随着作为教育之主渠道和实现途径——教育及其理论(教育学)的变革和发展。素质教育作为我国教育发展的未来理念,如何实现由一种思想和理论向教育实践操作模式转化,是素质教育由理论走向实践的首要难题。可以说,完成素质教育的教育学转化,是其发展中具有关键意义的攻坚之战。也正因如此,素质教育的教育学研究必将成为未来教育学研究中的又一"热点"。

(三)创新教育研究

现代教育学的建构表明,教育研究日益重视发展学生的智能,特别是重视对学生创造力培养的研究。建构发展智能的教育学,首先必须扩大其理论研究的基础。随着遗传工程、生理学、脑科学、信息科学、人工智能及在此基础上心理学、教育学的发展,将会逐步揭开教育工作的最终机理——人的知识和运用知识的能力是怎样获得的秘密。因此,运用上述科学的研究成果及其方法,将成为研究"兴趣""记忆""学习""智力""创造力"等概念的基本途径,并必然会对教育理论与教育实践产生不可估量的影响。教育的发展性目标,从此将建立在牢固的基础之上。而建构起发展智能的教育学，是未来教育研究的一大任务。

科学技术的飞速发展和社会生活的迅速变化，对未来人才的培养提出了创造力的要求。这不仅仅是因为面向21世纪的时代，在艺术、科学、技术等各个领域都需要"丰富的创造力"，更因为创造力是一个民族在当今世界生存的根本源泉。另外，创造力同个性的发展有密切关系，有丰富的个性才能孕育丰富的创造力。而忽视学生个性的全面发展，实质上就等于堵塞了智力和创造力发展的源泉。进行创造教育研究与实验，探索创造教育模式与培养学生创造性思维品质和个性品质的途径，是我国当前教育改革实验的新内容，它顺应了为21世纪培养创造型人才的时代要求。目前，全国已有许多地方、学校开展创造教育教学实验研究，并取得了初步的研究成果，相信随着实验研究的深入进行，创造性教育的理论研究也必将成为教育学研究的又一热点。

（四）生命教育研究

生命教育是针对我国目前教育的种种弊端，如重教师的讲授、轻学生的探索，重间接知识的学习、轻直接经验的获得，重书本知识的传授、轻动手能力的培养等，根据21世纪未来社会发展对未来教育发展和人才培养的要求提出的。生命教育的实施，不仅有利于解决现行教育中存在的种种问题，深化和促进教育的改革和发展，而且有利于学生身心素质的全面和谐发展，切实落实素质教育的目标。应该说，生命教育的提出在价值取向上是符合现代教育学的发展潮流的。

（五）以学为本的学习方法研究

今天，强调终身学习和构建学习化社会已成为现代教育的本质目标。正是由于现代教育对学习及学习主体的观照，才使现代教育学认识到其理论研究重心由教向学转化的必要性和紧迫性。联合国教科文组织在《学会生存》中论及学习化社会时明确指出："未来学校必须把教育的对象变成自己教育自己的主体。受教育的人必须成为教育他自己的人；别人的教育必须成为这个人自己的教育。这种个人同他自己关系的根本转变，是今后几十年内科学与技术革命中教育所面临的最困难的一个问题……我们今天把重点放在教育与学习过程的'自学'原则上，而不是放在传统教育学的教育原则上。"[1]一句话，现代教育和教学要求把学生作为学习过程的主体，它突出地显露了对学生主体地位的尊重和强调。承认学生的主体性地位，强调学会学习也正是现代教育学的本质特征之一。为此，在未来教育学研究中，必须打破传统教育学只注重教什么和怎样教这一以"教"为中心的"教论"，而应注重研究学生学什么和怎样学，变"教论"为"学论"。

1　联合国教科文组织：《学会生存》，教育科学出版社1996年版，第52页。

（六）信息技术对教学的影响研究

当代信息技术对人类社会生活事务的影响是革命性的，这一影响当然包括学校教育和教学。高新技术对教育的影响是全面的，即对教育活动的基本要素、教和学的关系及角色转换、教育过程和教育方式、知识传递的方式、教育组织形式、教育的反馈与评价等方面产生深远的影响。因此，它要求必须彻底地变革传统教育观、教育思想和教育理论。与教育的这种彻底革命性要求相反，长期以来，我国教育界把信息技术的影响仅仅局限在教育技术和教育手段革新的视角，从而制约了我国教育理论的研究和教育实践的发展。今天，我们必须从"文明革命"的角度重新审视现代教育活动发生的文化背景和时空环境，从而将多媒体技术和现代教育学研究密切联系起来，并为构建适应信息时代教与学要求的现代教育学而努力。

第二编 要素篇

第二章 学生论

在第一章"教育的构成要素"一节中,我们已经认识到,构成教育活动的基本要素有教育者、受教育者、教育内容与教育中介。其中,学生是教育活动的主要对象,教师是教育活动开展的主要组织者。本章主要就学生这个要素进行论述。

学生是学习的主体,任何教育活动都是为了学生的发展而进行的,教师的教育行为是为学生的成长服务的,因此,了解学生身心发展的特征,是教育活动得以展开的先在条件。

第一节 学生发展的阶段性特征

人的发展具有阶段性,教育要促进人的毕生发展,就应了解每一阶段人的身心发展特点,从而规划相应的教育内容和教育形式。根据不同年龄阶段人的身心发展特点及活动的性质,大致可以把人生分为四大阶段:儿童期(出生至11、12岁),青少年期(12、13岁至25岁或30岁),成年期(25岁至55岁或30岁至60岁),老年期(55岁或60岁以上)。根据需要,本书主要介绍前两个阶段的发展特点及教育要求。

一、儿童期:稚嫩与潜能

儿童期是整个人生的开端。在这一时期,人的身体生长发育迅速,各种心理活动开始萌芽并得到不同程度的发展。这一时期是许多心理活动发展的关键期,如3岁左右的语言和自我意识,4岁起的图像知觉,5岁的数字与简单计算等,因而也是进行早期教育的最佳时期。儿童在这一时期形成的早期经验对其一生的发展都将具有重要的意义。儿童期的年龄特征主要有以下四个方面:

(一)身体的发展

儿童期是人体生长发育十分迅速的时期。尤其是出生后第一年,是儿童生长发育最快的一年:身高比出生时增加50%,体重是出生时的3倍,大脑的重量在这一时期增长也最快,由出生时的390克增加到900克。此后,身体各部分持续增长,到7岁时,儿童的大脑重量达到1280克,约是成人的9/10,身体各部分已接近成人比例;到11、12岁时,身高、体重稳步发展,神经系统的结构已基本发育完善，接近成人水平，神经功能也不断增强，但心脏等身体脏器还比较脆弱，不宜进行剧烈活动。

（二）心理的发展

1. 认识过程的发展

——感觉、知觉和注意的发展。儿童出生后第一年，感觉发展十分迅速，知觉和注意也开始发展。此后，儿童的感受性不断提高，知觉的概括性和随意性不断增强，注意也开始由无意注意向有意注意发展，注意的广度、稳定性、分配能力不断增加。儿童感觉、知觉和注意的发展，促进了儿童的观察能力逐渐地由被动向主动，由不自觉到自觉，由知觉事物的表面特征到知觉事物的本质特征，由模糊到精确，由缺乏系统性到有目的、有顺序过渡与发展。

——记忆的发展。六七岁之前，儿童的记忆以无意注意、形象记忆、机械记忆为主；到儿童晚期，有意记忆、词的抽象记忆和意义记忆逐渐占据重要地位，而且儿童会使用各种不同的记忆策略，记忆的目的性、准确性、持久性不断提高。

——想象的发展。2岁左右，儿童出现最初的想象；此后，儿童的想象逐渐从无意想象向有意想象、从再造想象向创造性想象发展，想象的目的性、稳定性逐渐增强。

——言语的发展。2至3岁是儿童学习口语的关键期，到3岁，儿童已基本掌握了本民族的语言。此后，儿童的语音逐渐精确，词汇不断丰富，语法结构也逐渐由不完整到完整，句式逐渐从简单句发展到复合句、从陈述句发展到多种形式的句子。进入小学后，儿童除了口语得到进一步发展外，还开始学习并发展书面语言。

——思维的发展。3岁以前的儿童思维具有直觉行动性（思维是在行动中进行的）；4至6岁的儿童能够摆脱对行动的依赖，在头脑中凭事物的具体形象或表象进行思维，其思维具有具体形象性；此后，儿童的思维逐渐向抽象思维过渡，元思维（儿童能意识到自己的思维过程）也从不自觉向自觉发展，但是这一时期儿童的思维缺乏批判性和灵活性。

2. 情感的发展

3岁之前是儿童某些情绪、情感发展的关键期，这些情绪或情感的发展甚至会对儿童日后的行为发展产生影响。在这一关键期儿童如果未得到爱抚，未学会爱人，则以后他也不会有正常的爱的情感；3岁之前，儿童已基本具备了各种形式的情绪和情感，如愉快、恐惧、满意、烦恼等，一些高级的社会情感如道德感、理智感和美感初步萌芽并随着年龄的增长逐渐丰富和加深，情感的自控力和稳定性也有所发展，但总体来说水平还是较低的。

3. 意志的发展

1岁左右，儿童的意志开始发生。2至3岁，儿童开始表现出强烈的独立行动的愿望，什么都要"自己来"，这是自觉能动性的最初表现，也是意志行动开始发展的标志。随着年龄的增长，儿童的主动性和独立性、果断性、坚持性都有所发展，但水平较低，需要家长和教师不断地提醒、督促。

4. 个性的发展

——兴趣、气质、性格、能力的发展。刚出生的新生儿在气质上表现出个体间的差异；3岁之前，儿童个性的某些特征已有了明显的发展，但是还不够稳定。随着儿童的逐渐社会化，4至6岁时，儿童的个性初步形成，表现出气质、兴趣、能力（包括一般能力和特殊能力）、性格等方面的个性差异。随着年龄的增强，这些差异日渐增长，但是这个时期儿童的个性仍然具有很强的可塑性。

——自我意识的发展。1岁前的儿童没有自我意识，不能把自己与客体分开。3岁左右，当儿童会使用代词"我"时，标志着自我意识的产生。3岁后，自我意识的发展主要表现在自我评价能力的发展上。自我评价的独立性日益增强，评价内容逐渐扩大，水平逐步提高，从对外部行为的简单评价发展到对自己行为性质的评价，且自我评价的恒常性不断发展。

——道德品质的发展。在道德意识方面，4至6岁的儿童已开始掌握一定的道德行为规则，并能根据一定的道德规则进行道德判断。道德判断在6至7岁间开始从对外部行为结果的判断发展到对主观动机的判断；9岁时，主观判断已占优势。随着道德意识的发展，儿童的道德情感逐渐形成并发展，但总体水平比较肤浅。儿童的道德行为在5至6岁开始产生，随着年龄的增长，道德行为的独立性、主动性逐渐增强，利他行为逐渐增多。

（三）动作和活动的发展

出生后第一年，儿童已基本掌握了人类进化过程中的主要动作，包括卧、翻身、坐、爬、直立行走等。随着儿童年龄的增长，动作不断分化，精确性不断提高。学龄前期，儿童的主要活动是游戏。游戏作为一种特殊的实践活动，对儿童身心各方面的发展都具有促进作用。进入小学后，儿童的丰导性活动由游戏转变为学习，这一转变对个体心理的发展具有巨大的促进作用。

（四）儿童期的教育

儿童身心的发展特点决定了早期教育对个体终身发展的重要意义，但是早期教育必须考虑到儿童的身心发展水平，即把握好"度"。

第一，培养儿童良好的饮食、卫生、体育习惯，保护儿童的身体健康，增强儿童体质。

第二，抓好关键期教育，促进儿童智力发展。儿童期尤其是幼儿期是语言、想象、思维等认知活动萌芽并迅速发展的关键期，在这一时期创造各种条件对儿童进行科学的教育，能够开发儿童的创造力，在促进儿童智力发展上起到事半功倍的效果。

第三，重视对儿童情感、意志力等非智力因素的教育是培养儿童成才的关键。

第四，加强对儿童良好个性的培养。首先，应通过各种活动和科学的教育方式促进儿童良好兴趣、能力、性格的发展；其次，正视幼儿的"自主权"，尊重儿童的个性与独立性，培养其良好的自我意识；最后，通过合理的方式促进儿童形成良好的道德品质。

第五，合理选择早期教育的方法。通过游戏培养儿童的学习兴趣，为其以后接受学校教育打下良好的心理基础；不顾儿童身心特点的强迫学习、过度学习只能引起儿童的厌学心理，阻碍其进一步学习的兴趣。

第六，重视儿童的心理卫生，加强对儿童的心理健康教育。近年来，由于种种原因，儿童心理问题日渐突出，严重损害了儿童身心的健康发展。因此，加强对儿童的心理健康教育应成为早期教育中很重要的一部分内容。应该讲，每位父母都希望自己的子女能够健康成长、有所成就。但是由于缺乏必要的教育学、心理学知识，大多数家长往往在教育的认识上存在误区，如：缺乏早期教育的观念，错过了心理发展的关键期；过于注重儿童的营养，饮食结构失衡，反而给孩子的健康造成消极影响。早期教育"过度"，忽视儿童的学习兴趣和能力，导致儿童上学前已产生厌学心理；只注重儿童智力因素的培养而忽视非智力因素的培养，导致儿童片面发展，甚至出现心理问题，给以后的发展埋下隐患。

也许，家长认为自己是在"爱"孩子，部分家长恰恰忽视了，"爱"首先是以"尊重"为基础的，尊重儿童也就是尊重人类本身；失却了"尊重"的爱只是一种占有，带给孩子们的也只是伤害，甚至是灾难性的后果。科学的教育观是建立在正确的儿童观的基础之上的，家长应让儿童"成为儿童"，让儿童按"儿童的方式"去生活、成长。

二、青少年期：困扰与发展

在儿童期身心发展的基础上，个体进入了新的发展阶段——青少年期。青少年期是人从儿童到成人的过渡时期。在这一时期，人的生理趋于成熟（主要是性成熟）。在心理方面，随着自我意识的发展，个体开始摆脱对成人的依赖，追求独立，心理学家称之为"第二次断乳期"。生理、心理上的巨大变化使得这一时期的个体内心冲突加剧，容易导致各种心理和行为问题，所以它又是个体发展中的"危机期"。同时，这一时期也是个体人生观、世界观、职业、婚姻等问题的"定向期"。因此,了解这一时期青少年的身心特点,合理施教,对个体的发展具有重要的意义。青少年期的年龄特征可主要分为以下四个方面:

(一)身体的发展

青少年期尤其是青春期(11、12岁至17、18岁)是身体生长发育急剧变化的时期。这一时期,随着内分泌的迅速增加,人的身体各系统出现了迅速的变化,最显著的表现就是性器官的发育成熟及第二性征的出现。

表2-1 男女第一、第二性征发育顺序表

年龄	女性	男性
8	骨盆变宽,臀部变圆	
9	皮脂腺分泌增多	
10-11	乳房开始发育	睾丸及阴茎开始增长
12	阴毛长出,生殖器官增大	声带变长,声音开始变低
13	阴道分泌物从碱性变为强酸性	睾丸增大,阴茎进一步增长,阴毛长出
14	月经来潮,腋毛长出	声音变粗,乳房发胀
15	骨盆明显变化	阴囊色素增加,腋毛长出,开始长须,睾丸增长完成,首次梦遗
16-17	月经已有规则,并开始排卵,骨骼生长开始停止,出现痤疮	面部及身体长毛,阴毛呈男子型,出现精子,开始长痤疮
18-19		长骨生长开始停止

资料来源:许政援等著:《儿童发展心理学》,吉林教育出版社1996年版,第387页。

(二)心理的发展

1. 认知方面

随着大脑神经系统及脑功能的迅速发展与完善,青少年期人的智力发展达到最高潮。感觉能力已达到完善程度;知觉能力高度发展;意义记忆和有意记忆已占主导地位,并进入记忆的最佳期;抽象思维占主导地位,理论思维开始形成,思维的组织性、深刻性、独立性和批判性不断增强。

2. 情感方面

生理的成熟、自我意识的迅速发展使得青少年期的情绪情感与儿童期相比表现出很大的差异:从情感的产生与表现方式看,这一时期的情感强烈,具有冲动性与爆发性、不稳定性与两极性、内隐性与延续性等特点;从情感体验的性质看,青少年的情绪、情感更加丰富、复杂、深刻,并逐渐形成高级的情感,如爱国主义情感、正义感、责任感、爱与情操等。此外,在从幼稚到成熟的转变过程中,青少年

会经常体验到寂寞孤独、忧虑不安、苦闷忧郁、焦虑愤慨等消极的情绪、情感，如果长时期得不到缓解，可能会导致青春期抑郁症、焦虑症等心理疾病。

3. 意志方面

青少年的意志发展逐渐趋于成熟，自控力、活动的目的性及承受困难和压力的能力等都大大提高；但是，当前大部分青少年都是独生子女，意志薄弱仍是一个比较突出的问题。

4. 个性方面

青少年期是个体理想、信念、世界观基本形成的时期，也是性格趋于稳定、各种能力发展到顶峰的时期。这一时期比较显著的个性特点表现在自我的独立上。随着生理上的成熟，个体开始产生一种"成人感"，要求摆脱父母的监护和指导，在行为、观点和情感上都要求自治，即出现所谓的"心理断乳期"。但是，青春期个体的自我意识还不够成熟，加之青少年的能力有限，所以常常导致特殊的心理问题，如闭锁心理、自卑心理、逆反心理、猎奇心理、强烈的竞争心理与以自我为中心的心理等，处理不当，可能产生严重后果，因此这也是人生发展的一个"危机期"。

（三）活动的发展

在青少年前期，个体的活动仍以学习活动为主。由于面临升学压力，这一时期的学习任务是十分繁重的。与此同时，青少年的社交活动逐渐增多，交往的范围也不断扩大。但这一时期，由于个体好奇心和模仿力较强，辨别是非和自控能力较差，也容易出现一些心理和行为问题，如学习困难、择业、恋爱、婚姻等问题，个体的活动逐渐转向了工作、社交和生活，即成年人的活动方式。

（四）青少年期的教育

第一，加强性知识教育，帮助青少年形成正确的性观念。性的发育成熟往往使个体的心理产生一系列微妙的变化，如羞涩、不安、好奇、恐惧等。如教育不当，有可能导致身心疾病或性犯罪。因此，对青少年进行科学的性知识教育，可以降低青少年的紧张心理，有助于其形成正确的性观念。

第二，尊重青少年的独立意识，创造条件引导他们形成正确的自我认识和自我评价，促进其个性的良好发展。独立意识的出现意味着自主性的增强，是作为主体的个体发展过程中至关重要的一环。如果家长或教师不明就里，横加干涉，会引发青少年的逆反心理。同时也应看到，青少年的自我意识还不够成熟，常常出现过分夸大或贬低自我的倾向，表现出盲目的自尊或自卑，因此，教师的引导作用显得尤为关键。

第三，加强对青少年的理想、信念、人生观、世界观和道德品质教育，使之树立远大而合理的人生目标，预防不良行为的出现。

第四，教育者应了解青少年独特的身心特点，加强心理健康教育和指导，帮助青少年顺利渡过这一危机期，促进其心理的健康成长。

第五，提供职业、社交、婚恋方面的指导，帮助青年解决生活中的重大课题，为其一生的幸福奠定基础。

当前，青少年教育中存在着诸多问题，比较突出的问题表现在受"应试教育"的影响，教育片面强调学生认知能力的发展，而相对忽视学生情感、意志、个性及身心健康方面的发展，结果导致学生的学习负担过重并引发一些其他问题。因此，缓解青少年的学业压力，促进青少年身心健康、全面发展，是目前教育亟待解决的一个重要问题。

第二节 学生发展的主体性特征

一、学生是发展的主体

正确的学生观是建立在对学生本质属性的正确认识基础之上的。学生作为人，作为发展中的人，虽然从教育和教学过程的组成来说，是教育的对象，处在教育客体的地位，但是从整个教育教学过程的进行及个体的发展来说，学生是学习活动的主人，是发展的主体。

学生首先是人。学生虽然是教育对象，但和其他社会实践对象不同，他是活生生的人。前面已经讲过，人具有自主性、能动性和创造性，学生作为独立的个体，有自我观念、自尊心，有自己的需要、兴趣、爱好、追求和个性等主观意识。在这些主观意识的支配下，个体不是消极、被动地被外界环境机械地决定，而是具有一定的主动性、积极性和创造性。表现在教育过程中，学生接受教育是有选择的，对不同的教育内容、教学方法，甚至不同的教师，都会做出不同的反应，或是产生积极的接受态度，或是产生消极的抵制态度。需要指出的是，学生的意识在一定程度上是在教师的影响下形成的，但是这种主体意识一经形成，就具有明显的独立性，表现为对外界影响具有分析、判断和选择的倾向，凡事都要经过他们自己的思考，才能做出抉择。因此，教师应该尊重学生的自主性、能动性与创造性，而不是忽视甚至压制它们。

学生又是发展中的人。从个体发展的指向来看，学生是国家未来的主人和社会的建设者。很难想象，一个缺乏主体意识、主人翁责任感的人能够很好地担此重任。因此，学生主体性的培养在某种程度上决定着未来国家和社会的发展。从个体的发展过程来看，个体发展的多种可能在多大程度上转化为现实，主要是由主体的活动决定的，即教师的作用作为一种可能性因素，是不会自动地主体化为学生的意识的。只有把教师的活动与学生的活动相联系，把教师的活动目的转化为学生的活动目的，把教师所施加的影响构成为学生活动的手段和对象，即必须以学生自身的活动为中介，教育才能发挥它的作用。从这一意义上讲，学生是自我发展的主体。在教育教学过程中，学生的主要活动是学习，教师施加的全部教学活动，只有通过学生自己积极的认识活动才能起作用，因此学生是学习的主体。

总之，教师应该尊重学生的自主性、能动性和创造性，树立"学生是学习的主体和发展的主体，是未来社会的主人"的学生观。唯有如此，学生才能意识到自己是学习的主人，应该对自己的学习乃至一生的发展负责，在受教育过程中，学生才能够充分地发挥主动性、积极性和创造性，并逐渐形成独立学习、自我教育、自我发展的能力。至此，学校教育的过程才算基本完成。因此说"教是为了不教"，其含义也正在于此。

我们强调学生的主体作用，丝毫不意味着低估或是否认教师的主导作用，更不是主张"学生中心论"。学生主体作用的发挥有赖于教师主导作用的加强，离开了教师的正确引导，学生的学习和发展不可能自发形成，甚至可能迷失方向。不过，教师应该对自己的主导作用有一个科学的认识，"主导"不是"主宰"，教师的主导作用在某种意义上就是要最大限度地调动和发挥学生的主体作用。因此，教师应转变传统的教育观念和教育模式，把教育的重心从单纯地教转移到重视学生的学；从单纯重视知识的传授转移到注重培养学生的能力，尤其是对学生自学能力、独立思考能力、创新能力和自我教育能力的培养，使学校教育和学生的自我教育和谐地统一起来，最大限度地促进个体的发展。

二、学生发展的规律与特点

学生的发展是指学生在遗传、环境和学校教育以及自我内部矛盾运动的相互作用下身体和心理两个方面所发生的量、质、结构方面变化的过程与结果。所谓身体的发展，包括了学生身体的正常发育和体质增强；心理的发展指学生在认知、情感、态度、行为等方面的发展。学生的发展是众多内外因素综合作用的结果。从外部因素看，可以分为可控和不可控、积极和消极维度。学校是影响学生发展的主要外部因素，它是通过可控的、积极的学校因素和选择社会环境中的积极因素来影响学生的发展的。从内部因素看，学生身心发展的社会需要与个体现有发展水平之间的矛盾和由这种矛盾所构成的现实性活动是学生发展的根本动力。由于影响学生发展的内外因素都是发展变化并相互作用的，不同的个体有不同的发展道路，其发展呈现多种可能性。

学生身心发展是有规律的，这些规律是学生在一定年龄阶段身心两方面发展的稳定的、典型的本质特征。

（一）顺序性和阶段性

学生个体的身心发展具有一定的顺序，即由低级到高级、由量变到质变的过程。如身体的发展是从头部、躯干向四肢，从中心部位向全身的边缘发展的；行为的发展是先爬后行再跑；记忆的发展是从机械记忆到意义记忆；思维的发展是从具体思维到抽象思维；情感的发展是先有喜、怒、惧等一般情感，而后出现道德感、理智感等高级情感；等等。个体身心发展也有一定的阶段性，它反映了量变与质变的统一。它表现为青少年身心发展的年龄特征，即在发展的不同年龄阶段中身心发展的一般的典型的特征。如在童年期，儿童的思维特征是以形象思维为主，情感特征是不稳定且形于外；而在少年期，青少年抽象思维已有较大发展，对情感的体验开始向深与细的方向发展，但很脆弱；在青年初期，青少年以抽象思维为主，情感较丰富细腻、深刻稳定，同时道德感、理智感等在其情感生活中占主要地位。个体身心发展的顺序性和阶段性的特点，要求教育工作必须适应学生身心发展的各个阶段的顺序，循序渐进，做到由浅入深、由易到难、由具体到抽象、由低级到高级，不能一刀切。同时，由于身心发展各阶段是相互联系的，具有连续性，前一阶段是后一阶段的准备，这就要求考虑各阶段教育的衔接。

（二）稳定性和可变性

个体身心发展的稳定性是指处于一定社会环境和教育中的某个年龄阶段的青少年，其身心发展的顺序、过程、速度都大体相同。如学龄初期儿童的总特征是身体发展较缓慢，思维以形象思维为主；而学龄中期儿童的特征是身心急剧变化，自我意识增强，独立性增强，特别是情感较丰富，又不容易控制自己，有人称之为"危险期"；学龄晚期学生的身心发展明显成熟，接近成人的水平。

然而，在不同的环境和教育条件中，同一年龄儿童的身心发展水平是有差异的。如我国现在青少年的身高和体重远远超过新中国成立前的青少年身高和体重，这说明人的发展的主客观条件不一样，身心发展具有可变性。身心发展的稳定性要求在一定时期内，教育内容、方法等要保持相对稳定；同时，要根据时代特征、地域特点、文化特点，不断革新教学内容、方法，以适应社会和人的发展。

（三）不均衡性

学生的身心发展是不均衡的，表现为在不同的年龄阶段身心发展甚至同一方面的发展的不均衡。如个体的身高、体重有两个发展的高峰，第一高峰出现在出生的第一年（如身高从出生的50厘米增长到75厘米），第二阶段在青春发育期。这两个高峰期，个体的身高体重的发展较其他年龄阶段更迅速。有人对人的智力发展进行研究，发现人的感知、思维、记忆、想象等都存在不同的关键期。个体身心发展的不均衡性要求教师要把握其发展的关键期，不失时机地采取教育措施，使其获得最佳发展。

（四）个别差异性

由于人的发展的主客观条件不一样，其发展的过程与结果也有差异。研究者估计：虽然一年级的教师班上差不多都是6岁的孩子，但他事实上面临着一群能力不同的儿童，从他们准备状态的差异来说，实际上不仅是儿童在不同时期的发展速度和水平有个体差异，而且在相同方面的发展速度和水平也有个体差异。这就要求教师深入了解每个个体的身心发展状况和水平，有的放矢，因材施教。

（五）整体性

学生是一个整体的人，以其整个身心投入教学生活，并以整个身心来感知、体验、享受和创造这种教学生活。教师所面对的是一个活生生的整体的人，尽管这个整体不是"完美"的整体。因此，教学应该面对学生的整体身心，正如杜威所说："我们所需要的是儿童整体的身心和整个的心灵来创造学校，并以更圆满发展的心灵和甚至更健全的身体离开学校。"[1]教学要着眼于学生的整体性，促进学生的一般发展，注意做到认知因素与非认知因素、意识与潜意识、科学与艺术的统一。

---

[1] 杜威：《教育论著选》，赵祥麟、王承绪译，华东师范大学出版社1981年版，第56，57页。

第三章 教师论

教师是促进学生发展、提高教育质量的关键。教师作为履行教育教学职责的专业人员，有其特有的权利和义务。教师的专业人员身份要求教师必须不断学习以提高专业素养，实现专业发展。

第一节 教师职业

一、教师的概念

教师是履行教育教学职责的专业人员，承担教书育人、培养社会建设者、提高民族素质的使命。从广义看，教师与教育者是同一语；从狭义看，教师专指学校的专职教师。

教师的概念是与教育的发展、教师职业的发展联系在一起的。古代原始部落的氏族首领和具有生产、生活经验的长者，为了部落自身的生存和发展，把生产知识、生活经验，特别是风俗习惯、行为准则，有意识地传授给年轻人，于是成为最早的兼职教师。专职教师是在学校产生后出现的。西周时期，实行政教合一，官师一体，官学中设有专职的教育官"师氏"，有"大师""小师"之分；战国时期，韩非子主张以法为教，以吏为师；秦始皇三十四年（公元前213年），秦王采纳丞相李斯"若欲有学法令，以吏为师"的建议，实行吏师度；汉代以后，中央及地方官学中有"博士""祭酒""助教""直讲""典学"等专职教师；唐代以后，有"祭酒""司业""博士""助教籍""掌馔"等专职教师。除官学外，春秋战国之后，私学兴起，既有官吏兼任或辞官还乡专任教师，也有名儒大师不愿出仕，退而授徒，亦有清贫文人充任乡间塾师、书师。我国古代教师多以"学识"和"人格"为本，所谓"智如泉涌，行可以为仪表者，人之师也"（《韩诗外传》），"师者，人之模范也"（杨雄，《法言·学行篇》），"师者，所以传道授业解惑也"（韩愈，《师说》）。教师的功能主要表现为社会政治伦理功能和教化功能。

在西方，古希腊时期出现的"智者派"是最早的教师，他们教授无知的人学习知识用以生存。在中世纪，僧院学校、教会学校多以僧侣、神甫、牧师为师。

近代，随着教育的制度化，教育教学工作日益成为一种越来越重要的专门职业，教师的社会功能日益显著。如英国哲学家培根就曾把教师称为"科学知识的传播者，文明之树的栽培者，人类灵魂的设计者"。俄国教育家乌申斯基（1824—1870）说："一个教师如果不落后于现代社会进程，他就会感到自己是克服人类无知和恶习大机构中的一个活跃而积极的成员，是过去历史上所有高尚而伟大的人物跟新一代之间的中间人，是那些争取真理和幸福的人的神圣遗训的保存者。"苏联教育家加里宁称教师是"人类心灵的工程师"。我国教育家杨昌济（1871—1920）称教师有"神圣之天职，扶危定倾，端赖于此"。这些说法都揭示了教师在人类社会发展中的历史和现实意义。可见，人们对教师职业的认识在不断地发展。

当代教育已成为社会持续发展的动力，教师的作用也在增强和扩大，它不仅是人类文化的继承者与传递者，也是社会物质财富的创造者，还是社会发展与变革的重要力量；教师不仅要传授知识，还要培养和发展学生的智力和能力，陶冶他们的情操，关怀和指导他们的学习和全面成长。因此要实现教师的功能，教师必须经过严格的专业训练，要做终身学习的模范，师范教育走向教师教育，并在全球范围内的迅速发展正是这种需要的体现。总之，现代意义上的"教师"与古代意义上的"教师"有着本质的区别：一是多功能性。二是专门性。作为教师，必须经过培养和培训，取得合格证书。三是高素质性。现代教师的内涵更丰富，是"经师"与"人师"的统一。四是发展性。现代教师必须终身学习，不断更新自己的知识结构、能力结构，使自己成为会学习的人。

二、教师职业的性质

（一）教师职业是一种专门职业，教师是专业人员

职业是依据人们参加社会劳动的性质与形式而划分的社会劳动集团。社会学者把职业划分为专门职业与普通职业。在专业社会学中，对于专门职业这一概念有两种不同的界定：一种是把专业界定为具有一定的专业知识与服务理想的职业群体；一种是把专业界定为对自身职业具有控制权的职业群体。人们往往根据这两种界定来判断某一种职业是否为专业。

教师职业属于专门职业。1966年联合国教科文组织在《关于教师地位的建议》中提出，应该把教师工作视为专门职业，认为它是一种要求教师具备经过严格训练而持续不断的研究才能获得并维持专业知识及专门技能的公共业务。

教师是专业人员，在国际劳工组织制定的《国际标准职业分类》中，教师被列入了"专家、技术人员和有关工作者"的类别中。我国把各级各类教师列入了"专业技术人员"。1993年，我国颁布的《教师法》中把教师界定为"履行教育教学工作的专业人员"。

（二）教师是教育者，教师职业是促进个体社会化的职业

就从业内容来看，教师是指直接专门从事教育教学工作的人员，尤指以教书为业的人员。其余，如专职行政管理人员、教学辅助人员、后勤服务人员、校办产业职工等，则不包含于其中。《中华人民共和国教师法》第3条规定："教师是履行教育教学职责的专业人员，承担教书育人、培养社会主义事业建设者和接班人、提高民族素质的使命。"此处，特别提出"教书育人"，寓意深刻，实有所指。

（三）教师是以教育教学作为职业的专门人员

就从业性质来看，教师是指以教育教学作为职业的专门人员，即教师应为教育教学工作付出主要劳动时间，并以此获得主要劳动报酬。另有本职工作，偶尔到学校兼课者不能视为教师。当然，时至今日，越来越多的政界、商界、科学界人士到大学兼任教师，这不过是因为大学除了培养人才之外，另负有发展科学、服务社会的职能。而这种情况在中小学就比较少见，各国大多对教师教育机构的条件、中小学教师的任职资格有着比较严格的规定，以保证教学的质量和维护教师的专业性。

三、教师的作用

关于教师的作用，历史上很多学者都有过精彩的论述。如英国哲学家培根就曾把教师称为"科学知识的传播者，文明之树的栽培者，人类灵魂的设计者"。苏联教育家加里宁称教师是"人类心灵的工程师"。从这些关于教师的描述中不难看出，教师劳动具有巨大的社会价值，对于人类社会文明的延续、进步和发展，都起着不可替代的作用；以培养人为主要职责的教师，对学生（即对人）的发展也起着不可低估的重要作用。归结起来，教师的作用主要表现在以下几个方面：

1. 教师是人类文化的传播者和发展者

人类在长期的社会实践中，积累了丰富的经验，创造了灿烂的文化，留下了极为宝贵的精神财富。而人类这些长期积累的科学文化成果和宝贵的精神财富，需要世代相传、发扬光大，仅仅依靠口耳相传是远远不够的，必须通过从事专门的教学活动的教师来实现。教师作为人类文化的传播者，在人类社会发展中起着承上启下的作用。教师通过对人类丰富文化遗产的整理、采撷，掌握了系统的科学技术知识、文学艺术、社会思想、哲学观点和道德规范等，并有效地传授给年轻人，使他们在较短的时间内掌握人类经过几千年的历史总结出来的知识经验，让他们能够更快、更好地适应现存社会的实践活动，承接起发展的任务，延续社会的文明。实践证明，将人类社会积累的知识和间接经验传授给年轻人是发展社会生产力、推动社会进步的最佳路径。不仅如此，教师还要担负创新文化的重任。传播人类文化和传授间接经验只是教师的教学任务之一，却不是教师教学的唯一目的。教师的主要目

的是在教学过程中通过传递知识而开启学生的心灵与智慧，帮助学生获取知识与运用知识解决问题，激发学生的创新精神。尤其是在高等学校中，教师还要和学生一起在前人研究和取得成果的基础上继续发展，实现知识创新的目标。因此，教师的劳动对人类文化的继承和发展起着无法替代的作用。

2. **教师是社会物质文明和精神文明建设的推动者**

社会的文明程度取决于社会成员的素质，而社会成员的素质又取决于教育。在教育过程中，教师功能的发挥又直接决定着教育活动的成败。因此，物质文明与精神文明的建设任务也责无旁贷地落到了教师的肩上。首先，从物质文明的建设和发展来看，尽管教师没有直接参与物质文明建设，却为物质文明建设培养着劳动者，输送各级各类人才参与物质文明建设。通过教师劳动，将"潜在的劳动力"转化为"现实的生产者"，教师劳动是进行物质生产劳动、创造物质财富的前提和基础。从这一意义上看，教师无疑是物质文明建设的有力推动者。其次，从精神文明的建设和发展来看，教师在培养各种高级专门人才、促进精神财富的生产方面也发挥着重要作用。所谓精神财富，主要表现为教育、科学、文化知识的发达和人们思想、政治、道德水平的提高。中小学教师和大学教师在对年轻人传授知识、发展智能的同时，还培养其思想品德，把人类社会发展中形成的道德规范、行为准则传播给他们，并在实践中使其养成良好的行为习惯，以此推动社会精神生活的健康发展。

3. **教师是学生个人成长的引领者**

教师不仅通过传播文化、传授知识等方式将学生培养成为未来社会所需要的建设者和合格公民，还在学生个人成长的过程中发挥着重要的影响作用。教育过程是一个提升人的主体精神、促进个人发展的过程，人的个体差异性在教育过程中应该得到充分的关注。教师在教育过程中要因材施教，引导不同的个体在其已有的基础上获得应有的发展，而教师特有的人格魅力本身也对学生个体成长发挥着巨大的影响力。

另外，非常值得一提的是，教师劳动还具有丰富的个体价值。教师不是一味地奉献和牺牲，教师职业和教师劳动也能带给教师独有的尊严和特别的意义。教师劳动的过程也是追求自我实现的过程，教师在劳动过程中不仅能感受到"桃李满天下"的喜悦，还能享受由教师职业的独特意义所带来的一种教育幸福。

四、教师的劳动特点

苏联著名教育家苏霍姆林斯基曾经说过："教育是人和人心灵上的最微妙的相互接触。"教师劳动过程始终都是一种人与人相互作用、相互影响的过程。教师的劳动对象是活生生的人，教师的主要劳动工具也是人，是包括知识、思想、人格在内的教师本人，教师的劳动产品还是人。教育工作的特殊性使教师劳动表现出许多不同于一般劳动的特点。

（一）示范性

教师劳动的示范性是教师劳动最鲜明和突出的特点，这是由教育活动的本质特点所决定的。教育是培养人的活动，教师在劳动过程中，并不是用一般意义上的劳动工具去影响劳动对象，而是以自己的知识、思想和人格，通过在各种实践活动中的言行举止等直接影响劳动对象——学生，因此，教师总是被要求作为一种表率而存在。同时，青少年学生的"未成熟"以及他们所特有的模仿能力和"向师性"等特点，也决定了教师劳动应有的示范性。教师劳动的示范性渗透在教育活动的每个方面，在教师劳动的过程中对学生产生潜移默化的影响。不管教师本人是否意识到，他总是在自觉或不自觉地给学生做示范。因此，要使这种示范作用产生良好的效果，教师必须严于律己，知识要丰富，品德应高尚，治学须严谨，才能时时处处成为学生的楷模。

（二）创造性

许多劳动都有创造性的特点，但教师劳动的创造性的独特之处主要表现在教师劳动的创造性带有很强的自主性和灵活性。教师工作对象的可变性、发展性，丰富多变的教学情境，教育任务和责任的不断复杂化等决定了教师在工作中应有的自主性和灵活性。教师劳动的自主创造是教师充分发挥主体作用的结果，教师能够在不同的场景中，面对不同的教育对象，凭个人的教育智慧，以自己独特的方式方法开展教育与教学工作，解决教育问题。教育工作是触及心灵、深入灵魂的细致工作，人的心灵深处特有的敏感性无时不要求教育者睿智的判断、灵敏的直觉以及独到的领悟，教师正是在这样的环境中发挥着教育者特有的灵活性，既要遵循教育规律，更要依赖自己的经验与直觉，这些全都展现了教育中的自由创造。教师劳动的独特创造性要求21世纪的教师必须成为智慧型教师。

（三）复杂性

教育过程本来就是一个复杂的活动过程。首先，教师劳动对象的复杂多样性，使教育活动也变得复杂而多样。教师劳动的对象是人，是活生生的、正在成长中的人，他们年龄不同、性格各异，教师的劳动过程不可能以固定的模式按部就班地进行，教师必须在了解学生特点的基础上因材施教。其次，教师劳动是一种以脑力劳动为主却又混杂了体力劳动在内的复杂劳动。教师的任务也是多方面的，既要传授知识、培养学生能力，还要教学生学会做人，引导学生健康向上地发展；教师既要考虑社会对人才的需求，又要关注学生自身的成长需要。教师任务的多样性充分反映出教师劳动的复杂性。教师要从事这样一种复杂的劳动，必须不断提高自身的专业素养。

（四）迟效性

所谓"十年树木，百年树人"，教师对学生的培养和学生发展的实现并非一朝一夕所能完成，人才的成长需要一个比较长的周期，这就决定了教师劳动的迟效性。一方面，从个体发展的角度来看，教师劳动具有长期性，学生的身心发展变化需要经历一个长期而反复的过程，需要教师付出长时间的观察和施加相应的影响；另一方面，从教师劳动取得的效果来看，教师劳动具有迟效性，其劳动"产品"往往要经过一段时间后才能显示其社会效益，教师劳动的效果只能作为一种潜在的价值隐含在学生身上。从这种意义上说，教师劳动的效果有着明显的滞后性。所以，教师劳动需要有一种甘于等待的恒心和耐心。

五、教师的角色定位

"角色"概念从戏剧中借用引申而来，它是指处于一定地位中并按其相应的行为规范活动的人，而不是指行为规范或行为模式，更不是指行为本身。一个人获得了某种社会地位，他就扮演着某种角色，而这个人的角色行为便应符合社会或团体对该角色的期待或约定俗成的角色规范。关于教师角色的划分，可谓众说纷纭，但无论哪一种分类都表明，教师角色确实又多又复杂。如美国学者格兰布斯（J. D. Grambs）将教师角色分为两大类：一类是学习指导者，另一类是文化传播者。前者具体包括七种角色——学生成绩的评判者、知识与技能的择定者、纪律维持者、儿童的保护人、道德气氛的创造者、教育机构的成员、学校教育传统的支持者；后者则具体包括九种角色——中产阶级文化的恪守者、青年人的楷模、理想主义者、思想界的先锋、有文化教养的人、社区事务参与者、社区中的陌生人、教育机构中的路人、社会的公仆。[1]加拿大的学者珀金则以形象的比喻来阐明教师的多重职责，认为"教师是一把钥匙"，"像拱门中的拱顶石"，"像用以识别地图的图例"，"如同音乐和声中的调"等，指出"一把万能钥匙可以打开许多门；一块合适的拱顶石能使拱门安全可靠；准确的图例可以使旅行者踏上愉快的有意义的旅途；正确的调可以使得乐曲具有优美的旋律、乐章与和声"[2]。我国台湾学者林生传认为，教师在现代社会中至少扮演着五种重要角色，即传道者、授业者、选择者、辅导者以及协商统合者；华东师范大学邵瑞珍在其《教育心理学》中则把教师角色分为知识的传授者、父母形象、课堂纪律管理员、学生的榜样、心理治疗家、

---

1 吴康宁：《教育社会学》，人民教育出版社1998年版，第203页。
2 珀金著，王英杰译：《论教师的作用》，载瞿葆奎，《教育学文集·教师》，人民教育出版社1991年版，第15页。

朋友与知己、替罪羊、人际关系的艺术家,等等。[1]教师角色的定位与社会历史现状、社会文化以及对教育教学活动的认识密切相关。在当代社会里,人的主体性被提到很高的地位;在教学活动中,学生作为学习主体的地位也越发突出。因此,教师的角色和职责也要相应地进行转换:"教师的职责现在已经越来越少地传递知识,而越来越多地激励思考;除了他的正式职能以外,他将越来越成为顾问,一位交换意见的参加者,一位帮助发现矛盾论点而不是拿出现成真理的人。他必须集中更多的时间和精力去从事那些有效果的和有创造性的活动:互相影响、讨论、激励、了解、鼓舞。"[2]因此,在我们看来,在教育活动中教师有多重角色是不言而喻的,而教师的角色应该被主要定位为"学习促进者"。尽管教师作为一个知识传授者依然要承担传授知识的任务,教师劳动的独特性要求教师作为学生的楷模,教师工作的时代性使教师慢慢变成了学生的朋友等,但所有的这些角色都是为了促进学生更好地学习和发展。

(一)学习促进者

在新的时代背景和基础教育课程改革的要求下,教师的主要职责由原来的"传授知识"转变为"促进学生发展",教师理所当然地成为学生学习的促进者,这既是对教师道德的要求,也是对教师专业的要求。教师作为学生学习和发展的促进者,主要是要求教师通过发挥自己的才智,唤起学生学习的热情,并通过指导学习方法,开启学生智慧,促进学生的成长与发展。正所谓"授之以鱼",不如"授之以渔"。

要教师成为学习的促进者,这体现了教学过程中学生学习的重要性。在教学活动中,教师所做的一切都是为了学生的学习与发展。教师作为学生学习的促进者,并不是要求教师退居二线,而是对教师的专业活动提出了更高的要求。教师作为学习的促进者,意味着教师应该且必须对学生发挥促进作用,促进学生的学习和发展是教师必要的专业责任;而教师也应该有能力去促进学生的学习与发展,作为一个教育专业人员,教师应该懂得教育规律,深入了解学生,善用恰当的方式方法帮助学习者在其已有的基础上获得提高,促进其身心发展;教师还要通过自己的言行举止,为学生的生命成长提供榜样示范。

教师的学习促进者角色意味着学习是学生自主的过程,但教师有必要也有能力帮助学生,教师在了解教育规律的基础上,结合自己的教学经历与学生的独特性,

---

1 邵瑞珍:《教育心理学》,上海教育出版社1988年版,第455—458页。
2 联合国教科文组织国际教育发展委员会编著,华东师范大学比较教育研究所译:《学会生存——教育世界的今天和明天》,教育科学出版社1996年版,第108页。

因材施教，帮助不同的学生获得不同的发展，在教育过程中充满了创造，并实现自己的生命意义。在教育教学过程中，教师的促进作用表现为教师对学生进行学习意义和方法的指导，教师对学生的教育期待，教师对学生学习的激励与肯定，教师对特殊学生给予特殊的帮助等，这些都需要教师的教育智慧。

（二）知识传授者

教师作为知识传授者的角色可谓历史久远。从教师职业诞生之日起，教师一直在承担着传递文化、传授知识的重任。虽然现在许多学者都认为，教师的主要职责不再是传授知识，但他们并没有否认教师作为一个知识传授者的身份的存在，问题的关键在于传授什么类型的知识以及以何种方式恰如其分地传授知识。在新的世纪里，知识的加速发展要求教师的知识观要得到相应的更新。

（三）行为楷模

教书育人历来是教师特有的职责。教师不仅要传授一定的知识，更要教会学生如何做人。教师每天与学生打交道，一言一行都会对学生产生潜移默化的影响。青少年的模仿能力强，尤其当一个教师在学生心目中有比较高的地位时，其言行举止都会成为学生效仿的内容。因此，教师在一定意义上就是学生行为的楷模，为人师表一直都是教师行动的准则。

（四）研究者

教师的研究者角色是教育活动对教师提出的必然要求。教师所从事职业的独特性要求教师应该成为研究者，教师必须对学生的学习负责，因此，教师既要研究学生的学习，也要研究自己的教学以促进学生的学习，还要研究自己的专业成长过程。教育活动的特殊性为教师成为研究者提供了可能，教学场所就是一个天然的实验室，教学过程就是一个自然而然的研究历程，教师与学生的共同发展正是教师作为研究者要追寻的价值。

（五）"替代父母"

不少学者认为，"替代父母"也是教师需要承担的一个角色。加拿大著名教育学者马克斯·范梅南认为，教师必须不断地提醒自己留意自己与孩子之间的"替代父母"的关系。专业教育者必须尽可能地协助儿童的父母完成其主要的育人责任。但学校的"替代父母"的责任不仅仅是为儿童迈向外面的更大世界作准备，而且还在于保护儿童避免家庭的亲密空间中可能存在的虐待危险和种种缺陷。对于学生来说，教师的这样一个角色容易使其"亲其师"并"信其道"。因为，"像父母亲一样，教师常常能建立起对他们的学生的深厚感情和喜爱。他们觉得对他们管辖的儿童负有责任。他们对他们所教的孩子寄予希望。最后，教师让他们的学生远走高飞。尽管如此,他们的学生在未来的生活中仍然会想起他们的老师来"[1]。

第二节 教师专业发展

教师是从事教育教学活动的专业人员,这一点已经在世界范围内达成共识。但教师最初并不是作为一种专业产生的,教师专业化是人类社会分工的必然结果。在世界范围内提出"教师专业化"的概念不过是近几十年的事,而教师职业朝着专业方向发展的漫长演进过程却可以追溯到教师职业的产生甚至更早的时期。

一、教师:从"职业"到"专业"

时至今日,关于教师到底是一种职业还是一门专业依然存在纷争。因此,明确职业与专业的内涵实属必要,本章所谈及的"职业"与"专业"都是指社会学意义上的含义。根据《中国大百科全书·社会学》的解释,"职业是随着社会分工而出现的,并随着社会分工的稳定发展而构成人们赖以生存的不同的工作方式"[2]。人类的职业生活是一个历史范畴,不是从来就有,也不会永恒不变。社会学中的"专业"或称"专业职业",是指一群人经过专门教育或训练、具有较高深和独特的专门知识与技术、按照一定专业标准进行专门化的处理活动,从而解决人生和社会问题,促进社会进步并获得相称报酬待遇和社会地位的专门职业[3]。无论是根据内涵分析,还是从教师职业产生发展的历程来看,教师职业经历了从"职业"到"专业"的演进阶段。

教师从"职业"到"专业"的发展脉络,大致可分为四个阶段:

(一)非职业化阶段

教育是和人类社会同时产生的。在人类社会初期,教育活动与其他活动融合在一起,教师并没有从其他行业中分离出来,还不是一种独立的职业。在古老的原始社会里,人类为了自身的生存和社会的延续与发展,必须通过教育向年轻人传授劳动知识、技能和社会生活经验,此时的教育就在劳动和生活中进行。家庭中的父母兄长、部落的首领和长者都有义务承担传递生产生活经验的责任,长者为师,能者为师,教育没有从生产劳动中分离出来,因此,也没有专门的教育机

---

[1] 马克斯·范梅南著,李树英译:《教学机智——教育智慧的意蕴》,教育科学出版社2001年版,第11页。
[2] 董纯才等:《中国大百科全书·社会学》,中国大百科全书出版社1991年版,第475页。
[3] 刘捷:《专业化:挑战21世纪的教师》,教育科学出版社2002年版,第50页。

构和专门的教师职业。

（二）职业化阶段

随着学校的产生以及体力劳动和脑力劳动分工的出现，开始有专门的人员从事教师职业，但此时教育的一个重要特点是"学在官府""以吏为师"、官师一体，教师职业并不是独立的。随着社会的进一步发展和社会阶层的演变，出现了私学，独立的教师职业由此而生。诸如我国春秋时期的诸子百家，竞相提出了自己的政治理想和主张，并且设学授徒，宣传自己的学说和思想；古希腊的智者也以教授人们知识为主。私学教师逐渐成为一种行业，但并没有形成从教的专业技能，教师职业专业化程度很低，从业人数也十分有限。

（三）专门化阶段

教师职业的专门化是社会发展到一定阶段的结果，以专门培养教师的教育机构的出现为标志。世界上最早的师范教育机构诞生于法国。1681年，法国"基督教兄弟会"神甫拉萨儿在兰斯创立了第一所师资训练学校，拉开了师范教育的序幕。之后，奥地利、德国也开始出现短期师资培训机构，这些机构在奥地利称为"师范学校"，在德国称为"教师进修班"。它们大都是非独立机构，设在中学里，培训时间短，水平也不高。直到18世纪中下叶，随着普及初等义务教育的实施以及"教育科学化"和"教育心理学化"的推进，教学开始作为一门专业从其他行业中分化出来，形成自己独立的特征。1765年德国首创公立师范学校，1795年法国巴黎师范学校建立，1838年美国在马萨诸塞州创立美国第一所公立师范学校，这些专门的师范教育机构标志着教师职业专门化的开始。我国最早的师范教育产生于清末。1897年，盛宣怀在上海开办"南洋公学"，分设上院、中院、师范院和外院，师范院开展了中国最早的师范教育。1898年在北京成立了京师大学堂师范馆，我国教师培养也开始走向专门化。

（四）专业化阶段

伴随着教育改革和师范教育的发展，人们对教师的要求从"数"的增加转为"质"的提高，教师逐步向专业化方向发展，已经成为许多重视教育的国家追求的目标。专业化是一个社会学概念，其含义是指一个职业在一定时期内逐渐发展成熟，具备鲜明的专业标准，并获得相应的专业地位的过程。教师职业在长时间发展过程中，其社会地位相对稳定。随着社会对教师职业认同感的提高，教师职业的要求自然也被不断提高。社会学者根据职业的本质、特征将其划分为专门职业和普通职业。根据学术衡量标准，教师职业是一种专门性职业，它需要经过专门的师范教育训练，使教师掌握专门知识和技能，通过培养人才为社会服务。

1966年10月，联合国教科文组织和世界劳工组织在巴黎会议上通过了《关于教师地位的建议》，提出"教师工作应被视为一种专业"。1996年第45届国际教育大会以"加强变化世界中教师的作用"为主题，强调教师在社会变革中的作用，并建议从以下四个方面予以实施：通过给予教师更多的自主权和责任，提高教师的专业地位；在教师的专业实践中运用新的信息和通信技术；通过个人素质和在职培养，提高其专业性；保证教师参与教育变革以及与社会各界保持合作关系。20世纪80年代中后期，美国掀起了"教师专业化"改革浪潮，这股浪潮之后也席卷全世界。英国于20世纪80年代末期建立了旨在促进教师专业化的校本培训模式，法国、德国、澳大利亚等国也都先后进入了教师教育改革的高潮，"促进教师专业发展""提高教师专业地位"不仅是教师组织和教育工作者的诉求，也是各国学者、各国政府和社会的共同呼声。

我国1993年10月颁布的《中华人民共和国教师法》把教师界定为"履行教育教学职责的专业人员"，从我国法律上讲，"专业"是我国社会职业中的一大门类，"专业人员"是指具有某种专业知识、技能，经政府认定许可，从事某种专业活动的人员。教师是专业人员，就意味着教师职业与医生、律师等职业一样成为一种专门职业。后来我国又相继颁布了《教师资格条例》（1995年12月）和《〈教师资格条例〉实施办法》（2000年9月），通过资格认定的方式体现对教师专业职业的要求。

二、教师专业化

（一）教师专业化的内涵

教师专业化主要指教师在整个职业生涯中，依托专业组织，通过终身专业训练，习得教育专业知识和技能，实施专业自主，表现专业道德，逐步提高自身从教素质，成为一个良好的教育专业工作者的成长过程。[1]

教师专业化意味着教师职业具有自己独特的职业要求和职业条件，有专门的培养制度和管理制度；教师专业化也意味着一个过程，对教师而言，所谓的"专业化"即教师在整个专业工作生涯中，不断地提高自我，由不够成熟转向成熟的过程。因此，教师专业化的基本含义包括这样几点：第一，教师专业既包括学科专业性，也包括教育专业性，国家对教师任职既有规定的学历标准，也有必要的教育知识、教育能力和职业道德的要求；第二，国家有教师教育的专门机构、专门教育内容和措施；第三，国家有对教师资格和教师教育机构的认定制度和管理制度；第四，教师专业化是一个发展的概念，既是一种状态，又是一个不断深化的过程，教

---

[1] 刘捷：《专业化：挑战21世纪的教师》，教育科学出版社2002年版，第43页。

师的专业发展是一个持续不断的过程。

教师是不是一个专业或能否实现专业化,一些人至今还存有疑问,也有人认为教师并不能达到"完全专业"的状态,只能是"半专业"。要想了解一种职业是不是专业,就要看其是否符合专业的标准,以及"专业化"程度如何。但如何测量专业水准问题直到今天在专业社会学研究领域中并没有得到很好的解决。关于教师专业标准,一直存在诸多不同的看法。

1948年,美国全国教育协会强调,一个"专业"应该符合八条评判标准:(1)专业实践属于高度的心智活动;(2)具有特殊的知识领域;(3)受过专门的职业训练;(4)经常不断地在职进修;(5)视工作为终身从事的事业;(6)行业内部自主制定规范标准;(7)以服务社会为最高目的;(8)设有健全的专业组织。[1]

霍勒(E. Hoyle)在《教师的角色》一书中,指出专业的标准有六项:履行重要的社会服务,系统的知识,长时间的理论与实际训练,高度的自主性,团体的伦理规范,经常性的在职教育。[2]

上述两种教师专业的标准,在许多关于教师专业化的论文、著作中常常被提及,得到较多人的认同。我们认为,在教师专业标准的问题上,美国教育学家阿伦·奥恩斯坦(A. Ornstein)所概括的完整职业的十大特征是比较全面的,并可以依此来衡量教师职业的专业化程度。这十大特征为:(1)公众服务意识,事业献身精神;(2)超出外行人掌握的一套有明确规定的知识、技能体系;(3)长期的专业训练;(4)对证书标准的控制和(或)对从教的要求;(5)选择工作的自主权;(6)承担与所提供服务相关的责任(如判断、执行),以及一系列行为标准;(7)员工自我管理机构;(8)鉴别个人成就的专家协会和(或)精英群体;(9)有助于澄清模糊分歧点的伦理准则;(10)高威望和良好经济条件。[3]

(二)教师专业化的现状

教师专业化的进程是一个受到诸多因素交互作用影响的过程,因此,要把教师专业化放到整个社会背景中考虑,争取社会各界的支持和认可,使之成为整个社会的职责。

由于教师专业化受到诸多社会因素的影响,不同国家的教师专业化进程步调并不一致。教师专业化的进程,与不同国家的政治经济背景等不无关系,而且教师

---

[1] 费斯勒、克里斯坦森著,董丽敏等译:《教师职业生涯周期——教师专业发展指导》,中国轻工业出出版社2005年版,译丛总序Ⅱ。
[2] E. Hoyle: *The Role of the Teacher*, Routledge & Kegan Paul, 1969, pp. 80—85.
[3] 阿伦·奥恩斯坦、莱文·丹尼尔著,杨树兵等译:《教育基础》,江苏教育出版社2003年版,第32页。

专业化程度如何,从不同国家教师的政治经济地位、职业声望等亦可见一斑。就职业声望来说,尽管各国的职业结构不同,职业声望排行有各自的特点,但从总体上"世界各国的职业声望序列是十分接近的,变化比较缓慢。例如,科学家、工程师、建筑师、经济师、医生、律师等专业技术性较高的职业社会声望普遍较高","教师职业在整个职业声望结构中居于中上"[1]。而且,随着教师职业专业化水平的提高,教师职业声望仍有上升趋势。但需注意的是,不同国家、不同层次的教师依然存在差距,发达国家以其强有力的经济支持使教师的职业声望和经济待遇都得到应有的保障,高校教师因其专业化程度比中小学教师高,经济待遇和职业声望也相应地略高一筹。

我国现有一千多万中小学教师,是国内最大的一个专业团体,承担着世界上最大规模的基础教育。尽管我国教师的教育教学活动已经在一定程度上达到了专业化标准的要求,但是与发达国家相比,教师专业化尚有不小差距,教师专业化进程中有不少的问题仍值得关注:第一,教师专业发展意识不浓,社会对教师职业的专业性认识不高,对专业发展重视程度不够;第二,教师专业发展基础薄弱,表现为教师学历层次低、知识基础薄弱,由专业发展不平衡导致的非专业兼课现象严重;第三,教师专业发展定位有偏差,将教师专业发展的主要目标放在学历提高和专业知识的加深上,这样将容易导致教师被其他专业人士替代的现象;第四,教师专业发展的保障体系不完善,无论是职前教育还是职后培训,以及教师资格、教师任用制度和教师激励政策等都存在种种弊端。总体来看,"我国小学和初中教师的合格学历起点偏低,部分教师职业道德意识淡漠,广大教师中教育观念陈旧落后,创新意识和研究能力不强,教学方法和手段落后,知识面狭窄等都是不能忽视的重要问题"[2]。

此外,我国教师专业化进程缓慢有相当一部分原因应归于我国教师专业化制度建设问题。教师专业化发展既包括教师职业的专业化,也包括教师个体的专业化。世界各国教师专业化发展已经慢慢将重心移到教师个体专业化上,而"我国教师专业化制度建设仍然以促使教师职业专业化、促使教师群体专业化为主,主要以政府名义提出各种各样的教师专业标准和规范。比如专业资格证书制度、专业职称制度、继续教育制度等,而对教师个体专业化发展缺乏足够重视。教师专业自主发展方面的制度、促使教师自我反思的制度、学校促使教师专业化发展方面的制度仍然十分缺乏"[3]。如此导致的结果是教师只是被动地而不是主动地走向

---

[1] 刘捷:《专业化:挑战21世纪的教师》,教育科学出版社2002年版,第201页。
[2] 刘微:《我国教师专业化的现状》,载《中国教育报》,2002-1-4。
[3] 叶文梓:《教师专业化制度建设的进展、问题与策略》,载《教育研究》,2006(8)。

专业化，教师的专业水平难以得到切实提高。这些都是我国教师专业化制度建设过程中需要密切关注的问题。

三、教师专业发展

特别值得关注的是，20世纪80年代以来，教师专业化进程中出现了一个重要的转折：从追求教师职业的专业地位转向追求教师的专业发展。

对于教师专业发展，国内主要有两种理解，即"教师专业"的发展与教师的"专业发展"。前者指教师职业与教师教育形态的历史演变，侧重外在的、涉及制度和体系的、旨在推进教师成长和职业成熟的教育与培训发展研究；后者则强调教师由非专业人员转变成为专业人员的过程，侧重理论的、立足教师内在专业素质结构及职业专门化规范和意识的养成与完善的研究。从已有的研究视角及研究成果来看，大部分研究倾向于后者，也就是说，我国学术界把教师专业发展这一概念更多地理解为教师专业素质及专业化程度的提高。

教师专业发展是指作为专业人员的教师提高自身专业素养，实现专业成长并逐渐达到专业化标准的过程。教师专业发展不是一蹴而就的事情，必须经历相应的专业发展阶段，不断提高教师专业素养，提升教师专业化水平，才能达到真正的专业发展。

（一）教师专业发展的阶段

教师专业发展是一个由不成熟的教育专业人员到成熟的教育专业人员的动态的发展过程，这一过程需要教师通过学习与探究不断拓展专业内涵，提高专业素养，逐步达到专业成熟的境界。教师专业发展的过程表现出阶段性的特征。根据不同的研究角度，国外学者对教师专业发展阶段的描述与分析各不相同，划分的教师专业发展阶段也不一样。教师专业发展阶段理论源于旨在帮助人们进行职业选择和职业生涯规划的职业生涯发展理论，它探讨了教师个体在职前、入职、在职及离职的整个职业生涯发展过程中所呈现的阶段性发展规律。以下选择的是几种比较有代表性的观点：

1. **教师教学关注阶段论**

对教师专业发展阶段较有系统的研究，始于福勒（F. Fifuller）所进行的教师职前"关注探究"。她通过广泛严密的访问晤谈，编制了严谨精细的《教师关注问卷》。通过研究，她认为师范生在成为专业化教师的过程中，关注事项可分以下四个阶段来说明：一是任教前关注（preteaching concerns）阶段。此阶段师范生仍扮演学生的角色，没有教学经验，只关注自己。二是早期生存关注（early concerns about survival）阶段。此阶段师范生初次实际接触教学工作，所关注的是作为教师自己的生存问题。三是教学情境关注（teaching situations concerns）阶段。此阶段师范生所关注的是教学情境的限制和挫折以及对他们的各种不同教学要求。四是关注学生（concerns about students）阶段。教师在亲身体验到必须面对和克服较繁重的工作时，才能关注学生。[1]

2. 教师生涯发展论

20世纪70年代末，以伯顿（P. Burdon）为首的美国俄亥俄州立大学的一批学者，对处在不同教学生涯发展阶段的教师进行了大样本、严密有序的访谈研究，提出了教师生涯循环发展理论。伯顿认为教师发展经历了三个阶段：求生阶段，其主要特征是教师教学活动有限，他们关注教学却缺少专业见解和信心，不愿尝试新方法；调整阶段，主要特征是教师学到了许多有关组织课堂、学生、课程和方法等方面的知识，开始注意学生的复杂性，并能注意想办法满足学生的需要，逐渐有了信心；成熟阶段，主要特征是教师感到能更好地控制教学活动和教学环境，以学生为中心，充满自信心和安全感，乐于尝试新方法，已经有新的自己的专业见解，能够处理可能出现的问题。[2]

3. 教师职业生命周期论

休伯曼（M. Huberman）等人通过对教师职业生命周期的研究，把教师职业生涯归纳为以下五个时期：第一是入职期（career entry phase），时间在教学的第1年至第3年，可将这一时期概括为"求生和发现期"；第二是稳定期（stabilization phase），时间大约在工作后的第4年至第6年；第三是实验和重估期（experimentation and reassessment phase），大约在工作后的第7年至第25年；第四是平静和保守期（serenity and conservatism phase），时间在教学的第26年至第33年左右；第五是退出教职期（disengagement phase），时间在工作后的第34年至第40年前后，即教师职业生涯的逐步终结阶段。[3]

对于教师专业发展阶段的划分，我国学者侧重于教师社会化标准的研究，即教师作为社会人的角度，考察其成为一名专业教师的变化历程。如傅道春将教师的职业成熟分为角色转变期、开始适应期和成长期三个时期；吴康宁将教师专业化过程分为预期专业社会化与继续专业社会化两个阶段；受莱西（C. Lacey）观点的直接影响，我国台湾的王秋绒把教师专业化过程分为师范生、实习教师和合格教师三个阶段分别来考察。白益民在其博士论文中，把教师的自我专业发展意识作为考查教师专业阶段发展的综合标准，提出"自我更新"取向的教师专业发展模式，将教师

1　刘捷：《专业化：挑战21世纪的教师》，教育科学出版社2002年版，第127页。
2　靳玉乐：《教育概论》，重庆出版社2006年版，第131页。
3　刘捷：《专业化：挑战21世纪的教师》，教育科学出版社2002年版，第133-134页。

专业发展过程分为"非关注""虚拟关注""生存关注""任务关注""自我更新关注"五个阶段。这种模式以自我专业发展意识的发展为基本线索,把教师内在专业结构更新与改进的规律作为考查核心,展现了一名教师自我专业发展意识由无到有、由弱到强的渐变过程。[1]

由此看来,教师专业发展过程是一名教师职业生涯的重要历程,也是教师个人生活的展现,所以,对教师专业发展阶段的划分既要关注教师职业生涯的周期及其规律,又要注重教师个人成长的规律。要保证教师专业发展的实现,从教师个人角度来说,提高自身的专业素养是必要的条件;而教师专业发展是在整个社会大系统中进行的,因此,还要通过许多相应制度的建设和保障机制的完善来共同促进教师专业发展的实现。

(二)教师专业发展的基石:专业素养

教师的专业素养是教师作为专业人员比较稳固的职业品质,它是教师在长期的教育活动和自我提高的过程中逐渐形成的具有一定时代特点的思想、知识、能力等方面的身心特征和职业修养。教师的专业素养是教师开展教育教学工作的最基本的条件,在教学中起着决定性的作用;教师专业素养的提高也是教师实现专业发展的必要条件。教师的专业素养主要包括专业道德、专业知识、专业能力、专业发展潜力等四个方面。

1. 专业道德

在教师专业化的引导下,教师道德也由"职业性"向"专业化"转变。教师专业道德是教师作为专业人员应遵循的道德规范,包括教师职业道德规范、个人修养以及专业精神。教师的职业道德规范是教师作为教育专业工作者的行为准则,也是教师从事职业劳动的基本前提;教师的个人修养是教师为人师表的个人品行,包括教师作为一个健全的人所应具备的完整人格和良好的个人品德;教师的专业精神是教师作为一个专业人员特定的理想信念和专业情操,包括对教育的情感投入、责任感等。教师工作本身也是一种复杂的、艰辛的脑力劳动,其劳动的长期性、艰巨性也要求教师能安心工作,克服各种困难。此外,教师作为专业劳动者还应当有承担专业责任的意识以及做出相应的专业承诺,具备为提高专业水平而反思、内省和自律的精神。

教师的专业道德,经历了一个从规约到自律的过程。教师从业必须遵从一定的职业道德规范,社会对教师有许多期待并赋予其相应的责任。如何将责任真正内化为个人的行为?如何引导教师走向自律?这些都是需要思考和面对的问题。西

---

[1] 季诚钧、陈于清:《我国教师专业发展研究综述》,载《课程·教材,教法》,2004(12)。

方一些国家的教师宣誓制度有值得借鉴之处。在西方许多国家中，宣誓是成为某一专业人士不可或缺的步骤，在英、美等一些国家的师范院校每年的毕业典礼上，即将从事教师这一职业的学生都将经历一个重要的仪式——集体宣誓，诵读"教师誓词"。这种宣誓，能成为促进教师将职业行为规范内化的有效手段。宣誓的过程能使宣誓者及在场的所有人得到一次心灵的震撼和思想的深化，整个过程不仅令人难忘，更有意义的是能促使教师将"教师誓词"化为自己的道德，并且按照"教师誓词"去行动，在教师工作中时刻提醒自己铭记责任和践行誓言。我国的教师宣誓制度还处于探索阶段。尽管一些城市如上海、南京等已经开始试行教师宣誓制度，但我国统一的教师宣誓制度尚未建立。

2. **专业知识**

专业知识是教师进行教学活动的基础。21世纪的教师应该具备四个方面的知识：精深扎实的学科知识，广博的科学文化知识，灵活的条件性知识，在教育教学中不断积累和丰富起来的实践性知识（或称经验知识）。精通学科知识是胜任教学工作的基本要求，深厚的文化素养是完成教学工作的必要条件，而条件性知识即教育、心理学知识是教师顺利或出色完成教学任务的保证，实践性知识则彰显了教师作为专业人员的独特性。

教师在从事教学时，一般都拥有某种特定的学科知识，如语文知识、数学知识等，这是人们所普遍熟知的一种教师知识，称为本体性知识，是教师的从教之本。教师需要掌握一部分学科知识，并达到一定水平，然后才能教授学生。所以，学科知识是教师教学活动的基础，在教学活动中，教师的一切努力都是围绕着学科知识进行有效传授的。

作为人类文化的传播者和延续者，教师应该成为学生心目中的"百科书库"。教师的工作如蜜蜂采蜜，需要博采众长。教师丰富的文化知识，可以开阔学生的视野，激发他们的求知愿望。教师具有广博的文化知识，才能与学生有效地沟通，并引导学生发展宽广的兴趣，正确地将学生引向未来的人生之路。所以，教师不仅要博览群书，还要不断地获取与时代相通的新知识，才能引领学生在知识的海洋中遨游。

在熟悉、深刻理解所教学科知识的基础上，教师还要具备向学生传授学科知识的专门知识。条件性知识，即教育教学中所运用的教育学与心理学的知识，是指教师在什么时候、为什么和在何种条件下才能更好地运用已有知识开展教学的一种知识类型。具体表现在教学过程中，要求教师拥有包括学生发展、课堂互动、个体差异、教学评价、教学方法与策略、教学计划与目标等方面的知识。这类知识一般是动态的，可以通过系统的学习来掌握，但更多的是在教学实施过程中逐渐地了解和习得，需要动态地把握和领会，在实践中加以拓展。掌握条件性知识有助于教师认识教育活动的规律性，也有助于教师采取行之有效的策略对教育进行灵活而有效的调控。

教师的实践性知识是指教师在实现有目的的行为过程中所获得的课堂情境知识以及与之相关的知识，或者更具体地说，这种知识是教师教学经验的积累。实践性知识是教师知识结构中不可或缺的重要组成部分，它是教师个人拥有的、具有高度情境性的知识。这些知识往往是不可言传的，只有在真实的、自然的课堂情境下才能观察和感受到。实践性知识的积累和提升，是教师成长的重要标志。

3. 专业能力

教师的专业能力包括基本的教学能力以及实现专业发展的能力。

教师的教学能力是教师素养的综合反映和集中体现，教学质量最终由教学能力的影响反映出来。教师的人格特征、角色特征、教学观念、思想品德、知识结构、兴趣、动机水平等在教育教学活动中通过教学能力得以充分表现。教师基本的教学能力包括：语言能力，即教师准确运用语言信号和非语言信号的能力，能运用自己的言语组织教学内容，能将学生的思维引向深处；组织能力，即善于组织课堂教学和综合运用教育学、心理学基本原理和原则的能力；观察学生和管理学生的能力，依据学生的不同才能、特长、兴趣和性格进行因材施教的能力；等等。

教师的专业发展能力包括现代教师所必需的教学反思、教学研究能力，以及发展所需要的终身学习的能力。首先，教师作为专业人员，应具有善于对专业劳动的过程进行审视和思考的能力，即具有教学反思的能力，这是教师实现专业发展所必需的。其次，教师还应具有深化教学实践认识的教育科研能力，以及作为一个"研究者"对自己的课堂进行探索和改革的能力。最后，随着知识数量的增长和知识学科的进一步分化和综合，人们越来越意识到，师范生接受了短短几年时间的职前教育，无法学得作为教师应具备的全部知识和技能，教师教育应该贯穿教师生涯的整个过程，所以教师必须具有终身学习的能力。

4. 专业发展潜力

教师是在专业活动中不断得到发展的，教师的专业能力也是在教育教学过程中不断生成的。教师的专业发展潜力是潜伏在教师个人身上，通过专业活动才得以生成的一种有助于专业发展的能力，它往往处于内隐状态下，只有在教学活动过程被激活时才能凸显出来。教师的专业发展潜力包括在教学情境中生成教学机智的能力、专业劳动过程中的创造性以及教师个人的实践智慧等。教学是极为复杂的专业活动，也是一种富于情境性的活动。教学过程中的许多不确定的因素，都有可能促使教师在特定的情境中生成教学机智，教师可以通过与学生的互动创新自己的教学，从教学的生成性中增长实践智慧。在了解教师专业潜能的基础上引导教师做好专业自我发展规划，有利于教师更好地实现专业成长。

(三)教师专业发展的实现

教师专业成长是一个社会化和个性化的过程。一方面，教师要不断提高自身的专业素养；另一方面，社会环境各因素也影响和制约着教师的专业发展，教师的专业发展要受教师个体所处时代的科技文化与生活方式等大环境的影响，以及学校、家庭等小环境的制约。

1. 完善教师资格证书制度

资格证书制度是传统职业专业化的一个重要特征，也是传统职业专业化的必然措施和必经之路。在西方国家中，最早实施教师资格证书制度的是法国。1803年，法兰西第一帝国决定建立初等教育教师考核和证书制度，1833年的《基佐法案》正式颁布并实施了这一制度。在美国，1903年所有的州均实施了这项制度。如今，教师资格证书制度也日益呈现出越来越高的标准与要求。教师资格证书制度能够提高教师的教育技能和艺术，加强教育工作的专业性，有助于教师社会地位的相应提高，以及从更大范围内招聘教师。

我国于1993年颁布的《教师法》明确规定"国家实行教师资格制度"，并授权国务院制定《教师资格条例》。1995年国务院颁布的《教师资格条例》，对《教师法》规定的取得各种教师资格的条件从加强教师专业化的角度进一步细化。为积极稳妥地做好全面实施教师资格证书制度的准备工作，教育部从1998年4月至当年底在上海、江苏、湖北、广西、四川、云南6个省（市、自治区）的部分地区进行了面向社会认定教师资格的试点工作。2000年9月颁布了《〈教师资格条例〉实施办法》，2001年4月教师资格证书制度在全国开始全面实施。国家以立法的形式来颁布教师资格证书制度，体现了国家意志所赋予的权威性，确立了教师职业的特殊地位，肯定了教师职业的专业性。符合教师资格条件或通过教师资格考试，并不意味着取得了教师资格，要取得教师资格还必须经过法律授权的行政机关或其委托的其他机构的认定。从2001年开始全面实施教师资格证书制度到2007年年底，我国共有1963万人取得教师资格。[1]值得注意的是，在教师资格证书制度实施的过程中，许多地方也存在着走形式的问题，没有达到实施教师资格证书制度的真正目的。因此，如何改进教师资格证书制度及提高教师从业标准，逐渐使教师资格证像律师资格证等那么令人信服，如何制定适用于不同地区、不同类型学校的教师资格考核办法等，都是我国在教师专业化进程中不得不思考和面对的问题。

2. 改进教师继续教育方式

教师专业发展是一个漫长的过程，甚至伴随教师的终身。教师工作的特殊性要

---

[1] 张斌贤、李子江：《改革开放30年来我国教师教育体制改革的进展》，载《教师教育研究》，2008（6）。

求教师时刻保持知识的更新，因此，教师任职后仍需接受继续教育，这是教师实现专业发展必要的途径。在教师继续教育过程中，应该以教师专业发展为目标，注重加强专业发展意识的培养，并为教师专业发展提供必要的理论支持。教师职后培训不只是加强教育理论和学科专业知识的深化，也要注重帮助教师树立专业发展理念，让教师个体认同自己职业所具有的专门职业的性质，了解专业标准及其对从业者的要求，能够清醒意识并规划自己的专业发展，从而引导教师在教育实践过程中逐渐向专业化标准靠近。

教师专业发展的基地是教师所任职的学校，所以，教师专业发展需要一种理论与实践相结合的教师培训模式，教师专业发展学校和校本教师培训模式不失为有效的方式。鉴于下一节中有关于教师专业发展学校的专门论述，此处不赘述。

校本教师培训（School-based Teacher Training）模式简称"STT"，从历史发展的角度来看，以中小学为本培训师资并不是全新的概念。19世纪英国师范教育发展史上著名的"见习生制"可以说是其肇端。1944年《麦科奈尔报告》提出了英国师范教育全面改革的四十多条原则和建议，其中指出中小学教师在指导和管理师范生方面应负主要责任。1972年著名的《詹姆士报告》对原有的师资培训"过于学术化"的倾向进行了严厉批评，强调了教师在整个教学生涯中应该坚持在职进修。20世纪80年代末期，英国谢菲尔德大学教育学院在大量调查的基础上发现，以高等院校或教师培训机构为中心提供的教师在职进修存在诸多弊端，如进修课程设计与中小学教学有很大差距，进修计划只考虑共性而不完全适合学校特殊需要等。因此，政府积极推进在职教师的校本培训模式，这种模式在培训内容、形式上有很大改革，目的是促进教师专业发展，改善学校教学实践。[1]

校本教师培训有利于促进大学与中小学的密切联系，并能促进教师的专业成长。一方面，对于在职教师而言，教师培训的内容基本体现了学校和教师发展的需要。通过"请进来"或"送出去"的方式，中小学可以和高等教育培训机构进行更好的沟通，加强对在职教师专业素养的培训；教师所拥有的实践知识和智慧可以得到充分的尊重和肯定，校外专家学者可以和教师相互交流，共同研究教育教学，帮助教师提高教学水平，促进教师专业持续发展。另一方面，对于师范生来说，他们可以有一定的时间在中小学接受有经验的教师的指导，能大大缩短他们顺利入职所需要的过渡期，加速他们的专业成长。另外，师范生在中小学接受在职教师的教育教学指导，在更深的意义上赋予了中小学教师教育的重任，也有助于他们自觉地进行教学反思和自我提高，实现专业成长。

---

[1] 赵昌木：《教师成长论》，甘肃教育出版社2004年版，第168—169页。

3. 发挥教师专业组织作用

教师的专业发展是个体的一种成长历程，但并不意味着教师在这一历程中应处于孤立保守的位置，同侪互助是促进教师个人以及相互间的专业发展的有效方式。学校应该充分发挥校内外教师专业团体的作用，在教师专业发展中，相互理解、相互认同与共同提高是教师走向成功的智力支持。"学校成功的决定性要因在于教师专业成长的合作关系的有无；教师专业成长的决定性要素也在于校内教师合作关系的有无。学校的专业共同体的成熟度以及这种共同体所拥有的专业文化的成熟度，是教师成长的最大保障。"[1]此外，还要充分利用教师合作团体，健全教师专业组织，并提高教师专业组织在促进教师专业发展方面的作用。教师组织是担负专业责任的教师专业组织，也是保护教师权益的教师权益组织，是推动教育改革的公益组织。教师组织的增加是教师专业发展的一个重要标志，而通过教师组织的力量来规范教师和提升教师专业水平又是教师专业发展的有效途径。

4. 利用教师网联拓展教师发展空间

近年来，随着互联网用户的不断增加，庞大的教师群体中有很大一部分也毫不例外地成为"网民"。利用网络资源共享的特征来实现教师之间跨时空的合作以及促进教师群体的专业发展，成为21世纪教师教育的一大特色。我国教育部直接推动和组织实施"全国教师教育网络联盟"（简称"教师网联"）计划，于2003年9月8日在北京师范大学举行了隆重的教师网联启动仪式。教师网联是构建以师范院校和其他举办教师教育的高等学校为主体，以高水平大学为核心，以区域教师学习与资源中心为服务支撑，社会力量积极参与，职前职后教育一体化，教师教育系统、卫星电视网与计算机互联网相互融通，学校教育与现代远程教育等各种教育形式相结合，学历教育和非学历教育相沟通，系统集成，优势互补，共建共享优质教育资源，覆盖全国城乡的教师教育网络体系。教师网联的任务是以教育信息化带动教师教育现代化，使不同地区、不同层次的中小学教师共享优质教育资源，大规模、高质量、高效率地开展全国中小学教师学历提升教育、非学历培训和教师资格认证课程培训，大幅度提升全国中小学教师队伍的素质。截至2007年年底，全国教师网联系统师范专业远程学历教育的学生累计逾90万人，教师非学历远程培训每年达100万人次。[2]此外，2006年至2008年教育部连续三年组织"中小学骨干教师国家级远程培训"和"西部农村教师远程培训计划"，充分发挥远程教育的大规模、低成本、高效益等特殊优势，构建我国立体化、网络化、信息化教师发展平台。

在教师网联的推动下，各地的教师教学论坛、教师博客群组以及教师个人博

---

[1] 佐藤学著，钟启泉译：《课程与教师》，教育科学出版社2003年版，第248页。
[2] 管培俊：《我国教师教育改革开放三十年的历程、成就与基本经验》，载《中国高教研究》，2009（2）。

客、微信等如雨后春笋般出现。网络的资源共享与教师交流的广泛性，为教师专业发展构建了一个全新而广阔的平台，教师专业发展也从社会化走向个性化，从个体的成长走向同侪的互助。

第三节 教师教育

教师专业化既是一种状态，又是一个不断深入的过程，提高教师的专业化程度与教师教育密切相关。教师专业发展是一个持续不断的过程，但并非一个自然成长的过程，它既需要教师个体的主观努力，也需要相应的外部环境的支持。影响教师专业发展的因素，包括教师入职前以及接受师范教育之后的因素。要保证教师专业发展的实现，必须完善教师教育体系，充分发挥教师培养和教师继续教育在教师专业成长过程中的作用，为教师的专业发展提供保障。

一、从"师范教育"到"教师教育"

学校的出现标志着教师作为一种独立职业的产生，但学校的建立并不意味着教师教育体制的诞生，在我国，"教师教育"本身也是一个比较新的概念。长期以来，我们比较熟悉而且经常使用的词语是"师范教育"，这与中国的教师培养长期由独立设置的师范院校承担有着密切的关系。中国虽有数千年源远流长的尊师传统，但是专门培养和训练教师的师范教育机构和制度却直到19世纪末20世纪初才见端倪。在进入近代社会以后，随着对大批量教师的需要和对教师质量要求的提高，师范教育方得以应运而生。中国近现代的师范教育是从19世纪末20世纪初南洋公学师范院、京师大学堂师范馆和通州师范学校的创立开始的，至今已走过百余年的历程。进入20世纪80年代以后，随着世界教师教育改革运动的深入和发展、中国教育与国际教育的逐渐接轨以及教师培养工作的重心后移，"教师教育"一词也开始在我国教育领域普遍使用。

师范教育与教师教育在概念上还是有差别的。师范教育一词更多地把教师教育仅仅限定在职前培养阶段，而教师教育的过程并不仅限于教师入职前接受教育的过程，而应该扩大到教师整个职业生涯，从其选择教师这一专业开始至其离开教师职业。而在很长的历史时期内，师范教育被当作教师教育的代名词。教师教育是指对选择教师职业的人进行职前培养和职后培训的活动，是非专业人员通过接受专业教育后成为专门教师的过程。教师教育是一个持续的过程，它并非仅仅由职前教育便能完成。

20世纪80年代以来，随着我国基础教育规模的逐步扩大和水平的逐步提高而出现的对师资日益增长的需求，师范教育得到快速的发展，逐渐形成了规模巨大、层次分明、结构完备、封闭定向的师范体系,这个体系主要包括从事全日制教师职前培养的师范大学、师范学院、师范专科学校和中等师范学校,还包括从事教师职后培训的教育学院和教师进修学校。仅就高等师范教育而言,院校数量和在校生人数就分别占我国高等学校数量和全部高校在校生人数的1/4左右,封闭定向的师范教育体系为基础教育培养了大批教师,支持和保证了全世界最大的基础教育事业的师资供给。21世纪到来后,世界发达国家都把师资队伍建设视为重要课题,并认识到要从教师的培养、任用、进修各个阶段有连贯性地提高教师的专业素养,从终身教育的视角整合教师的职前培养与在职进修,使两者在教师教育上得以融合与升华。我国教师教育要走出封闭的师范教育,逐步构建一个完整而开放的教师教育体系。

总体而言,我国以师范院校为主体的定向教师教育体系还没有发生根本的变化。改革开放后,我国教师教育体系逐步由弱到强,由封闭走向开放,从培养、培训分离走向一体化,师范院校和综合性大学共同参与,逐步提升教师教育办学层次。根据2002年的统计数字,在全国1396所普通高等学校中,招收师范生的全日制本、专科学校有475所,包括高等师范学校183所(教育部直属的普通高等师范学校有北京师范大学、华东师范大学、东北师范大学、华中师范大学等6所),教育学院34所,综合大学115所,艺术院校21所,体育院校11所,民族院校6所,职业技术学院62所,工科院校22所,农科院校11所,语言院校3所,财经院校2所,医科院校1所,其他院校4所。[1]另一方面,教师教育的办学层次明显提升。1999年到2007年,我国高等师范本科院校由87所增加到97所,开展教育硕士培养的院校由29所增加到97所,师范专科学校由140所减少到45所,中等师范学校由815所减少到196所。[2]

尽管以师范院校作为教师教育主体的趋势仍保持不变,但教师教育格局却在不断发生改变,主要表现在综合大学正逐步地把教师教育纳入学校整体规划发展中。如北京大学2001年在原有的高等教育研究所的基础上成立了教育学院,在教育学院建立了基础教育和教师教育系,承担起教师培养和培训的任务;清华大学通过扩展在人文科学学院建立了教育研究所;浙江大学成立了教育学院;武汉大学也成立了教育科学学院;等等。而且,综合大学在参与教师教育方面开始不断凸显其实力。如近十多年来,北京大学教育学院教师在基础教育、学校管理和评估方面开展了较为广泛和深入的研究,举办了若干期校长研修、教师培训和国际研讨会,还承担了全国教师教育课程资源的建设规划、教师教育成长研究、参与式教师培训研究、教师的专业发展、教师的教育专长、教师心理发展、教师职业的社会学分析等多项

---

[1] 王建磐:《中国教师教育:现状、问题与趋势》,载《教师教育研究》,2004(5)。

[2] 管培俊:《我国教师教育改革开放三十年的历程、成就与基本经验》,载《中国高教研究》,2009(2)。

国家级、省部级课题，对国家的有关教育政策和实践产生了积极的影响。这些成绩的取得，也对师范院校教师教育工作的改革与发展提出了极大的挑战。有关资料显示，从师范生培养的数量规模来看，2007年我国高等学校师范生数量达178.6万人，其中非高等师范院校在校生数82.1万人，占高校全部在校师范生的46%。这充分说明非师范院校已成为我国教师教育的重要力量，新补充教师的来源也将发生结构性的变化。

二、我国教师教育现状

长期以来，教师的职前培养与职后培训是分离的，师范院校负责培养新教师，教育学院和教师进修学校负责在职中小学教师的培训，教师专业培养与在职培训相互隔离、互不沟通，这种分离的状况非常不利于实现教师终身教育和促进教师专业发展的目的。因此，教师教育要提高办学层次，就必须要改变培养与培训分离的状态，实现教师教育一体化。另外，为改善和加深教师专业知识结构，拓宽教师教育渠道，要让更多的综合大学参与到教师培养与培训中来。

（一）教师培养模式：从封闭到开放

在教师教育发展的历程中，师范学校在较长时期内形成了独立型、定向型和封闭型的教育体系。所谓独立型，即学校独立设置；所谓定向型，即学生定向招生定向就业；所谓封闭型，即教师来源渠道单一封闭，主要由师范院校培养。在教师培养的一定发展阶段上，各国都设置了独立的师范教育体系，以保证大量提供师资。这种独立性具体表现在招生、经费、管理以及学生就业上，体现出与其他类型学校不同的特殊性。这种相对的独立性在很大程度上保证了师范教育的发展，并为国家的教师需求提供了有力的保障。但是，随着社会生产力发展水平的提高、政治经济制度的变化以及科学技术提出的新挑战，特别是基础教育普及程度的提高和高等教育的发展，各国教师教育发展重心从数量扩展向质量提高转移，师范教育体系的独立性已越来越显示出其不利的一面，在一定程度上，独立性与封闭性联系了起来，限制了教师质量的提高。鉴于此，许多国家都努力改革原有的师范教育体系，开始改革师范教育模式，将它的独立性逐步弱化，而将师范教育的功能部分地依存在高等教育体系之中。于是，这种单一的、独立的、封闭的教师培养体系开始被打破，教师培养朝多元化、灵活化、开放化、综合大学化的方向迈进。

从教师教育的体制来看，我国现阶段是师范教育体系与教师培训体系两者并存并分离的形式。前者由各级师范院校承担，负责职前培养和学历教育；后者由各级教育学院和教师进修院校承担，负责职后培训，兼容学历和非学历教育。国外则多为职前职后衔接阶段的取得教师资格合格证的培训形式。

（二）教师在职教育：从一次到终身

在职教师接受继续教育，是提高教师的教育教学质量、促进教师的专业发展的有效手段。世界各国都普遍重视教师在职教育，制定有关教师教育的法规，设置教师继续教育机构，并专门下拨经费，有计划地实施教师的继续教育。在美国、英国、法国、德国、日本等国家，中小学教师的继续教育不但被看成造就适应时代和社会发展需要的师资队伍的重要举措，而且逐渐成为推进终身教育的典范。韩国将教师在职教育视为"教师生涯继续教育"，国家为该制度提供法律保障。英国组成以大学、教育学院、教师中心为主的全国性培训网络，制定相应的政策和制度，把教师是否参加在职培训与其提级加薪联系起来，加以强化落实。日本则规定，教师从事教育工作若干年后，可通过进修获得一定的学分，并经教员检测考试合格后获得高一级的资格证书。瑞典规定教师进修期间除工资照发外，国家报销教师培训的住宿费、交通费和生活费。美国更是建立了有效的教师继续教育激励制度，如教师资格证书每年更换一次，更换证书时，除了考查教学成绩外，还要考查近年内有无进修（继续教育）的记录，且进修的内容、时间等与工资挂钩，进修记录和学分越多，工资越高，而要提高资格证书等级，必须通过进修取得有关学分。

我国也越来越重视教师的继续教育工作。1999年教育部正式颁布了《中小学教师继续教育的规定》，明确指出：参加继续教育是中小学教师的权利和义务，各级人民政府教育行政部门管理中小学教师继续教育工作，应当采取措施，依法保障中小学教师继续教育的实施。中小学教师全体每五年都要进行一轮培训，保证专业知识与教育理念的更新。教育部《2003—2007年教育振兴行动计划》中也明确提出：实施"全国教师教育网络联盟计划"，发挥师范大学和其他举办教师教育高等学校的优势，共建、共享优质教师教育课程资源，提高教师培训的质量水平；组织实施以新理念、新课程、新技术和师德教育为重点的新一轮教师全员培训；并计划在五年内，以终身教育思想为指导，以教师专业发展为目标，以实施全国教师教育网络联盟计划为载体，组织开展全国中小学教师的全员素质提高培训，使每个教师完成不低于240学时的在职非学历进修。在我国教育部的网页上，"教师网联"是主要栏目之一。网络资源的运用，更有助于教师终身教育的构想成为现实。

三、教师教育未来发展趋势

发达国家教育发展的经验表明，教育改革是国家现代化建设的重要一环，而教师专业化是教育革新的关键，因此，教师教育改革和发展都应该以促进教师专业化为旨归,并以"平等、效率、需求"作为主旋律。提高教师的专业素养是教师教育领域的重要课题,而在这方面担当重任的教师教育也应该进行相应改革,并以此促进教师教育的发展。

(一)教师教育改革:整体性和连续性的思路

在整个国际教师教育领域中,随着教师专业发展重心的确立,教师职前培养与职后培训,包括新教师的入职教育都受到普遍的关注。总体而言,教师教育的整体性与连续性获得越来越多的重视。相应的具体措施如下:

1. 教师职前培养与职后培训的一体化

教师职前培养与职后培训的一体化是教师教育领域发展的必然趋势,因为教师教育本来就包括了教师的培养、任用、进修等阶段。所以,当今世界教师教育令人注目的是,"发达国家正在有机地统合教师职前培养和在职进修教育。即从终身教育的观点出发,在延长职前教育年限的同时,努力把握在职教师的进修教育,并使两者在'教师教育'概念上得以统合和完善"[1]。教师教育一体化的主要目的是为了提高教师的资格水平和素质、能力,更好地促进教师的专业成长。教师专业发展要求整个教师教育的过程必须是连贯的,以专业发展为核心,无论是教师职前培养还是职后培训,都要在一种整体性思想的支撑下,以终身教育思想为主导,把教师打造成为终身教育的践行者和典范。一体化和开放化是国际发达国家教师教育发展的历史经验。近几十年来,特别是20世纪90年代中期以来,我国的教师教育进行了不断的改革,正逐步走向一体化和开放化。教师教育的职前培养、入职教育、职后培训一体化,教学研究和教学实践一体化成为我国教师教育理论和实践的热点。2001年5月29日国务院发布的《关于基础教育改革与发展的决定》中明确提出要"完善教师教育体系",针对以往师范教育中教师职前培养与职后培训分离导致教育资源浪费、职后培训水平较低的弊端进行改革。一体化教师教育体系按照教师专业发展的需要,对教师教育各阶段进行全程规划,设计相互衔接又各有偏重、加强内在联系的教育机构体系。具体的调整措施主要是:将一些师范院校与教育学院或教师进修学校合并,建立教师教育一体化机构体系。

与此同时,还要进一步提高教师学历教育层次。我国传统的教师教育是由中等师范、师范专科学校和本科师范院校构成的三级教育体系,这样的教育体系已经不符合时代发展的要求。随着我国教师教育改革的深入,如今中等师范几乎全部消失,师专已经逐步萎缩,以教育硕士为主体的研究生层次教师教育的需求正不断扩大,三级师范设置正逐步过渡到一级本科设置的教师教育院校。以本科层次为主的教师教育,虽是一级设置却可实施三层次教育,可同时根据社会的需要

---

[1] 陈永明:《现代教师论》,上海教育出版社1999年版,第27页。

和学校的可能，提供部分专科层次的教师教育和研究生层次的教师教育（以教育硕士为主）。

2. 建立开放而规范的教师教育体系

以教师教育为主要特色办学是师范大学在教师教育转型期的必然选择，这要求师范大学不能再囿于过去办师范教育的老路，也不能只有教师教育一个着眼点，而是要在办学模式上进行深层次的变革。就业的市场化已经在客观上打破了原有封闭的师范教育体系，国家顺应这种发展趋势，鼓励综合性高校和非师范类高校参与培养、培训中小学教师，一个开放的教师教育体系正在逐步形成。开放的教师教育体系为教师教育的发展带来了生机与活力，也给原有的教师教育体系带来了更多的机遇与更严峻的挑战。综合大学和非师范类高校参与到教师教育体系中来，一方面可提高教师队伍来源的多元化和教师的整体水平，为师范院校充分发挥原有的师范教育的特色与优势提供更大的空间，另一方面也使师范院校在生源、师资和办学条件上面临更大的竞争，使得毕业生在就业市场竞争中处于相对不利的地位。

中国教育学会会长顾明远教授认为，专业化与开放性是我国教师教育当前面临的两大问题。教师是专门职业，必须经过专门的学习和训练。要提高教师的专业化水平，目前教师教育的专业结构必须调整，要重建适应课程综合化和多样化要求的专业，加强实习实践环节，延长学制，兼顾学科专业学习和教师职业训练。教师教育的开放是大势所趋，但开放的实质不是教师教育的转型，而是教师教育质量的提高。过去是师范院校之间竞争，今后师范院校还要与综合大学及其他院校竞争。实行开放的条件，就是必须实行教师资格证书制度。否则，就等于取消教师教育，等于不承认教师是一个专业化的职业。在对教师教育体系进行规范的过程中，需要思考和面对许多具体的问题。

3. 推进教师教育课程的改革

教师教育课程直接影响着教师的培养和培训。教师教育的开放更迫切要求建立一套科学实用的教师教育课程标准，既要拓宽教师培养的途径，又要彰显教师教育特色。在基础学科上，师范大学往往具有相当的水平，所以既要充分利用已有的优势加强基础学科教育，又要根据在基础学科中间最易于生长出新学科的学科发展规律，注意培植新的学科生长点，走出自己的学科建设路子。在加强学科建设的过程中，注重突出教师教育特色，在与教师教育有关的各学科间，整合教师教育资源，形成畅通的学科联系，促进教师教育重心转移之后教师培养水平的提高，也为教师教育的学术性和师范性的有机统一奠定学科基础。

教师专业化并不意味着要办封闭式的教师教育，而是要在广博并且高水平的学科支撑下，按照教师职业的要求培养教师。因此，它要求师范大学首先要构建完整的学科群。师范大学经过五十多年的发展,特别是近二十年来,为了谋求更大的生存和发展空间,都已经纷纷发展了师范专业之外的其他门类的学科(师范大学的非师范专业基本上都超过了学校专业总数的50%),有的甚至形成了较强的实力。"师范"不再唯"师",已经是不争的事实[1]。因此,在师范大学中,教师教育必须展开相应的课程改革,既要保持师范教育的原有特色,更要充实教师培养的课程设计,使未来教师拥有广博的学识,顺应教师专业化的要求。

近几年来许多师范院校已经开始根据当地经济社会和教育改革发展的要求,主动适应基础教育课程改革的需要,大力推进教师教育课程与教学改革,初见成效。如首都师范大学积极推进教师培养课程设置的综合化,加强传统文化、科学史、音、体、美等学科教学;天津师范大学切实加强专业性教育,注重教师教育课程改革与基础教育新课程的结合,为推进我国教师教育专业化发展奠定了一定的基础。

(二)教师专业发展学校:有益的探索

20世纪80年代中期以后,美国的教育教学改革开始出现了一种新的教师培养模式——教师专业发展学校(Professional Development School,简称PDS)。它是由中小学与大学合作形成一种新功能,使得教师教学的改进与中小学教育质量的全面提高形成一种共生性的关系。教师专业发展学校的指导原则是:把学校建成一个学习的社区和团体;在学校中,所有的人(成人和儿童)都是学习者;让教师成为研究型、反思型的教师;等等。著名的教育基金会霍尔姆斯集团的教师工作组曾连续发表过《明日的教师》(1986)、《明日的学校》(1990)和《明日的教育学院》(1995)三份报告,在强烈呼吁提高教师专业水平和声望的同时,还提出了多个有助于教师专业发展的建议,其中最著名的有两条:一是强调"教师教育不是一个简单的、一次性受时间约束的训练活动,而是一个终身的、持续发展的终身教育过程";二是提出了关于建立教师专业发展学校的建议。霍尔姆斯小组希望通过建立"专业发展学校"来加强大学教育学院与学校的联系,改革教师教育的职前课程和培养方法,提高对新教师入职期的指导的实效,促进在职教师终身的专业发展与学校的发展更新。[2]教师专业发展学校既是贯穿教师职前与职后教育的有效方式,又能促进新教师顺利适应教育教学工作,使教师入职的培训时间缩短、效果增强,还是在职教师提高自我的一种有效途径。

---

1 刘旭、白解红:《我国教师教育转型期师范大学办学模式改革略论》,载《教师教育研究》,2006(3)。

2 费斯勒、克里斯坦森著,董丽敏等译:《教师职业生涯周期——教师专业发展指导》,中国轻工业出版社2005年版,译丛总序Ⅳ。

我国在建立教师专业发展学校的问题上，也有很多有益的理论探讨和实践。借鉴美国教师专业发展学校的理论和实践，首都师范大学教育科学学院率先于2001年在北京市丰台教育发展服务区建立了首批教师发展学校（Teacher Development School，简称TDS）。之后，一批教师发展学校在全国各地相继建立，如杭州师范学院继续教育学院与靖江初中合作建立的教师发展学校、青海师范大学与西宁第四中学合作建立的教师发展学校、四川师范大学教育科学学院与成都高新实验学校合作建立的教师发展学校、天津师范大学与天津第四中学等多所学校合作建立的教师发展学校、上海市实验学校2002年也被上海市教委命名为"教师专业发展学校"，等等。但这些教师专业发展学校并不完全是美国的教师专业发展学校。尽管这些专业发展学校重视教师专业发展，重视学校对教师专业发展的促进功能，重视高等院校和科研机构与中小学的合作与实践。但与教师专业发展学校不同之处在于，首都师范大学和上海市实验学校在引进美国教师专业发展学校的同时，都进行了一些中国本土化的尝试，它们较国外的教师专业发展学校弱化了教师教育"职前——入职——在职"的一体化培养功能，特别是弱化了职前教师教育的功能，而在教师专业发展学校的功能上弱化了与大学合作的趋向。

（三）"教师本位"：值得关注的教师专业发展观

对于在职教师而言，教师专业发展是一个自主自觉的过程，尽管受到很多外在因素的影响，但最终还是取决于教师自身的主动性。因此，强化教师自我教育意识，开展多渠道的培训，是当代教师教育的重要发展趋势之一。必须树立"教师本位"的教师专业发展观，在教师教育过程中要充分尊重教师的主体地位。教师专业化的过程更多的应该是一个内在的、自下而上的群体与个体共同实现发展的过程，教师个体的人生价值和人格价值应该得到关注。在建构教师教育模式的过程中，也要考虑到这种"教师本位"的教师专业化发展观，调动教师自主发展的积极性，让教师主动参与教师教育，这样才能使专业化进程的内在动力得到最高效的发挥，加速教师专业化的进程。

教师自我教育是基于"教师本位"的一种教师专业发展思路，是指教师作为教师教育的主体，自己针对自己进行的教育，即把自己作为教育对象的教育。在自我教育中教师教育的培训目标更具有自我取向性，更强调教育对象本人的主观能动性，更能表现出教育对象的个性需求，表现出自己的教学特色。教师的自我教育以教师自主学习为特征，以教师的持续反思为关键，而促使教师展开学习和反思则是以教师接受新教育理论为前提。"教师的教育之路是他自己走出来的，而这一走的过程总是在一定教育理念的引领下进行的，教师的教育活动只有在融入教师的自我教育、学习过程中才可能实现生存。"[1]尤为重要的是，教师形成了自我教育的意识，就有利于培养教师进行教学反思的习惯。而教师通过主动地反思自己或他人的教学，就会从这些教学的经历中找到调整和改进自己教学行为的依据。教师经常的教学反思不仅能丰富教师的实践性知识，还有助于教师改进教学方式，优化教学专业知识的结构，提高专业水平，实现专业成长。

---

[1] 樊香兰、孟旭：《逻辑与走向：当代教师教育道路的演变》，载《教育研究》2009（10）。

第三编 功能篇

第四章 教育的功能及其类型

教育的功能主要探讨教育与人、教育与社会之间的复杂关系。一方面，人是教育的对象，教育的存在以人的发展为依归，人的发展受多种因素的影响，教育必须以人的身心发展规律为依据；另一方面，教育的存在和发展以社会的政治、经济、文化、人口以及生态环境等因素为前提，受到上述因素的影响和制约，但又反作用于以上因素，教育又具有相对独立性。

第一节 教育功能概述

一、功能的含义

教育功能，也被称之为教育职能、教育效能、教育性能、教育功效、教育作用、教育意义或教育价值，等等。功能是个多学科研究的概念。在哲学上，功能是指由事物的结构所决定的该事物的特性和能力；在社会学上，功能是指某一活动或社会系统所发挥的作用。综合哲学和社会学关于"功能"的认识，可以看到，功能，或曰性能、职能，是指有特定结构的事物或系统在内部和外部的联系中所表现出来的作用。这一作用有两个方面：第一，它在该活动或系统内部所具有的特定作用，完全由该事物的结构所决定；第二，它在更大的系统中或整个社会结构中所具有的特定作用，即该事物对其他事物的作用，是由该事物的结构和外部事物的结构共同决定的。由于不同质的物质形态具有不相同的物质性能，这就是不同的性能成为不同物质形态的一个根本原因。物质形态上升发展的一个重要方面，就是物质性能的不断高级化。物质形态的进化，说到底就是活动功能即性能的进化，即与环境的作用方式的进化。性能的发展（或相互作用的方式的发展）是物质形态发展的根本标志，否则物质形态就无所谓发展。功能虽是事物固有的，但必须在与其他事物的相互联系与相互作用中才能表现出来。所以，相互联系与相互作用是事物功能的表现形式，离开这种与其他事物发生联系的方式，事物功能的存在就无法确定。进一步讲，功能及其活动也是事物之所以存在的主要表现方式。假如一事物对周围其他事物一点作用也没有，也表现不出它的功能，那么，它的存在就很难表现和确定。不仅如此，不同事物具有不同的功能，从而与在外界事物的关系中表现出自身的特殊性，以区别于别的事物。

"功能"与"作用""价值"在含义上并不等同，不可混为一谈。

"作用"虽是由事物功能产生的，但"作用""价值"不是事物功能单方面形成的，而是在一事物以其功能与其他事物的联系中发生的。所以，"功能"是事物自身固有的单方面的能力，而"作用""价值"则属于关系范畴。事物只具备功能而不与其他事物发生关系，便形不成作用，也无价值可言。固然，事物功能只有在事物彼此间的作用中才能发挥和表现出来，然而，这毕竟不是一回事，是有必要把它们区别开来的，这是因为事物的功能是中性的，无利弊、好坏之分，而作用属于关系型范畴，特别是在人类社会范围内的作用范畴（把作用与价值相等同），已具有了倾向性，被赋予利弊之分、好坏之别。若把本无利弊之分的中性事物做出利弊、好坏之分，那就势必造成对事物的曲解。为了较准确地把握教育的功能，一定要对教育的作用、价值加以分析，把其中表现功能的因素剖析出来，而把人们的社会利害因素予以排除。这样做的结果，不仅会大大有利于理解教育的功能，而且会更加开拓我们对教育功能的利用视野，使教育的作用不仅仅局限于目前活动的范围内，方便我们最大限度地发展教育功能的作用。

"功能"属于科学范畴，其外延所及既包括自然界，也包括社会界；而"作用""价值"则属于社会范畴，主要是对作为社会主体的人和社会来说的，其外延并不包括自然界。

"作用""价值"这两个词，可归属于一种社会现象，其本身也是一个有着广泛意义的社会范畴。这就是说，价值现象是地球上出现了人类之后才出现的。随着人类的出现，客观世界就有了自然与社会的划分、主体与客体的区别，并有了自然与社会、主体与客体之间复杂关系的出现。"价值"就是在此历史背景下出现的社会范畴。

"价值"属于主体对客体属性的肯定或否定关系的范畴，它是由主体的需要和客体的属性两个方面构成的。客体自身的属性成为主体需要的价值对象，而主体的需要则使客体属性得到价值认可。正如马克思所说，"'价值'这个普遍的概念是从人们对待满足他们需要的外界物的关系中产生的"[1]，"是人们所利用的并表现了对人的需要的关系的物的属性"，"表示物的对人有用或使人愉快等等的属性"，"实际上是表示物为人而存在"。[2]

---

[1] 中共中央马克思恩格斯列宁斯大林著作编译局：《马克思恩格斯全集（第19卷）》，人民出版社1995年版，第406页。

[2] 中共中央马克思恩格斯列宁斯大林著作编译局：《马克思恩格斯全集（第26卷）》，人民出版社1995年版，第139，326页。

二、教育功能的概念

简言之，教育功能就是指我们所研究的教育究竟其自身具有何种作用的问题。教育是培养人的社会实践活动，这一本质决定了教育既是一个相对独立的系统，又是一个复杂开放的系统。教育功能在系统内部表现为教育对个体发展的影响和作用，在整个社会系统中表现为教育对社会发展的影响和作用。所以，教育功能是教育活动和系统对个体发展和社会发展所产生的各种影响和作用。

对于以上的界说，首先要弄清楚的是，这里所说的何种作用，是对什么来说的呢？首先它是对文化来说的，其次是对人类（包括个人和社会）来说的。这就是说，教育不仅对人类的个体和群体有作用，它对社会文化尤有重大的作用。教育之所以对人类有作用是因为它对文化产生了作用，离开了教育对文化所起的传递、传播的作用，就谈不上个人与社会的生存与发展。

根据对教育本质问题的认识，即对于教育是人类社会进行文化传承的一种手段的理解，那么，我们就可以说，教育对人类来说之所以具有功能和价值，首先是由于人类社会客观存在的文化传承活动和事业的需要，其次则是由于教育价值深藏于文化的价值之中，说到底是因为文化对人具有价值和作用的缘故。人类社会如果没有文化的存在和对文化的需要，则就没有必要在人类社会进行文化的传递和传播了。不仅教育毫无价值可言，而且根本不需要教育的存在和出现。教育为之传递、传播的社会文化，如果对人类不具有真正的作用和意义，教育的功能与作用、价值问题也就无从谈起了。因此，教育的功能，主要表现在对文化和对人这两个方面。而对人的这个方面，又是基于对文化作用的结果，并且是借助于文化功能的结果。

教育是培养人的社会活动。教育可以是学生个体发展实现社会化与个性化的活动。社会化是一种求同的过程，旨在保证个体为社会所接受，成为社会的基本成员；个性化则是一个尊重独特性的存异过程，旨在激发个体的自主精神与创新精神。不同时代、不同国家、不同民族对个体发展的侧重会有不同，或重社会化而轻个体化，或重个体化而轻社会化。如果教育只重视学生发展的社会化要求，就可能会抑制学生个性发展；如果只重视学生发展的个性化，忽视学生发展的社会化，也是片面的。现代社会是一个开放的社会，对人的素质要求越来越高，因此，一方面，我们的教育要以马克思主义人的全面发展理论为指导，用现代社会人所需要的一切去武装学生，使个体具备现代社会人的德、智、体诸方面的素养；另一方面，要尽可能地发展个体的个性，使学生在社会化与个性化的有机统一中和谐发展。把社会化与个性化割裂开来，是不利于个体全面发展的。教育的育人功能，是教育本质属性的表现形式，是教育的其他功能得以发挥的基础。因此，教育、人与社会三者之间存在着如下的关系：

第一，教育对人的成长、发展来说，是一种手段、工具，而人的成长与发展对教育来说则是一种目的。

第二，教育对社会的发展、进步来说是一种手段、工具，社会的发展和进步对教育来说是一种目的。

第三，教育的发展与进步对人的成长与发展来说，既是目的也是手段。教育的个体功能，是现代社会的产物。在人类社会的早期，教育是在社会生产和生活中自发地进行的，并没有成为一种独立的形态，而是处于"不知而行"的状态，当然也就更谈不上有意识地发展个体。但正如马克思所说："在发展的早期阶段，单个人显得比较全面，那正是因为他还没有造成自己丰富的关系，并且还没有使这种关系作为独立于它自身之外的社会权力和社会关系同他自己相对立。"在教育成为一种形态的古代社会中，学校教育主要是为巩固政治制度服务的，教育为个体发展服务的功能是附属的，并为统治阶级利益所制约。近代文艺复兴时期，人文主义教育把人的独立发展和社会的发展对立起来，把促进个体身心潜能的发展，培养敢于蔑视社会陈规，具有独立、自主、自由的反叛精神的人作为教育的价值追求，但这种理想是乌托邦式的，因为这一时期社会的发展是以牺牲个人的发展为前提的。在当代社会，发展的根本是实现人的发展，二者不存在根本的对立和冲突。正如马克思所期望的，"每个人的自由发展是一切人的自由发展的条件"。因此，现代教育的本质才回归到人自身。

在社会实践过程中，教育对个人、对社会来说，是"物"与"人"的关系、客体与主体的关系。但是，教育与物的价值有明显的不同：物的价值仅仅表现为物对人的一种有用的属性，而教育并不是一种实体的物，它本质上是传播、传递社会文化的手段，因此，它对人所具有的有用的属性主要并不在教育本身，而是来源于它所传播、传递的社会文化和知识。所以，所谓教育价值就是作为客体的教育，特别是社会文化、知识对个体和社会所客观具有的意义、作用、功能和效用问题。

作为一个独立的系统，教育表现为一种活动。教育活动由教育者、受教育者、教育内容和教育手段等要素构成，这些要素之间的相互作用则构成了教育活动的内部结构。教育内部结构的运行，是教育者借助教育手段，以教育内容作用于受教育者，其结果是影响受教育者的发展。所以，教育的内部功能就表现为对受教育者发展所起的作用。

教育在微观上表现为一种活动，在宏观上表现为社会的一个子系统，与政治、经济、文化、人口等其他系统共同构成完整的社会结构。社会是由生产力和生产关系的矛盾运动而推进的，教育通过对生产力、生产关系的作用，表现出影响社会发展的功能。

第二节 教育与人的发展

一、人的发展的含义

人的发展包括人类种系的发展和人的个体的发展。人类种系的发展是从动物到人的演化过程。人的个体的发展是从人出生到衰老的发展过程。个体人的发展包括身、心两个方面的发展。身体的发展主要是指身体的生长、发育、体质的增强;心理的发展包括知识的增加、智力的发展、品德的提高,等等。德、智两方面是互相影响的,身、心两方面也是互为条件、相互促进、对立统一的。人的身心的发展体现量变导致质变的规律、由低级到高级的规律,也体现先天与后天、外因与内因、教育者的要求与受教育者的主观能动性之间对立统一的规律。

二、影响人发展的主要因素及其关系

影响人发展的主要因素有遗传、环境和教育。从受教育者的方面来讲,还有主观能动性。它们之间存在互相联系、互相作用的关系。

(一)遗传素质是人的发展可能性的物质条件

在生物种族中,亲代和子代之间在形态、构造、生理机能上出现相似的现象,或者说这种生物的基本特征在世代间的传递延续就是遗传。对于人来说,遗传是人们从先代所获得的一些生物性特征,即生物具有的生理特点,如人体器官的构造、形态、感官和神经系统的特征等遗传素质,而不是后天形成的知识、信念、兴趣、才能等心理特点。

遗传素质是人的发展的可能性的物质条件。这就是说人的发展的可能性是有物质条件的,人正是因为具有了遗传素质这种物质条件才有发展的可能性。就人与动物相比较来说,人的遗传素质和动物的遗传素质是大不相同的。如在身体的构造、神经系统、大脑皮层等方面人都与动物大不相同。人的大脑不仅能形成第一信号的条件反射,而且能形成第二信号的条件反射。人类依靠自身所特有的遗传素质,在环境和教育的影响下,可以学习高深的知识,进行各种独创活动,培养丰富的思想感情等,在身心方面得到高水平的发展;而动物由于没有人这样的素质,因而就没有人这样的发展可能性。就人与人之间相比较来说,不同的遗传素质,也为不同的发展可能性提供了物质条件。比如一个大脑生来就有缺陷的儿童,无法进行正常的发展;一个生来是全色盲的人,无法辨别颜色,也很难成为一个画家;一个人声带很好,声音洪亮,却无法辨别颜色,也很难成为一个画家;一个人声带很好,声音洪亮,音色很美,听觉也灵敏,这就为成为歌唱家提供了物质条件;一个人个子较

高,身材适当,弹跳力强,就为成为跳高运动员提供了物质条件。但是人的遗传素质仅是发展的可能性,而不是现实性。遗传素质是先天的,而知识、信念、才能等心理素质是需要后天获得的。生理素质好,并不就是有知识、有道德、有才能。人并不是生下来就是思想家、理论家、文学家、艺术家、运动健将。遗传只是为人的发展的可能性提供了物质条件。人的发展要在一定遗传素质条件下,再经过后天的环境影响和教育培养才能变成现实。夸大遗传素质在人发展中的作用的"遗传决定论"是错误的。

(二)环境是人的发展的现实性的社会基础

广义上讲,人们周围的一切事物都是环境,包括自然环境和社会环境。自然环境包括天然存在的自然环境和人类改造过的自然环境,即人化自然。社会环境包括生产力、生产关系、上层建筑以及家庭和学校教育等。狭义的环境是指那些与教育相对应的影响人的发展的自发因素。

人总是生活在一定环境里,是在环境中发展的,环境制约着人的身心的发展。自然环境影响着人的发展。近水知鱼性,近山知鸟音,在北方便于滑雪滑冰,在江河附近便于游泳,就说明了这个问题。特别是社会环境在人的发展中起着决定作用。生产力的状况为人的发展提供了物质条件。社会制度制约着人的发展,在阶级社会中,每一个人都在一定的阶级中生活,在思想上也必然会打上那个阶级的烙印;社会制度也影响着人们生活的好坏,制约着人的健康状况。

总之,环境是人的发展转化为现实性的社会基础。当然,一方面人的发展决定于环境,另一方面人也不是环境的消极产物,人可以能动地改造环境。从先天与后天的关系看,人的发展主要决定于后天的环境与教育,夸大素质作用的遗传决定论是错误的;从环境与人的关系看,人的发展决定于环境,人又改造着环境,否认人的能动性的"环境宿命论"也是错误的。

总的说来,人的发展主要决定于后天的因素——环境的教育,但狭义的环境与教育比较起来,有其局限性,是自发的、偶然的、零碎的,对人的影响是无计划的、不系统的,甚至是相矛盾的,而教育在人的发展中的作用较为理想和有效。

(三)教育在人的发展中起主导作用

教育是整个社会环境中的一个组成部分,是一种特殊的环境。它既受社会环境的制约,又有相对的独立性,它是对人的身心进行的影响,是培养人的社会实践活动。教育在人的发展中起主导作用。

教育在人的发展中为何起主导作用呢?首先,教育有明确的目的任务。一定社会(一定阶级)的政治、经济状况的人的身心发展规律要求教育必须有明确的目的和培养目标。其次,教育有周密的计划组织。学校的教育、教学工作有计划有组织地进行，并能自觉利用环境，使教育工作朝着既定的方向展开。最后，教育工作由专门的教师担任。一般说来，教师受过专业训练，具有高尚的道德、广博的知识并懂得教育规律，他们能引导学生发挥自己的主观能动性，实现德、智、体全面发展。

教育，尤其是学校教育在人的发展中，特别是在年轻人的成长中起着主导作用。当然，教育的作用离不开一定的遗传素质条件，更是受到社会制约的，夸大教育作用的"教育万能论"也是不对的。

（四）个体的主体性在人的发展中具有能动作用

对于影响人的发展因素，人们认为有遗传、环境和教育三个因素：如果把教育包括在环境之中，那就是遗传与环境两个因素；如果把教育包括在环境之中，那就是遗传与环境两个因素，即先天和后天两个方面。先天提供身心发展可能性的物质条件，后天提供身心发展转化现实性的社会基础和主导力量。这样先天制约后天的发展，后天又作用于先天，促进先天的完善，二者存在对立统一的辩证关系。除了三因素之外，有人又提出应加上个体的主体性，强调在人的发展关系中还有自身的主观能动性这一因素。这是很重要的。马克思主义认为人是环境的产物，但不是环境的消极产物，人具有主观能动性。人能在社会实践过程中认识客观世界，改造客观世界；在认识和改造客观世界的过程中又认识自己的主观世界，改造自己的主观世界，做到主观和客观的统一，从而更有效地改造客观世界。人的发展既有赖于客体提供的客观条件，又有赖于主体具有的主观状况。因为在人的发展中受动与主动是辩证统一的，没有遗传、环境与教育，人的身心发展就失去了客观条件，成为无源之水、无本之木，但在同样的客观条件下，在不同的人身上，或在同一个人的不同状况下，其接受客观条件影响的程度并不完全相同，因而反作用于客观，二者又存在对立统一的辩证关系。

强调主体性在人的发展中的能动作用，对于培养人的教育工作具有重要意义。唯物辩证法认为外因是变化的条件，内因是变化的根据，外因通过内因而起作用。教育对人的影响也是这样的。作为主体的人不是消极被动地接受外部的教育影响，而是有能动的反映。人们的知识、经验、需要、兴趣等是在外部影响下形成的，但它们一旦形成之后就具有相对独立性，成为接受新的知识经验、新的道德要求等教育影响的内部因素。由于主观状态不同，对于教育的影响就会产生不同的反应，在是否接受、接受的程度以及接受的效果等方面都会有所不同。这样外因与内因又存在互相联系、互相作用的辩证关系。因此要重视个体的主体性，培养受教育者的主观能动性以实现教育的主导作用，取得良好的教育效果，从而促进个体身心生动活泼地主动得到发展。弘扬人的主体性，唤起人的主体意识是新世纪向教育工作提出的时代要求。

总之，影响人的身心发展的主要因素有遗传、环境、教育及人的主观能动性，它们在人的发展中发挥着不同的作用。它们之间构成了先天与后天、客观与主观、外因与内因等矛盾关系。矛盾双方存在互相联系、互相作用的辩证关系，这些矛盾之间又互相联系、互相作用，共同影响人的身心发展。

综上所述，遗传是人发展可能性的物质条件，环境是人发展现实性的社会基础，主观能动性是人发展的内因，教育在人的发展由可能性转化为现实性的过程中起主导作用，这是影响人的发展的主要因素之辩证关系，是教育与人的发展的必然的客观规律。

三、教育的育人功能

教育在人的发展中起主导作用，因此，教育具有育人性这一本质功能。教育的育人性主要表现在对人力资源、对人的体力和智力的开发具有重大的作用。人的体力和智力在出生时作为萌芽状态而蕴藏于人的肉体当中。教育可以把这些萌芽状态的潜力发展成为现实，成为体力和智力，并且凭借着语言文字的工具、科学技术的工具，成百倍、成千倍、成万倍地扩大人的体力和智力。

人的体力和智力这种人力资源与自然物力资源有着根本不同的特点。许多自然资源一百年、一千年、一万年以至上亿年还存在着，而人力资源几年、十几年不去开发，就会按照生物的"用进废退"的规律而消失。人力资源更受时间的限制。为了发挥教育的育人作用，就要注意对儿童实行早期教育。早期教育与成才的关系极大。现代心理学的研究指出，如果让儿童在出生的第一年受教育，他们的智力发展可增加15%～20%，如果一个国家所有的父母都懂得教育，对所有刚出生的儿童都施以良好的教育，并且又能一代一代地坚持下去，那么整个国家人民的智力就会大大提高。在这种理论的指导下，现在世界上一些国家的幼儿教育发展得很快。目前学前教育的含义，已扩大到从出生至上小学以前的阶段。0岁到3岁婴幼儿的教育问题已在国际上受到高度重视。

当然，教育的育人性，教育对人的体力和智力的开发不仅应是早期的，也应该是持续不断、贯穿于整个人生的。因而为了开发人力资源，还要大力普及小学和中学教育，发展中等和高等专业教育，搞好业余教育、继续教育和终身教育。

（一）教育对人发展的促进功能

人的发展是指个体从出生到生命的终结，其身心诸方面所发生的一切变化，它是个体的潜在素质变成现实特征的过程。个体发展在内容上包括身体和心理两大方面，前者指有机体的自然形态和组织器官及其机能的发展、完善，后者指人的心理过程和个性心理的发展，包括认知、情感、意志和各种高级社会性的发展。教育就是通过其独特的形式和丰富的内容，促进个体身心和谐地全面发展。

一个人生活在社会上，既是社会的人，又是个体的人。前者表现为人具有社会性，追求个体的共同性；后者表现为人具有个性，追求个体的独特性。社会性和个性是相互对立又矛盾统一的，人是社会性和个性的双重统一体。个体发展从本质上说是一个包含着两个矛盾方向的变化，而又重新系统化的过程。方向之一是社会化，方向之二是个性化。教育就是通过个体的社会化和个体的个性化，促使一个生物体的自然人成为一个生活在现实社会中的具体的人。因此，教育的个体发展功能具体表现为促进个体社会化的功能和促进个体个性化的功能。

1. 教育促进个体社会化的功能

人在婴儿时，还是一个软弱无能的生物体，依靠后天的学习逐渐成为一个能有效地参与社会生活的主体。个体从自然生物体到社会活动主体的变化，就是通过个体社会化过程来实现的。个体的社会化是个体学习所在社会的生活方式，将社会所期望的价值观、行为规范内化，获得社会生活必需的知识、技能，以适应社会需要的过程。人生活在社会上，不可能孤立存在，社会化是其生存和参与正常社会生活的必要途径。"狼孩""熊孩"和在被隔离情况下长大的孩子一样，因为脱离人的生活环境，尽管有健全的躯体，却不能有人的思维、意识、行为方式，这说明了社会化是人之为人的根本。对人类社会而言，社会化使人类能够在社会学和生物学意义上进行繁殖，从而确保人类社会世代延续下去。

而且，社会化的过程是一个持续终生的过程。从婴儿期到老年期，它不断地调整个体的观念和行为，以适应社会生活变化的要求。社会化的具体内容大致包括四个方面：（1）接受一定社会的文化价值和社会规范；（2）使个人追求的目标与社会要求相一致；（3）掌握个人获得社会成员资格和实现追求目标所必需的技能；（4）学会认同身份和在每一场合下自己所处的角色。

社会化的本质是角色承担。由于个体在不同的时期所承担的主导角色不同，使得个体的社会化呈现出一个持续终生的过程。个体从生命伊始，经过儿童期、少年期、成年期和老年期，始终都在不断地进行社会化。儿童时期的社会化，主要在家庭中进行，通过获得思维、情感、语言和最初的行为方式等特征，掌握一些基本的生存能力，这个阶段称为第一次社会化。青年时期，个体从家庭这个狭隘的小天地投入更广阔的社会天地中，逐渐掌握了独立生存的能力，能以社会行为规范来约束自己，适应社会的要求，为进一步深入社会，改造社会打下基础，这个阶段称为第二次社会化，其社会化的主要场所是学校。步入成年后，由于独立承担社会角色，独立进行社会生活和创造，所以，要适应工作和生活中不断变化的社会性要求，个体就要不断地进行新的社会化，直到进入老年期，还要经历生活的调适过程，这被称为第三次社会化。这三次社会化构成了人的社会化的全过程。

影响社会化的因素包括家庭、学校、同伴群体、大众传媒、职业组织、社区等等。不同的年龄阶段，社会化的主导因素不同。幼儿阶段以家庭为主，青年阶段以学校为主，成年阶段以职业组织为主。学校是青少年社会化的主要场所，学校对青少年的社会化是通过有目的、有计划、有组织的教育完成的。

学校是个体社会化的场所，教育是个体社会化的途径，教育在促进个体社会化中的功能主要表现为以下三个方面：

（1）教育促进个体思想意识的社会化。

人的行为是一种有意识的行为，思想意识成为支配人行为的内在力量。意识虽然为个人所具有，但它不是个体思维的产物，而是社会的产物，个体意识必须反映并符合社会的规范和要求。所以，个体的思维意识本质上是社会价值规范在个体头脑中的反映。

教育代表一定社会的要求，传播社会中的主流文化和价值观念，受这种文化和价值观念的影响，学生就易于形成与主流社会文化要求一致的思想意识，从而认可并自觉维持现存社会的种种关系。而且，由于教育所传播的文化价值观念的系统性和深刻性，还由于教育活动组织的计划性和严密性、教育形式的活泼性和多样性，学生易于接受这种价值观念，并形成完整的思想观念体系。教育促使个体思想意识的社会化，特别表现为个体的政治化。

（2）教育促进个体行为的社会化。

人的行为要符合所属群体或社会的要求，这个要求就是社会规范。教育通过社会规范的传递，使人们认识社会规范的意义和内容，认识到应该干什么，不应该干什么，从而规范人的行为，防止个体行为偏离社会的轨道。在日常生活中，教育还具有生活指导的功能，它授予人在社会生活中必需的知识技能，如处理人际关系的技能，帮助人们学会协调理想和现实之间的冲突，使人们首先学会生活、适应生活。

（3）教育培养个体的职业意识和角色。

职业是社会化的集中体现。人生活在社会中，要以一定的职业为生，这就决定了为就业和生活做准备的教育，必须能够促进个体的职业化。对职业技术教育、高等教育和成人教育而言，培养人的职业角色意识、技能是其核心要求。基础教育作为一种全面的素质教育，也负有职业指导和职业定向的重要职责，要指导学生根据自己的兴趣、爱好和能力，结合国家的需要，确定自己的未来理想，帮助他们实现自己的职业理想。

2. 教育促进个体个性化的功能

人与人之间既有相同的一面，也有不同的一面。相同的一面表现为人的社会性，社会性反映的是人对社会的适应，是社会化的结果；不同的一面表现为人的个性，个性是个体在实践活动中形成的独特性，它是个体社会化的结果。个性化是一个尊重差异的求异过程，它反映的不是对社会的适应，而是在继承基础上的发展、变革和创造，因而个性化的核心是个体在社会实践中促进自主性、独特性和创造性的形成。

（1）教育促进人的主体意识的形成和主体能力的发展。

主体意识和主体能力是人的主体性表现。主体意识是人作为认识和实践活动的主体的自觉意识，它包括主体的自我意识和对象意识；主体能力是主体认识、改造外部对象世界的能力。主体意识是主体性的观念表现，主体能力是主体性的外在表征。无论是主体意识的形成，还是主体能力的获得都要通过教育。因为人这一生物体天然的能力有限，人要成为认识和实践的主体，必须通过接受教育，获得相应的知识、能力，从而达到变革客观世界的目的。因此，教育过程对个体而言，是一个提高自身素质、增强自我能力的过程。

（2）教育促进个体差异的充分发展，形成人的独特性。

个体的独特性表现在人的个性心理上，诸如兴趣、爱好、理想、信念、世界观、能力、气质、性格等。人的遗传素质蕴含着个体的差异性，如气质类型的差异、智能优势的差异等。个体由于后天的生活环境、教育影响的不同，即便是相同的遗传素质，也会形成不同的发展结果。教育作为有目的的活动，可以根据学生的不同心理发展特征，选择适合他的发展道路，设计适合他的教育。因此，教育能够尊重个体的差异，因材施教，帮助不同的学生充分开发其内在潜能，形成自己的优势区域和特长。

（3）教育开发人的创造性，促进个体价值的实现。

创造性是人的个性的核心品质，是个性的自主性、独特性的综合体现。它是个体在创造活动中所表现出的自主、独特、与众不同的心理倾向。创造活动是人生产新颖、独特、有社会价值的产品的活动。人们在创造活动中所表现出来的创造性不仅是个体独特的自我意识的体现，同时也符合社会价值的要求，具有社会性。因此，创造性是自我性和社会性的连接，它虽是个人才能的最高体现，但这种才能的发挥要受到社会的制约，要以对社会的贡献来衡量。

（二）教育的个体职业塑造功能

教育的个体职业塑造功能主要是指教育的个体谋生功能和享用功能。

1. 教育的个体谋生功能

教育是通过知识经验的传授而促进人的发展的，促进人的发展虽然是教育的终极目的，但不是教育的唯一目的。教育在传授知识的同时，也使人获得谋生的本领。古代的生产相对简单，劳动者需要的复杂技能不多，他可以靠师徒式的模仿获得。但随着工业革命的到来，对劳动者的素质要求越来越高。马克思讲道："要改变一般的人的本性，使他获得一定劳动部门的技能和技巧，成为发达的和专门的劳动力，就要有一定的教育和训练。"[1]因此，教育成为现代社会生产劳动力的必要条件。这就是说，在现代社会中，个体谋求某种社会职能必须要以接受相关的教育和训练为前提，而且现代社会对教育程度的要求也越来越高。第一次工业（蒸汽机）革命要求劳动者具有小学文化程度；第二次工业（电气化）革命要求劳动者具有初中文化程度；第三次工业（电子）革命要求劳动者具有高中文化程度并受过职业化训练；现代的信息革命提出了高等教育大众化的要求，要求越来越多的人接受专门的高等教育训练，而且对教育层次的要求也在不断提高。

教育的个体谋生功能，在性质上不同于教育的个体发展功能。教育的个体发展功能，着眼于主体人自身发展的需要，促进人身心和谐完善的发展，是成"人"的教育。教育的个体谋生功能，着眼于社会生产和生活对人的知识技能的要求，是成"才"的教育，是"人力"的教育。当然，教育的最终目的是成"人"，但成"才"是成"人"的必要环节，同时成"人"必须通过成"才"表现出来。

教育的个体谋生功能，一方面可以通过个体社会化，将社会文化行为规范传递给新生一代，使他们获得未来社会生活或职业生活中相应的角色和意识，以便他们在进入社会生活时能尽快地适应新环境。另一方面教育要传授"何以为生"的本领。英国教育家斯宾塞（H. Sepencer，1820—1903）曾经将"个人完满生活的准备"作为教育的目的，认为"为我们的生活做准备是教育应尽的职责"，这在人本位教育家看来，虽然具有功利主义的色彩，但它确是现阶段社会的需要。因为现代社会还没有达到生产力高度发达和对产品的各取所需，劳动既是人的需要，更是人谋生的手段。教育尤其是普通教育基础上的职业技术教育、高等教育、成人教育就是要造就和培养具有谋生本领的劳动者和建设者，使其成为推动社会生活发展进步的人力资源。个体谋生的需要，要求教育必须教人"学会生存"，在当代，这不仅是学校教育的任务，还是整个终身教育的职责。

2. 教育的个体享用功能

教育的个体谋生功能指向外在社会的要求，个体把教育作为一种生存手段和工具，这只是教育功能的一方面，此外教育还具有个体享用功能。教育的个体享用功能，并非指为了达到外在目的而受教育，而是教育作为个体生活的需要，受教育过程是需要满足的过程，在满足需要的过程中，个体可以获得自由和幸福，获得一种

---

[1] 中共中央马克思恩格斯列宁斯大林著作编译局：《马克思恩格斯全集（第23卷）》，人民出版社1995年版，第105页。

精神上的享受。

从广义的教育来讲，人要成长必须接受教育。因为人有双重生命，从父母那里遗传的生命只是做人的物质基础，人要成为人，还要经历"第二次生成"，并且必须讲求"为人之道"，在自觉做人中才能生成为人。教育使人"成为人"，是满足人的生命需要的最基本形式。因此，受教育对人来说，是生命中的最基本需要。

对学校教育而言，受教育过程是一个通过促进个体发展不断追求自由的过程。现实中个体的活动要受到种种客观因素的制约，自由的活动不是否定或消除这些因素，而是在遵循这些客观规律的基础上，反映人的主观意志。所以，自由的活动是"外在的必然性"和"自我提出的目的"的统一。一个人受教育越多，对外界的必然性的认识就越深刻，就越能按照事物本身的规律，体现自己的意志自由。教育通过知识的传授，教人"求真""向善""粹美"，促进人的知情意与德智体全面发展，从而造就一种自由人格，造就活动中的自由人。受过教育的人，是自由之人，也是幸福之人。幸福是完美人性的展示和表现，这种人性融智慧、情感、道德于一体，教育通过提升和完善受教育者的人格，使他们体验到精神上的幸福。

教育的根本在于培养知情意、真善美的完美人格。个体完美人格的形成，一方面是有它的外在工具价值，它可以使个体顺利参加社会生活，在生活实践中发挥作用，以满足社会发展的要求，这种工具价值常常以"工作"而呈现。另一方面，人格的形成还具有一种不为外力所驱使、所支配的内在本体价值，这种价值来自于个体对人格完善的向往和追求。完善人格成为人的一种需要，同时，通过知识、技能的掌握，智慧的增长，德性的完善，人在活动中达到自由的境界，从而获得一种愉悦的幸福感受，这就是教育本体价值的体现。而且，在历史发展的长河中，随着生产力的发展，闲暇时间的增多，这种本体内在价值愈来愈明显，在当代表现为"教会闲暇"这一新的教育功能观的确立。教育的个体享用功能，既根植于教育的本质、教育的个体发展功能，又根植于社会发展的要求。

教育固然教人知识，但获得的知识有外在和内在的不同价值。知识的外在价值在于转化为一种力量（知识就是力量）或一种生产力，成为谋生的手段。知识的内在价值在于促进人的身心和谐发展，造就完满的自由人格，使人成为自由之人、幸福之人。所以，教育的享受功能是教育个体发展功能的必然延伸。

（三）教育对个体发展的负向功能

固然，教育对人的身心发展有着极大的促进作用，甚至可以说在人的发展中起"主导作用"。然而，这种作用的发挥是有条件的，并非所有的教育都能发挥正向的促进作用。正如《学会生存》所指出的，"教育既有培养创造精神的力量，也有压抑创造精神的力量"[1]，甚至有的教育还在摧残儿童。我们曾从新闻媒体上看到一些极端的新闻事件：某教师让学生口含已经扔到厕所里的塑料袋；某教师强制学生用小刀刮自己的脸；某老师让全班学生轮流扇犯错误同学的耳光……诸如此类的"教育惩罚"，显示着现实中的教育并非都是"善"的，不良的教育会造成儿童的心灵伤害。

又如：如果过分强调应试教育，追求考试的高分数，就会特别强调标准化教学。这种教育会束缚人的想象力和创造力，成为扼杀创新精神的一大凶手，使学生从进学校的一个"问号"，变成了出学校的"句号"。

我国的教育曾出现过一些对个体发展产生负面作用的现象。主要表现为：某些教育由于某种异化而阻碍了学生的全面发展和个性潜能的充分实现。第一，一些学校过重的学业负担、唯"智"是举的做法，严重摧残了学生的身心健康；第二，现存学校的管理模式，只能教会学生学会顺从，不利于学生主体性的发挥和创造性的培养。

针对已经出现的这些负向功能，我们要认真分析原因，采取积极措施去克服和矫正。针对上述一些表现，克服教育负向功能的关键是树立"以人为本"的教育理念。以人为本的教育，首先要把人看作是目的，而不是手段；把学生的个性发展看作教育的唯一出发点和归宿，而不是为了外在的目的（如遵守纪律，保持安静）迫使学生就范。以人为本的教育，把人看作具体的、能动的人，尊重他们的人格和生命，以积极的目光期待他们，赏识他们。

第三节　教育与社会的发展

一、教育与社会的关系

教育与社会之间是彼此依存的关系。这里的所谓依存关系，就是指社会的存在与发展要以教育为条件，而教育的存在与发展不仅要以社会为依托和条件，而且要以社会提供的条件为条件。这种互为手段与条件的关系，也就是彼此间相辅相成、相得益彰的关系，说到底，也就是存在于双方之间的一种相互供求或供需的关系。

教育的产生、存在与发展，均由于社会存在与发展的需要。教育要靠什么去满足社会存在与发展的需要呢？靠的是教育自身具有传递文化和成人、成才的功能，这样便构成了教育与社会之间一种客观存在的供求、供需关系。而这里所指称的教

---

[1] 联合国科教文组织国际教育发展委员会编著：《学会生存——教育世界的今天和明天》，教育科学出版社1996年版，第188页。

育，其源远流长的历史是教育事业无法比拟的。当然，教育活动，从其产生、存在到发展，不仅以社会为依托，也离不开社会生活为之提供的各种条件，无视于此是不对的。但是，也应当看到，当人类社会生活中只存在教育活动这种单一的教育形态时，社会对教育活动提供的条件往往是隐性的，不易被人们所察觉。而当社会生活中有了教育事业这种教育形态时，则教育事业所要求社会为之提供的条件，就成为十分具体而呈显性的了。这是因为，教育活动在社会生活中本来就是一种隐性的存在，而教育事业则因有其结构和规模，成为具体的实体。具有了实体性质的教育事业，这时需要社会为之提供人、财、物等物质条件，这是因为任何社会实体的生存和发展，第一位的需要总是基本的物质条件的满足。而社会对教育事业的需要也更趋具体和明确，并常常基于社会政治与经济上的需要对教育提出要求。教育与社会的关系便往往表现为教育与社会的政治、经济、文化之间的关系，以致教育与社会政治、经济之间的关系，实际地成为教育与社会的主要方面和基本内涵。

二、教育社会功能的体现

教育的社会功能表现在教育对其他社会子系统的作用，包括人口、政治、经济、文化等方面。但从历史上来看，这些方面不是同时出现的。人口是社会的生态基础，是连接个体与社会的桥梁。教育的个体功能，要转化成政治、经济功能，首先要通过提高人口的素质来实现。教育的文化功能是教育社会功能中的一个基本功能，与人类教育共始终。文化是作为教育的内容和手段出现的，人的生命形式必须通过文化来获得，即便是在人类早期，教育处在自发的阶段，原始初民可能不会有意识地影响下一代，但他们在潜移默化的影响中，不可能不凭借语言、文字等手段传递社会生产、生活经验。所以，文化是教育的基本内容，教育是人类特有的文化传递形式、手段和工具，古今中外的教育概莫能外。

对政治功能和经济功能而言，教育社会功能的发展是由政治功能到经济功能，而学校教育一开始就是统治阶级的特权。学校教育通过传授统治阶级的意识形态，延续统治需要，培养新一代的统治者和接班人。由于古代社会生产力低下，劳动过程简单，主要依靠体力、技能和经验，况且由于这种劳动所要求的技能、经验人们一旦脱离直接劳动过程便无法掌握，所以，当时的生产劳动和学校教育不但没有直接关系，反而带有排斥教育的自然倾向。

教育与生产发生联系，必须诉诸科学技术，提高生产劳动的科技含量，也即只有需要技术科学武装的那种生产才会同教育发生内在联系。[1]所以，随着资本主义大工业的建立和发展，教育从过去主要传授统治阶级的意识形态和为统治阶级培养

1　陈桂生：《教育原理》，华东师范大学出版社2000年版，第101页。

官吏，转变为主要传授科学技术知识，为社会生产劳动力。因此，现代教育生产劳动力，进而发展经济的功能日益凸显出来。

在当代社会，社会的现代化不仅包括物质文明建设，也包括精神文明建设。因此，教育在社会现代化的过程中，其社会功能也由单一的功能论发展到综合的功能论，全方位地发挥作用。

（一）教育的经济发展功能

在教育与经济发展的关系中，经济的发展决定着教育的发展，反过来，教育的发展促进经济的发展。在制约教育的诸多社会因素中，经济对教育的制约作用是根本性的。教育的发展水平、规模、速度和结构，归根到底是由社会经济发展水平决定的。

经济对教育的制约作用主要体现在以下四个方面：

（1）经济实力制约着教育发展的物质基础。任何形式的教育都需要一定的人力、物力、财力作为物质基础，经济发展的水平制约着教育发展的水平，不同的经济发展水平要求教育为其提供不同数量、规格和质量的劳动力。

（2）经济水平制约着教育发展的规模和速度。一国的经济水平往往与其文盲率、入学率、义务教育普及年限和高等教育普及程度直接相关。从世界范围来看，在不同的经济水平基础上，教育要经过从普及初等教育到普及中等教育，最后实施大众化高等教育的过程。

（3）经济结构制约着教育结构。经济发展引起产业结构、行业结构、技术结构、消费和分配结构的变革，教育结构也必然随之发生变化。20世纪六七十年代，西方国家先后进入以计算机技术为代表的第三次科技革命时期，经济水平和经济结构都发生了巨大变化，社会劳动力从"劳动密集型"产业转向"知识密集型"产业，与此相适应，对劳动者的智力要求也大大提高，各国逐渐由原来的精英高等教育阶段进入大众高等教育阶段。

（4）经济条件制约着教育的内容和手段。学校所传授的知识内容，必须要反映所处历史时期的经济发展水平和科技进步成果，只有如此，才能适应生产力的创新要求。同样，经济发展、科技进步所创造的成果，也必然促使教育内容和手段的更新与提高。

教育在受到经济制约的同时，也对经济发挥着重要作用，现代社会的经济发展尤其离不开教育事业的支撑。教育对经济的作用主要表现在以下三个方面：

（1）教育能够提高劳动力的整体素质。劳动力是重要的经济因素，但人的劳动能力并非与生俱来，需要通过教育和训练才能获得。教育可以改变劳动力的形态，能够将简单劳动力训练成复杂劳动力，将体力劳动者培养成为脑力劳动者，并且能够使人的劳动能力得到全面发展。这一点在现代经济中表现得尤为明显。现代经济的发展已经不能单纯依靠自然资源和人的体力劳动,必须提高劳动者的智力水平,以此来代替并提升原有的生产要素。不仅职业技术教育肩负着提高劳动者劳动技能和劳动素质的任务,而且全体劳动者(包括体力劳动者和脑力劳动者,或者说蓝领和白领)的整体素质都取决于其所受教育的程度和质量。

(2)教育可以促进科学技术创新。现代经济发展主要依靠科技创新和科技成果的转化。教育在科技创新中通过直接与间接两种渠道发挥着自己的作用。一方面,高校集中了大批科学家和优秀科技工作者,设立了各种实验室,可以直接从事科学发明和技术创造,然后通过自己创办高科技产业或通过科技成果转化直接作用于经济领域;另一方面,基础教育通过传递人类已有的科技成果,使受教育者迅速、简约地掌握人类文明的成果,培养从事科学发明和技术创造的基本能力与必要精神,为未来进行更高层次的科技创新奠定基础、创造条件,即以间接的方式作用于经济领域。

(3)教育对经济运行具有直接调节作用。教育对经济运行的调节作用主要表现在两个方面:一是以自身的消费能力影响着市场需求,二是以自身的人才培养影响着劳动力供给。教育事业是一项庞大的社会事业,各国教育经费动辄成百上千亿元,学校的基本建设、教材供应、学生基本消费等,无不对市场需求产生重大影响。同时,根据其他国家的经验,学校在劳动力供给方面具有"蓄水池"的功能——经济景气时"开闸放水",经济不景气时"闭闸蓄水",对于减缓社会的就业压力具有重大意义。

(二)教育的政治功能

从政治与教育的关系来看,教育并非单纯受动的一方。在政治影响教育的同时,教育也反作用于政治,并对政治具有能动作用。这种能动作用集中表现在教育所具有的政治功能上,即教育在维护、巩固、强化政治体系方面的功能,教育在传播、发展、创造政治文化方面的功能,教育在加强政治权威渗透力方面的功能等。

1. 教育促进政治民主化的功能

民主问题是现代社会教育与政治关系的核心。因为在古代社会,教育融合于政治之中,教育活动是从属于政治的。近代以来,教育与政治的关系发生了变化。因为近代资本主义社会的形成,是以否定古代社会的专制和特权为特征的,并以"民主、自由、平等"等作为资产阶级民主政治统治的口号。商品经济的出现,也使劳动者摆脱了人身依附关系,提供可以自由出卖的劳动力,促成了平等的自由竞争。顺应资本主义生产关系的要求和商品经济发展的需要,资本主义的教育不再是专制统治的附庸和工具,"自由教育""民主教育"应运而生。但资本主义学校教育的双轨制，在取消了封建社会血统等级制后，又代之以金钱为标准，这是"用貌似民主的词句作为烟幕掩盖了真正的不平等"。人类出现社会主义后，民主又进入了一个新的阶段，它不承认任何形式的专制和特权，把政治的民主、平等作为自己的奋斗目标。因此，在社会主义社会，民主问题成为教育联系政治的着眼点。

既然民主的问题成为教育与政治的核心问题，那么，教育的政治功能最主要的就是促进政治的民主化。这主要表现在三个方面：

第一，教育民主化本身是政治民主化的重要组成部分。教育通过传播一定的社会的政治意识形态，完成年轻人的政治社会化。人的社会化是人的发展的重要方面，是个体之所以能成为人的基础，而政治社会化又是人的社会化的重要方面。政治社会化是引导人们接受一定的社会政治意识形态，形成适应于一定社会政治制度的政治态度与政治认同感，以及积极参与政治、监督政治的政治习惯与能力的过程。这一过程对年轻人尤为重要，就是确保把他们培养成为国家的公民的过程。政治社会化主要通过教育进行。

第二，教育传播科学，启迪人的民主观念。古代社会，教育始终是统治阶级愚昧人民的精神鸦片。现代社会，教育通过传播科学真理，启迪人的思想意识，提高人的民主观念，鞭打愚昧和落后，成为社会变革的内在动力。因为只有具有民主意识的公民，才能建立民主的社会和民主的政体。

教育民主化是现代教育改革的目标，它表现为教育权利的平等和教育机会的均等。教育平等，作为一种实践运动，是政治民主化的重要标志，也是推进社会政治变革的重要力量。作为教育民主化重要体现的全民教育，受到了国际社会的重视。

第三，民主的教育是政治民主化的加速器。民主的教育不仅可以提高国民的政治素质，推动他们参与政治的热情和能力，通过提高领导阶层的文化素质促进管理的科学化和民主化，更重要的是民主教育本身的实践会影响每个学生的心灵，使他们在民主教育中增长民主的意识，使民主在一代人的心中开花、结果。

一个国家的政治是否民主，主要取决于该国的政体，但也与国民的文化素质密切相关。一个国家普及教育的程度越高，国民的文化素质越高，其国民就越能认识民主的价值，在政治生活和社会生活中就越能履行民主的权力。在一个文盲充斥的国家里，政治独裁、宗教迷信和官僚主义则是比较容易推行的。正如列宁所说："文盲是站在政治之外的，必须先教他们识字，不识字就不能有政治，不识字只能有流言蜚语、传闻偏见，而没有政治。"[1]从世界许多国家进行民主政治建设的实践经验来看，几乎没有一个国家不凭借教育的力量。为把我国建设成为富强、民主、文明的社会主义现代化国家，我们必须充分注意教育在这方面的作用。

1　列宁：《列宁论教育》，人民教育出版社1979年版，第293页。

2. 教育通过造就政治管理人才，促进政治体制的变革与完善

孔子讲："为政在人"，"人存则政举，人亡则政息"。[1]墨子也认为："国有贤良之士众，则国家之治厚；贤良之士寡，则国家之治薄。"[2]所以，古代教育十分重视培养政治管理人才。现代社会强调法治，使得教育更重视培养政治管理人才。由于科技向管理部门的全面渗透，国家对政治管理人才的要求更高了。许多国家为了适应这种变化，设立了专门培养政治管理人才的学校、系科。社会越发展，对政治管理人才的素质要求越高，通过教育选拔、培养政治管理人才就显得越重要。

3. 教育还是形成社会舆论、影响政治时局的重要力量

学校是知识分子和青少年集中的地方，他们有知识，有见解，思想敏锐，勇于发表意见，学校通过教育者和受教育者的言论、行动、讲演、文章、学校的教材和刊物等，来宣传一定的思想，造就一定的舆论，借以影响群众，为一定的政治、经济服务。古今中外，通过学校制造舆论影响政治的不乏其例，如我国现代的五四运动和"一二·九"运动，便发端于学校，扩展到社会，进而形成全国性的政治运动。因此，要重视通过教育形成正确舆论对社会政治的积极作用。

（三）教育的文化功能

文化是人类的创造物，文化创造的过程就是一个教育的过程。教育与文化之间的关系十分密切，任何文化形态若没有教育就难以延续。通常来说，广义的文化是指人类所创造的物质财富和精神财富的总和。狭义的文化则专指人类创造的精神财富，包括社会的道德、信仰、法律、科技、教育、艺术、文学、宗教、传统习俗等。文化在古代的含义，在中文中是"以文教化""人文化成"，在西语中是"智慧的耕耘""栽培"等，都与教育同义，教育是文化育化人的过程。人类的文化一旦产生，就成为外在于人的客观存在，教育对文化保存与发展的作用，构成了教育的文化功能。教育其实就是一种文化现象，是整个人类文化的有机组成部分，它在社会文化中具有特殊的地位和作用。具体说来，主要表现在以下六个方面：

1. 教育具有文化传承和保存功能

教育是保存文化的有效手段。文化的表现形式有多种，包括物质文化、制度文化和精神文化。对前两种文化可以借助于物质实体，如各种名胜古迹、语言符号等把人类的文化成果以外在化的方式保存。但只有这种方式是不够的，因为一方面是这些文化的存在物还需要人的理解，另一方面，人类文化的核心——精神文化，尤

---

1 《礼记·中庸》。
2 《墨子·尚贤上》。

其是民族的文化传统、思维方式等，是不能通过物化的形式体现出来的，所以，无论哪一类文化的保存，都离不开教育对人的培养。教育成为文化保存的主要手段。

教育的文化保存与延续功能有两种方式：一是纵向的文化传承，表现为文化在时间上的延续；二是横向的文化传播，表现为文化在空间上的流动。教育作为培养人的活动，它以文化为中介，客观上起着文化的传承与普及作用。正因为教育的文化传承与普及作用，才使人类积累的文化代代相传，并且由少数人传向多数人，由一个地域传向另一个地域。

2. 教育具有创新和发展文化的功能

文化按照存在的形式，可以分为两种类型：一种是存储形态的文化，一种是显示活跃形态的文化。存储形态的文化依附于实物、符号（包括语言文字）、科学技术等载体，虽然可以避免因个体的死亡而带来的流失，达到保存的目的，但它把文化当作"死"的"文物"看待，只具有保存的意义。活跃形态的文化，不仅依附于物体、文字等载体，而且依附于人的载体。文化体现在人身上，就不再是"文物"，而是思想，它把"死"的文物变成了"活"的文化。从存储形态的文化转变为现实活跃形态的文化，这一过程就是文化活化的过程。而只有教育才能够把文化从物质载体转移到人身上，与人的思想、智慧、情感建立联系，从而使文化成为影响人的行为的现实力量。

3. 教育具有选择和融汇文化的功能

文化选择是文化变迁和文化发展的起始环节，它表现为对某种文化的自动选择或排斥。教育虽是文化传递的手段，但教育又不等同于文化传递，因为教育不是对所有文化的传播，教育传播的文化是有选择的。没有选择的文化传播，就不成其为教育，尤其是学校教育更是如此。教育的文化选择有两个标准：一是按照统治阶级的需要选择主流文化；二是按照学生发展的需要选择系统的、科学的、基本的文化。教育的文化选择形式总体上有吸收和排斥两种：吸收是对与教育同向的文化因子的肯定性选择；排斥是对与教育异向的文化因子的否定性选择。教育作为一种特定的文化，它必须对浩瀚的文化做出选择，选择文化是教育的应有之意。教育选择文化不只是促进文化的发展和变迁，更重要的是提高受教育者的文化选择能力，促进人的发展。

4. 教育具有文化批判和吸纳功能

教育的文化批判功能，是指教育按照其价值目标和理想，对现实的文化状况进行分析，做出肯定或否定的评价，引导社会文化向健康的方向发展。教育的文化选择与批判是密切联系的，批判的过程也是一个选择的过程，但批判还具有改造的功能，是选择功能的深化。教育何以具有文化批判的功能？这与教育本身的特性有关。按照东汉许慎《说文解字》的解释："教，上所施，下所效也"；"育，养子使作善"。"善"作为人类的价值追求,它不是现实生活的写照,而是一种应然状态,教育中的"善",其最高理想就是人的自由而全面的发展。教育家正是按照这一"促进人的全面自由发展的理想",在不断地对现实文化进行肯定性和否定性评价,对文化的发展予以引导,使之向"善"的方向发展。

5. 教育具有文化交流和融合功能

文化是一定时期特定地域人们的思想、行为的共同方式,文化具有地域性。然而,现代社会生产力的发展和市场经济的形成,使政治、经济、文化各方面已经打破了封闭的地域性而走向开放,文化的交流成为必然,文化的融合是文化交流的必然产物,表现为不同文化的相互吸收、结合而趋于一体的过程。

教育从两个方面促进文化的交流和融合:一方面是通过教育的交流活动,如互派留学生、教师的出国访问、学术交流等,促进不同文化间的相互吸收、相互影响;另一方面,教育过程本身通过对不同文化的学习,对文化进行选择、创造,对旧的文化进行变革、整合,形成新的文化,促进文化的不断丰富与发展。教育的过程,作为文化学习的过程,不是对文化的简单认可和复制,而是对文化的选择、重构和创造,在这一过程中实现了文化的融合。文化的融合,不是不同特质的文化的简单相加,而是要以某种文化为主吸收其他文化的有益成分,引起原质文化的变化。当然,促进文化交流、融合,教育不是唯一的方式,但它却是最积极、最有效的方式。

6. 教育的文化更新与创造功能

没有文化的更新和创造,就没有文化的真正发展。教育激活文化的功能,最根本的体现就是对文化的创新。一方面,教育对文化的选择、批判和融合,总是着眼于古为今用,洋为中用,取其精华,弃其糟粕,适应社会发展变化的需要,构建新的文化特质和体系,使文化得到不断的更新和发展。另一方面,教育要创造一种新的文化。教育创造文化有直接和间接两种途径。直接途径就是教育直接产生新的文化,包括新的作品、新的思想和新的科学技术。教师在教育活动中,不只是知识的传播者,而且是知识的创造者,他们是新的文化的创造者。教师与知识的联系不只限于将知识转化为学生可接受或易于接受的形式,而且表现为通过科学研究创造知识。"教师就是研究者",这是当代社会、当代教育对教师角色的新定位。教育创造文化的间接途径,也是最根本的途径,就是创造型人才的培养。教育通过传授人类的文化,培养人的个性和创造力,并将这种创造性的人才输送到社会的各行各业中去,他们在各自的岗位上直接从事文化创造活动,从而使教育系统就像一个能量丰富的文化创造源,实现文化创造的"辐射"和"裂变"效应。

（四）教育的人口功能

人口即生活在一定的生产方式下和一定区域内的人的总和。人口现象一般表现在人口数量、人口质量和人口结构等方面。中国是人口大国，把教育大国发展成为教育强国，把人口大国建设成为人力资源强国，是我国实现现代化的必由之路。

教育的人口功能主要表现在教育可以改善人口质量，提高民族素质。人口状况通常包括人口的数量、人口的质量和人口的结构。教育对控制人口数量、调整人口结构都有着重要作用，但与这些功能相比，教育对改善人口质量和提高民族素质的功能，表现得更为直接，在当代也更为突出。

人口质量是一个表明人口各方面素质综合发展水平的概念，它包括人口的身体素质、科学文化素质和思想道德水准。社会的存在是以人口为生态基础的，人口的数量和质量在社会发展的不同阶段起着不同的作用。当社会生产力处于较落后的状态时，生产劳动主要以体力劳动为基础，生产的发展和经济的增长主要靠劳动力的增加，因此强调的是人口数量。而当社会生产力的发展达到高度科学技术化后，经济的发展就越来越依赖于科学技术、知识、智力的积累与发展，此时就更强调人口质量。可以说，人口质量成为现代生产发展和经济起飞的关键因素。因此，国民受教育程度和水平也就成为一个国家现代化水平的重要指标。我国人口众多，在自然经济时代可能是一大资源，但在知识经济时代，众多的人口，若没有这个时代所要求的文化素质，就只能是一种沉重的负担。据国家统计局公布的人口数据，截至2015年年末，我国总人口为137 462万人，预计2030年，人口总量将达到16亿，总人口仍约占世界的1/5，劳动力人口约占世界的1/4。可以说我国拥有世界上最丰富的人力资源，但从业人员的整体素质和世界平均水平相比，存在明显的差距。国民人均受教育年限低于国际平均水平3年，与较发达国家相比，我国缺乏知识和人才的先发优势和发展后劲，必须实施人才开发战略，把沉重的人口负担转化为人才资源优势，这一切都有赖于教育发展。而教育的作用不只是培养少数专门人才，而且在于提高全民族的素质。只有全民族的素质提高了，13亿多人口才不至于成为经济发展的负担，而成为财富获得的决定力量。

当然，影响人口质量的因素有很多，既包括来自上一代人的遗传素质，也包括所处的社会环境和生活水平。教育一方面可能对提高人的遗传素质、改善社会环境和人们的生活观念有所作用，但更重要的是在这些条件基本相同的情况下，教育对提高人口质量发挥着决定性作用。因为人口质量主要体现在人的科学技术水平、文化修养和思想觉悟、道德水准等精神因素，教育作为促进人的全面发展的活动，其直接的效果就是提高人口质量。因此，教育是提高人口质量的根本途径。

义务教育具有基础性、全民性和全面性，是面向所有适龄儿童实施的全面教育，促进他们在德智体等方面全面发展，为他们成为合适的公民和他们未来的发展奠定基础。因此，义务教育是促进民族素质的基础工程，具有国家之本、民族之本和人生之本的重要地位。因此，国家要一方面大力发展义务教育，提高教育质量；另一方面也要端正义务教育办学思想，全面实施素质教育，克服片面追求升学率的"应试教育"倾向，为全面提高中华民族的素质做出贡献。

（五）教育的环境保护功能

教育具有调节人与自然的关系，促进社会可持续发展的功能。自然是人类的永恒伙伴，但人与自然的关系，在历史的不同时期发生着不同的变化。从原始时代的"属于自然"，到农业文明"走出自然"，到现代文明的"征服自然"，人类对自然的影响显得越来越大。教育在进军征服自然的历程中扮演着重要的角色，因为教育传授的知识是人们征服自然的武器，教育具有帮助人们认识自然、征服自然的功能。但正如马克思主义创始人所预计的，人对自然的无限制的征服，必然带来大自然的报复。19世纪后半叶，随着科学技术和大工业生产的迅猛发展，人类征服自然和改造自然的能力有了极大的提高，使得工业文明中人类中心主义的观念急速膨胀起来，开始出现人类对自然生态的大规模破坏。特别是20世纪以后，由于人类不加控制地掠夺资源，导致了森林破坏、土壤侵蚀、沙漠扩大、空气污染和水质恶化等问题，人与自然的关系开始出现了失调。

作为对工业文明中人与自然关系的反思与矫正，20世纪后半叶，人类提出了重回自然的可持续发展观。可持续发展意在使经济、社会、科技、人口、资源、环境相互协调、持续不断地发展，把发展的负面效应和代价减少到最低限度，避免使地球的资源和环境遭到严重破坏，既达到发展经济的目的，又保持人类赖以生存的自然资源和环境，既满足当代人的发展需要，又不对后代人的发展构成威胁。1992年在巴西里约热内卢召开的联合国环境与发展大会通过的《21世纪议程》，使可持续发展由观念走向行动的选择。《议程》指出："人类应与自然和谐一致，可持续地发展并为后代提供良好的生存发展空间；人类应珍惜共有的资源环境，有偿地向大自然索取……人类为此应变革现有的生活和消费方式，建立新的全球伙伴关系——人与自然的和谐统一，人类之间的和平共处。"

正如教育在工业文明中具有促进人类认识自然和征服自然的功能一样，在后工业文明中，教育也具有促进人类与自然和谐发展的功能。为了在新的发展阶段全面建设小康社会，我们党提出了科学发展观，倡导以人为本，可持续发展，坚持节约资源与保护环境的基本国策，并明确要求"建设生态文明，基本形成节约能源资源和保护生态环境的产业结构,增长方式,消费模式"[1]。2016年12月,中共中央办公厅、国务院办公厅印发了《生态文明建设目标评价考核办法》,评价考核在资源环境生态领域有关专项考核的基础上综合开展,采取评价和考核相结合的方式,实行一年一评价、五年一考核,要把我国建设成为人民富裕程度普遍提高、生活质量明显改善、生态环境良好的国家。建设生态文明社会,关涉每一个单位、家庭、社会成员,也必然关涉教育,要求现代教育承担生态教育的历史重任,发挥其应有的生态教育功能。

1. 树立建设生态文明的理念

人类生存在地球的自然怀抱中,是自然的产儿,是自然生命的一分子,理应爱护自然母亲,与自然万物保持必要的生态平衡,和谐共生,共同发展。可是,人们为了个人及其群体的私利和生活改善,却一味无止境地向自然索取,力图征服、主宰自然,而不顾自然是否承受得起,是否对生态造成了伤害。实际上,这是一种反常的非理性的思想与行为,是竭泽而渔、自毁家园,最终破坏了人类自身生长与发展的美好而富饶的自然境遇。为了根本改变这种窘境,我们在学校里和社会上要加强生态文明的教育与宣传,让学生从小养成爱护自然、爱护生命、节约资源、保护生态环境的教育与宣传,让学生从小养成爱护自然、爱护生命、节约资源、保护生态环境的思想情感,从而逐步在全社会牢固树立建设生态文明观念。

2. 普及生态文明知识,提高民族素质

造成生态灾害与失衡的原因很多,如对自然开发的无序与过度,运用科技的不当和失误,不懂得珍惜生命和节约资源等,这些都与人的素质不高有关。因此,有人提出:"如果全部人类体制准备与自然建立较高层次的友好关系和以稳定的内部平衡为基础的组织结构并进行幸福的交流,那么人类就必须经历一个深刻的文化进化,从根本上改善人的素质和能力。"[2]这是非常正确的。我们应当有计划地普及生态文明知识,引导学生联系生活实际切实懂得:什么是生态?爱护生态与节约资源对人的长远发展有何意义?什么是污染与生态失衡?它给人类带来哪些深重的危害?同时注意指导与督促学生将这些知识运用于生活实践,去爱鸟、爱花草、树木,保护植被,保护珍稀动物;去节约水、煤气等资源;不乱丢垃圾,爱护环境的清洁卫生,从小养成良好的保护生态环境的行为习惯……只要坚持对青少年一代普及生态文明知识,就能最终提高民族的生态文明素质。

---

[1] 中国共产党第十七次全国代表大会报告:《高举中国特色社会主义伟大旗帜,为夺取全面建设小康社会新胜利而奋斗》,2007年10月15日。

[2] 奥雷利奥·佩西著,邵晓光译:《人的素质》,辽宁大学出版社1988年版,第145页。

3. 引导建设生态文明的社会活动

生态文明建设关涉社会的移风易俗，所以，学校的生态文明教育不应局限于校内，要组织学生参加到社区的生态文明建设中去。如组织学生到社会上进行环境保护的宣传，访问生态文明建设中涌现的积极分子，总结环卫与节能的好人好事，参与社区清除环境污染的活动等，让学生在社会实践中提高认识，经受熏陶与锻炼，养成生态文明建设的情趣与信念。

（六）教育的社会流动功能

教育的社会流动功能是指社会成员通过教育的培养、筛选和提高，能够在不同的社会区域、社会层次、职业岗位、科层组织之间转换、调动和变动，以充分发挥其个性特长，展现其智慧才能，实现其人生抱负。教育的社会流动功能，按其流向可分为横向流动功能和纵向流动功能。教育的社会横向流动功能，是指社会成员因受教育和培训，能够在社会区域、职业岗位与社会组织中作水平的流动，即可以根据社会需要，结合个人的意愿与可能条件更换其工作地点、单位、任务，改变其环境而不断提升其在社会阶层或科层结构中的地位。教育的纵向流动功能是指社会成员因受教育的培训与筛选，能够在社会阶层、科层结构中作纵向的提升，包括职称晋升、职务升迁、薪酬提级，改变其社会层级地位与作用。教育之所以具有社会流动功能，是因为教育可以提高人的学历、能力和人格，创造能够流动的条件和可能。在现代社会，学历是社会衡量一个人接受教育的程度，以及拥有知识技术多少的标志；特定的能力是许多职业的必然要求；高尚的人格则是进入一些重要岗位必不可少的条件。

教育的社会流动功能具有多方面的重要意义：对个人来说，通过教育的社会流动功能，可以充分调动个人的积极性、创造性，找到更好的工作地点、单位、岗位，在职务、薪酬与地位上逐步晋级与提升，得到多方面的个人利好与家庭的幸福，或实现更为崇高的目标与理想；对社会来说，通过教育的社会流动功能，可以激励和调动广大社会成员的积极性、创造性，实现选贤任能，有效地调节社会各系统、单位、层次的人才结构，使其得到改进、优化，以改善其效率、水平，提高其整体功能，从而使社会得到进步与发展；对教育来说，通过有目的、有计划地分流培养人，为每个社会成员创造尽可能好的社会流动条件，以冲击社会的保守与封闭，促进社会的发展与进步，并在提高服务社会发展与个人发展的效能中，使教育自身得到发展，并使个人的社会地位与处境得到改善。

1. 教育的社会流动功能的历史发展

教育的社会流动功能也是随着时代的发展而发展的。古代社会，落后的生产工具、狭小的生产规模、森严的宗法等级制度、严格的人身依附关系，决定了社会职业化与社会流动的低水平,教育的社会流动功能只能在阶级统治内部一个狭小的范围中进行。在古代社会,从"学在官府"到私人办学,从察举制、九品中正制到科举制,教育都发挥着一定的流动作用。中国自唐代以来,许多仕人一直把"朝为田舍郎,暮登天子堂"作为一条艰辛而又有希望的读书做官的途径。但是,封建社会的读书人毕竟是少数,能够通过读书完成社会流动和身份改变的更是极少数。到了现代社会,科学技术的广泛应用,市场经济的迅速发展,社会生活的急剧变化,人的独立性、自主性的日益增强,教育的迅猛发展、不断普及与提高,使社会成员几乎都能通过不同科类、不同层次的教育提高自身素质,获得不同职位与地位,以实现其个人流通的美好愿望。于是,教育的社会流动功能也就变得越来越重要。

教育的社会流动功能的不断强化,使教育日益成为激励社会成员奋发图强、不断进取的动力,不仅在很大程度上引导着个体成员全面而自由的发展,而且影响着社会结构局部或整体的变化。这一功能的充分发挥,使社会成员的职业岗位与社会地位从决定于政治权力、物质财富,逐步转移到决定于个人的素质,这显然是一种巨大的历史进步。在当代,教育能否充分发挥这一功能,日益引起社会的关注,甚至成为生死攸关的重大问题。

2. 教育的社会流动功能在当代的重要意义

教育改变个人现状,追求获得更好的生存与发展的境遇乃是人之天性。但为获得个人更好的发展的空间、条件和机遇而实现社会流动并非易事,不仅需要个人做长期艰苦而又创造性的努力奋斗,而且必须通过一定的社会途径。自古以来,这些途径主要有:从军建功,从商致富,务工谋生,读书做官。其总体格局延续至今,并没有根本变化。然而,其中教育的社会流动功能的地位和作用则随着社会的发展变革而日益提升,对个人的社会流动起着基本的主要的作用。

首先,教育已成为现代社会中个人社会流动的基础。因为在今天无论是参军、打工,或是经商,要在社会上生存、生活、流通,就必须具有一定的文化、技术和品质,也就是必须接受基础教育或义务教育。我们必须认识到:"基础教育"是必不可少的"走向生活的通行证",它使享受这一教育的人能够选择自己将要从事的职业,参与集体建设。

其次,教育是社会流动的主要通道。在今天我国农村,年轻人要成功地进行社会流通,尤其是纵向流通,只有经过教育,甚至只有经过优质的高等教育才能实现。在智力资源作为发展因素与物质资源相比将越来越占优势的未来社会,高等教育和高等教育的机构的重要性只会与日俱增。在中国工业化、信息化、城市化建设的过程中,高等教育大众化的加速,正充分展现其主要的社会流动功能,保证了人口与人才的调整、转换与供应。

最后,教育的流动功能关乎人的发展权利的教育资源分配问题。若做更深入的探讨，我们将看到，教育的社会流动功能，对社会成员来说，实质上是一种关乎发展权利和生存方式的教育资源分配问题，是一种关乎自我实现的教育资源的获得和利用的问题。由此也就产生了教育机会均等的问题。在不同的历史时期，人们对教育机会均等的认识与要求是不同的。两千多年前的孔子、孟子、柏拉图等人就已经有了注重个人素质（天赋、努力、德行、理性）的思想，但并未得到实现。至近现代，从要求入学的机会均等，发展到要求教育过程的机会均等；从要求初等教育机会均等，发展到中等教育机会均等，再发展到要求教育结果机会均等。但是，直到今天，不仅教育结果不可能机会均等，而且教育过程的机会均等，乃至入学机会的均等，也远未实现。教育机会是对个人素质的回报，还是人人各取所需的人权，尚在权衡取舍、争论不休。财富、权力乃至居住地、出生地等对人的教育机会也起着或大或小的作用。弱势群体和强势群体在教育机会上存在明显差距。世界各国纷纷实行普及义务教育制度，使义务教育成为一种基本的生存权利。在当今世界，如果连优质的普及义务教育也未能得到，是无法生存的，更不要说参与平等竞争和实现人生价值了。

教育的社会流动功能在社会成员的职业岗位获得与社会地位提升中起着越来越重要的作用，但"学历主义"抬头、"片面追求升学率"愈演愈烈、教育均等呼声日益强烈、对教育流动功能的认识分歧日益激化等问题不容忽视。有人把个体的教育程度与他们可能获得的职业岗位和社会地位联系起来，认为这是实现社会流动的个人权利，是个人奋斗的结果，是社会进步的条件和表征，为教育竞争作辩护；有人则持反对观点，批评教育竞争必然强化教育的功利主义倾向，导致个性发展的扭曲，促进社会差别扩大，貌似公平实质上则是社会不平等再生产的手段。这类竞争看来还会持续下去，问题的解决，可能不是非此即彼，而是需要寻求历史的具体的统一。

应当指出，我们强调教育的社会功能，但是，我们不是教育万能论者。教育功能的实现，不仅有赖于自身的素质，也有赖于社会条件，有赖于社会给予人的就业机会和充分发挥人的创造性的机制和空间。

（七）教育对社会发展的负向功能

教育可以促进社会的发展，但未必都是这样。早有学者指出："教育这个改造社会的有力工具，如果只用于保守固有文化，阻碍社会的进步，如果不顾当前事实的需要，硬要这个工具灌输不能实现的幻想，也足以增加社会的混乱。"[1]这时教育对社会发展就表现出负向功能。教育对社会发展的负向功能，是教育活动或教育系统出现的偏移和失调状态，即是教育内部和外部的异常条件使教育正向功能的实

1　陈翔林：《教育社会学概论》，上海中华书局1933年版，第10页。

现受到严重阻碍，结果派生出来多种偏离行为，产生许多期望之外的不良功能。

教育的社会负向功能，有些是整体的，有些是局部的，这取决于社会的性质。当社会的发展处于负向时，教育总体上发挥的是负向功能；当社会发展处于正向时，但由于教育系统和社会其他子系统关系失调，致使教育出现局部的负向功能。

第一种情况：社会发展处于负向时，教育对社会出现总体的负向功能。

发展是一个矢量，具有方向性。社会发展的方向是通过组成社会的个体人的发展来表现的。凡是在现有基础上沿着使人得到更大的解放的方向变化，称为社会正向的发展；凡是在现有基础上沿着阻碍乃至降低人的解放程度的方向变化，称为社会的负向发展。[1]当社会处于正向发展时期，社会更重视个体独立人格的自由发展。教育通过培养人的主体性，促进社会的正向发展，教育总体上发挥着正向功能。但若社会处于倒退状态、反动势力得势之时，对个体发展的影响也是消极的，这时教育发挥的是负向功能。这是一个反动的、复辟的时代，教育培养了野心家式的人物和野心家们的顺民，带来了人类社会的倒退和灾难。欧洲中世纪黑暗时期就是如此。当然，社会最终要向前发展，这是历史的规律，但为了冲破黑暗，个体要付出沉重的代价，如文艺复兴时期坚持真理而英勇牺牲的伽利略、哥白尼，中国革命斗争中的无数英勇先烈，虽然他们付出了生命的代价，但唤醒了更多的个体，最终成为摧毁黑暗的坚强力量，推动了社会向前发展。

第二种情况：当社会发展处于正向时期，教育对社会发展的功能总体上是正向的，但也由于某种因素的影响，使得教育与社会的外部关系失调，出现了局部的负向功能。

教育受社会政治、经济、文化所制约，所以必须与社会的发展相适应，这是教育的基本规律之一，也是衡量教育与社会关系协调与否的准绳。违背这一规律，必然出现教育的社会负向功能。由于教育内容陈旧，学校向社会所输送的人才并没有受到恰当的训练，因而不能适应社会的变化，这就出现了教育成果和社会需要之间的矛盾，社会拒绝使用学校的毕业生，这一方面造成了教育资源的浪费，另一方面还会酿成社会问题，严重时甚至会危及社会的安定。

教育的发展需要社会物质生产提供相应的基础性条件，如果超过了物质生产所能提供的"底线"，就会出现教育的负向功能。如盲目的教育先行，就是不顾本国经济发展的现有水平，过度地投资教育（如喀麦隆从1967到1968年把本国的公共教育经费增加了65%，但同时其国民生产总值只增加了10%多一点）而导致国民经济的失衡，工农业生产投入降低，反而抑制了国民经济的发展。同时盲目的教育先行，还会带来一系列负面效应。首先，教育的盲目发展可能培养出过多的毕业生，

---

[1] 叶澜：《教育概论》，人民教育出版社1991年版，第311页。

而国家经济发展的现实又不能给他们提供相应的和足够的岗位，致使这些毕业生无法就业，或无相应的岗位就业。这些毕业生在国内无法就业，造成社会的压力，他们中的部分人可能流向国外，这时的教育对经济的发展不但没有多大作用，而且造成了教育资源的流失和浪费。其次，劳动者的素质应与生产中的技术水平相适应，只有这时，提高受教育水平，才能提高劳动生产率，提高经济效益。如果生产力发展水平较低，并不需要那么高的劳动素质，而教育提供的高学历人才只能就低工作，让大学生干中专生的活，不仅是人才浪费，而且因为大批高学历人才没有流向有限的高职位，而被迫在第一线消极工作，如果摆正不了心态的话，还有碍于劳动生产力的提高。

在社会发展处于正向时期，教育出现负向功能是人为的结果，是教育的内部和外部的异常条件所造成的正向功能的受阻和障碍。由于教育是一个复杂、开放的系统，教育负向功能也是不可避免的。但只要正确认识并遵循教育规律，合理安排教育活动，协调教育与社会的关系，就可以最大限度地减少负向功能，增强正向功能。

第四编

目的篇

第五章 教育目的概论

人类活动的重要特性是其目的性。任何社会对人的培养都是依据所确定的教育目的来进行的。虽然对于培养什么样的人,不同社会、不同时期没有统一答案,但教育目的应具有相对稳定性和可理解性,以便为这一目的工作的人们能够共同遵守、相互协作,使得教育这一涉及学校、家庭和社会的系统工程能够真正基于某种蓝图而行动起来。

第一节 教育目的的类型与功能

一、教育目的概念

(一)教育目的的内涵

人类活动的一个基本特征,就是它的意识性和目的性。在其生存和发展中,通过自身的意识活动,不仅能够认识自然与社会,认识自己和他人,而且还能够凭借所获得的认识,提出活动的任务、设定活动的目的。教育活动是人类社会的重要活动之一,人类活动的意识性、目的性决定了教育活动的目的性。从其产生来看,是基于人类及其生产和社会生活经验、知识得以延续的需要而进行的一种有目的、有意识的培养人的活动;从其运行过程来看,一切教育内容的确定、教育方法的选择及具体培养目标的制定等,无一不是依据教育目的来进行的。可见,教育目的体现了人类活动的特性,任何社会对人的培养都是依据所确定的教育目的来进行的。

教育目的即指教育要达到的预期结果,反映对教育在人的培养规格标准、努力方向和社会倾向性等方面的要求。狭义的教育目的特指一定社会(国家或地区)为所属各级各类教育人才培养所确立的总体要求。广义的教育目的是指教育活动具有指向作用的目的领域(也有人称目标领域),含有不同层次预期实现的目标系列。其结构层次有上下位次之分,依次为教育目的、培养目标、课程目标、教学目标等,各位次名称的含义及所产生作用的特点既有相同性,也有各自的独特性。它不仅标示着一定社会(国家或地区)对教育培养人的要求,也标示着教育活动的方向和目标,是教育活动的出发点和归宿。教育目的对教育活动具有质的规定性。

教育目的对教育活动的社会倾向性和人的培养具有质的规定性,主要表现在两个方面：一是对教育活动的质的规定性，即规定教育"为谁培养人""为谁（哪个社会、哪个阶级）服务"。这种质的规定性在于明确教育进行人才培养的社会性质和根本方向，使其培养出与一定社会要求相一致的人。如果偏离了社会要求或违背了社会性质，社会必然要通过各种方式对其教育进行批评、整顿、改造，严重的甚至予以取消。二是对教育对象的质的规定性，主要体现为两个方面：一方面规定了教育对象培养的社会倾向，即要使教育对象成为哪个阶级、哪个社会的人，为哪个阶级、哪个社会服务；另一方面规定了培养对象应有的基本素质，即要使教育对象在哪些方面得到发展，应养成哪些方面的素质等。正是教育目的对教育活动所具有的这种质的规定性，使它自身对各种教育活动的要求具有很强的原则性，成为社会把握教育活动及人才培养性质和方向的根本所在。坚持了所确定的教育目的，把握了它所具有的质的规定性，就能够从根本上保证教育对人的培养与社会发展要求相一致。

总之，教育目的对教育活动所具有的质的规定性，说明教育目的作为培养人的总体要求，总是内在地决定着教育的社会性质和教育对象发展的素质，反映一定社会发展的需要。

（二）历史上关于教育目的的理论主张

教育目的，即教育活动要培养什么样的人，是对教育活动所培养人的素质结构的探讨。关于教育目的，卷帙浩繁的教育文献中有许多论述，以下我们提供一些较有代表性的主张。

1. 杜威的教育目的主张

杜威认为，一个目的所表明的是任何自然过程的结果，这个结果是被意识到的，并成为决定当前的观察和选择行动方式的一个因素，目的还表明一个活动已经变成明智的活动。"所谓目的，就是我们在特定的环境下有所行动，能够预见不同行动所产生的不同结果，并利用预料的事情指导观察和实验。"[1]杜威把目的和目标区分开来看待，把活动"真正的目的"和"外面强加的目的"区分开来看待。杜威认为，"目的"（aim）一词的本源，出自于投掷或穿刺的活动情景，一般瞄准（aiming）时，必须针对要投掷或穿刺的目标集中注意力，这个词在活动情景中被运用得栩栩如生，所以它应当包含对某种活动的全神贯注的意思。因此，当人们用它来表示某种外在目的的时候，就会显得相当突兀，在这种情况下，倒是可以用"目标"（purpose）或者"动机"（motive）来描述。在杜威看来，"一个真正的目的和从外面强加给活动过程的目的，没有一点不是相反的"，后者是"固定的，

---

[1] 约翰·杜威著，王承绪译：《民主主义与教育》，人民教育出版社1990年版，第117页。

呆板的"，"不能在特定情境下激发智慧，不过是从外面发出的做这样那样事情的命令"，"不能启发一个更自由、更平衡的活动，反而阻碍活动的进行"。杜威认为，从外面强加给教育活动过程的目的不是真正的教育目的，"为遥远的将来作准备"也不是教育目的，在他看来，正是"由于这些从外面强加的教育目的的流行，才强调为遥远的将来作准备的教育观点，使教师和学生的工作都变成机械的、奴隶的工作"[1]。杜威认为，教育除自身之外没有目的，教育目的存在于教育过程之中，教育的最终目的在于"生长"。

杜威提出一切良好教育目的所应具备的三个特征：第一，一个教育目的必须根据受教育者的特定的个人的固有活动和需要（包括原始的本能和获得的习惯）而调整。杜威认为，人们有一种倾向，就是提出千篇一律的目的，忽视个人的特殊能力和要求，忘记了一切知识都是个人在特定时间和特定地点获得的。"教育预备说"就是如此，它不顾个人现有能力而把某种遥远的成就和职责作为教育目的，在杜威看来，这是不对的。第二，一个教育目的必须能够转化为与受教育者的活动进行合作的方法。教育目的要有助于制定具体活动的程序，而这些程序又能够检验、校正和发挥这个目的。否则的话，这种目的就是没有价值的目的，因为它"不但无助于具体的教学任务"，并且还会"阻碍教师应用平常的判断观察和估量所面临的情景"[2]。第三，一个教育目的不应是一种一般的和终极的目的。"一般"意味着抽象，这种抽象又意味着遥远而不切合实际，抽象的教育目的会使人把教学活动仅仅作为准备达到和它无关的目的的一种手段。教育者必须警惕所谓一般的和终极的目的。

2. 彼特斯的教育目的主张

英国伦敦大学教育学院彼特斯教授是当代教育哲学领域的泰斗，他对教育目的问题有非常深入的研究。彼特斯认为，教育的目的是追求知识本身的价值，增进人们的理解力，使人们能过道德的生活，使人的心灵获得自由发展。这种教育与任何功利的、职业的考虑没有联系。彼特斯的观点对我们理解基础教育的目的有很大的启发。

（1）教育的三个准则。考察彼特斯的教育目的主张，必然要与他对"教育"的看法联系在一起。什么是"教育"？彼特斯认为，要了解教育是什么，必须先了解教育活动暗含的准则。在《伦理学与教育》一书中，他认为暗含在教育活动中的三个准则是：①合认知性。教育必须包含知识、理解与认知洞见的能力。②合价值

---

[1] 约翰·杜威著，王承绪译：《民主主义与教育》，人民教育出版社1990年版，第117页。
[2] 约翰·杜威著，王承绪译：《民主主义与教育》，人民教育出版社1990年版，第115页。

性。教育是将有价值之事物，传递给那些即将受教育与即将受价值约束的人。③合自愿性。教育至少要排除某些强制传递的程序，因为这些程序缺乏学习者的有意性及自愿性。

首先，与"合认知性"有关的"知识、理解和认知洞见的能力"，指教育活动不仅仅要学习技能，还必须了解某种知识体系及概念架构。不但如此，它必须使人去理解及关心所有思考及意识的形式。至于"认知洞见"则要求人对知识有整体的理解与预见，而不局限于某一个方面。

其次，所谓"合自愿性"，包括三方面内容：尊重学习者，教育不是灌输、制约或洗脑，学习者至少应知道自己在学习；至少学习者是自愿的，他能反抗甚至拒绝被要求的学习；学习者必须关心所学内容并对所学内容感兴趣，从心理学角度看，即考虑学习者的兴趣和需要。

最后，"合价值性"指一切的教育活动都应当符合价值的要求。彼特斯判断一项活动是否有价值，乃是基于这项活动的"内在性"或"工具性"，在他看来，基于"内在性"的活动才是有价值的活动。其中，彼特斯尤其重视教育活动中是否具有道德的价值。[1]

总之，教育活动应当是一种有价值事物的学习历程；同时，教育内容必须能够组合某种概念架构，进而促成认知洞见的效果；此外，任何教育方法，都要考虑到学习者的有意性和自愿性。具体而言，教育活动有三个规准，即合价值性的教育目的、合认知性的教育方式和合自愿性的教育历程。

（2）"受过教育的人"。西方学者在讨论教育目的时，往往先讨论"何为受过教育的人"。他们认为这一问题若得以解决，教育目的问题自然就迎刃而解了。在这一点上，彼特斯也不例外。

彼特斯认为，"教育是培养一种'受过教育的人'的一系列过程"，换言之，"受过教育的人"是他的教育目的。那么，在他眼里，一个"受过教育的人"是怎样的人呢？他对19世纪以来一些学者主张"受过教育的人"是"道德、智力、精神等方面全面发展的人"这一说法表示认可。他说："'教育的目的是全面发展的人'是一个概念上的真理。"他认为，全面发展的人或全人是针对过分专业化的人或片面发展的人而言的，目前这个社会需要全面发展的人。他认为，一个受过教育的人不同于一个受过训练的人，受过教育的人既有知识，又有理解力，而不是那种只拥有"知如何"（know how）的知识或只拥有某种技能、技巧的人。

彼特斯认为，"受过教育的人"至少具备三个特征：第一，不仅仅具有一些专门的技能。彼特斯认为，我们不能把那些仅仅掌握一种技能的人当作"受过教育的

1　R. Peters: *Ethics and Education*, London: George Allen & Unwin, 1966, p. 20.

人",尽管他们掌握的技能——诸如陶艺——受到很高的评价。对于一个"受过教育的人"来说,仅仅掌握一种技能是远远不够的。第二,所掌握的知识不是"无活力的"的知识。他必须掌握各种各样的概念图式,而不仅仅停留在掌握各种不相互连贯的事实的水平之上。受教育者掌握的知识,应该能够使他形成一种推理能力,进而重组他的经验,并能够改变他的思维方式和行动能力。第三,不把专业知识和自己的工作看作是谋生的手段。一个"受过教育的人"是为了知识而知识的,他的学习行为不具有工具性。

3. 怀特的教育目的主张

英国伦敦大学教育学院的教授约翰·怀特,是当代教育哲学研究的权威人物。他对教育目的问题进行了专门的研究。他反对历史上存在的形形色色的忽视教育目的的主张,他认为教育目的在教育活动中是必不可少的。他认为,确定教育目的不应该局限于过去"为知识而知识",仅仅追求"内在目的"的倾向,应当考虑包括外在目的、学生利益等在内的其他因素。"仅有抽象的目的是不够的,因为更为具体的目标也是必需的。"[1] "'教育目的应该是什么?'——这个问题也与另外一个问题不可分割地联系在一起,即'这些目的应该由谁来决定?'"[2]据此,他对影响教育目的一系列因素,诸如学生利益、道德意向、公民素质、经济因素和职业因素以及对知识的追求等,作了缜密的分析。

尽管怀特在《再论教育目的》中没有提出自己的教育目的,但是他通过对"受过教育的人"应该具有的形象的阐述,大致勾勒了自己的教育目的观。在他看来,"受过教育的人"是这么一种人:"从拓展的意义上考虑他的自身幸福,他把个人幸福推及他人,把幸福溶入一种道德高尚的生活之中","这不同于把拥有知识作为受过教育的人之主要特征的观点,它把美德(virtue)放到中心位置"。具体来说,"受过教育的人"有三方面的特征:第一,"受过教育的人"必须从一般意义上理解他的个人幸福包括什么,他需要了解"自身目的"(ends in themselves)的多元性,这些目的可能是他的生活规划的组成部分,他还需要了解实现这些目的的手段,以及实现过程中的障碍。他认为,"自身目的"是纷繁多样的,主要包括享受物质上的快乐,如吃、喝、娱乐,受人尊重,社会交往,欣赏、从事和创作艺术,追求知识等。第二,"受过教育的人"还要更加广泛地理解"个人幸福"所包含的内容,了解这些内容如何有机地构成自主的生活计划。这意味着,"他必须具有某种哲学家的理性气质,乐于并善于思考这种问题而不落入迷茫或对权威的盲从

---

[1] 约翰·怀特著,李永宏等译:《再论教育目的》,教育科学出版社1992年版,第8页。

[2] 约翰·怀特著,李永宏等译:《再论教育目的》,教育科学出版社1992年版,第8页。

之中,为此他必须有清晰的思考能力并对各种有关人类利益的思想传统略知一二(比如宗教),这要求他能够从人类在浩渺宇宙中的存在地位这个形而上的高度来理解问题,尤其要从有神论与自然进化论对立的角度来看问题"。第三,"受过教育的人"必须考虑把他作为一个道德自律的主体所必需的东西加进去。"对道德的理解要求我们受过教育的人不仅必须具有初步的哲学修养,而且还要洞察在道德上与他相关联的'其他人'的思想和他们生活的处境。"[1]

在教育目的问题上,怀特既考虑教育的内在价值,又考虑教育的外在价值。他的教育目的观超越了自古希腊以来占统治地位的"内在目的论"的主张,因而比较全面。

4. 《学会生存》中的教育目的主张

联合国教科文组织国际教育发展委员会的报告《学会生存》认为,教育目的既不能从宇宙原则中推断出来,也不是柏拉图《理想国》里一堆永恒的绝对价值。"每一项教育行动都是指向某个目的的一个过程的一部分。这些目的是受普遍的和最终的目的所制约的,而这些普遍的和最终的目的基本上又是由社会确定下来的"[2],教育目的肯定同道德哲学与价值论联系在一起,有时它就是道德哲学与价值论的一些因素。但是如果有人试图从哲学理论中引申出教育目的,那是不会产生一套真正有生命、有关联的原则的,除非我们把这个理论和个人与社会的经验事实有意义地联系起来,和个人的需要、兴趣、意愿联系起来,和社会的失败、成功与目标联系起来,和现在的社会的与个人的价值以及对这些价值的批评联系起来。

《学会生存》还认为,目的与目标根本不同,你能够测量目标,但不能测量目的。一个最后的目的是一种哲学力量,它是我们行动的先验的本质。培养自由的人和创造性思维,最大限度地挖掘每一个人的潜力,这就是最后的目的。

尽管教育目标与教育目的不同,但是《学会生存》指出:"在人们追求的许多目标中具有一些共同倾向,这种倾向与现代世界的一些主要的最终目的是一致的。"[3]针对教育目的,《学会生存》指出了以下四点:第一,走向科学的人道主义。"科学的人道主义反对任何先验的、主观的或抽象的关于人的观点。科学人道主义所指的是一个具体的人,一个在历史背景中的人,一个生活在一定时代的人。"《学会生存》强调,科学的人道主义体现在掌握科学思想与科学语言、把握客观性法则、拥有相对性与辩证思想以及训练科学精神等四方面。第二,培养创造

---

1 约翰·怀特著,李永宏等译:《再论教育目的》,教育科学出版社1992年版,第138-142页。
2 联合国教科文组织国际教育发展委员会:《学会生存:教育世界的今天和明天》,教育科学出版社1996年版,第183-184页。
3 联合国教科文组织国际教育发展委员会:《学会生存:教育世界的今天和明天》,教育科学出版社1996年版,第183-184页。

性。教育应当"保持一个人的首创精神和创造力量而不放弃把他放在真实生活中的需要;传递文化而不是用现成的模式去压抑他;鼓励他发挥他的天才、能力和个人的表达方式,而不助长他的个人主义;密切注意每一个人的独特性,而不忽视创造也是一种集体活动"。第三,培养承担社会义务的态度。"教育对于准备人们去参加社会生活,并因此而直接地或间接地,明显地或隐晦地塑造他们,总是起着重要的作用。如果一个社会政治体系不能争取人们信仰某些原则、观点、某些共同关心的事情,甚至信仰联结一个民族的神话,那么这个社会政治体系就不能巩固它的基础。"学校教育应当有助于唤醒公民精神,培养学生学会关心他人,培养学生承担社会义务的态度。第四,培养完人。"把一个人在体力、智力、情绪、伦理各方面的因素综合起来,使他成为一个完善的人,这就是对教育基本目的的一个广义的界说。"[1]

5. 《儿童权利公约》中的教育目的主张

1989年在第44届联合国大会上通过的《儿童权利公约》第29条中这样写道:缔约国一致认为教育儿童的目的应是:(1)最充分地发展儿童的个性、才智和身心能力;(2)培养对人权和基本自由以及《联合国宪章》所载各项原则的尊重;(3)培养对儿童的父母、儿童自身的文化认同、语言和价值观、儿童所居住国家民族价值观、其原籍以及不同于其本国的文明的尊重;(4)培养儿童本着各国人民、族裔、民族和宗教群体以及原为土著居民的人之间谅解、和平、宽容、男女平等和友好的精神,在自由社会里过有责任感的生活;(5)培养对自然环境的尊重。

《儿童权利公约》中有关教育目的的分析,主要是针对培养全面发展的儿童而展开的,它集中阐述了四个方面的内容:第一,不抹杀学生的个性,培养学生的全面素质;第二,培养学生既对本民族文化有认同感,又适应多元文化;第三,培养学生的社会责任感和道德意识;第四,培养学生的创造性思维。这四个方面的内容,基本上概括了现代社会对基础教育所培养的人的要求。

二、教育目的的基本类型

在人类社会的发展中,教育目的不仅因其社会发展各历史时期的不同而在性质和内容上有所不同,而且在类型上也有所不同。从其作用的特点看,有价值性和操作性之分;从其要求的特点来看,有终极性和发展性之分;从被实际所重视的程度来看,有正式决策和非正式决策之分。

---

[1] 联合国教科文组织国际教育发展委员会:《学会生存:教育世界的今天和明天》,教育科学出版社1996年版,第184-195页。

（一）价值性教育目的和操作性教育目的

价值性教育目的，是指具有价值判断意义的教育目的，即含有一定价值观实现要求的教育目的，表示人才培养所具有的某种价值倾向，是指导教育活动最根本的价值内核。

操作性教育目的，是指具有实践操作意义的教育目的，即现实要达到的具体教育目标，表示实际教育工作努力争取实现的某些具体目标，一般是由一系列短期、中期、长期的具体教育目标所组成。

这两类教育目的是根据教育目的自身实践的特点来划分的，它们属于同一教育目的在实现过程中衍生出来的相互联系、相互作用的两个方面：价值性教育目的是操作性教育目的的确立依据，是确立具体目标的设定原则，奠定了具体目标的价值基础；操作性教育目的是价值性教育目的的体现，被价值目标所规定，是表现价值内核的形式。一般而言，历史发展的丰富内涵总是通过具体的实践活动表现出它的时代规定性，以及对这一时代教育的规定性，并且不断变更表达它发展要求的操作性目标。这说明，随着价值性教育目的的发生变化，操作性教育目的也会产生相应的变化。在实际教育中，必须依据人未来发展的利益和社会需要为教育确立具有良好价值的根本目标，同时也要使操作性目的的确立符合价值性目标的要求，使二者一致、相统一。否则，教育活动就难以实现它的价值。当然，在实践中也不能将两者相互代替。缺少操作性目的，价值性目的就无法实现；以操作性目的代替价值性目的，以操作性目的作为最高目的，也无益于教育活动根本价值的真正实现。

（二）终极性教育目的和发展性教育目的

终极性教育目的，也称理想的教育目的，是指具有终极结果的教育目的，表示各种教育及其活动在人的培养上最终要实现的结果，它蕴含着对人的发展要求具有"完人"的倾向性。

发展性教育目的，也称现实的教育目的，是指具有连续性的教育目的，表示教育及其活动在发展的不同阶段所要实现的各种结果，表明对人培养的不同时期、不同阶段前后具有衔接性的各种要求。每一种目的都不带有终极性，在每一阶段向另一阶段的发展过渡中，具有承前启后的不可或缺性，既表示某一阶段的目标，又体现对先前阶段目标的连接性和对以后阶段目标的奠基性。

终极性教育目的和发展性教育目的各有不同的特点：前者具有发展的终结性，对各种教育阶段及教育活动的影响是宏观的，具有总的指导原则和方向指针的意义；后者具有发展的持续性，对各种教育阶段及教育活动的影响是具体的，对各种教育现实问题解决的结果具有直接评价和认定的意义。就二者的关系看，前者是发展性的目的的根本性依据，是发展性目的确立不可忽视的一个基本指导思想。后者是前者实现的"必经路线"和必不可少的"具体策略",是前者的具体体现。在实际教育工作中,依据终极性教育目的来确立各种相互承接的发展性目的是十分重要的,这样才能有效增强其实现的效果;否则将可能导致各种教育及教育活动发展向度的多样化,体现不出人才培养的总体要求和方向。但也不能把这一问题绝对化,如果不分教育阶段、不分具体年龄阶段地用终极性目的作为自身的直接目的,将会欲速则不达(特别是中小学教育),也无助于它的实现,如把"有理想、有道德、有纪律、有文化的四有新人",把培养"创造性人才"或"研究性人才"直接作为学校的教育目的。所以,教育者应根据所在阶段学生在"四有新人""创新性人才""研究性人才"发展上可能达到的水平和程度来重新提出自己学校的教育目的,这才是实事求是的态度。

(三)正式决策的教育目的与非正式决策的教育目的

正式决策的教育目的,指被社会一定权力机构确定并要求所属各级各类教育部门都必须遵循的教育目的。它一般是由国家(或一定地区)作为主体提出,其决策的过程要经过一定的组织程序,常常体现在国家或地区重要的教育文本或有关的法令之中。它表现的层次多种多样,有的是国家或地区所属各级各类教育的总体目的,有的是特指的教育目的,如义务教育、高等教育的目的等。它的实现过程具有权力机构的支持和行政上的要求。正是在权力机制的运作下,它才成为各级各类教育必须遵循的基本依据和努力方向。它内含国家或地区的意志和政治、经济、文化、生产等方面发展的需要,与国家或自身的利益和发展密切联系,综合反映国家各方面发展对人才培养的需求,是国家或地区在总体上把握所属各级各类教育社会性质和人才培养方向的根本所在,成为国家或地区检查、评价所属各级各类教育社会性质和人才培养方向的根本依据,在国家或地区教育体系的建构中处于重要的地位。

非正式的教育目的,指蕴含在教育思想、教育理论中的教育目的,它不是被社会一定权力机构正式确立而存在的,而是借助一定的理论主张和社会根基而存在的。主要有两类:一类是以思想理论为根基而存在,其大多是一些政治家、思想家、教育家基于自己的社会见解或教育见解而提出的,通常体现在他们的理论或思想中。这类教育目的虽不是被一定权力机构正式决策,但因其深邃的思想阐述、多视角的深刻分析和严密的逻辑论证而产生一定的影响。另一类则是基于一定社会单纯的功利观念而存在,它虽没有明确的阐述,但常常借助一定的社会功利心理和观念而起作用,如片面或单纯升学的教育目的。严格来讲,这类教育目的不是教育目的,但因其凭借广泛的社会功利心理或观念,对正式教育目的的实现带来极大干扰,左右实际教育的方向,而成为有的学校实际追求的教育目的。这是国家(或一定地区）在实现所确定的教育目的时应格外注意和防范的。

正式决策的教育目的和非正式决策的教育目的，虽然处于不同的社会地位，但两者因不同的社会需要常有互为依据的情况，有的非正式教育目的成为国家（或一定地区）正式决策的教育目的的重要来源或重要依据。现实的例子如马克思主义关于人的全面发展理论与我国教育目的，邓小平关于"四有"新人的培养与我国义务教育目的等。有的正式决策的教育目的成为非正式决策教育目的的提出的重要依据或来源。如日本学者提出的21世纪教育目的，就是基于本国1947年公布的《教育基本法》中教育目的的精神来考虑的。两者之间的相互影响，有时是一致的，有时是不一致的，有时还带有矛盾性，如我国正式决策的全面发展的教育目的与实践中出现的单纯或片面追求升学的教育目的就是如此。在实践中，要注意这两种教育目的相互影响的积极与消极的两重性，注意分清各自所具有的不利因素，防止和避免消极影响。从教育目的的制定者上看，可分为国家、政府或社会团体提出的教育目的，个人提出的教育目的。前者是在相应的教育实践中必须加以实施的，通常具有较强的约束力；后者虽有时也可转变为政府、政党的教育目的，但在多数情况下，并不一定对教育实践产生约束力。

（四）外显的教育目的和内隐的教育目的

从教育目的的表现形态上，可分为外显的教育目的和内隐的教育目的。前者是成文的教育目的，是明确表述出来的；而后者是未成文的教育目的，是"缄默"的、未表述出来的。这两者在一定程度上是不统一的。

（五）理想的教育目的与实际的教育目的

从教育目的的实现与否上，可分为理想的教育目的与实际的教育目的。这两者有时是统一的，想的教育目的表现为实际的教育目的。但在大多数情况下两者是不统一的，理理想的目的并不一定就是实际的目的，两者间差异颇大，甚至有可能出现对立；同时，教育实际的丰富性、复杂性，也使得实际的教育目的往往远远大于理想的教育目的。

（六）学生的教育目的、教师的教育目的、家长的教育目的、政府的教育目的、社区的教育目的

从教育目的的承载者上，可分为学生的教育目的、教师的教育目的、家长的教育目的、政府的教育目的、社区的教育目的。对教育者来说，要想真正将教育目的作为教育活动的核心，使得教育内容的选择、教育方法的确定、教育组织形式的选定等，都围绕教育目的来进行，并使教育目的有效实现，那么，就要充分考虑到这些不同类型的教育目的的存在，尽可能地对其予以统筹安排。如果仅仅看

到成文的目的、外显的目的、政党政府的目的、理想的目的，而没有看到其他相反的类型，就有可能影响自己所倡导的教育目的的达成。

三、教育目的的功能

教育目的的功能指教育目的对实际教育活动所具有的作用。教育目的是教育活动的出发点和归宿，其层次的多样性使它具有多方面的功能。

（一）定向功能

任何社会的教育活动，都是通过教育目的才得以定向的。教育目的及其所具有的层次性，不仅内含对整体教育活动努力方向的指向性和结果要求，而且还含有对具体教育活动的具体规定性。它指示给教育的不仅有"为谁（哪个社会、哪个阶层）培养人""培养什么样的人"等方向，而且还包括现实教育实际问题解决的具体路径。具体体现为：一是对教育社会性质的定向作用，对教育"为谁培养人"具有明确的规定。二是对人培养的定向作用，使教育依循这样的规定，不仅能改变人的自然的盲目的发展性，而且还能对人不符合教育目的要求的发展给予正确的引导，使其发展与预定的方向相一致，符合教育目的的规定，产生社会所需要的新的品质。三是对课程选择及其建设的定向作用。它对选择什么样的内容，选择何种水平的教育内容，对内容进行如何取舍等具有决定性作用。四是对教师教学方向的定向作用，除了要培养学生能力和技能方面的教学定向外，还有对培养思想品德方面的价值定向作用，使教师知道自己所要教的最重要的是什么。正因为教育目的的定向功能，教育活动才有所依循，避免其社会性质和发展方向上的失误。事实上，任何社会为满足自身发展需要总是首先确定相应的教育目的，引导教育发展的方向，以便从根本上确保教育的社会性质和人才培养的社会倾向性。

（二）调控功能

一定的教育目的，是一定社会根据自身或人的发展需要对教育活动进行调节、控制的一种重要手段，以便达到其自身发展的目的。教育目的对教育活动的调控主要借助以下方式进行：一是通过确定价值的方式来进行调控。这一点主要体现在对教育价值取向的把握上。教育的产生和发展既是社会的需要，也受社会所制约，社会在利用教育来满足自身或人的发展需要时，无不给它赋予特有的价值取向。因此教育目的带有一定价值观实现的要求，并成为衡量教育价值意义的内在根据，进而调控实际教育活动，使其对"价值不可违背"。二是通过标准的方式进行调控。教育目的总是含有"培养什么样的人"的标准要求，这些标准对实际教育活动的影响是多方面的，是教育活动"培养什么样的人"的基本依循，使教育者根据这样的标准调节和控制自身对教育内容或教学方式的选择等。三是通过目标的方式来进行调控。一种教育目的的实现会使它自身衍生出系列的短期、中期或长期的目标，正是这样一些目标，铺开了教育目的可以实现的行走（操作）路线，具体调节和开展教育的各种活动。就调节控制的对象而言，既包括对教育工作者教育观念、教育行为的调控，因为教育观念含有培养学生的价值倾向（一般从工作态度和行为中体现出来），教育行为不仅体现了教育者的敬业状态和责任感的大小，而且还具体涉及教学内容的选择、教学方法的选择等，这些都直接或间接地依循教育目的进行调控；也含有对受教育者的调控：一方面体现为对学生的外部调控。由于教育目的本身含有对学生成长的期待和要求，因此教育者对学生不符合教育目的的行为总是予以引导或纠正，把学生的发展纳入预定的方向。另一方面体现为学生的自我控制。当受教育者意识到教育目的对自身未来成长的意义，便将其作为努力方向，主动发展和规划自己。总之，教育目的含有的各种内在规定性，对整个教育过程具有很强的调控功能。

（三）评价功能

教育目的不仅是教育活动应遵循的根本指导原则，而且也是检查评价教育活动的重要依据。因为一种能够实现的教育目的，总是含有多层次的系列目标，这使得它对教育活动不仅具有宏观的衡量标准，而且还具有微观的衡量标准。依据这些标准，能够对教育活动的方向和质量等做出判断，评价教育活动的得与失：一是对价值变异情况的判断与评价。社会中个人、群体、社会各层次之间存在的利益、需要、目的等方面的矛盾与冲突，常常导致教育上的冲突。教育活动的进行，总是面临多种多样的教育价值观和教育目的的影响和干扰，并不是事先已被赋予了明确的目的或多层次目标就能保证各方面的顺利进行和实现。这种影响和干扰，虽不能一下取代被社会正式确定的教育目的，但有时却容易在实践上导致教育活动的方向模糊不清，甚至有时被赋予了片面升学的价值取向。对于这种情况，如果不坚持用所确立的教育价值观的要求进行衡量评价，就不能意识到教育活动价值的变异，也难以使其得到有力的纠正。二是对教育效果的纠正。教育目的中的层次目标，一般都是根据具体教育问题提出的，它不仅是具体教育活动可操作、可实现的目标，而且是评价具体教育活动效果达成程度的直接依据。运用这样的标准来评价具体的教育活动过程，可判断出过程的得失、质量的高低、目标达成的程度等。总之，教育是一个多因素参与的社会活动，复杂多样的社会因素总是对教育及其过程产生这样或那样的影响。要确保教育目的的实现，就应注意依据教育目的不断分析评价教育过程发展状况和结果，适时做出恰当判断。只有注意发挥教育目的对教育活动的评价功能，才能更好地从根本上把握教育活动的进行。

教育目的的上述功能，是相互联系、综合体现的。每一种功能的作用，都不是单一表现出来的。定向功能是伴随评价功能和调控功能而发挥的，没有评价和调控功能，定向功能难以发挥更大的作用；而调控功能的发挥需要以定向功能和评价功能为依据；评价功能的发挥也离不开对定向功能的凭借。在现实教育中，想要重视和发挥教育目的的这些功能，对其进行合理的把握，必须对教育目的有深刻和全面的理解。

第二节 教育目的的属性与意义

目的是构成人类实践活动的一个基本要素，也是人类实践活动的一个重要特征。目的就是在实践过程开始时就存在于人们头脑中的关于实践活动结果的表象或观念。

教育这种培养人的社会实践活动是具有目的性的。在教育实践活动中，要把受教育者培养成为什么样的人，在教育过程开始时就以表象的形式存在于教育者的头脑中了。教育目的存在于一切教育之中，从最原始的教育到最现代的教育，从学校教育到学校教育以外的教育都有其教育目的存在。教育目的是教育实践活动的第一要素和前提，没有教育目的也就不存在教育这种实践活动。

教育目的对教育活动具有重要的作用。教育目的是教育活动的出发点，指导和支配着整个教育过程。人们总是按照一定的教育目的去选择教育（教学）内容，采用教育（教学）方法，组织教育（教学）活动，进行教育（教学）管理，乃至确定教育制度，进行教育改革也要以一定的教育目的引航导向。教育目的也是教育活动的归宿。可以说，一切教育过程都是实现一定教育目的的过程，过程在目的的支配下展开，目的在展开的过程中实现。教育活动的最终结果是实现教育目的。衡量教育质量的高低要以教育目的的实现程度为标准；检验教育措施是否恰当，也要看对实现教育目的是否有利，成效如何。因此，能否正确地制定、理解和实现教育目的就关系到教育质量的高低，关系到教育事业的健康发展。

教育目的与社会发展、人的需要以及教育内部的事物都有着密切的联系，呈现出种种基本属性。认识这些属性对于理解和实现教育目的有着重要意义。

一、历史性

教育目的是随着社会生产方式的发展而发展，从表现形式和发展过程看，教育目的具有历史性。

在原始社会，人类改造自然的能力很差，以石斧为标志的生产力，水平极为低下，因而体力和智力的发展水平是很低的。这时尚未产生阶级，教育也尚未从生产劳动中分离出来。原始社会的教育目的就是培养能够从事生产劳动、参加社会生活的氏族成员,以促进社会的延续和发展。

　　由于金属工具,特别是铁质工具的发明,极大地促进了生产力的发展,人类社会进入奴隶社会,产生了阶级的对立、劳心和劳力的对立。这时教育也从生产劳动中分离出来,产生了专门的教育机关——学校,但教育为奴隶主阶级所掌握,为其服务。在这种生产方式和教育制度下,剥削者和被剥削者的身心发展只是片面的。反映奴隶社会要求的教育目的,则是培养能杀善战的武士等统治阶级及顺从的奴仆,为维护奴隶制度服务。

　　随着生产力进一步发展,人类社会进入封建社会。由于分散、狭隘的小生产,由于阶级的对立、劳心与劳力的对立,以及脱离劳动、脱离实际的单一、保守的教育,不论是统治者还是被统治者其身心都得不到全面的发展。反映封建社会要求的教育目的则是培养照章办事的官吏和俯首帖耳的顺民,为巩固封建统治服务。

　　社会发展到资本主义阶段,以机器为标志的大工业生产,其科学技术基础是革命性的,必然会引起社会内部分工的变革、劳动者职能的变更和人员的流动,这就提出了人的全面发展的必要性问题。物质财富的增加,劳动时间的缩短,也为人的全面发展提供了可能性。但是在资本主义制度下,大工业生产又生产出了旧式分工,把工人变成了经济的附属品,人的全面发展并不能实现。反映资本主义社会要求的教育目的则是培养资产阶级的统治人才和企业管理干部以及能为资本家创造利润又不打扰主人安宁的顺从的奴仆,为资本主义政治经济制度服务。

　　人类进入社会主义社会,现代化的大生产及其发展需要"各方面都有能力的人,即能通晓整个生产系统的人"。由于彻底变革了资本主义生产方式,消灭了旧式分工,社会主义社会"将创造出这种新人来",人的全面发展的理想将逐步实现。反映社会主义社会要求的教育目的,则是培养全面发展的社会主义建设者和接班人。

　　总之,在原始社会,人的身心只能得到低水平的发展,教育目的所要培养的人是原始氏族的成员;在阶级对立的社会,人的身心只能得到片面的发展,教育所要培养的人是不同社会、不同阶级所需要的人;在社会主义社会,人的身心能够逐步得到全面的发展,教育所要培养的人就是全面发展的社会主义新人。人类社会的发展史表明,人的发展是一个社会历史过程,人类社会发展到什么水平,人的身心就发展到什么水平;反应培养人的质量要求的教育目的,也随着生产方式、社会制度的发展而变化。可见,教育目的具有历史性。

　　教育目的具有历史性,这对于我们思考有关的问题具有如下启示意义:

　　第一,教育目的是人类的,还是阶级的?教育目的在于提高人的质量,属于社会领域的范畴。从这个意义上说,教育目的是人类的。但如前所述,在阶级社会中教育目的具有明显的阶级性,没有全人类完全一致的教育目的。一些资本主义国家的教育学者主张教育目的是培养没有国籍的"现代人",掩盖了教育目的的阶级性。就是在社会主义社会,由于国内和国际的种种原因,教育目的仍然具有阶级性。我国今天要培养社会主义的建设者和接班人,道理就在这里。当然,到了共产主义社会,真正实现了社会大同,将会有真正的全人类的教育目的。

第二,教育目的是绝对的,还是相对的?教育目的对一定社会、一定国家来说是具有确定性的,是稳定的、绝对的;然而教育目的又随着生产方式、社会制度的发展而发展,因此它又不是永恒的,而是变动的、相对的。教育目的不仅在不同社会形态中是不同的,就是在同一社会形态中,乃至在一个国家不同的发展时期中,教育目的所反映出培养人的要求也是有变化的。我们既要看到教育目的在一定条件下的确定性、稳定性、绝对性,又要看到教育目的随着制约条件的变化而变化的变动性、相对性。在注意绝对性、共同性的同时,也要根据社会实践的要求,对人的培养要求作必要的变动和补充,使教育目的具有方向性、时代性。

第三,教育目的是现实的,还是理想的?教育目的是根据一定的社会条件提出的,它是当前的、现实的;然而它要通过一定的过程来使人逐渐完善,因而它又是指向将来的、理想的。有人提问,马克思主义关于人的全面发展的理想能否实现?这里也有个现实和理想的关系问题。人的全面发展理想的实现有一个历史过程,如果急躁冒进就会犯"左"的错误,正如列宁所指出的,如果目前就企图提前实现将来共产主义的时候才能实现的东西,这无异于叫四岁的小孩去学高等数学。但如果就此对人的全面发展抱悲观的态度也是没有根据的。如前所述,人的全面发展是人类社会发展的必然趋势,随着社会主义—共产主义建设事业的发展,将在物质、精神、教育等方面,为人的身心发展提供更加优良的条件,人的身心全面的、充分的、自由的发展的理想也终将实现。在今天我们要把当前的目的与将来的理想统一起来:以将来的理想,指导当前的目标;以当前目标的实现,逐步达到将来的理想。

二、双重性

教育目的不仅与人类社会有联系,而且与社会个体也有联系。它既反映社会发展的教育需求,培养所需要的人;也反映个体发展的教育需求,促进身心的发展。从确定依据和作用功能上看,教育目的具有双重性。

教育的对象是作为社会成员的个体。个体的身心发展,就是人的身心素质的发展。人的素质结构可以说包括生理素质、心理素质和社会性素质等类别。从宏观的角度及传统的观点来看,也就是德、智、体、美等方面的素质。从历史上看,不少思想家、教育家在论及教育目的的问题时,不仅提出了要培养一定社会、一定阶级所需要的人,也指出了这些人应在德、智、体、美等方面发展自己的素质。这就是说，教育目的不仅反映了社会对于培养个体的要求，也反映了个体身心素质发展的需要。之所以如此，是因为教育目的所要求培养的人的社会功能与这种人所应具有的素质结构是不可分割的。教育目的所要培养的人的社会功能，规定了他的身心素质构成；人的身心一定的素质结构也总是决定了他所发挥的社会功能的性质和水平。事物不存在没有结构的功能，也不存在没有功能的结构。所以教育目的既反映社会的要求——培养有一定能力的成员，也反映个体的需要——促进其身心素质的发展。

教育目的之所以既反映社会培养个体的要求又反映个体身心发展的需要，还在于社会的发展与个体的发展存在辩证的关系。一方面，个体存在和发展离不开社会的发展。马克思认为："人的本质并不是单个人所固有的抽象物，在其现实性上，它是一切社会关系的总和。"社会生活决定个体发展的方向；社会实践的需要则是推动个体发展的动力；物质文明和精神文明的发展又为个体的发展创造更好的条件。可见，个体的发展以社会的发展为基础，受社会发展的制约。另一方面，社会的发展也离不开个体的发展。社会是由个体的人组成的，社会离不开个体的人而存在；社会个体不仅受客观世界的制约，而且能动地改造着自然和社会，在实践活动中，人们既改造着自己又推动着社会的发展。马克思指出："人们的社会历史始终只是他们的个体发展的历史，而不管他们是否意识到这一点。"可见，没有作为社会成员个体的发展，也就没有社会的发展，离开个体的发展来谈社会的发展没有意义。总之，社会的发展与个体的发展，存在辩证的关系，当然两者之间也存在着矛盾。它们在更高水平上的统一还需要一个历史发展的过程。

教育目的问题上的"社会本位论"与"个人本位论"都有其片面性。"个人本位论"认为个人价值高于社会的价值，这种看法是脱离了社会的要求来确定教育目的，是错误的。"社会本位论"认为，个人不具有价值，个体不过是构成社会的"原料"。两种观点都没有真正反映培养人的是社会实践活动的教育及教育目的的本质，没有全面地反映教育与社会需要以及教育与个体发展的两方面的联系，教育目的应当反映两者的辩证统一关系。

教育目的具有双重性，这对于我们认识有关问题有所帮助。

第一，教育目的是主观的，还是客观的？教育目的作为人脑对社会需要和个体需要的反映，就其形势来说，是观念的东西，是主观的；但就其内容来说，是客观存在的反映，是客观的。我们要从主客观两方面来考虑和确定教育目的，既要反映社会发展的需要，符合社会发展的规律，又要反映个体发展的需要，符合身心发展的规律，由此才能正确地确定和较好地实现教育目的。

第二，教育目的是外在的，还是内在的？教育目的是社会对培养人提出的要求，可以说是外在的；但它也反映个体发展的需要，符合身心发展的规律，也可以说是内在的。马克思主义认为，人的本质是一切社会关系的总和，现代社会心理学也证明儿童的需要、个性的特征是通过社会的影响而形成和发展的，是一个人的各种社会关系的内化。所以，社会的要求与个人的需要存在的内在联系，是可以转化的。"社会本位论"及"个人本位论"把两者绝对对立起来是有片面性的。在培养人的问题上要重视社会的要求，没有要求就没有教育，也要重视个体的需要和发展，并注意把外在的要求转化为内在的需要，使受教育者生动活泼地、主动地得到发展。

第三，教育目的是社会的，还是个体的？教育目的反映社会的要求，提出培养人的质量规格，以造就具有一定功能的社会成员来服务社会，因而它有社会价值，可以说是社会的；教育目的又反映个体的需要，促进其身心的发展，因而它又有个人的价值，可以说是个体的。特别是在社会主义社会，消灭了阶级的剥削和对立，社会的要求与个体的发展在本质上是统一的。中华人民共和国成立以来，我国教育工作在培养人的问题上，成绩是主要的，但在处理社会需要与个体发展的关系问题上也曾有些摇摆和偏差，在实践上造成了某些损失。我们在教育目的的确定和实施中既要重视社会功能的培养，也要重视个体素质的发展，并以社会要求指导个体的发展，以个体的发展实现社会的要求，使社会的发展与新人的发展统一起来。

三、层次性

教育目的与人类社会、各个国家、各种学校、各门学科也有联系，从教育的系统及其组成结构看，教育目的具有层次性。教育目的系统包括教育理想、教育标的、培养目标、课程目标四个层次。

教育理想在教育目的系统中居于最高层次。它是人类对于教育所要培养的社会个体在身心发展上所要达到的完善境界的设想。教育史上"和谐发展""完人教育""全面发展"等主张反映了不同历史时期人类对教育理想的不同追求。当然只有马克思主义提出的"人的全面发展"才是对教育理想进行了科学的说明，并指出其实现的道路。教育理想在全人类的教育活动中具有导向功能。

教育标的在教育目的系统中居于第二层次。它是指国家对教育所要造就的社会个体在质量规格上的总的规定，也就是通常所说的培养人的总目标，即教育目的（为了避免与作为整体体系的教育目的相重复，故这样表述）。通常所说的教育目的即教育标的是由国家以法定的形式确定的。教育标的这一子系统对一个国家的教育活动具有"整合"功能，是教育中各个要素的作用合力朝着一个统一的方向。

培养目标在教育目的系统中居于第三层次。作为具体的培养目标，它是指各级各类学校根据社会的需要，对受教育者的身心发展所提出的具体要求。培养目标有具体性，既不像教育理想那样遥远，也不像教育标的那样一般。它有多元性，即各级各类学校有自己不同于其他学校的培养目标。它有特殊性，除了具有一些共性之外，又体现出各学校的办学特色，因而形形色色的培养目标成为教育标的的具体体现。培养目标的上述特点，决定了它在各级各类学校教育活动中具有"协调"功能，通过培养社会所需要的各种人才来保证社会的均衡、有序、协调发展。

课程目标是教育目的系统中最微观的一个层次。它是指教师根据培养目标和学生实际情况提出的学生通过学习所应达到的发展水平的系列指标。它具有很强的可操作性，不仅为教育活动提供了准则，也为测量和评价教育活动提供了尺度。课程目标对于课内外教育活动具有"评价"功能。

总之，教育目的是人们对教育所要培养的人在质量规格方面的要求。它包括教育思想、教育标的、培养目标、课程目标四个层次。四个层次由高到低、由抽象到具体地排列着，构成了结构的等级性；每一层次又执行一定的功能，由大到小，由整体到局部，构成了功能的等级性，结构的等级和功能的等级辩证地统一，又构成了教育目的系统的层级性。各个层次有机地结合，共同实现着教育目的系统的总目的。

教育目的具有层次性对于我们理解有关问题也有作用。

第一，教育目的是一般的，还是特殊的？是共性的，还是个性的？马克思主义认为，矛盾双方互为存在的条件，在一定条件下是可以转化的。这样，高一层次的教育目的对于第一层次的教育目的来说是一般的、共性的；反之，低一层次的教育目的对于高一层次的教育目的来说则是特殊的、个性的。我国总的教育目的对于各级各类学校具体培养目标来说是一般的、共性的，而具体培养目标对于全国总的教育目的来说则是特殊的、个性的。培养目标与课程目标之间也存在同样的情况。

第二，由于矛盾双方互为存在的条件，这样高层次的教育目的与低层次的教育目的是互相依存、密切联系的。我国各级各类学校的培养目标不能离开总的教育目标而存在，没有总的教育目的，则制定具体的教育的培养目标就没有方向；而全国总的教育目的又必须通过各个学校的具体培养目标而存在，没有具体的培养目标，总的教育目的也无法落实。总之，不能以高层次的教育目的代替低层次的教育目的，也不能以低层次的教育目的否定高层次的教育目的。我们要把高层次的教育目的与低层次的教育目的统一起来，以高层次的教育目的指导低层次的教育目的，以低层次的教育目的实现高层次的教育目的。

第三节 教育目的的选择与确立

教育目的的选择，即对人培养目的或目标所进行的选取或抉择。教育目的的确立，即以一定组织形式对教育目的进行确认和确定，是对教育目的或目标选择结果的肯定。一般而言,教育目的的选择与确立是结合在一起进行的,通常包括:宏观层次的选择,即对所属各级各类教育进行的具有总体性、全局性的目的决策,它是由决策主体根据自身利益和发展需要来进行的,决策后的教育目的表明对所属各级各类教育培养人的总体要求,也称为普遍要求;中观层次的选择,也称为教育目的的再选择,是依据宏观教育的要求和各级各类教育的特点、使命来进行的,是对各级各类教育所要达到的目标做出的抉择,如小学的培养目标、中学的培养目标等,表明各级各类教育培养人的各自要求;微观层次的选择,也称为教育目的具体选择,即对具体教育活动、具体目标的决策(如课程目标、课程教学目标、单元教学目标等等),是对实际教育活动的具体要求。一般来说,各层次教育目的(或目标)的选择与确立,是由不同的决策主体来进行的。

一、教育目的选择确立的基本依据

教育作为培养人的社会活动,既能对社会、对人产生多方面影响,又受到多方面制约。要使教育更好地为社会服务、促进人的发展,在选择确立教育目的时,必须清楚地认识和考虑社会依据与人的依据。

(一)社会依据

教育产生于社会需要,与一定社会的现实及其发展有着密切的联系,要更好地服务于社会,必须依据社会现实和发展需要来选择和确立教育目的。

一是要依据社会关系现实和发展的需要。社会关系是建立在物质资料生产基础上的各种关系的总和,是社会生产关系、政治关系、经济关系、法律关系、道德关系、利益关系等各种关系的总称。一个社会,社会关系是否和谐、有序,关系到社会的稳定。因此,任何社会都十分注意社会关系问题,并建立相应的政治机构、组织制度和经济制度等对社会关系予以调控和管理。在社会发展中,社会生产方式的变革,总要带来社会关系结构及其制度的变革,适应社会发展变革的新的社会关系结构及其制度的建立,无不对教育培养人提出相应的要求。这一点在当今社会显得尤为突出。英格尔斯在谈到人的现代化问题时就曾明确地指出:"人们已经注意到,现代化机构和组织原则、经济制度和管理方法,要真正有效地发挥作用,就绝不能容忍为传统人所广泛具有的那些特征。""如果一个社会的人民缺乏一种能赋予这些制度以真实生命力的广泛的现代心理基础,如果执行和运用这些现代制度的人,自己还没有从心理、思想、态度和行为方式上经历一个现代化的转变,失败和畸形发展的悲剧结局是不可避免的。""一言以蔽之,那些先进的制度要获得成功,取得预期的效果,必须依赖运用于它们的人的现代人格、现代品质。无论哪个国家,只有它的人民从心理、态度和行为上,都能与各种形式的经济发展同步前进，相互配合，这个国家的现代化才真正能够得以实现。"可见，培养现代人是现代社会关系结构及其制度发展对教育提出的根本要求，否则，将无益于现代化制度的确立。[1]

二是要根据社会生产和科学技术发展的需要。人不仅仅是社会的成员（或阶级的成员），而且也是社会物质和精神财富的创造者。因而，培养什么样的人，不仅仅要符合社会关系和政治经济的要求，同时也受社会生产力和科学技术发展水平及发展需要的制约。特别是现代社会，生产力的发展及其产业结构的变化，科学技术的日益进步，已经成为制定教育目的不可忽视的重要的直接因素。当今，知识经济和信息化已经成为社会的重要特征，社会生产、管理越来越走向科学化、知识化、信息化和智能化，对劳动者的质量规格提出了前所未有的要求，世界上很多国家都根据这种要求来重新选择确立教育目的，以培养能够适应21世纪社会发展的人才。

（二）人的依据

教育目的含有对人的素质发展的要求，这种要求不仅要依据社会现实及其发展来确定，也要依据人的身心发展和需要来确定。

从人的身心发展特点来看，它是确定各级各类教育目的（或目标）不可忽视的重要依据。如果不考虑这一点，就会导致实际教育活动脱离学生身心发展水平，难以有效地促进学生发展。因为，人在发展的不同年龄阶段，其身心发展特点和水平有所不同。在把教育目的转化为各级各类教育的培养目标时，就必须以此为依据，这样才能使实际教育活动对学生的要求，符合学生身心发展的特点和水平，具有针对性，而不至于过低或过高、过轻或过难。心理学的研究早已揭示，人的身心发展具有阶段性和顺序性、稳定性和可变性、不平衡性和差异性等特点。依据这些特点，才能将各级各类教育目的（或培养目标）从低到高整合为一个循序渐进的、相互联系、相互衔接的有机序列，为不同教育阶段实际教育活动的开展提供合适的指导，这样的目标不仅具有实际可行性，也能对学生身心发展起到强有力的推动作用。

从人的需要来说，人的发展的需要是教育目的选择确立不可忽视的重要因素之一。人的发展，具有各方面的需要，包括物质和精神的、现实和未来的、生存和发展的需要等。这些需要不只产生于"自我生长"过程，也与个人在"生长"过程中对社会发展变化要求的意识密切相关。人对社会发展变化要求的认识，会使社会要求转化为自我发展的需要，使其围绕社会要求来设计、建构自我发展的素质。人这种需要的满足常常包括对教育的要求，这是选择和确立教育目的（或目标）时必须予以考虑的。如果不考虑人的发展需要，就不能唤起受教育者在教育活动中的

---

[1] 英格尔斯：《人的现代化》，殷陆君译，四川人民出版社1985年版，第3—6页。

主动性和自觉性，就不能很好地培养造就具有积极主动精神和富有创造性的社会主体。事实上，任何社会的教育目的，对人所应具备素质的要求、所预期形成的素质结构，不仅体现着社会规定性，而且也总是不同程度地体现对人的生理、心理、智慧才能、人格品行及生活能力、技能等方面理想化发展的追求。人是社会的主体，正视人的主体性需求、满足人的主体性需要的教育目的，才更有利于人的价值的提升和人的本质力量的增强，才能对培养人的实际教育赋予根本的活动宗旨或活动追求。

选择和确立教育目的，不能不涉及教育目的的价值取向问题。因为，对教育目的的选择和确立，人们总是从各自的利益和需要出发，选择和取舍体现了人们不同的价值追求。

教育目的价值取向，即对教育目的的价值性进行选择时所具有的倾向性，是教育理论中最为复杂、最为重要的领域。说它是最为复杂的教育领域，是因为教育目的的功能是多方面的，而且总是与社会各方面和人的各种问题联系在一起。由于人们所处的社会地位、经济地位的不同，有不同的社会感受和生活感受，有不同的文化背景、实践经验、认识水平、政治倾向、社会理想，有不同的利益和价值观念，因此，教育目的的价值取向众说纷纭，理论各异，构成了极为复杂的理论领域。说它是教育理论中最为重要的领域，是因为价值是教育目的的核心，不同的价值取向在很大程度上规范着教育活动的目的，引导着教育活动目的考虑和选择的方向。选择确立教育目的，如果其价值性问题不确定，教育目的也很难真正得以确立；价值性问题明确了，教育目的的选择和确立也就有了基本的方向和原则。

教育目的选择确立的价值取向，涉及的基本问题是人本位和社会本位的价值取向问题。

1. 人本位的价值取向

人本位的价值取向，即把人的价值看成高于社会价值，把人作为教育目的根本所在的思想主张。其特点是：重视人的价值、个性发展及其需要，把人的个性发展及需要的满足视为教育的价值所在；认为教育目的的根本在于使人的本性、本能得到自然发展，使其需要得到满足；主张应根据人的本性发展和自身完善这种"天然的需要"来选择确立教育目的，按照人的本性和社会发展的需要来规定教育目的。人本位的价值取向主要反映在自然主义和人文主义的教育思想中，其主要代表人物是法国思想家卢梭、瑞士的裴斯泰洛齐、德国的康德、美国的马斯洛（J. H. Maslow, 1908—1970）、法国的萨特（J. P. Sartre, 1905—1980）等。

人本位的价值取向，虽然都把人作为选择教育目的的根本依据，把人的价值看得高于社会价值，但在历史发展的过程中，其表现也不尽相同。一是在不同的历史发展时期，各种人本位的价值取向背景和针对性有所不同。古希腊智者派的人本位价值取向基于人是万物的尺度和对人的个性的崇拜，主张教育应以弘扬人性、发展人的个性为根本目的。文艺复兴时期的人本位的价值取向，以人道主义和人性论为基础，反对宗教神学对人的压抑，把摆脱宗教神学束缚、追求人的解放和个体自我意识觉醒、培养独立个人作为教育的根本目的。18至19世纪自然主义（以卢梭为代表）人本位的价值取向，基于变革压抑人的自然本性的各种制度的要求，提倡"天赋人权""天赋民权"的思想，认为个人自由、幸福是人与生俱来的"自然权力"。把培养具有独立人格和尊严的"自然人"，促进人的自然发展作为确立教育目的的根本依据。人文主义则以善良意志、理性、自由及人的一切潜在能力的和谐发展为宗旨（以康德和裴斯泰洛齐为代表），认为每个人都具有一些自然所赋予的潜在的力量和才能，这些力量和才能都具有渴求发展的倾向，教育的目的就在于全面和谐地发展人的一切天赋力量和才能，使人的各项能力得到自然的进步与均衡的发展，认为理想教育所要达到的目的就是使儿童善的本性和理性得到发展，以理性克服情欲，实现自己的自由。20世纪以来的人本主义主要针对西方工业化进程中出现的人的异化问题来阐述人的价值取向，重视维护人的生命价值和尊严，提倡对人的主体精神和各种需要的满足，主张教育以人为本，把培养人的独立自主性、个性的自由发展、满足人的发展的需要等作为教育的根本所在。二是在对待人与社会的关系上，人本位的价值取向虽都视人的价值高于社会价值，但在其态度上，具有对立与非对立之分，具有激进和非激进之别。激进的人本位价值取向的思想家，从人与社会的对立上来强调人本位的主张。18世纪法国启蒙思想家卢梭就是典型的代表。他在阐述"自然教育"思想的代表作《爱弥儿》中认为，出自造物主之手的东西都是好的，而一到人的手里就变坏了，因为现存的一切制度、习俗都违背了自然秩序，压抑了人的自然本性和个性。他反对教育把儿童训练成违背儿童自然生长秩序的"公民"（社会人），而把培养"自然人"作为教育目的。在他看来，人有各种自然禀赋和发展的本性。如果按照社会要求去培养人，就会阻碍这种本性的健全发展；如果按照一定社会需求来规定教育目的的话，就会使教育成为一种强迫的、外在的过程，进而抹杀它的本性。可见这种人本位的价值取向具有明显否定社会的倾向。非激进的人本位价值取向的思想家则不是从人与社会的对立上来强调人本位的主张，他们不否认人的社会性，不否认人的发展是有其社会需要的。如裴斯泰洛奇一方面主张发展人的一切天赋力量和能力，使人得到和谐发展，另一方面他也注意到人的各种能力的发展是"人类的普遍需要"。他说："……发展个人天赋的内在力量，使其经过锻炼，使人能尽其才，能在社会上达到它应有的地位。这就是教育的目的。发展人的内在力量，不得不利用社会与人生相结合的教育方法，从而使其得到人的品德、家庭幸福、工作能力，直到实现社会上的需要。"[1]可见，这种人本位的价值取向，不是把教育的个体目的与社会目的完全对立，只是认为个人价值高于社会价值，社会价值及社会的完善通过个人价值及其发展的完善才能实现。

人本位的价值取向把人视为教育目的的根本，它在历史发展中的每一次变化，都具有不同程度的变革性，或面对社会，或面对教育自身。人本位的价值取向在人类历史的进程中不乏进步意义，特别是在文艺复兴以后的历史条件下，它高扬人的个性自由解放的旗帜，对于打破宗教神学和封建专制对人的束缚，促进人的解放，使教育回归到人间，起了重大的历史奠基作用。它在人的自由和个性解放、提升人的价值和地位等方面具有深远的历史意义，直到今天，也不失一定的合理之处。但人本位的价值取向在变革社会和教育的探讨过程中，不免带有历史唯心主义色彩和过激的观念意识。激进的对立的人本位离开社会来思考人的发展，在提出教育目的的时候，无视人发展的社会需要，甚至把满足人的需要和满足社会需要对立起来，把教育的个人目的和社会目的看成是不可调和的，这种倾向极易在现实中导致个性、自由和个人主义的绝对化。因此，人本位的价值取向在社会发展中带有明显的片面性。

2. 社会本位的价值取向

社会本位的价值取向，与上述人本位价值取向相对应，把满足社会需要视为教育的根本价值。这种观点认为，社会是人们赖以生存发展的基础，教育是培养人的社会活动，教育培养人的效果，只能以其社会功能的好坏来加以衡量，离开社会需要，教育就不能满足社会的需求。因此主张，教育目的不应从人的本位出发，而应从社会需要出发，根据社会需要来确定。这种观点，古已有之，但其理论的鼎盛时期是在19世纪到20世纪初，其代表人物有德国的纳托普（P. Natorp, 1854—1924）和凯兴斯泰纳（G. Kerschensteiner, 1854—1932）、法国的孔德（A. Comte, 1798—1857）和涂尔干（E. Durkheim, 1858—1917）等。

社会本位的价值取向虽然是19世纪至20世纪初一些社会学家的共同特点，但其出发点也有所不同。有的是基于人的社会化、适应社会要求来主张社会本位的价值取向。在他们看来教育要造就社会化的人，就应按照社会需要来培养人。如涂尔干把塑造"社会的我"当作教育目的来看待。他明确指出："教育在于使年轻人系统地社会化"，"其目的在于，使儿童的身体、智力和道德状况都得到某些激励与发展，以适应整个社会在总体上对儿童的要求，并适应儿童将来所处的特定环境的要求"。他认为："在我们每个人身上，可以说都存在着双重人格，这种双重人格尽管不可分离（除非抽象地加以分开），但确有区别。一种人格仅仅由整个与我

---

[1] 张焕庭：《西方资产阶级教育论著选》，人民教育出版社1979年版，第173页。

们自身、我们个人生活中的事件有关的精神状态所组成，可以把这种人格称为个体我。另一种人格是这样的思想、情感和习惯的体系，即在我们身上表现的不是我们个人，而是我们作为其中一个组成部分的社群或不同的社群。宗教信仰、道德信仰与习俗、民族传统或职业传统以及各种集体信仰，就是这样的体系。这种体系的总和便是社会我。塑造社会我，这就是教育目的。"有的是基于社会（国家或民族）稳定或延续的重要性来主张社会本位的价值取向。在他们看来，注重人本性发展的需要，难以形成人的社会意识，容易导致人的社会观念淡化，甚至使人的本性疏离社会，使人的自由行为与社会冲突，不利于社会的稳定与发展。因此，社会（国家或民族）要得以稳定延续，其利益要得以实现与维护，教育目的必须要以社会为本。德国教育家凯兴斯泰纳批评学校过于培养学生的个人利益和个人主义，使学生的发展不带有社会的性质。他主张："一切教育的目的——是教育有用的社会公民。""国家的教育制度只有一个目标，就是造就公民。"另一位社会学家白尔格门（Bergeman）也认为："教育除造就每个人，使其乐于为社会而生活，并乐于贡献其最优力量于人类社会的保存和改善之外，不能有别的目的。"纳托普认为："在教育目的决定方面，个人不具任何价值，个人不过是教育的原料，个人不可能成为教育的目的。"[1]

社会本位的价值取向重视教育的社会价值，强调教育目的从社会出发，满足社会的需要，具有一定的合理性。事实上，人的存在和发展是无法脱离一定社会的，离开社会，人无法获得其发展的社会条件。人获得发展的社会条件客观上是需要每个人遵守并维护社会要求来实现的。从这一意义上来说，社会本位的价值取向具有不可否认的意义。但它过分强调人对社会的依赖，把教育的社会目的绝对化、唯一化，甚至认为"个人不可能成为教育的目的"。这种极端的主张，完全割裂了人与社会的关系，极易导致教育对人的培养只见社会不见人，单纯把人当作社会工具，而不是把人作为社会主体来培养，造就对人本性发展的严重束缚和压抑。这种情况在集权式国家的历史发展中已屡见不鲜。

3. 价值取向与社会关系的基本确认

人与社会的关系问题是选择确立教育目的时不可回避，也是回避不了的。历史上个人本位和社会本位两种价值取向的理论无疑会给我们以一定的启示，但绝不能以其各自的理论主张来简单代替教育目的的选择。这主要是因为：第一，这两种主张虽然各自含有一定的合理性，但都不是一个超历史的抽象公式，它们各自的合理性需联系具体的历史条件来进行分析。如果将其当时针对一定问题而提出的主张，不加区别地普遍化，以为是可以适合一切时代、一切社会的理性，则不免带有僵

---

[1] 张人杰：《国外教育社会学基本文选》，华东师范大学出版社1989年版，第9页。

化和偏颇，无益于很好解决当代教育目的的选择，甚至会对当代教育的选择产生误导。第二，这两种主张对我们理解人和社会在教育目的中的重要性、不可忽视性是有帮助的，但二者都割裂了人与社会的联系，否定了人与社会在教育目的中的合理性存在。它必然会导致教育实践的片面性，导致教育功能的片面性，限制教育多方面功能的发挥。事实上，人与社会是密切联系不可分割的两个不同的方面。一方面社会是由人构成的，从这一点来说，社会是人的社会（良好的、理想的社会是一个真正为了人的社会），这一点就连持社会本位论的一些人也不得不承认，他们中有的观点也没有离开"为了人"的思考；另一方面人是由社会才得以生存和发展的，人总是归属一定的社会，从这一点来说，人是社会的人。这一点就连人本位中的一些人也不得不承认，他们的人本位中有的也没有离开对"社会的人"的思考。这就是说，在人本位论和社会本位论各自众多的理论中，有些理论也不得不承认人和社会的必然联系。

如何认识和解决教育目的的选择和确立中人与社会的关系？进行价值论证固然重要，但仅有价值性论证是不够的，还有一个以什么样的方法来思考论证的问题。这样说来，在思维上注意以下两方面就显得十分必要：一是对教育目的中人和社会关系的思考应给予动态的、发展性的把握，而不是静止、僵化地看待这一问题。因为，社会及社会中的教育活动本身就是不断发展变化的，僵化、静止的思维或思想本来就不利于社会及社会教育的发展变化。二是应注意在相应的层次上来思考和讨论问题。因为同一问题如果不是在同一层次上讨论思考，往往无助于问题的解决，层次混淆的讨论，必然导致讨论的混淆。

基于上述的分析，可见人本位的价值取向和社会本位的价值取向，虽各有一定的道理，但都有其方法上的僵化性和绝对性。其实，一个社会（或国家、民族）教育目的的选择，不只是价值选择确立的问题，还有价值实现的问题，还涉及具体教育实践的目的问题。因此，应以动态的、层次对等的方式来认识和看待教育目的选择中人与社会的关系问题。

首先，就一个社会（国家或民族）整体教育目的而言，在其价值取向上要把满足人的需要和社会需要结合起来，把重视人的价值和重视社会价值结合起来，把人与社会发展的互依性、互动性、互利性作为社会整体教育目的的根本价值取向，这样既有利于避免社会的教育对人的压抑，也有利于避免教育对人的培养脱离社会实际与发展的需要。其次，就价值取向的实现过程而言（即教育的实际运行过程），把满足社会需要与满足人的需要结合起来，不能僵化理解成二者在实践中"平分秋色"或"分量相等"，应予以动态的、发展的把握。在价值实现过程中，能够从发展变化的实际情况和需要出发，使两种教育价值在不同程度上、以不同的方式统一于教育目的或教育过程。这就是说，两种价值的结合在实现过程中不应是僵化地以个人或社会的价值作为基点，而是互为基点。最后，就价值实现的实践着眼点而言，要落在人的发展上。因为，教育无论是满足社会需要还是满足人的需要，都是要通过人的发展来实现的，没有人的发展，一切都是空话。可见，人的发展是教育的直接目的，是教育的社会价值和人的价值实现的着眼点。这样说，并不是要否认教育的社会目的，否认教育目的的社会价值。事实上，在社会中，一个人应该怎样发展，不只是有人自身的依据，还有其所在社会的依据。一个人怎样发展，在相当大的程度上是依据社会发展变化的实际来确定的。不仅个人是如此，教育也是如此，只不过对发展的选择有所不同罢了。

二、教育目的确立应注意的问题

一个社会（国家或民族）的整体教育，应把满足社会需要和人的需要作为基本的价值取向。在这个总的前提下，还有许多问题及相互的关系要处理好。

（一）社会价值取向确立应注意的问题

历史表明，社会价值取向的片面性或狭隘性，不仅直接影响教育多方面功能的发挥，而且也会导致社会发展的失衡。从现代社会发展来看，教育目的的社会价值取向虽多种多样，但都比较注重取向的全面性和综合性。单纯的社会政治价值的取向或单纯的狭隘民族主义的价值取向等，都难以符合当代社会发展的需要。当代教育目的的社会价值取向的确立，应注意把握好以下问题：

第一，以可持续发展的理念为指导。可持续发展这一理念最早源于人对自然资源和生态环境发展及其保护的认识。20世纪70年代以后，随各种全球性问题的凸现，可持续发展成为世界性话题。1987年，联合国环境与发展委员会在长篇调查报告中，将可持续发展定义为：既满足当代人的需要，又不对后代满足其自身需要的能力构成危害的发展。可持续发展是对以往社会发展道路的反思和对传统发展理论的扬弃与深化。它不是单指生态和资源的持续，也不是单指经济发展或社会发展，而是指以人为中心的经济—社会—自然复合系统的发展。即人类在不突破资源和环境承载能力的条件下，促进经济和社会的全面发展，提高生活质量，保障当代与后代人的不断发展。其目标是达到人与社会、与自然的和谐，满足今后整个人类的基本需要和全面发展。

可持续发展由于自身对传统发展理论的超越和创新，向世界展示了一种新的发展意义和价值观念，已成为当今世界各国发展的重要选择和发展的必然趋势。它强调人与自然和社会的和谐，核心是人的发展，而教育作为培养人的社会活动，对此必然负有重要的使命。因此，选择确立教育目的必须要依据和体现可持续发展的思想和要求，要把人—社会—自然的和谐发展作为教育目的选择确立的根本价值取向，避免教育目的价值取向的单向度、片面化。一方面，当代社会可持续发展战略的实施，已不再单纯以经济或政治等作为评价社会发展的标准，而代之以全面发展、协调发展和可持续发展为社会评价的标准。"发展不纯粹是一个经济现象。从最终意义上说，发展不仅仅包括人民生活的物质和经济的方面，还包括其他更广的方面。""发展是集科技、经济、社会、政治和文化，即社会生活的一切方面的因素于一体的完整现象。"[1]费德里科·马约尔认为："发展应该被看成是复杂的、多元化的、经济的、社会的、科学的、文化的……它必须具有一种综合的特点，即包括社会生活的多种表现形式，并符合植根于各国人民的历史财富的、道德的和文化的目的。"[2]另一方面，历史唯物主义告诉我们，社会是一个多元的复杂系统，其中各个要素是相互影响、相互制约、相互作用的，这种相互作用的结构机制从根本上解决了现代化建设必须要注重社会诸要素的协调发展，即社会的经济、政治、文化等要素的协调发展。如果在教育目的的选择上追求单一片面的价值取向，就将会因为对人片面性的培养而导致社会各方面发展的失衡。可见，当代社会教育目的的选择确立，只有赋予社会全面发展、协调发展、可持续发展的理念，并根据这样的要求来培养人，才能使社会的全面发展、协调发展和可持续发展获得强有力的内在把握和坚实的基础。

第二，适应与超越问题。教育是人类社会实现世代继承和发展的一种重要手段。社会的继承与发展决定了服务于它的教育无不带有适应和超越的本性。这里讲的适应和超越特指教育现实社会的两种功能。适应，即指教育对现实社会当前需要的符合性，是教育基于对现实社会当前的肯定关系，在体现现实社会当前的要求、满足现实社会当前需要方面所具有的适合顺应状态，也可以理解为教育对现实社会当前要求（或需要）满足的配合性和支持性。超越，即指教育对现实社会当前的超出性，是教育基于现实社会当前的发展趋势或可能，在体现现实社会未来发展要求、满足未来社会需要方面所具有的努力状态。它既是对现实社会当前发展的未来指向，也是教育对现实社会当前的否定性。当然，这种否定并不都是一样的。有的是对水平或程度性的否定（即在认可现实社会某种存在合理的前提下，对其已有水平或程度的否认），在这一基础上的超越，是要实现社会某种存在在程度或水平上的提升，即程度或水平上的更高发展；有的是对存在性的否定（即否认现实社会某种存在或多种存在的合理性），在这一基础上的超越，是要革除旧有的存在，创建一种新的存在。

教育要适应现实社会的当前要求和需要，因为这是社会继承所必需。但只注重

1　联合国教科文组织：《发展的新战略》，中国对外翻译出版社1990年版，第4页。
2　费德里科·马约尔：《不要等到明天》，社会科学文献出版社1993年版，第29页。

适应的教育，容易导致教育的短视，降低对未来发展的适应意识和应对能力，必然缺乏对未来发展挑战的充分准备，也难以赋予现实向未来发展的有力导向和巨大的内在发展潜能。同样，教育也要讲究超越，因为没有超越就不会有发展。但单纯注重超越性的教育，也容易导致教育热衷于虚幻的未来，忽视未来社会发展的现实基础，甚至带来现实与未来发展的错位，使未来的发展缺乏坚实的基础。总之，适应现实，要有走向未来的指向；超越现实，要有良好的现实基础。忽视或割裂适应与超越之间所具有的联系性，教育就难以使社会发展保持良好的连续性。

因此，教育目的的社会价值取向要坚持适应性与超越性的统一。首先，不能局限于在理论上抽象思考二者统一的合理性，还要探究二者统一在实践上的可行性。不能把这种统一变成僵化的理论，而要努力使其成为鲜活的实践。其次，在实践上要避免主次分明的绝对化思维。就教育的适应性而言，可能某一时期对现实某一方面强化、固定是极为有利的，并且对社会其他方面产生积极影响，在另一时期这种适应则可能是没有必要的；就教育的超越性而言，可能某一时期对某一方面是极为必要的，在另一时期这种超越则可能是不必要的。对现实社会同一方面来说，教育对其适应或超越具有不固定的先后之分；就现实社会不同方面而言，教育对它们的适应或超越可能具有同时性。实践中出现的这种状况并不否认适应与超越的统一性，相反，这恰是实践中对适应与超越关系的活的把握。最后，在实践中要从现实及未来发展的方向来把握教育的连续性，体现适应与超越的统一：一方面要注意在适应中超越，即使教育对现实的适应面向未来，具有面向未来的发展性；另一方面，也要注意在超越中适应，即在超越现实的同时去适应新的现实要求。落实到对人的培养上，应注意在适应现实的教育活动中透视未来发展的必然走向，同时注意引导培养对象为树立和实现远大理想而进行不懈的现实努力。

第三，功利价值与人文价值问题。物质生活发展与精神生活发展是人类社会发展进步的基本要求。社会发展进步的这种内在需要，决定了服务于它的教育既有功利价值，又有人文价值。教育的功利性，即它自身活动所产生的社会物质生产、经济发展及物质利益满足方面的功用性和效益，这方面的意义体现教育在社会中的功利性价值。教育的人文性，即它自身活动对社会精神生活、文化发展、价值建构方面所产生的作用和效果，这方面的意义体现为教育在社会中的人文价值。如何看待二者，如何处理二者的关系，这是选择确立教育目的不可回避的重要问题。因为教育作为培养人的社会活动，必然要反映和满足社会的要求，这种要求不仅是社会物质和经济发展方面，还有社会精神文化方面的。从社会的这种内在要求力来看，教育目的的选择确立要坚持功利和人文价值取向的有机结合。

当代教育目的的社会价值取向，在功利性和人文性的价值问题上不可忽视教育的人文价值。这主要是因为，随着社会的发展，特别是近代以来，对经济效益的渴望,使功利性成为现代化追求的首要目标,而人文精神则渐渐受到忽视与冷落,社会对功利价值与人文价值的追求失衡越来越突出,使指引生命意义和价值的"精神世界"被充裕和富有的"物质世界"的满天尘埃所遮蔽。由于功利主义的遮蔽,教育亦越来越被赋予了经济发展的目的和物质利益追求的目的,生存与发展的功利性、实用性的教育,成了培养人的根本所在。这种教育目的的价值取向,使教育成了对经济利益和物质财富进行"创新性追求"和"创新性掠夺"的手段,使人文价值严重弱化。不可否认,近代以来这种教育的取向及其发展,已经自觉或不自觉地助长了社会功利价值与人文价值的严重失衡。因此,在当代社会重视人文精神,呼唤人文精神的条件下,教育目的的价值取向,必须克服功利性的单一取向,必须使之赋予明确的人文价值追求。

重视教育的人文价值,对于矫正以往教育目的单纯功利性的价值取向是十分必要的。但在矫正的同时也要注意把握好以下问题:首先,在重视人文精神、重视人文价值的同时,要避免把它和功利价值对立起来。现实中"重利轻义"的现象是片面的,但因此而"重义轻利",甚至"以义抑利"也是不可取的。如果把人文精神或教育的人文价值与功利价值对立起来考虑问题,就易导致"以义抑利"的禁欲主义。其次,重视教育的人文价值,就是要倡扬人文精神,但不能把中国传统的"人文精神"望文生义地等同于今天所要提倡的"人文精神",也不能把它与西方倡导的"人文精神"等同起来,当然也不能断然割裂与它们之间的联系。我们今天所倡导的人文精神,要抛弃"精神至上""个人至上""人类中心"以及对功利存在的禁欲主义等观念,而按照时代的发展,去建构对人类功利取向、物质追求和经济发展具有良好价值导向的人文精神,促进社会在物质与精神、人与环境、人与社会等方面的协调发展,促进社会精神文明与人际和谐,提升人的精神境界。最后,确立人文精神与功利追求是人生意义和社会发展不可或缺的观念。人与人类的生存与发展是在追求功利而不断超越功利的矛盾过程中实现的。人与人类社会的"生命存在"不仅仅是自然生命的存在,还有更为重要的方面,即"精神生命"的存在。二者的内在联系及互动性的相互作用和影响,表现出对"自然生命"的重视以及对它的超越性,这种超越能使人与人类社会,在肯定功利追求的基础上,不被单纯的功利追求所束缚;它不是抛弃功利的"纯"精神生活,而是引导人们在追求功利的同时,赋予功利追求以重要人文价值导向,提升人与人类社会的精神境界。人与人类社会的生存以及在程度水平上的不断发展,正是在二者的互动中实现的。

第四,民族性与世界性问题。当代的改革开放,已把中华民族置于世界发展的潮流中。它的发展,不光是一个适应全球化、走向现代化的过程,同时也是一个能动创造、开拓进取的民族化过程。这一趋势是民族性与世界性成为教育目的价值取向不可回避的一个重要方面。民族性涉及对自己民族文化传统、生活方式、价值观念的传递、保持、敬重及维护问题。其根本在于不使自己民族失去独立与自主,从而得以凝聚与发展。世界性涉及对世界交往与合作的各种文化、规则的认同或感受,进而使自身具有与世界各国进行交往与合作的基础。一般说来,当一个民族处于封闭状态,与世界各国不发生任何联系的时候,是无所谓世界性的,只有当它向世界开放,与其他民族发生各种交往与合作的各种联系时,才会遇到世界性这一问题。

一个狭隘封闭的民族,其教育目的的价值取向往往带有封闭保守性,一切以维护本民族利益为根本。对自己的民族文化、习俗、生活方式及价值观念的优越感和崇高感,常常使其对本民族以外的各民族(或国家)的文化、习俗、价值观或生活方式等具有抗拒性和排斥性。这样的教育虽然忠诚自己的民族,但同时也会更加强化这个民族的封闭和保守。在当代,这种单一的、狭隘的、封闭的民族性,只能导致自身发展的落后和被动。因为世界正在进入一个"全球化"的时代,世界各国和各民族紧密地联系在一起,所有国家和民族在信息、交往和利益方面,体现出普遍的相关性,与世界各国的交往与合作已成为每个国家或民族自身发展的重要基础和前提。因此,一个民族的当代发展,必须要有"世界性"意识,把握一些必要的"世界性准则",才能适应"全球化"的要求。

重视体现世界性是当代教育目的价值取向的应有之意,但绝不意味着民族性的价值取向不重要或不需要了。这种把世界性仅仅视为完全一体化或同质化过程的认识,是极其片面的。因为单纯追求世界性价值,将会逐渐导致国家或民族特点的消解,使国家或民族失去存在的"根"。因此,教育目的的价值取向,要立足民族,面向世界,在民族开放中发展民族、创新民族精神,使民族更好地走向世界并影响世界。

坚持民族性和世界性相结合的价值取向,在实践上需要对民族性和世界性予以很好的理解和把握。一是对民族性的理解和把握要避免僵化与封闭。坚持民族性的价值取向,不是以自己的传统特点去抵制全球化趋势,单纯要求对民族自身的维护,同时也要求对民族自身的发展。要重视民族自身的长处与不足,赋予民族具有发展活力的新品质,即开放性和容纳性的品质。这是民族生命活力的根本所在。二是在理解和把握世界性价值取向时要避免盲目性。不能把民族的世界性过程理解为"全盘世界化"或"全盘西化",也不是盲目地跟随世界发展,或盲目照搬世界模式和西方模式。一个走向世界的民族,应该对世界有一种取其精华去其糟粕的借鉴精神和合理选择的能力。一个国家和民族在自身世界性的过程中,必须体现借鉴性和选择性。

(二) 人的价值取向确立应注意的问题

教育作为培养人的社会活动，其目的既含有社会的价值取向，也含有人的价值取向。历史上任何社会的教育目的都是如此，只不过不同时期、不同社会对其重视的程度和取向的侧重点有所不同罢了。选择确立教育目的，在对待人的价值取向上，应注意解决好以下问题。

第一，人的社会化和个性化问题。社会化和个性化是人自身发展的两个不同方面。社会化一般指个体在出生后的发展中，习得社会文化规范、价值观念和行为习惯等，并借以适应社会、参与社会的过程。这一过程的结果是对一个具有生物特性的人赋予各种社会关系，使之成为具有社会特性的人。因此，人的社会化反映人的一种"群"的聚合性和共处性，是社会得以凝聚、群系个体的重要形式，也是个体自身发展的重要内容之一。个性化一般指个体在社会适应、社会参与过程中所表现出来的、比较稳定的独特性（即个体自身多种因素综合而表现出来的独特性）。纵观现代对个性化的探讨，个性化具有两种表示：一是表示个体有别于他人的独特性；二是表示个体在社会和社会关系中不可替代的个别存在性，以及在遵守服从社会各种规范、参加社会各种活动中所表现出来的独特性。人的社会化发展，意味着个人自主能力、独立能力、创造能力和自觉自控能力的提高，蕴含着人自身发展的潜能和自立自主的能力。正因为如此，人的个性化具有重要的个体意义和社会意义。

中外历史上，对人的社会化价值和人的个性化价值存在着不同的认识。社会化因其所具有的个体对社会规范的遵从性，常常导致有人将其看成是对人个性化的束缚和压抑，从而轻视甚至否定社会化的意义。个性化因其所具有个体的独立性、自由性，常常导致有人将其看成是妨碍社会凝聚和一致的根源，甚至把它当作社会意志的对立物。这些不同的看法，对以往教育目的的价值取向不无影响。当今社会在不断进步的过程中，不仅重视社会的凝聚和一致，而且也更加注重增强自身发展的内在活力与源泉。这就使得人个性化发展成为教育目的价值取向不可忽视的重要问题之一。

不过，当今社会教育目的的价值取向虽然对个性化价值给予了高度的重视，但也不能矫枉过正，必须从有机结合的理念上加以把握。这主要是因为，社会化和个性化是人自身发展的两个相互对应的不同方面，是人得以健康良好发展的重要标志。人的发展与完善，就在于社会化与个性化二者的和谐与统一。没有人的社会化及其发展，个体的观念和行为就会千人一面，其自身的才智及其潜能难以充分自由地发挥。不止如此，对个性的束缚和压抑，不仅会造成个人自主自立和创造性的丧失，而且还会在活动源泉上影响到社会文化的进步，使社会发展的内在生机和活力匮乏。可见，失去社会化的个性化，极易导致个体的过分自由；失去个性化的社会化，极易导致社会创造活力的压抑，单纯强调或重视人的社会化价值或人的个性化价值，都是不可取的。人的社会化，应是个性化了的社会化；人的个性化，也应是社会化了的个性化。

第二，人的理性与非理性问题。什么是理性和非理性，在哲学上有着本体论、认识论、人性论、技术论等方面的歧义。我们此处所说的理性和非理性仅就人的个体性表现而言，统指人在认识和行为上的不同特点。理性即人在认识和行为方面表现出来的理性遵循（对事物发展变化逻辑性的遵循，对科学的概念、价值准则的遵循等），以及运用理性（逻辑、科学概念和价值准则等）来揭示或把握客观对象（自然、社会、人及其相互关系）的普遍性本质和规律，看待或处理问题特点等。在认识和行为上具有对感性、直觉直接性的超越，体现为人类超越自我的生物本能，超越自身的有限存在而追求世界与人生的真理和永恒无限的能力，是人类灵性之精华。人的非理性即人在认识和行为方面表现出来的非理性遵循（对产生于感觉、情绪、欲望之上的直觉、直接体验或灵感、顿悟的遵循），以及运用非理性来把握或说明客观对象或事物，来看待或处理问题。人的非理性在认识和行为上具有对感性和直觉的依赖性，体现着人类生命的情感、意志以及自然本能、欲望等，表现出追求肉体感官或精神感官的满足以及自我充分实现的特性，是人类行动的原始动力。

理性是人类战胜蒙昧、摆脱蒙昧、走向文明的巨大力量，因此，在20世纪以前，理性被作为人的本质性存在而倍受推崇，成为教育目的的主要价值取向，在课程设计及内容构建、教学理念和教学方式等方面，无不体现出对人的"理性能力""理性品质"培养的重视。20世纪以来，非理性主义把理性崇拜导致的理性僵化、教条与日益突出的人的异化和种种社会危机联系起来，将其看成是现代社会发展中人的缺失、人的异化及种种社会危机的根源，并给予激烈的批判，进而把人的非理性视为人的本质存在，赞扬非理性及其对人的意义。在非理性主义的影响下，以往教育目的以理性为主的价值取向也受到质疑。

因此，当代教育目的的选择与确立，在价值取向上首先要避免陷入理性和非理性二者对立的误区。二者虽然迥然相异，但却不是截然对立的。在其实质上，纯粹的理性和非理性是不存在的。就理性而言，它的发生发展及其作用的发挥不是孤立的，总是与人的情感、欲望等有着割不断的联系；就非理性而言，它的表现过程也不是纯而又纯的，其情感、意志活动总是直接或间接地受到原有文化素养（思维方式或文化观念、价值标准）的影响，在其灵感、直觉的表现中，人们也能觉察到自己对已有经验积累和文化积淀的依赖性。其次，要充分认识理性与非理性各有长处与局限性，避免对二者的盲目性。盲目地推崇"理性至上"或"非理性至上"都是不可取的。理性至上而贬低非理性，极易造成对人的冲动的压抑，导致人行为的僵化教条，使人的行为缺少内在的激情与活力，无益于人的主体性的发展；非理性至上而贬低理性，也易造成人的自我放纵，使自我任由本能冲动的支配，这也无益于个体自身的文明发展和社会进步。

第三，科技素质与人文素质问题。科技素质指与人认识、作用于自然，与人从事物质生产生活密切相关的科学技术方面的素养、品质及能力发展的水平，通常体现为科学文化知识、技能掌握及运用的能力，与此相关的思维品质、探索创新的意识、崇尚科学理性的精神等。人文素质指与人认识解决人类生存意义和价值问题、与人从事社会价值建构活动密切相关的人类文化、价值方面的素养、品质及能力发展的水平，通常体现为对人类生存意义和价值关切中所形成的价值理性、道德情操、精神境界及其能力等。从历史的发展来看，近代以前的教育基本上是以人文素质培养作为主要的价值取向。近代以来的教育，科技素质在教育目的的价值取向上日益突出，特别是这一时期，科学主义与人文主义哲学观的对峙以及科学技术在满足社会功利追求中的巨大作用，加剧了科学技术和人文科学的分离，使近现代教育目的的科技素质与人文素质价值取向失衡。人文教育中缺少对科技素质的培养，科学技术教育中缺少对人文素质的关照，不仅造成了当代社会人的素质的明显缺失，而且也无益于帮助社会解决"人文精神失落"问题。

当代教育目的的选择确立，在科技素质与人文素质的价值取向上，首先必须要摆脱科学主义和人文主义哲学观的片面性。近代科学的兴起，导致了科学主义甚至唯科学主义的倾向，由此引起了真理与德行的分离、价值与事实的背离、伦理与实际生活的断裂。正因为科学主义的片面性及其后果，所以遭到了人文主义的激烈批判。但这种批判把当今社会的一切罪责都归于科学，也是片面的，不利于科学的发展。事实证明，过分强调科学理性、科学技术至上，必然导致对人文精神的轻视；过分强调人文价值，也会带来对科学技术的压抑。其次要充分认识和理解科学精神和人文精神的统一性。科学精神和人文精神是反映和构成整个世界图景的两个相互关联的不同方面。科学精神是人类在对世界特别是对自然界的探究中形成的，包括：相信理性，追求知识，注重可操作程序；实事求是，怀疑一切既定权威；热爱真理，憎恶一切虚假行为；遵循公正、普遍、创新等准则。科学精神重在求真务实，探究万物之理。人文精神是人类对自己生存意义和价值的关心，包括对人的价值的至高信仰，对人类处境的无限关切，对开放、民主、自由等准则的不懈追求，并凝结为人的价值理性、道德情操、理性人格和精神境界。人文精神重在价值蕴涵，追求理想境界。从对二者特点的分析中我们可以看到，二者不是对立的，科学精神中含有明显的人文价值。认识和把握科学精神和人文精神的统一性，有助于克服与避免科技素质和人文素质价值取向的失衡性。最后，要充分认识科技素质与人文素质有机培养的时代性要求。当代社会发展日新月异，但各种矛盾和危机也日益突出。如何解决这些问题，人类在种种教训中选择和确立了可持续发展的观念，开始强调社会的全面发展、全面进步，社会的协调发展。这种理念内在地含有科学精神与人文精神有机和谐的要求，也要求人们要以科技素质和人文素质的协调发展与之相适应。

第四节 培养目标与教学目标

一、概念辨析

教育目的、培养目标与教学目标是三个紧密相连的概念，也是极易混淆的概念。"教育目的"（aim）是由国家制定的、体现"社会对教育所要造就的个体质量规格的总的设想或规定"；"培养目标"（goal）是"各级各类学校据受教育者身心发展所提出的具体标准"。"教育目的"是各级各类学校确立"培养目标"的依据，培养目标是在教育目的基础上制定出来的，是教育目的的具体化。教育目的与培养目标的关系，是一般与特殊的关系。

教学目标是指教学活动实施的方向和预期达成的结果，是一切教学活动的出发点和最终归宿。教学目标可以分为三个层次：一是课程目标；二是课堂教学目标；三是教育成才目标。这也是教学的最终目标，它既与教育目的、培养目标相联系，又不同于教育目的和培养目标。课堂教学目标就是课堂教学过程中的教与学的互动目标。新课程倡导的课堂教学目标有三个维度：知识与技能目标，过程与方法目标，情感、态度与价值观目标。

此外，还有教育目的与教育方针。教育目的与教育方针既有联系又有所不同。从二者的联系看，它们在对教育社会性质的规定上具有内在的一致性，都含有"为谁（哪个阶级、哪个社会）培养人"的规定性，都是一定社会（国家或地区）各级各类教育在其性质和方向上不得违背的根本指导原则。从二者的区别来看，一方面教育方针所含的内容比教育目的更多。教育目的一般只包含"为谁培养人""培养什么样的人"的问题；而教育方针除此之外，还含有"怎样培养人"的问题和教育事业发展的基本原则。另一方面教育目的在对人培养的质量规格方面要求较为明确，而教育方针则在"办什么样的教育""怎样办教育"方面显得更为突出。

在教育实践中，要清楚地认识和把握二者的联系和区别，不能因为二者都是各级各类教育所应遵循的指导原则和依据而将其等同起来或相互替代，也不能因为两者的区别而在考虑教育性质和方向问题时将其割裂开来。

"教育目标"（objective）是一个从国外引进的概念，相对于"教育目的"，它是分析的、列举的，而目的则是概括的、统举的。教育目标是指教育过程中的一系列发展目标体系，这一层次的目标，按照学生身心发展顺序加以组合，是实现培养目标的直接依据和评价标准。

教育目的、培养目标和教育目标分处于不同的层次。

二、教学目标

也称教育目标，它是预期的教学效果，既可以是一门课程的目标，也可以是一个教学单元或一节课的目标。对于教师而言，常遇到的是后一类目标。

在教学目标的规定中，常常会遇到一些模糊、笼统的说法，如"让学生懂得……""培养学生……能力""认识到……""体会到……"等。这些说法使用了一些不可捉摸的词语来陈述教育目标的，每个人对它们的理解是不一致的，也很难有一个清晰的判断标准。

从20世纪50年代以来，西方的一些教育学家和心理学家，倡导用可观察和可测量的行为来陈述教育目标，意在为教学及其评价提供具体的指导。在这其中，布卢姆（B. S. Bloom）等人的教育目标分类学有着较大的影响，这种理论在20世纪80年代初引入我国以后，也引起了较大的反响，至今我国的目标教学运动仍方兴未艾。

（一）教学目标的分类

布卢姆等人将教学目标分为认知、情感和动作技能三个领域，每个领域的目标又由低到高分成若干层次。下面介绍这三个领域的教学目标分类：

1. 认知领域

知识——指对先前学习过的材料的记忆，包括具体事实、方法、过程、理论等的回忆。它所要求的心理过程主要是记忆。这是最低水平的认知学习结果。

领会——指能把握材料的意义，可有三种表现形式。一是转换，即用自己的语言或用与原先的表达方式不同的方式表达自己的思想；二是解释，即对一项信息加以说明或概述；三是推断，即估计将来的趋势（预期的后果）。领会超越了单纯的记忆，代表最低水平的理解。

运用——指能将习得的材料应用于新的具体情境，包括概念、规则、方法、规律和理论的应用。运用代表较高水平的理解。

分析——指能将整体材料分解成它的构成成分并理解组织结构，包括部分的鉴别，分析部分之间的关系和认识其中的组织原理。分析代表了比运用更高的智能水平，因为它既要理解材料的内容，又要理解其结构。

综合——指能将部分组成新的整体，包括发表一篇内容独特的演说或文章，拟定一项操作计划或概括出一套抽象关系等。它所强调的是创造能力，需要产生新的模式结构。

评价——指对材料做价值判断的能力，包括按材料内在的标准（如组织）或外在的标准（如与目的的适当性）进行价值判断。这是最高水平的认知学习结果，它要求超越原先的学习内容，并需要基于明确标准的价值判断。

2. 情感领域

接受（注意）——指学生愿意注意特殊的现象或刺激（如课堂活动、材料或文体活动等）。教师的任务是指引或维持学生的注意。学习结果包括从适宜一事物的存在的简单注意到学生的选择性注意。它是低级的价值内化水平。

反应——指学生主动参与。处在这一水平的学生，不仅注意某种现象，而且以某种方式对它做出反应（如自愿阅读规定范围外的材料），以及反应的满足（如以愉快的心情阅读）。这类目标与教师通常所说的"兴趣"类似，强调对特殊活动的选择与满足。

价值化——指学生将特殊的对象、现象或行为与一定的价值标准相联系，包括接受某种价值标准（如愿意改进与团体交往的技能），偏爱某种价值标准或为某种价值标准做奉献。价值化与教师通常所说的"态度"和"欣赏"类似。

组织——指将许多不同的价值追求标准组合在一起，克服它们之间的矛盾、冲突，并开始建立内在一致的价值体系。组织的重点是将许多价值标准进行比较、关联和系统化。与人生哲学有关的教育目标属于这一级水平。

价值与价值水平的性格化——指个人具有长时间控制自己的行为以至发展了性格化"生活方式"的价值体系，其行为是普遍的、一致的和可预期的。这一水平的学习结果强调学生行为的典型化和性格化。

3. 动作技能领域

知觉——指运用感官获得信息以指导动作。

定向——指对稳定的活动的准备，包括心理定向（心理准备）、生理定向（生理准备）和情绪准备（愿意活动）。

有指导的反应——指复杂动作技能学习的早期阶段，包括模仿和尝试错误。通过教师或一套适当标准可判断操作的适当性。

机械动作——指学习者的反应已成为习惯，能以某种熟练和自信的水平完成动作。这一阶段的学习结果涉及各种形式的操作技能，但动作模式并不复杂。

复杂的外显反应——指包含复杂动作模式的熟练动作操作。操作的熟练性以迅速、连贯、精确和轻松为指标。

适应——指技能的高度发展水平，学生能修正自己的动作模式以适应特殊的装置或满足具体情境的需要。

（二）教学目标的编制程序

教学目标的编制一般包含以下四个步骤：

（1）选择。对教学目标进行选择，一般需考虑这样一些因素：学生在教学开始之前能够做些什么，在教学过程中能够做些什么，在教学完成以后又能够做些什么，以及可以使用的教学资源和教师处理材料的能力等。

（2）分类。将选定的教育目标按照一定的标准，如上述布卢姆等人的标准进行分类，将它们纳入一定的层次和类型中。

（3）分析。选定了目标并做分类以后，教师应当从事行为分析，确定期望学生"做"些什么，以便证实目标的达成。在行为分析中，需考虑学生做出反应所需要的重要刺激，所做出的重要反映会有哪些，以及测定反应成功的标准。

（4）具体化。将教育目标用一些操作性强的、不易引起曲解的动词表达出来，要避免有歧义的、可多种解释的词汇。布卢姆就认知领域的目标作了如下对比：

表5-1　表述认知领域目标的词汇

模糊的、不能直接观察的词汇	操作性强的、不易曲解的词汇
1. 学生具有……知识	1. 陈述……之间的关系
2. 学生领会……	2. 区分……
3. 学生批判地思考……	3. 把……搭配起来
4. 学生理解……	4. 用自己的话来……
5. 学生对……表示欣赏	5. 对……做出评价
6. 学生对……感兴趣	6. 自愿回答
7. 学生完全欣赏	7. 说出……名字
8. 学生掌握……的意义	8. 列举出……后果
9. 学生能够记忆……	9. 把……分类
10. 学生学会……	10. 把原理运用于新的情况
11. 学生重视……	11. 辨认……
12. 学生开阔视野	12. 构造……
13. 学生有效地工作	13. 把……整理排列好
14. 给学生以深刻印象	14. 对……进行解释
15. 学生正确地表述……	15. 对……提出问题
16. 学生顺利地阅读……	16. 指出……
17. 学生形成某种基本技能	17. 解……（对……求解）

（三）教学目标的要求

从布卢姆等人的有关研究中，可以看出，作为教学目标，应尽可能地符合下列要求：

第一，教学目标陈述的是学生的学习结果，反映的是学生在认知、情感、动作技能等方面的行为变化，而不是教师应该干什么。

第二，教学目标的陈述应力求明确、具体，可以观察和测量，尽量避免用含糊的不切实际的语言陈述目标。也就是说，它应当用特定的术语描述在教学后学生应能做以前所不能做的事情。

第三，教学目标的陈述应反映学习结果的层次性。

如仅从行为表现的角度来看，教学目标应该包含这样一些成分：

①"谁"要完成这些行为（例如"学生"或"学习者"）。

②用来证实能够达成目标的"实际行为"（例如"写出"或"说出"）。

③用来判定目标是否达成行为"结果"（例如"一篇文章"或"演说"）。

④完成行为的"相关条件"（例如"在一小时的平均测验中"或"在全班面前"）。

⑤用来判定达成预期行为的"标准"（例如"答对90%"或"答对80%"）。

三、我国中小学的培养目标

小学教育是基础教育中的第一阶段，是基础教育的基础。小学的培养目标具有奠基的特征，它所体现的是对学生德、智、体等方面的最基本的要求。国家教育委员会于1992年颁布的《九年义务教育全日制小学、初级中学课程计划》中，明确了我国小学教育的培养目标。

（一）小学阶段

（1）初步具有爱祖国、爱人民、爱劳动、爱科学、爱社会主义思想感情，初步养成关心他人、关心集体、认真负责、诚实、勤俭、勇敢正直、合群、活泼向上等良好品德和个性品质，养成讲文明、讲礼貌、守纪律的行为习惯，初步具有自我管理以及分辨是非的能力。

（2）具有阅读、书写、表达、计算的基本知识和基本技能，了解一些生活、自然和社会常识，初步具有基本的观察、思维、动手操作和自学的能力，养成良好的学习习惯。

（3）初步养成锻炼身体和讲究卫生的习惯，具有健康的身体，具有较广泛的兴趣和健康的爱美情趣。

（4）初步学会生活自理，会使用简单的劳动工具，养成爱劳动的习惯。

（二）初中阶段

中学教育下接小学教育，上连中学后的各级各类学校教育和社会就业，是整个学校系统中的重要一环。

我国对普通中学的培养目标是这样规定的:

（1）热爱集体，热爱家长，热爱中国共产党，热爱社会主义祖国；讲究文明，遵纪守法，了解公民的权利、义务和基本的国情国策。

（2）具有语文、数学、外语和其他文化科学的基础知识，有阅读、表达、计算的能力和初步的实验、自学能力；努力学习，善于提出问题，有良好的学习习惯和学习方法。

（3）具有健康的体质和良好的卫生习惯，有一定的兴趣爱好和审美能力，初步具有自制、自理能力，有积极进步的精神。

（4）具有正确的劳动态度，养成良好的劳动习惯，掌握简单的劳动技能，初步了解社会职业分工和择业知识。

（三）高中阶段

（1）具有正确的政治方向，拥护中国共产党，热爱社会主义祖国；有理想，有民族自尊心，有社会责任感；遵纪守法，有文明的行为习惯，有团结协作的精神。

（2）具有自然科学和社会科学的基础知识，懂得一些马克思主义基本观点，初步掌握一门外语，能自觉学习，有自学能力；能联系实际发现问题和分析问题。

（3）有健康的体魄和审美能力，有良好的意志品质和一定的应变能力，有探索和创造的精神。

（4）初步形成个性特长。

（5）有正确的劳动观点和职业观念，有一定的劳动技能。

第六章　我国的教育目的

　　我国的教育目的，在不同的历史时期有不同的规定。在国内革命战争时期，中国共产党领导下的革命根据地所规定的教育目的和培养目标，无不围绕着取得战争的胜利、培养参加革命战争的战士和根据地建设人才这个中心。如土地革命时期所提出的教育目的和培养目标，就是"在于以共产主义的精神来教育广大劳苦群众，在于使文化教育为革命战争与阶级斗争服务，在于使教育与生产劳动联系起来，在于使广大中国民众都成为享受文明幸福的人"。中华人民共和国成立以后，为经济建设和社会发展服务，教育与生产劳动相结合和培养德智体全面发展的社会主义事业的建设者，就成了教育目的的核心。

第一节　我国教育目的及精神实质

一、教育目的的历史回顾

　　1957年，我国在生产资料所有制的社会主义改造完成后，开始了以发展社会生产力、发展经济为重点的大规模的社会主义建设时期，根据这一时期政治、经济、文化等方面发展的新要求，毛泽东在国务会议上指出："我们的教育方针，应该使受教育者在德育、智育、体育几方面都得到发展，成为有社会主义觉悟的有文化的劳动者。"它在当时对我国教育事业的发展和人才培养起了非常有力的指导作用，对以后教育目的的影响很大。

　　1978年，我国的教育目的在人大会议通过的宪法中被表述为："我国的教育方针是教育必须为无产阶级政治服务，教育必须同生产劳动相结合，使受教育者在德育、智育、体育几方面都得到发展，成为有社会主义觉悟的有文化的劳动者。"

　　1981年《关于建国以来的若干历史问题的决议》对教育目的有新的表述："坚持德智体全面发展、又红又专、知识分子和工人农民相结合、脑力劳动和体力劳动相结合的教育方针。"同年五届人大政府工作报告指出，教育目的是"使受教育者在德育、智育、体育几方面都得到发展，成为有社会主义觉悟的有文化的劳动者和又红又专的人才，坚持脑力劳动和体力劳动相结合，知识分子和工人农民相结合"。

1982年《中华人民共和国宪法》规定:"国家培养青年、少年、儿童在品德、智力、体质等方面全面发展。"

1985年《中共中央关于教育体制改革的决定》提出:"教育要为90年代至下世纪初叶我国经济和社会发展培养新的能够坚持社会主义方向的各级各类人才。"明确指出:"所有这些人才都应该有理想、有道德、有文化、有纪律,热爱社会主义祖国和社会主义事业,具有为国家富强和人民富裕而艰苦奋斗的献身精神,都应该不断追求新知,具有实事求是、独立思考、勇于创造的科学精神。"

1986年《中华人民共和国义务教育法》规定:"义务教育必须贯彻国家的教育方针,努力提高教育质量,使儿童、少年在品德、智力、体质等方面全面发展,为提高全民族素质,培养有理想、有道德、有文化、有纪律的社会主义的建设人才奠定基础。"该文件首次把提高全民族素质纳入教育目的。

1990年《中共中央关于制定国民经济和社会发展十年规划和"八五"计划的建议》把教育方针和教育目的明确表述为:"教育必须为社会主义现代化建设服务,必须与生产劳动相结合,培养德、智、体全面发展的建设者和接班人。"

1993年《中国教育改革和发展纲要》提出:"教育改革和发展的根本目的是提高民族素质,多出人才,出好人才,各级各类学校要认真贯彻'教育为社会主义现代化建设服务,必须与生产劳动相结合,培养德、智、体等全面发展的建设者和接班人'的方针,努力使教育质量在90年代上一个台阶。"

1995年《中华人民共和国教育法》规定:"教育必须为社会主义现代化建设服务,必须与生产劳动相结合,培养德、智、体等全面发展的社会主义事业的建设者和接班人。"

1999年6月《中共中央国务院关于深化教育改革全面推进素质教育的决定》把教育目的表述为:"以培养学生的创新精神和实践能力为重点,造就有理想、有道德、有文化、有纪律的德、智、体等方面全面发展的社会主义事业的建设者和接班人。"

2001年6月《国务院关于基础教育改革与发展的决定》明确提出:"要高举邓小平理论伟大旗帜,以邓小平同志'教育要面向现代化,面向世界,面向未来'和江泽民同志'三个代表'的重要思想为指导,坚持教育必须为社会主义现代化建设服务,为人民服务,必须与生产劳动和社会实践相结合,培养德智体美等全面发展的社会主义事业的建设者和接班人。"

二、教育目的的基本精神

教育目的随不同阶段政治和经济任务的不同而有变化,是合理的,但不可变换得太频繁,因为教育是一个周期很长的事业。我国的教育目的,尤其是在改革开放后的表述，没有稳定性，甚至出现了1981—1986年的频繁变动，这对指导具体的教育工作是极不利的。我国教育目的的不断变动，根本原因在于没有明确指出制定和颁布教育目的的权威机构，致使不断地根据中央的有关文件和领导人的一些重要言论对教育目的做出不同的表述。我们不妨统一以《中华人民共和国教育法》的表述为根本，以后的表述均以此为准，不至于变来变去，使人们感受到教育目的缺乏权威性。

但总的来看，我国教育目的的基本精神还是明确的，主要体现以下三点：

（1）鲜明地提出我国教育目的的社会主义性质。

教育目的是一种社会意识形态，它必然受一个国家和社会政治经济制度的制约，在阶级社会里表现出阶级性。我国的教育目的，不同于宣扬超阶级的资产阶级的教育目的，不同于古代社会维护少数统治者利益的教育目的，也不同于古代社会维护少数统治者利益的教育目的，它是为广大的无产阶级服务的，是为维护社会主义利益服务的。我国的教育目的在不同时期自始至终坚持这一点，如"有社会主义觉悟有文化的劳动者""能够坚持社会主义方向的各级各类合格人才""德智体全面发展的社会主义事业的建设者和接班人"等。强调培养人才的政治性，必须和业务素质统一起来，做到又红又专、德才兼备。

（2）培养全面发展的人才。

不少教育学把马克思主义全面发展的学说，与我国的教育目的简单对等起来，这是一种误解。我国的教育目的致力于完整的社会人的属性的培养，而不只是关注"劳动能力"的发展，它包括人的全面的素质。这些全面的素质具体由哪些因素构成，在教育目的表述中的提法不一。

从根本上讲，教育目的必须致力于完整社会人的培养，它要求发展一个现实人的全面素质，这些素质既包括身体生理素质，也包括心理人格素质；全面发展既要使身、心素质内部完整发展，又要使身心整体协调发展。人的身体素质，是心理人格素质的物质载体，正如洛克所说，保持身体强健而有活力，使之能够"服从并执行精神的命令"。教育的真正意义和价值，不在于健康的身体，而在于健全的心智和完美的人格。从哲学上讲，完美的人格是一种审美人格，一种自由人格，它涉及真善美三个侧面。从心理学上讲，把真善美放在人的心理文化结构中考察，真与知识、智慧相连，注重认知过程；善与品德、社会性相连，注重意志过程；美与审美体验、情感、态度相连，注重情感过程。因此，真善美的完美统一人格，也意味着人的心理素质在知情意方面的全面发展。教育作为人类自身再生产的实践活动，它要在创造真善美中发展知情意，把真善美的统一和人的全面发展融为一体。教育必须把培养真善美的完美人格，作为全面发展人的标志。培养真善美完美人格的教育，是全面发展知情意的教育，它必须以身体教育为依托，致力于真的教育、善的教育和美的教育几种教育的"圆融"。所以,全面发展的教育,从人的素质的全面要求看,只包括身体的教育(体育)、真的教育(智育)、善的教育(美育)。"四有"是全面发展教育的合理划分。至于说"劳的教育",在这个逻辑框架中,没有其相应的位置。

(3)教育与生产劳动相结合,是培养全面发展人才的唯一方法。

马克思主义的"教育同生产劳动相结合"是一种双向的结合,既包括立足于劳动者接受教育的"生产劳动与教育相结合",又包括立足于受教育者参加劳动(广义的)的"教育与生产劳动相结合"。马克思主义创始人最初提出这一原理时,是为童工争取受教育的权利,"把初等教育宣布为劳动的强制性条件",当时强调的是"生产劳动与教育相结合"。马克思从这里看到了未来教育的萌芽,指出"未来教育对所有已满一定年龄的儿童来说,就是生产劳动同体育相结合,它不仅是提高社会生产的一种方法,而且是造就全面发展的人的唯一方法"。

教育同生产劳动相结合,作为实现教育目的的唯一方法,在我国教育目的的表述中自始至终得以贯彻。而且三代领导人对马克思主义的这一原理,都结合不同时期中国的实际,做了创造性的应用和发展。毛泽东把生产劳动作为认识的基本源泉,他认为知识分子要获得比较完全的知识就必须参加生产劳动。他在1957年3月发表的《中国共产党全国宣传工作会议上的讲话》中指出,"知识分子从书本上得来的知识在没有同实践结合的时候,他们的知识是不完全的,或者是很不完全的",因此,"我们提倡知识分子到群众中去,到工厂去,到农村去"。后来,毛泽东把知识分子与工农相结合,提到了原则性的高度,甚至作为区分革命的知识分子和反革命的知识分子的标志。毛泽东应用和发展了马克思主义教劳结合思想中培养全面发展人才的内容。邓小平发展了"提高社会生产"的内容。他认为,教育同生产劳动相结合"更重要的是整个教育事业必须同国民经济发展的要求相适应。不然,学生学的和将来从事的职业不相适应,学非所用,用非所学,岂不是从根本上破坏了教育同生产劳动相结合的方针"。

以上三点,是我国成文的教育目的所表明的人才培养的基本要求,这些要求在历史上发挥了重要的作用。但也出现了一些偏差,如过分强调人的社会性,忽视了个人自身的完善的需要;过分强调全面发展,忽视个性的培养;等等。吸取我国实施教育目的过程中的经验教训,结合现代社会对人才培养的要求,当代中国的教育目的,还应该注意以下两个方面:

(1)重视个性的培养。

我国的教育目的把全面发展作为基本要求,但全面发展不是个人的平均发展,也不是所有学生的同步发展,全面发展和个性发展不应该构成一对矛盾,而是相互依赖、相辅相成的。全面发展是个性发展的基础,由于每个人都有不同的素质条件，受到不同的环境影响和教育，因此就会形成不同的个性特征。全面的发展是以每个人个性为基础的全面发展，是促进每个人根据自身的条件而形成的各方面素质的尽可能充分的、自由的发展。所以，全面发展是个性的全面发展，个性也是全面发展的个性。两者的发展是一个相伴相随的过程。

（2）培养现代人的新品性。

教育目的是对未来人的一种预期规定，因此，教育目的既要考虑现实社会的要求，又要考虑未来社会发展的可能性，把两者辩证地统一起来。综合考虑当代社会和未来发展对人才规格的要求，我们认为，现代教育目的还应该注意培养一些新的品性，诸如合作精神、创新精神、民主观念、效率观念以及世界历史观念等。

我国的现代化建设虽然取得了很大的成就，但有可能阻碍现代化进一步发展的是人的陈腐的价值观念、行为方式和思维方式，如：缺乏主体意识，盲目服从；强调中庸，怕冒风险，缺乏创新意识；过于封闭，缺少开放性；重竞争（有时是不正当的"内斗"），缺乏协作意识。这些观念都与现代化建设的要求格格不入。如果不变革这些落后的观念，使人民从心理、态度和行为方式上经历一个由传统向现代的转变，我们就不可能成为拥有可持续发展能力的现代化国家，现代化的建设就只能处在"引进"阶段，缺少内在的动力。

第二节 我国教育目的的层次结构与内容构成

国家提出教育目的是各级各类学校要实现的人才培养规格的总要求，但它不能代替各级各类学校对所培养的人才的特殊要求，各级各类学校还应该有各自人才培养的具体的质量规格，这样，教育目的在学校教育系列中就形成了自身的系统，有层次之分。所谓教育目的的层次结构，是指在国家教育的总目的指导下，由各级各类学校的培养目标以及实现这些目标所必需的课程与教育学目标构成的教育目标系统，它们由抽象到具体形成了一个完整的目标体系结构。一般来说，这一目标体系由四个层次构成。一是国家或社会所规定的教育总目的，即代表国家或社会对受教育者提出的总要求，它是各级各类学校所要遵循和实现的总要求，是人才培养最根本的质量规格。二是各级各类学校的培养目标，即在总目的指导下，依据学校的不同层次，中学、中专、中职和大学都有各自不同的培养目标，这也是教育的总目的在不同层次、类别学校的反映。三是课程目标，即课程方案设置的各个教学科目，如语文、数学、外语、历史、地理、物理、化学、生物等课程所规定的教学应达到的要求或标准。这个层次的目标是各级各类学校培养目标的基本保证。四是教学目标，是指教师在实施课程计划过程中，在完成某一阶段（如一节课、一个单元或一个学期）的教学工作时所期望达到的要求或结果。这个层次的目标是课程目标在教学过程中的具体体现，实现教学目标是实现课程目标的保障。正是通过具体的教学目标的实现，教育目的的实现才能得到保障。而教学目标是学校教育活动最基础、最具体的目标，也是教师在教学、教育实践中具体追寻和完成的目标，只有在这个层次坚持连续不断地实现各门课程的教学目标，人才培养的质量规格才能真正实现。

教育目的的各层次之间的关系是：从教育目的到教学目标是抽象到具体的关系，后者是前者的具体化，只有实现了具体的教学目标，才能达到实现教育总目的的要求；反过来，从教学目标到教育目的是具体到抽象的关系，上一个层次的教育目标是下一个层次教育目标的依据、任务和方向，对下一个层次目标起制约和指导作用，而课程目标、教学目标又是教育目的、培养目标实现的保障。

教育目的的内容结构是指教育目的由哪几个部分构成及其相互之间的关系。教育目的一般由两部分组成：一是就教育所要培养的人的身心素质做出规定，即提出教育者在知识、智力、品德、审美、体质诸方面的发展要求，以期受教育者形成某种个性结构；二是就教育所要培养的人的社会价值做出规定，即指明这种人符合什么社会的需要或为什么阶级的利益服务。如毛泽东1957年提出的教育目的中就对所要培养人的素质和价值分别做出了明确的规定：德、智、体的发展，有社会主义的觉悟、有文化，是指受教育者要形成的身心素质；劳动者或建设者则是指受教育者要成为和承担的社会角色，即对所要培养的人做出价值规定。其中，关于身心素质的规定是教育目的内容结构的核心部分，至于教育目的中关于受教育者未来的社会价值的规定，固然对受教育者的发展起着定向的作用，但不能说它是教育目的的核心部分。这是因为，教育的本体功能在于培养人，只有对受教育者身心发展的方向、内容和所要达到的水平等做出切实的素质规定，才能有效地指导教育活动，形成受教育者合理的素质结构，提高受教育者自身的价值。没有人的身心素质的发展与提高，社会价值的实现就落空了。

教育目的对于教育工作是非常重要的。教育目的是教育活动的出发点和依据，也是教育活动的归宿。它对于明确教育方向、建立教育制度、确定教育内容、选择教育方法、组织教育活动、进行教育管理、评估教育质量、引领和激励受教育者等起着指导作用。由于教育是一种培养人的复杂社会活动，周期长，需要对受教育者开展有计划的系统的工作，所以，只有确定一个明确的教育目的，给各方面的教育力量以共同的方向，才能使大家步调一致，紧密协作，保证人才培养的质量。教师、家长、学生以及其他教育工作者有必要正确认识教育目的，并把教育目的转化为自己的教育活动的动力。对教育目的理解越深刻、越全面，教育活动就越有效。

第三节　确定我国教育目的的价值取向

教育目的的确定，以教育价值取向为前提，不同的目的，以不同的价值取向为理论基础。或者说，不同的价值取向为不同的目的辩护。确定我国的教育目的，通常有两个主要的价值取向：一是社会发展和个人发展的统一，二是马克思主义的个人全面发展学说。

一、社会要求和个人发展的统一

怎样确定教育目的，在价值取向上一直有社会本位和个人本位之争。社会本位强调社会发展水平对人的发展水平的制约性，个人的一切发展都有赖于社会。因此，教育目的应该根据社会的需求来确定，培养社会所需要的公民。个人本位强调个人对社会的改造，人的发展对现实社会的超越。因此，教育目的应该根据个人的发展需求来确定，培养完善的、身心和谐发展的人。

教育目的中的社会本位和个人本位取向，可以说古已有之。前者可以上溯到古希腊的柏拉图，后者可以上溯到古希腊的智者派。近代个人本位发生在自由资本主义阶段，代表人物有卢梭、裴斯泰洛奇、福禄贝尔、爱伦·凯等。社会本位发生在垄断资本主义阶段，代表人物有孔德、涂尔干、纳托尔普、凯兴斯坦纳等。

个人本位和社会本位都把个人和社会对立起来。个人本位认为，个人的价值高于社会的价值，社会犹如铸模，个人就是金子，铸模因为金子而有存在的价值。因此，个人的发展是目的，社会是实现个人价值和发展的手段。个人本位的极端主义者是卢梭。卢梭认为，"出自造物主之手的东西，都是好的，而一到人手里，就全变坏了"，因此，他主张隔离社会来培养"自然人"。他明确指出，假如说要在"个人"和"公民"之间做出选择，他会选择"个人"，而不选择"公民"。当然，随着19世纪后半叶社会本位的兴起，个人本位也日趋"社会化"，如杜威的"新个人主义"的出现。杜威认为，绝对地把"个人"隔离起来，以对抗所谓的"社会"，这是绝对主义发明的一种神话。他反对这种极端的对立，指出他所说的新个人主义，既保留个人主义的"首创性""进取心"等，又更强调"普遍性"和"为大家所分享"。

社会本位认为，真正的个人是不存在的，只有人类才存在。个人的一切发展都有赖于社会，因此社会处于发展的中心，是目的，个人只有从属于社会才有价值，是实现社会目的的手段。纳托尔普说："在教育目的的决定方面，个人不具有任何的价值，个人不过是教育的原料，个人不可能成为教育的目的。"涂尔干说："教育对社会而言只是一种手段"，"无论在哪里，教育首先是在满足一些社会需要"，"在于使年轻人系统地社会化"，"塑造社会我，这就是教育的目的"。

个人本位和社会本位把个人和社会对立起来，只顾及一方单向的关系，未能全面理解个人与社会、个人发展与社会发展的关系。"个人本位说"用一种抽象的脱离现实社会的人去反对具体的社会，虽然强调人的价值和人的能动性，但没有看到社会对人的制约，纯粹超现实的人是不可能存在的。它用人的抽象和先天本性去规定人的发展和人的教育，片面夸大了人的能动性和教育在社会中的作用。"社会本位说"反对孤立抽象地谈人的和谐发展，把教育的目的定位为"社会我"，认为教育就是促使个体社会化的过程。但在这个社会化的过程中，"社会本位说"强调的只是个体对社会的服从和顺应，看到的只是社会对个体规范的一面，而没有看到个体对社会发展变革和创造的一面；只看到了个体作为社会成员的一面，却忽视了人的发展的整体性。"社会本位说"把社会理想化、美好化、抽象化，迫使个人去认同、接受、适应社会，从而把抽象的社会与具体的个人对立起来了。

二、马克思主义的个人全面发展学说

马克思指出，"应当避免重新把'社会'当作抽象的东西同个人对立起来"，这既是对"社会本位"和"个人本位"的批判，又给我们理解个人和社会的关系指明了方向。从存在的本体关系看，个人和社会是两个最基本的对等的实体，个人是生活在现实社会中的人，人的本质在其现实性上是"一切社会关系的总和"，而社会也无非是"个人彼此发生的那些联系和关系的总和"，也就是说，"社会即联系起来的单个人"，"社会本身，即处于社会关系中的人的本身"。个人和社会都是现实的、具体的。离开了社会说明不了人，离开了人也说明不了社会，社会和人具有社会依存性。这是我国在确定教育目的时的一个基本立足点。

基于这一点，社会和个人的关系必然有一致性。这首先表现为个人的生存发展离不开社会。个人只有在与他人交往构成的社会关系中，才能获得生存发展的手段。所以，人必然是社会关系的产物，"不管个人在主观上怎样超越各种关系，他在社会意义上总是这些关系的产物"。新生一代对社会关系的学习，是他适应社会关系，成为社会成员的必要前提。因此，教育的任务就在于使人的发展适应社会的生活条件，适应社会的要求，获得个人所能获得的那种发展。因此，教育目的不能不为社会所制约。

这里的关键问题是社会性质有异，社会发展的方向不同，对个体发展的影响不同，有的促进个人的发展，有的阻碍个人的发展。马克思的理想社会是每个成员都能完全自由地发展和发挥他的全部才能和力量的社会。这种社会的发展是以个体的充分发展作为标志的，以促进人的发展为目的。这种社会的生产力高度发展，物质财富极大丰富，自由支配的闲暇时间增多，是消灭了生产资料的私人所有制，消灭了剥削人、压迫人的制度的新型社会。但在社会主义以前的阶级社会里，人因为不能全面占有他自己对象化的本质力量,社会往往成为人的异己力量。社会为一部分人提供了发展的条件,而使大多数人失去了这种条件。正如马克思指出的:"……有限的生产力……使得人们的发展只能具有这样的形式:一些人来靠另一些人来满足自己的需要,因而一些人(少数)得到了发展的垄断权;而另一些人(多数)经常为满足最迫切的需要而进行斗争,因而暂时(即在新的生产力产生以前)失去了任何发展的可能性。"即便是在生产资料私有制的阶级社会,获得发展的少部分统治者,也不是自由的、全面的。

人本位的教育家看到了社会的发展或要求对人的发展的阻碍,提出要超越社会的发展培养"自然人""自由人",试图摆脱这种社会的异己力量,从抽象的人性出发确定教育目的,不免流于虚妄。在马克思主义看来,并不是要摆脱社会的发展条件去制约抽象的教育目的,而是应该按照社会发展的客观规律,建立没有剥削、没有压迫的社会主义、共产主义社会,也即一个有利于人的充分自由发展的社会,实现社会的需要和人的发展需要的统一。

社会主义社会生产力高度发展和生产资料的公有制,从根本上解决了被异化了的社会关系同人的充分发展之间的矛盾,为个人的发展和社会发展的统一创造了条件。

第五编　制度篇

第七章 教育制度

第一节 教育制度概述

在现代社会,一个国家要有效地发展教育事业,培养所需要的各级各类人才,就必须设立相应的教育机构,建立能够充分发挥各种教育机构整体功能的教育制度。一个国家只有通过建立和不断改进教育制度、调整教育机构来实现教育目的,才能使培养的人才在类型、数量和质量上满足社会的多方面需要,促进社会的稳定和发展。

一、教育制度的概念

教育制度究竟是指什么?人们对这个问题的视点不同,回答也不同。《中国大百科全书·教育》对教育制度作了两种解释:一是"指根据国家的性质制订的教育目的、方针和设施的总称";二是"指各种教育机构系统"。第一种解释涉及教育思想、教育理论、教育方针政策、教育管理体制与设施,几乎涵盖了全部教育,过于泛化。第二种解释得到了较多的认同,例如,《教育大辞典》把教育制度解释成"一个国家各种教育机构的体系"。

一般认为,所谓教育制度,是指一个国家各级各类实施教育的机构体系及其组织运行的规则,它包括相互联系的两个基本方面:一是各级各类教育机构与组织;二是教育机构与组织赖以存在和运行的规则,如各种相关的教育法律、规则、条例等。也有学者认为教育制度是指一个国家各种教育机构的体系。它受教育目的的制约,为达成教育目的服务。一般来说,教育目的的要求总是体现在教育制度之中,影响着教育制度的各个方面。

在教育制度中,占突出地位的是学制。学制是学校教育制度的简称,指的是一个国家各级各类学校的系统,它规定各级各类学校的性质、任务、入学条件、修业年限以及它们之间的关系。

二、教育制度的特点

教育制度既有与其他社会制度相类似的性质,又有其自身的特点:

(一)客观性

教育制度作为一种制度化的东西,自然不是从来就有的,而是一定时代的人们根据自己的需要制定的。教育制度的制定虽然反映着人们的一些主观愿望和特殊的价值需求,但是,人们并不是也不可能随心所欲地制定或废止教育制度,某种教育制度的制定或废止,有它的客观基础和发展规律。这个客观基础和发展规律主要是由社会生产力发展水平和人的发展水平所决定的。教育机构的设置、层次类型的分化、各级各类教育机构的制度化,都受生产力发展水平和受教育者发展水平的制约。例如,在古代,由于生产力发展水平低,学校教育,乃至师徒制,面向的均为少数人;至近代,普及义务教育的提出,与个别机构或个别人的提倡有关,在不同国家提出的时间和普及的年限也有所不同,但归根结底反映了现代大机器生产对劳动者文化素质的要求,反映体力劳动和脑力劳动由分离走向结合的趋势。这些都是客观的,不以个别人的意志为转移的。

(二)规范性

任何教育制度都是其制定者根据自己的需要制定的,具有其一定的规范性。这种规范性,主要表现在入学条件即受教育权的限定和各级各类学校培养目标的确定上。在阶级社会中,教育制度的规范性主要表现为阶级性,即教育制度总是体现着某一阶级的价值取向,总是为某一阶级的利益服务。社会主义的教育制度应该为广大人民的利益服务,应该最大限度地保障和满足广大人民日益增长的文化教育需要,从而体现社会主义教育的性质。

(三)历史性

教育制度既是对客观现实的反映,又是一种价值性的选择和体现,而它的具体内容又是随着社会的变化而变化的。在不同的社会历史时期和不同的文化背景下,就会有不同的教育需要,因此就要建立不同的教育制度。教育制度是随着时代和文化背景的变化而不断创新的。教育制度创新是教育改革的一项重要内容,也是教育实践得以深化的一个重要条件。

(四)强制性

教育制度作为教育机构系统的制度,是先于个体而存在的。它独立于个体之外,对个体的行为具有一定的强制作用,只要是制度,在没有被废除之前,都不管个人的好恶,都要求个体无条件地去适应和遵守。但随着教育制度的发展及其内部的丰富多样化,特别是终身教育的确立与推行,个体的选择性也越来越大。

第二节 教育制度的历史沿革

现代教育制度的历史发展,与工业化的进程是紧密相连的,现代化这一工业革命的主要标志,对教育的影响至关重大,它给现代教育制度的产生与发展提供了动力和条件。

一、西方教育制度的历史发展

(一)初始阶段(18世纪中期至19世纪中期)

18世纪下半叶英国发生了工业革命(亦称"产业革命"),这使得英国经济出现了根本性变革。在英国,这时独立的工匠和自耕农失去了地位,农业经济被摧毁。随后,在美国、法国、德国等地也相继发生了工业革命。工业革命成为具有世界历史意义的事件。

英国到19世纪30年代基本完成了工业革命,各主要工业部门的生产规程已经简化,使用机器代替手工劳动。工业革命创造了巨大的生产力,也带动了生产关系的变革。劳资斗争日趋尖锐,工人阶级争取教育权的旗帜日益鲜明。众多政治家和思想家在其社会改革方案中,都以教育为利器,要求开放教育机会。随着1833年《工厂法》和《初等教育法》的颁布,初等学校种类、数量都有了大量增加,英国初等教育开始摆脱停滞不前和受教会束缚的局面,逐步向前迈进。

此时,各国规定实施一定年限的义务教育,并颁发了有关的法律,但普遍存在"执法不严"的情况。

在19世纪初期,英国由工厂设立童工学校已成为急迫课题。童工每日工时长达10至14小时,空气污浊,机器声嘈杂,儿童健康和智力普遍衰退。1802年,政府就颁布法令,规定工厂设置学校,由厂主负责教育童工,但照办者寥寥。德国是最早从教会手中收回教育权并颁布实行义务教育法令的国家。1794年,腓特烈·威廉二世(Frederick William,1744—1797)以法令的形式宣布整个普鲁士大中小学均由国家举办,公立学校接受政府的监督和参与政府的考试,学生入公立学校不受宗派的限制,实行强迫就学。但是,当时由于国力困乏,经费不足,校舍和师资奇缺,以及农民生活困苦,义务教育并未彻底实施。法国自17世纪后期,在一些教派控制的地区就有了义务教育的做法,而在1802年拿破仑颁布《教育基本法》时,在"关于公共教育的基本法"的条款中,却放弃了初等教育的义务,免除了各市镇必须组建小学的责任。

这一时期的教育既不正规,又不系统,各国虽然都有一些普及义务教育法令问世,但是学校的形式却是多种多样的,并非严格意义上的正规教育。英国初等教育以慈善学校（charity school）和星期日学校（Sunday school）为主，前者也称工业学校（industrial school）、贫民学校（ragged school）或感化学校（reformatory school），提供的是一种基督教式的教育，后者也称主日学校，是利用星期日的时间由任课教师对儿童以及某些几乎没有机会受到正规教育的成人进行一些宗教和道德教育。后来产生的工厂学校不仅时间上只是每日两小时或三个小时，而且学校师资不良，学校简单，设备缺乏，大部分徒具虚名。此外，在英国、德国、美国的小学中，在教学组织形式上也采用了"贝尔-兰卡斯特制"（Bell-Lancaster System）这种所谓"经济有效的办学方法"。这种做法的结果是形成"学生逾千人而只有辅助教师的大型学校"。教师只给导生传授知识，然后导生准备好教课工作，分组进行教学。这种方法虽解决了师资匮乏的难题，但教育质量却难以保证。

18世纪至19世纪的西方，教育开始随工业革命而发生变化，现代化的锣鼓声已经敲响。但是，由于整个西方社会此时还未能使现代化各因素形成有机整体，致使现代化教育只是露出了点点星光，它距真正的现代化的教育还有着漫漫征程。鉴于此，教育制度上也仅仅萌发出了一些现代化的嫩芽，普及义务教育被提上了议事日程，教育各阶段、各类型的衔接受到了关注，教育开始摆脱中世纪宗教的"梦魇"，科学开始在课堂上占据一席之地。但存在的问题依然很多，如教育普及化并未真正实现，各种名目的学校徒具虚名，宗教仍然在学校课堂上徘徊，教育的组织形式简单粗糙等。教育的真正现代化还是20世纪以后的事情。

（二）形成时期（19世纪中期至第二次世界大战）

19世纪中期以后，随着工业革命的发展，社会生产率迅速增长，教育对国家利益的重要意义被越来越多的工业化国家所认识。在欧美主要资本主义国家，政治民主化运动有了显著的发展，公民选举权的扩大，劳工阶级的兴起，在教育上反映为各国劳动人民和民主进步人士要求废除等级性的教育制度、争取教育民主权的斗争。科学技术的发展，工业生产方式的改革，投资多样化和市场竞争的加剧，各国资产阶级对国家教育的效能以及对劳动者教育水平的要求越来越高，已有的教育体制已远远不能适应这种要求，教育改革成为各国教育的主旋律。教育的制度化在很多方面显露了出来。

各国有关教育的规定更为明确具体，义务教育的年限也进一步延长。法国1881年的《费里法案》规定免除初等学校的学杂费，将6至13岁定为义务教育年限，对不送儿童入学的父母要施以罚款甚至监禁的处罚。第一次世界大战以后的"统一学校运动"在法国逐步展开，政府明确把义务教育年限规定为14岁，而在1930至1933年，又连续公布法令规定国立中学和市立中学一律免费。在20世纪二三十年代，英国不但力图普及初等教育，而且提出"中学面向大众""普及中等教育"的口号。

1926年由枢密院教育局提出的报告书《青年的教育》中,对全国教育体制特别是中等教育体制作了规划,建议从11岁到15岁的中等学校教育人人享受。中等教育的民主化日益为公众所注目。19世纪末美国大多数州就已颁布了《义务就学法》,到1918年,全国的每一个州(当时共48个州)都已颁布了义务教育法令,初等教育普及率达到了90%以上,接受中等教育的人数也大幅度增加。

此时,教育在摆脱宗教控制的同时,更进一步地向符合社会实际和就业需要的实用、功利的方向发展,职业教育的范围扩大,种类增多。法国《费里法案》申明任何一个属于没有被授权的宗教团体的成员,都不得管理公、私立学校或在其中从事教学,遏止了宗教团体自由办学的努力。第一次世界大战后,法国现代职业技术教育开始发展,1919年通过了一项有关职业技术教育的法案《阿斯蒂埃法》(Asiter Art),把职业教育置于与普通教育同等重要的地位,要求18岁以下的青年男女接受免费职业教育。与欧洲大陆相关,美国教育更少宗教成分,自19世纪末就十分注意工艺教育和职业教育。职业教育学校逐渐增多,至1917年《史密斯-休士法》通过时,美国职业教育普及运动达到高潮。该法规定设联邦职业教育委员会管理联邦每年给州的拨款,执行各项规定。这项法案以后又多次修订,职业教育拨款数额和课程范围都有所扩大。

在这一时期,西方各主要国家都先后确立起了自己的学制系统,初等、中等和高等教育的衔接已在相当程度上形成,并由此出现了三种在当代仍富有代表性的学制系统:双轨制、单轨制及介于两者之间的分支制。

双轨制是欧洲18、19世纪形成的一种学制:一轨是供贵族、地主等有闲阶级享用的学校,其发展是自上而下的,即先有大学,后有中等教育性质的预备学校(文法学校),再有初等教育性质的文法学校的预备学校;另一轨是为劳动人民子女设立的,其发展是自上而下的,即先有小学,后有因工业社会发展需要而设立的职业学校(先是与小学相连的初等职业教育,后发展为和初中联结的中等职业教育)。双轨学制是两个平行的系列,两者既不相通,也不相接,最初甚至也不对应。

法国从19世纪末就确立起了双轨制,由母育学校到初等学校再到高等小学或艺徒学校(职业学校),是为劳动人民铺设的一轨;而另一轨是由家庭教育、小学教育或预备班到中学,再到大学或高等专科学校,是为上层阶级子女铺设的一轨,新的大学也在此时产生。法国所确立的双轨制一直实行到20世纪前半期。德国的双轨制在19世纪就已经形成,20世纪初更是进一步发展,其中的一轨是:学生进三年制的预备学校,然后分别升入两种中学——以拉丁语和希腊语为主的文实中学;不学拉丁语,以数学、自然科学和现代语为主的实科中学。这两种中学学习年限均为九年,其毕业生可直升大学。另外一轨是:学生进四年制的基础学校,然后进四年制的国民学校国际班或六年制的中间学校,这两种学校的毕业生只能进各类职业学校(学习年限为一至三年）。中间学校比国民学校高级班多设一门外语课，并且更重视实科与职业性的学科；学生多为小职员、小商人的子弟。这一轨的教育条件较差。

单轨制是一个自上而下的体制，即小学、中学而后可以升入大学。其特点是一个系列，多种分段。单轨制最早出现于美国，后被世界许多国家所接纳。美国从20世纪初的"八四制"，到后来由于初级中学的设立而普遍采用"六三三制"，中小学教育发展迅速。初级学院作为一个独立的教育机构也开始出现、完善，成为高等教育机构中的新层次。单轨学制有利于教育逐级普及，有利于推动现代生产和现代科技的发展。

分支制是既有单轨制的某些特点又有双规制特点的一种学制。苏联的学制是其典型代表。它既不属于双轨制，因为它一开始并不分轨，而且职业学校的毕业生也有权进入对口的高等学校学习。一毕业，少数优秀生可直接升入对口高等学校，其余学生三年后也可升学。同时，它与美国的单轨制也有区别，因为它进入中学阶段时又开始分离。也就是说，它前段（小学、初中）是单轨制，后段是双轨制。这种学制的中学，上通高等学校，下达初等学校，左右与中等专业学校和中等职业学校畅通。

第二次世界大战以前西方一些主要发达国家的教育已经初步形成了制度化，无论是就其学制、管理体制，还是就其民主化、世俗化来讲，都初具制度化的规模，这种制度化在第二次世界大战以后得到了进一步的发展。

（三）高度制度化阶段（第二次世界大战后至今）

19世纪下半叶至20世纪初，在西方发达国家，初等教育成为义务教育，时过半个世纪之后，中等教育在这些国家也变成了义务教育，义务教育的年限大多延长到了18岁。同时，高等教育也经历了深刻的变化，各种形式的高等教育得到迅速而普遍的发展，大学生人数大量增加。在1960年至1970年，美国大学生占20至24岁这一年龄段的比率，就从32.23%升至49.23%。学院和大学正在成为中等学校改革的后盾，越来越多的青年开始能够进入大学学习。此外，各种补偿教育、补习教育也应运而生，为以前未能接受良好教育的人提供服务，教育机会增多。

欧洲的高等教育形成了独特的"二元制"（dualism），即一方面设有综合大学进行基础学术研究，并培养高级学术研究人才；另一方面则设立专门技术性的学院或单科大学，从事应用科技研究，培养专门技术的高级人才。

法国在1966年设立了大学技术学院，形成了与一般大学并行的"二元制"，一般大学承担学术研究的工作，技术学院则负责培育应用人才。大学分阶段组织教学：第一阶段是基础阶段，学制两年，不分专业，修满可颁发大学普通文凭（简称DEUG）。第二阶段学制也分为两年，是专门化阶段，修毕第一年颁发学士学位，第二年颁发硕士学位，教学按专业组织，共分14个领域，250余种专业。第三阶段进行深造和科学研究，大体相当于其他国家的研究生阶段，学制三年。第一年以教学为主，共分为6个领域，近300种专业，后两年进行科学研究，准备论文，通过答辩者授予第三阶段博士学位或工程博士文凭。至于法国最高的学位——"国家博士"，一般不算作第三阶段的范畴。它要在得到第三阶段博士学位后，边工作边准备论文，再用至少六七年的时间才能获得。原则上讲，学生可在接受高等教育的任何时候离校，凭取得的文凭或学位转学或就业。

德国的高等教育机构亦分综合大学与专门学院，近年来又兴起了一种综合性的大学，将各独立的大学或其他专门性的高等教育机构加以整合。德国大学的修业年限为四年。

20世纪中期以前，西方各国一直是在双轨制与单轨制之间徘徊，虽然双轨与单轨之争只是多样化模式的萌芽状态，但尚未跳出单一模式的框架。20世纪中期以后，当西方国家按照社会经济发展的需要，为培养不同层次和类型的人才创建学校教育制度的时候，多样化模式才成为一种西方国家学制改革的趋势。德国以职业教育为中心，发展起了不同类型的学校和学制；法国初中后分流的模式，为不同才能的毕业生准备了不同就业途径；英国的传统学校与现代学校各展其长，如公立学校就有五种类型——综合中学、文法中学、技术中学、现代中学和中间中学，同时还有私立学校；美国更是多种学制并存，其高中毕业年龄一般在17、18岁左右，各州义务教育的年限由7至12年不等，学制也分别有八四四制、六三三制、四（或五）四四制等。

西方现代教育制度走过了漫漫长路，如果从18世纪中期算起的话，至20世纪中期，差不多经过整整两个世纪的时间，才初步实现了制度化。此后，制度化程度又有了进一步提高，直至今日，仍处于不断的发展过程中。在这一漫长的时期里，教育制度的运行轨迹已表明：无论是教育的民主化，还是教育的世俗化、管理科层制化以及现代化教育手段的普遍运用等，都是逐步发展的，是与整个社会的现代化相伴相随的。

二、我国现代教育制度的产生与发展

我国现代教育制度最初发端于19世纪中叶，可以1895年甲午战争失败为界线，分为特征不同的两个阶段。

（一）现代学校的产生

鸦片战争后，清王朝已成为一个衰老腐朽的封建国家，处于危机四伏的境地，官学名存实亡，学风颓败。封建地主阶级中一部分比较开明的知识分子，主张学习

"西学"，改革旧传统教育；洋务运动的一些代表人物更是把兴学育才作为富国强兵的重要手段。

1862年京师同文馆正式开学，这是洋务派最早创办的外国语学堂（后增设天文算学馆），也是最早采用西方教学制度进行教学的现代学校。京师同文馆实行了分年课程和班级授课制，比封建传统学堂中的个别教学制度前进了一大步。后来又开办了福建船政学堂、上海电报学堂、天津西医学堂等。这些洋务学堂的开办，在一定意义上标志着新的教育制度的出现。

在开办新式学校、学习"西学"的过程中，"西学与中学"之争、"新学与旧学"之争贯穿始终，表现在教育上突出的就是"学校与科举"之争。在这个过程中，地主阶级的开明人士及洋务派提倡的"中体西用"，可以看作是创办现代学校的重要依据。早期的洋务派认为"中国文物制度，事事远出西方人士之上，独火器万不能及"（李鸿章），因此主张办新式学堂，学习"船坚炮利"，以求"自强"。

（二）现代学制的厘定

在东西文化的冲突、融合当中，我国以采纳西方学制为主要特征的教育现代化进程在缓慢地发展着。1895年甲午战争之后，除西方科学技术继续输入外，大量西方社会科学也传入中国，逐渐崛起的中国民族资产阶级成为这一时期西学东渐的阶级基础和重要力量。他们对封建主义的教育提出了新的挑战。这一时期无论是在教育思想、教育制度、教育政策，还是教育内容和教育方法等方面，都有了一定的发展，突出的表现是"壬寅学制""癸卯学制""壬子癸丑学制"和"壬戌学制"的先后确立。

"壬寅学制"公布于1902年8月15日，即壬寅年七月十二，由管学大臣张百熙"上仿古制"，并参照日本的学制拟定《钦定学堂章程》。后清政府以张百熙"喜用新进"、有维新思想不够可靠为由叫停，壬寅学制未及施行即被废止，由"癸卯学制"所代替。"癸卯学制"见于清末第二次颁行的学校系统文件《奏定学堂章程》中，于1904年公布。该学制规定了各级各类学堂的修业年限、入学条件、课程设置及相互衔接关系，把学校分为三段七级，整个学制长达29至30年。癸卯学制是中国近代第一个施行的学制，它标志着封建传统学校的结束。这一学制反映的仍是"中体西用"的思想。在学校课程中，既规定了读经课，也规定了各级各类学堂开设一定数量的西学课程。

如果说癸卯学制标志着"中国教育近代化"的开始，那么，1912年的"壬子癸丑学制"则在一定程度上标志着中国教育开始向现代化迈进。壬子癸丑学制将整个教育期限规定为17年或18年，共分为三段四级。初等教育两级，初等小学4年，为义务教育，毕业后入高等小学或实业学校；中学教育4年，毕业后入大学或专门学校或高等师范学校；大学6至7年，即预科3年，本科3-4年。学制对各级学校的教育宗旨、入学资格、年龄、课程及修业年限等，都做了明确规定和具体要求。

壬子癸丑学制是一种单轨性质的学制，与癸卯学制相比，它的进步性是十分明显的。它规定了义务教育的年限，缩短了学生修业年限（3至4年）；女子教育正式被列入学制系统；废除了毕业生奖励出身的制度；取消了读经课与忠君尊孔的内容，加强了自然科学课程和生产技能的训练；在办学权限上，也取消了清末的种种限制。这一学制与18、19世纪西方资本主义国家创制的学制大体相仿，它意在与传统的科举制揖别，在我国教育现代化进程中向前迈进了一步。

壬子癸丑学制施行后，暴露出了不少弊端，如初等教育阶段年限过长，中等教育阶段又过短，各级各类学校教育进度无法衔接等。因此，在1922年颁布了"新学制"，又称"壬戌学制"。壬戌学制规定初级小学四年（儿童6岁入学），为义务教育，高级小学两年，初级中学三年，高级中学三年；大学四至六年。与中学平行的有师范学校和职业学校。这个学制缩短了小学修业年限，设置了三年制综合高中，大学取消了预科；职业教育自成系统，代替了实业教育；课程无男女校的区别。壬戌学制一反清末民初仿照日本学制的模式，而是采用美国式的"六三三"分段法，故又称"六三三学制"。

与壬子癸丑学制相比，"六三三学制"于中国传统的教育制度相去更远，在我国教育制度化的发展历程中，占据着更重要的位置。可以说，自"六三三学制"始，我国教育才从封建社会的"母腹"中摆脱出来，走上了现代化的发展轨道。

第三节　教育制度的发展趋势

随着人类社会的发展和教育时序的延伸，终身教育将是人类教育制度的发展趋势。

自20世纪60年代以来，终身教育作为一种最有影响的教育思潮引起了世界各国的注意。从东方到西方，从发达国家到发展中国家，它已为不同社会制度的国家普遍接受。不同学派的教育学家都把它作为"现代教育学的重要主题"进行探讨。联合国教科文组织更是把它作为教育领域活动的指导原则，并组织了一系列国际会议和地区会议；《世界教育年鉴》出版了以"终身教育"为题的专辑；终身教育问题的专著和文献大量面世；《国际终身教育杂志》已经创刊多年；很多国家已把它作为教育改革的总政策，并在教育结构、教育内容和方法、教育管理、师资培训等方面进行了一系列革新和实验。有的国家设立了国家一级的"终身教育委员会"，不少国家制定了保证终身教育实施的法律；很多国家正结合各自的国情把终身教育从原则和政策转向实际的应用。终身教育对当代世界教育的实践的影响正越来越清楚地显示出来，教育制度正在日益向终身教育的方向迈进。

一、终身教育产生的背景

终身教育的出现与人类进入20世纪中期以来面临的诸多挑战有着一定的关联。这些挑战在一定程度上改变了人的生存条件和社会命运，同时也危及人们对外部世界和自身行为的传统解释方式，对已有的教育体制产生了强烈的变革要求。

（一）社会变革的加剧

虽然自古以来世界就处于不断的变动之中，然而却从来没有像现在这样变化快，以前需要几代人才能完成的变革，现在仅需要一代人就可以完成了。在十年之间，人类所面临的物质世界、精神世界就已经发生了巨大的变化，以致以前所掌握的东西不能再适应新的需要。世界不再符合人们从童年起逐步建立起来的形象，已在一定程度上变得不可理解。"现今一切都成了问题。看起来就像是人类切断了锚绳，向着一个无际无涯的冒险事业起航；而对于这种冒险，无论是它的活动领域还是它要达到的目标，都无法十分准确地预见。传统的结合、内容、年龄本身都不再是贴切的。"[1]

在这种情形下，人们要在生活的现实与自己对生活的认识之间保持平衡，就需要不断调整自己的适应性和灵活性。这就使得教育和教育工作者面对各种各样的问题和需求，这些问题和需求的广泛程度和复杂程度，动摇了整个教学观念和教学方法的基石，父传子等传统方式严重失灵。

（二）科学知识和技术的进步

科学的进步和技术的改进正在逐步地影响着整个人类，人们的注意力已时常转向技术领域发生的迅速变化，人们发现，仅仅在一二十年前还处于科学进步前列的科学发现和技术工艺，在很多情况下都已变得过时了。因此，一个人如果不使自己的知识和技能不断更新，那他注定就要落伍，人们不得不活到老学到老。

（三）人口的增长

人口的急剧增长，也是大部分国家正在面临的问题。这种增长带来的第一个问题就是对教育的需求不断增长，而且因为人口增长速度过快，规模过大，现有的中小学再也不能改善目前的紧张状况。此外，在人口增长的同时，人的寿命也在延长，一些国家甚至步入了老龄化社会，因此教育不得不延伸到远远超过离校年龄的

---

[1] 保罗·朗格朗：《终身教育引论》，周南照等译校，中国对外翻译出版公司1985年版，第29页。

人群，以保证传播知识和进行个人及社会越来越需要的培训。

（四）闲暇时间的增多

伴随着工业社会来临的是闲暇时间的增多，据统计，近一百年来闲暇时间的总量增加了2到3倍。现在越来越多的人已能受益于时间的某种新的安排，而无论从社会来说还是从个人来说，都需要人们能恰当地运用这一部分时间。正如终身教育的倡导者保罗·朗格朗（P. Lengrand）所说："如果儿童、青年和成人在满足自己的社会交际需要方面没有课供选择的形式来代替马路、酒吧或附近的电影院，那么，无论教育工作和心理学工作者的巨大努力多么富有建设性，他们的工作都将等于零。"闲暇时间的增多，使得人们绕道须确立新的闲暇观，培养积极利用闲暇时间的能力，以及为开展闲暇提供各种各样的条件。

二、终身教育的界说

（一）终身教育的含义

虽然终身教育的观念和实践已经存在了三十余年，然而，时至今日，终身教育的概念并不清晰明了。瑞士学者休伯曼（M. Huberman）是日内瓦大学心理学和教育科学系主任，也是皮亚杰的继任者。他在谈到终身教育时直截了当地说："我认为对终身教育所下的定义太糟糕了，它已成为了哲学家和政治家的研究问题的领域。他们把问题弄得混乱不堪，无法认识。"[1] 1975年，国际教育会议第三十五届会议总报告员在其报告中阐述道："终身教育的概念在过去二十年中已经有了发展。虽然这个概念有了某些进展，并已发表了有关这个问题的理论研究，虽然它已被普遍接受，并且不断地涉及每个人，但是，这个概念仍然还有模糊之处，甚至对许多专家也是如此。"[2]

汇总终身教育倡导者的种种观点，我们在这里可对终身教育做如下界定：

终身教育是人一生各阶段当中所受各种教育的总和，是个人所不受不同类型教育的综合统一。前半句是从纵向上来谈的，说明终身教育不只是青少年的教育，而且是涵盖人的一生在内的，如同1973年法国"巴黎全国讨论会"对终身教育所讲的，"是从幼儿园到死亡的不间断的学校及校外教育，不存在青少年、成人之间的区别，与培养人格和职业生活的训练相结合"。后半句是从横向上来讲的，说明终身教育既包括正规教育，也包括非正规教育，这如同英国学者里士满（K. Richmond）与终身教育倡导者朗格朗会谈时所讲的："终身教育的含义相当

---

1 里士满：《继续教育的概念》，张俊洪等译，载《教育学文集·教育制度》，人民教育出版社1990年版，第553页。
2 赫梅尔：《今日的教育为了明日的世界》，王静等译校，第24-25页。

简单,指教育并非局限于学校教育。相反,它的影响扩展到学习者的私人生活和公众生活的所有方面——他的家庭和职业关系、他的政治倾向、他的社会活动、他的业余爱好等等。终身教育求助于各种各样的机构:学校、学院、大学,同时还有家庭、社区和工作领域、书籍、出版社、剧场和大众传播媒介。"

(二)终身教育的特性

终身教育具有这样几个特性:

(1)民主性。终身教育是为了一切人的教育,它意在使所有民众都能平等地获得受教育的机会。并且教育的时间是终其一生的,以适应时代的发展和生活的需要。

(2)多样性。人的生活是多样的、丰富多彩的,对与此相适应的终身教育来说,它也必须是多样化的,是多种多样教育形态的总和。

(3)连贯性。终身教育所要求的是各种教育的连贯性、一致性,它是从整体上来看待和组织互相依赖的教育过程的不同方面和不同阶段的。

(4)自主性。终身教育尊重每个人的个性和独立性,重视学习者自主、自发地不断发展,它不仅使学习内容多样化的范围更加扩大,而且教育、学习的技术与方法等也进一步扩大化,学习者可以自主地从多种内容和方法中进行选择。

在对终身教育这一概念进行理解时,往往出现这样两种错误倾向:一是把终身教育与成人教育混淆起来,二是把终身教育与继续教育(回归教育)等同起来。实际上,它们之间是存在一定差别的。

(三)终身教育与成人教育

终身教育的思想起源于成人教育的实践,对此人们是有着一致认识的。"我们都知道,正是由于人们在成人教育方面首先对这一领域所进行的工作的性质、环境、进展以及遇到的障碍做出了一系列的分析,才提出和制订了终身教育的理论,而且在一定程度上也发展了终身教育的实践。"[1]20世纪50年代后,人们对成人教育的热情淡漠了,研究者发现,其主要原因是成人教育没能与人的实际联系起来,没能与学校教育及人在其他阶段所接受的教育联系起来,因而提出应超越成人教育的范围,把教育扩大至人的一生。

终身教育与成人教育至少在两方面有所不同:

第一,指导思想不同。终身教育立足于人的自我完善,立足于教育过程的统一性和整体性,这是成人教育研究所无法达到的。

---

[1] 保罗·朗格朗:《终身教育引论》,周南照等译校,中国对外翻译出版公司1985年版,第16页。

第二，涵盖范围不同。终身教育包括了教育的所有各个方面、各项内容，是从一个人出生的那一时刻起一直到生命终结时为止的不间断的发展，包括了教育各发展阶段的有机联系。而这也是仅以成人为对象的成人教育所不具备的。

（四）终身教育与继续教育

继续教育（Continuous Education或Further Education）是指学习者离开学校后或从事某种职业后进行的一种有组织的学习活动。

它与终身教育的区别是明显的，即终身教育是将各种不同的教育类型统筹起来，是将各种不同的教育类型形成一个连贯的体系，而继续教育只是就学校后教育而言的，只是终身教育的一个组成部分。

我们还经常遇到"回归教育"一词，不少人把它与教育等同起来，或把它与终生教育等同起来。其实，它们之间的差别颇大。

回归教育（Recurrent Education）是指在人的一生中工作（或闲暇）时期与受教育时期交替进行的一种教育制度，它力图使每个人在学习中断后都有重新学习或训练的机会。

回归教育只是终身教育的一个策略，是终身教育的一个具体环节。在实施终身教育时，可以参照或者说采纳回归教育这样一种方式。目前，世界各国已经形成了众多的回归教育模式，如瑞典就出现了五种可能的模式。

模式1：高等教育紧接着中等教育后进行，但高等教育分为两个阶段，中间隔一个职业活动时期。

模式2：从中等教育直接过渡到职业活动，接着不间断地接受高等教育。

模式3：在中等教育之后和在高等教育几个阶段之间为职业活动时期，以后再进修或学习更高深的课程。

模式4：非全日制的高等教育。这是在接受完中等教育并从事职业活动的一个时期后进行的。

模式5：紧接着中等教育之后，在参加工作的同时就开始接受非全日制的高等教育。

回归教育与继续教育的区别，就是回归教育仅是继续教育的一个阶段。回归教育主要是就学校教育与职业生活的交替发展而言的，而继续教育除此之外有着更为广阔的领域，它是涵盖回归教育的。

终身教育、继续教育、回归教育三者之间的关系，是一个从涵盖范围上由大到小的关系，三者是一个渐进发展的序列。

（五）终身教育与传统教育

终身教育的倡导者对传统教育或者说现有的教育进行了抨击，认为它仅把教育对象局限于中小学生,忽视了中小学与学前及成人教育之间的联系;把教育等同于学校教育,没有充分关注家庭和社会在教育过程中的重要地位以及它们之间的联系,没有从社会生产的需要和科学技术的进展出发,进行实质意义的课程结构的革新和内容的更新等。

表7-1 传统教育与终身教育的对比

	传统教育	终身教育
在教育过程上	仅把教育限制在青少年时期	把教育贯穿于人的全部生涯
在教育活动的组织上	把职业教育与普通教育、正规教育与正规教育、学校教育与校外教育等隔绝开来	统筹安排各种教育活动,谋求各类教育之间的联系和统一
在教育目的上	强调掌握各个领域的专门知识	提高受教育者的学习能力,促进自我发展
在教育功能上	注重教育的筛选功能	注重使人的素质充分地得到发展
在教育机构上	主要限定在学校	扩大到与人们实际生活相关的各种环境
在施教人员上	只能由社会中的一部分人(教师)来施教	根据时间和情况的不同,由社会整体来提供教育机会
在教育内容上	集中于学习抽象的知识	内容涉及知识、情感、审美、职业、政治、身体等,并注意从整体上寻求它们之间的联系
在教育方法上	注重从外部施加	尊重每个人的个性、独立性

(六)终身教育的实施

西方一些学者认为,终身教育必须要确定下列五个关键性问题,并给出答案。在这些问题没有得到回答之前,终身教育仍然是一个"弹性概念",既不可能有任何准确的意义,更不可能得到有效的贯彻实施。这五个问题是:终身教育的对象是谁?由谁来教?教什么?目的是什么?怎样教?日本学者把这五个问题简单化为:谁(提供主体);为谁(对象);以什么为目标(目的);给什么(内容);怎么办。

对这五个问题没有一个单一的答案,但大致可作如下概括:

1. 终身教育的对象是谁

终身教育意在为各种年龄的所有社会成员提供学习机会,因而它虽然涉及学校教育,但不仅限于学校儿童,同时,它也与成人教育有关,但又是超越了成人教育范围的,它是包括所有年龄阶段的所有成员在内的。例如,英国就提出了"从16到60"的口号,也就是说,结束义务教育的16岁以上的和代表高龄的60岁以下的,都是学习对象。在这里,60只是一个象征老龄的说法,表示要为想接受教育的一切成员提供学习机会。

2. 由谁来进行终身教育

终身教育的倡导者并没设想提供一支对所有人的所有生活负有责任的专职教师队伍，而是主张利用"生活教育者"的知识和技能。一些发达国家如美国、法国等，在实施终身教育时，都注意利用各种公共机关（如文化之家、青年之家、少年宫、体育运动中心以及其他一些娱乐场所等）的指导人员；另外，也注意到把劳动与学习结合起来，制定各种社会培训计划，促进"工人劳动资格的提高"。可以说，在生活中，只要是对自身的提高和发展有益的成员或机构，都可以成为教育者，担当起教育者的职责。"这些人就是父母、同伴、手工匠、商人、同事、博物馆服务员、动物园服务员、美术馆服务员、警察、导游等许多多的人。他们在日常生活中进行教学，是'生活教育者'。"[1]

3. 终身教育的内容是什么

终身教育不存在单一的内容，不同的机构根据人们的不同需要设置学习内容。例如英国在为成人开设的短期住宿制学院中，为成人开设的课程涉及文化艺术、工艺、文学、政治经济、经营、时事问题等一系列领域，目的是使这些成人能从工作和家庭责任中暂时解脱出来，给参加者以学习的愉快和满足；而在通过教育媒体设立的开放大学中，则是对21岁以上成人提供大学学士水平的教育，教授文学、数学、自然科学、社会科学、工学等，其入学资格不受限制；社区学院则是为居民提供各种教育、学习的机会，开设烹饪、裁缝、工艺等技能内容，社区学院的地点一般设在中学，白天为中学使用，晚间为青年、成人使用。

4. 终身教育的目的是什么

关于终身教育的目的，联合国教科文组织的研究员戴夫（R. H. Dave）提出了下列四个方面：

第一，鼓励受教育者的自我发展，培养他们的自治能力。在戴夫看来，终身教育的试金石是使受教育者对教育持积极态度，同时通过自己的提高，对社会生活持积极态度。使受教育者感到，他要对自己的学习负责，并且把自己所学的知识与实际生活尽可能地联系起来。

第二，养成用不同方式进行学习的习惯，提高学习能力。在学习当中，他必须学会观察、听讲、表达自己的观点、提问题和思考；他必须能够认识到自己所需要的教育，并能规划和评价自己的学习。

第三，掌握各种学习领域的基本组成部分，特别是它们的表达方式和概念。要使学习者置身于广泛的学习领域中，注意让他们掌握共同的方法与原则，而不是具

---

[1] 克罗普利：《终身教育的理论与实践》，张俊洪等译，载《教育学文集·教育制度》，人民教育出版社1990年版，第578-579页。

体的某一结论。

第四，能够把校内外的学习经验和不同的学习条件统一起来，使它们彼此互相促进。在终身教育中，重要的是学习者不仅应利用为他们提供的各种机会学习，而且也应学会积极参与活动，这样，他们将能更好地了解自己，并知道他们在个人生活以及社会中的作用。

法国在实施终身教育时，就把其目的规定为：通过普及文化，使所有公民充分享受文明的遗产，不断丰富修养；陶冶担负复杂多样责任的现代公民；避免在较低水平上重复普通教育；根据技术革命变化的情况，不断实施继续教育。

5. 怎样实现终身教育

显然，终身教育并非指终身学校教育，在时间和空间上，它承认社区中所有的学习机构、过程和人员。因而，它强调的是学习者在一生的任何阶段、任何场合都可以接受教育，也注重教育的连续过程和不同阶段之间的联系。

日本临时教育审议会的《关于教育改革的第四次咨询报告（终结报告）》，就如何完善终身教育学习体制提出：发挥学校、家庭与社会的教育功能，加强三者之间的合作，其中要恢复家庭的教育影响力，发挥学校教育作为终身学习场所的作用，综合地促进终身职业能力的开发；振兴终身体育运动，完善终身体育运动的基础；加强有利于终身学习的社区建设，使教育、科研、文化与体育设施智能化。

第四节　我国教育制度

一、我国教育制度的历史发展

1951年8月，中央人民政府政务院通过了《关于改革学制的决定》，规定新中国的学制分为：幼儿园；初等教育。包括实行五年一贯制的小学和工农速成初等学校、业余初等学校等；中等教育，包括实行三分分段制的中学（中学为六年，分初、高两段，各为三年）和工农速成中学、业余中学、中等专业学校等；高等教育，包括大学、专门学院和专科学校等；各种政治学校和政治训练班。此外，还有各级各类补习学校、函授学校以及聋、盲、哑等特殊学校。

1951年颁布的新学制，标志着我国学制的发展进入了一个崭新的阶段，它保证了劳动人民和工农干部受教育的机会。新学制把为工农干部和为工农群众专设的学校按其程度全部分别列入正规的学制系统之内，并使它们互相衔接起来。

这个学制颁布以后，在实施过程中根据实际情况又进行了多次修改，例如各级政治学校和政治训练班逐步停办；小学五年一贯制于1953年11月停止实行；工农速成中学于1955年5月停办。

1958年9月，中共中央、国务院在《关于教育工作的指示》中指出，为了多快好省地发展教育事业，必须采取三个结合，实行六个并举，办好三类学校。第一个结合是统一性与多样性相结合，在同一的教育目的下，办学形式应是多种多样的，即实行六个并举——国家办学与厂矿、企业、农业合作社办学并举，普通教育与职业（技术）教育并举，免费的教育与不免费的教育并举，全日制学校与办公半读、业余学校并举，学校教育与自学（包括函授学校、广播学校）并举，成人教育与儿童教育并举；第二个结合是普及与提高相结合，在全日制、半工半读制、业余制三类学校中，有一部分要担负提高的任务，同时，用大量发展业余的文化技术学校和半工半读学校的形式来普及教育；第三个结合是全面规划与地方分权相结合，由中央集中领导，统一规划和平衡，既发挥中央各部门的积极性，又发挥地方的积极性。

《关于教育工作的指示》还指出，现行的学制必须积极妥当地加以改革，先经过典型试验，取得充分经验之后，再规定新学制。按照这一指示，1958年以后，许多地区开展了学制改革的试验，如提早入学年龄，进行了6岁入学的试验；为了缩短年限，进行了中小学十年一贯制的试验；为了提高程度，进行了教材和教法方面的改革。但是，由于"左"的影响，在急躁冒进中，教育改革脱离了客观规律。"大跃进"运动中伴之而来的盲目发展和"教育革命"，不仅使学制改革的试验不可能在正常的秩序下进行，而且一大批新创办的各级各类学校，由于师资设备跟不上，也难以维持。

1961年，中央觉察到了这种情况，开始贯彻"调整、巩固、充实、提高"的方针，特别是制定了大、中、小学工作条例，即《教育部直属高等学校暂行工作条例》（简称"高校六十条"）、《全日制中学暂行条例》（简称"中学五十条"）、《全日制小学暂行工作条例》（简称"小学四十条"），在肯定一些积极成果的同时，对当时各种"左"的表现进行纠正。

1964年，中央学制问题研究小组召开扩大会议，集中研究学制问题，草拟了《学制改革初步方案（征求意见稿）》（以下简称《方案》），提出：（1）建立"两种教育制度"，一方面继续改革和办好全日制学校，另一方面大力发展各级各类半工半读、半农半读和业余学校；（2）根据城市和农村对于生产和教育的不同要求，以及工人和贫下中农子女的入学要求，确定城乡各级各类学校的修业年限、课程设置、教学内容，适当安排上课、劳动、军事训练和放假的时间，并且照顾少数民族地区对学校教育的不同要求；（3）适当地缩短各级全日制学校的修业年限。

《方案》中规划的我国新学制将有全日制、半工半读和半农半读、业余三类学校。在全日制学校中：小学五年，不分段；中学四年，不分段；高等学校设预备教育，作为四年制中等教育同高等教育的衔接和过渡。其方式为高等学校预科二年和由地方办二年制的分科预备学制。对半工（农）半读学校的中等专业教育，明确定位中等技术教育和师范教育（农业中学，初、中级技术学校，师范学校）。业余学校分初、中、高三级。

在《方案》颁布以后，教育又有了一段时间的稳定发展，及至"文化大革命"，教育制度遭到极大破坏。

"文化大革命"时期，提出了"学制要缩短，教育要革命"的口号，对我国学制的破坏是空前的：第一，把中学学制毫无根据地大大缩短，把初高中都缩短为两年；第二，对中专和技校大加砍杀，盲目发展普通高中，使普通教育与职业教育的比例严重失调；第三，把高等教育缩短为三年和一个层次，把许多院校、科系、专业取消，使人才培养比例失调；第四，把成人教育、业余教育完全取消，扼杀了职工提高文化科学水平和知识更新的机会等。这完全是一种倒退行为。

1976年以后，特别是十一届三中全会以后，教育上的混乱局面得以结束，国家着手重建和发展被破坏了的学制系统：延长了中学的学习年限；恢复和重建了中专和技校，创办了职业高中；恢复了高等学校专科和本科两个层次；扩大了高等专科学校；恢复和重建了很多院校、科系和专业；建立了学位制度和完善了研究生教育制度；恢复和重建了各级各类成人教育机构；等等。从而使我国学制逐步向合理和完善的方向发展，重新步入了现代教育制度发展的正确轨道。

二、学制现状

我国现行学制系统如下：

幼儿教育（幼儿园）招收3～6到7岁的幼儿。

初等教育——主要指全日制（修业九个半月以上）小学教育，招收6到7岁儿童入学。学制为5或6年。在成人教育方面，主要为成人初等业余教育。

中等教育——指全日制普通中学、各类中等职业学校和业余中等学校。全日制中学年限为6年，初中为3年，高中3年。职业高中2至3年，中等专业学校3至4年，技工学校2至3年，属成人教育的各类业余中学，修业年限适当延长。

高等教育——指全日制大学、专门学院、研究生院和各种形式的业余大学。高等学校招收高中毕业生和高等学历者。专科学校修业年限为2至3年。大学和学院为4至5年，毕业考试合格者，授予学士学位。业余大学修业年限适当延长，学完规定课程经考核达到全日制高等学校同类专业水平者，承认学历，享受同等待遇。

条件和设备较好的大学、学院和科学研究机构设研究生院。硕士研究生修业年限为2至3年，招收获学士学位和同等学历者，完成学业授予硕士学位；博士研究生学业年限为3年，招收获硕士学位和同等学历者，完成学业授予博士学位。在职研究生修业年限适当延长，完成学业者也可获得相应学位。

第六编

教学篇

第八章 教学理论及其课堂实践策略

教学理论是教育学的一个重要分支。它既是一门理论科学,也是一门应用科学;它既要研究教学的现象、问题,揭示教学的一般规律,也要研究利用和遵循规律解决教学实际问题的方法策略和技术;它既是描述性的理论,也是一种处方性和规范性的理论。

第一节 教学理论的范型及其实践意义

一、哲学取向的教学理论

这种理论源于苏格拉底和柏拉图的"知识即道德"的传统,认为教学的目的是形成人的道德,而道德又是通过知识积累自然形成的。为了实现道德目的,知识就成为教学的一切,依次演绎出一种偏于知识授受为逻辑起点、从目的和手段进行展开的教学理论体系。这种理论的代表作有:苏联达尼洛夫等的《教学论》(1957)、斯卡特金主编的《中学教学论》(1982)和王策三的《教学论稿》(1985)。这种理论的基本主张是:(1)知识——道德本位的目的观。(2)知识授受的教学过程。(3)科目本位的教学内容。(4)语言呈示为主的教学方法。

二、行为主义教学理论

20世纪初,以美国心理学家华生(J. B. Watson,1878—1958)为首发起的行为革命对心理学的发展进程影响很大。他在《行为主义者心目中的心理学》中指出,心理学是自然科学的一个纯客观的实验分支,它的理论目标在于预见和控制行为。因此,把"刺激—反应"作为行为的基本单位,学习即"刺激—反应"之间联结的加强,教学的艺术在于如何安排强化。由此派生出程序教学、计算机辅助教学、自我教学单元、个别学习法和视听教学等多种教学模式和方式。其中以斯金纳(Burrhus Frederic Skinner,1904—1990)的程序教学理论影响最大,其理论的基本主张为:

(1)预期行为结果的教学目标。斯金纳认为,"学习"即反应概率的变化;"理论"是对所观察到的事实解释;"学习理论"所要做的,是指出引起概率变化的条件。他还认为人类与动物的行为可能取决于前提性事件，也可能取决于结果性事件，所以我们可以安排各种各样的反应结果，以决定和预见有机体的行为。根据行为主义原理，教学的目的就是提供特定的刺激，以便引起学生的特定反应，所以教学目标越具体、越精确越好。美国教育心理学家布卢姆（B. S. Bloom, 1913—1999）等人的教育目标分类学与行为主义的基本假设是一致的。

（2）相倚组织的教学过程。所谓相倚组织，就是对强化刺激的系统控制。斯金纳认为，学生的行为是受行为结果影响的，若要学生做出合乎需要的行为反应，必须形成某种相倚关系，即在行为后有一种强化性的后果；倘若一种行为得不到强化，它就会消失。根据这一原理，形成了一种相倚组织的教学过程，这种教学过程对学习环境的设置、课程材料的设计和学生行为的管理做出了系统的安排。

包括五个阶段：①具体说明最终的行为表现：确定并明确目标，具体说明想要得到的行为结果，制定测量和记录行为的计划。②评估行为：观察并记录行为的频率，如有必要，记录行为的性质和当时的情景。③安排相倚关系：做出有关环境安排的决定，选择强化物和强化安排方式，确定最后的塑造行为的计划。④实施方案：安排环境并告知学生具体要求。⑤评价方案：测量所想到的行为反应，重现原来的条件，测量行为，然后再回到相倚安排中去。简单来看，行为主义者似乎关注的是"怎样教"，而不是"教什么"。事实上，根据行为科学的原理设计程序，直接涉及要教什么、不教什么，他们侧重的是行为，并要以一种可以观察、测量的形式来具体说明课程内容和教学过程。

（3）程序教学的方法。程序教学法是根据强化作用理论而来的。斯金纳认为，对有机体与其环境相互作用的一种适当的陈述，必须始终具体说明三件事——反应发生的场合，反应本身，强化结果。这三者之间的相互关系便是"强化相倚关系"（contigencies of reinforcement）。根据强化相倚关系，斯金纳设计了两种促使有机体行为变化所采用的技术：塑造和渐退。塑造是指通过安排特定的强化相倚关系使有机体做出他们行为库中原先不曾有过的复杂动作。渐退是指通过有差别的强化，缓慢地减少两种（或两种以上）刺激的特征，从而使有机体最终能对两种只有很小差异的刺激做出有辨别的反应。斯金纳对程序学习的处理有两种形式，一种是"直线式"，另一种是"分支式"。分支式较直线式复杂，通常包括一种多重选择的格式，学生在被呈现若干信息之后，即要面临多重选择的问题，如果回答正确，便进入下一个信息系统，如果回答不正确，则给予补充信息。

程序教学的基本原则是：①逐步前进（step-by-step progression）；②经常反馈（constant feedback）；③及时强化（immediate enforcement）；④个别对待（individualized approach）。

三、认知教学理论

认知心理学家批判行为主义是在研究"空洞的有机体",在个体与环境的相互作用上,认为是个体作用于环境,而不是环境引起人的行为,环境只是提供潜在刺激,至于这些刺激是否受到注意或被加工,这取决于学习者内部的心理结构。学习的基础是学习者内部心理结构的形成和改组,而不是"刺激—反应"连接的形成或行为习惯的加强或改变,教学就是促进学习者内部心理结构的形成或改组。提出认知教学理论的是美国教育心理学家布鲁纳和奥苏伯尔等,其中影响较大的是布鲁纳的认知结构教学理论。其理论的基本主张为:

(1)理智发展的教学目标。布鲁纳认为,发展学生的智力应是教学的主要目的。他在《教育过程》中指出,必须要强调教育的质量和理智的目标,也就是说,教育不仅要培养成绩优异的学生,而且还要帮助每个学生获得最好的理智发展。教育主要是培养学生的操作技能、观察技能、想象技能以及符号运算技能。具体为:①鼓励学生发现自己猜想的价值和可修正性,以实现试图得出假设的激活效应;②培养学生运用心智解决问题能力的信心;③培养学生的自我促进;④培养学生"经济地运用心智";⑤培养理智的诚实。

(2)动机—结构—序列—强化原则。布鲁纳提出了相应的四条教学原则:第一,动机原则。学习取决于学生对学习的准备状态和心理倾向。儿童对学习都具有天然的好奇心和学习的愿望,问题在于教师如何利用儿童的这种自然倾向,激发学生参与探究活动,从而促进儿童智慧的发展。第二,结构原则。即要选择适当的知识结构,并选择适合于学生认知结构的方式,才能促进学习。这意味着教师应该认识到教学内容与学生已有知识之间的关系,知识结构应与学生的认知结构相匹配。第三,程序原则。即要按最佳顺序呈现教学内容。由于学生的发展水平、动机状态、知识背景都可能会影响教学序列的作用,因此,如果发现教学效果不理想,教师就需要随时准备修正或改变教学序列。第四,强化原则。即要让学生适时地知道自己学习的结果。但需要注意的是,教师不应提供太多的强化,以免学生过于依赖教师的指点。另外,要逐渐从强调外部奖励转向内部奖励。

(3)学科知识结构。布鲁纳认为,任何学科知识都是一种结构性存在,知识结构本身具有理智发展的效力。他认为学习基本结构有四个好处:第一,如果学生知道了一门学科的基本结构或它的逻辑组织,就能理解这门学科;第二,如果学生了解了基本概念和基本原理,有助于学生把学习内容迁移到其他情景中去;第三,如果把教材组织成结构的形式,有助于学生记忆具体细节的知识;第四,如果给予学生适当的学习经验和对结构的合理陈述,即便是年幼儿童也能学习高级的知识,从而缩小高级知识与初级知识之间的差距。

（4）发现教学方法。布鲁纳认为，学生的认知发展主要遵循其特有的认识程序。学生不是被动的知识接受者，而是积极的信息加工者。教师的角色在于创设可让学生自己学习的环境，而不是提供预先准备齐全的知识。因此，他极力倡导使用发现法，强调学习过程，强调直觉思维，强调内在动机，强调信息提取。

四、情感教学理论

20世纪60年代以来，人本主义作为心理学的第三势力崛起，认为认知心理学的不足在于把人当作"冷血动物"，即没有感情的人，主张心理学要想真正成为关于人的科学，应该探讨完整的人，而不是把人分割成行为、认知等从属方面。人本主义心理学家认为，真正的学习涉及整个人，而不仅仅是为学习者提供事实。真正的学习经验能够使学习者发现自己独特的品质，发现自己作为一个人的特征。教学的本质即促进，促进学生成为一个完善的人。美国人本主义心理学家罗杰斯（Carl R. Rogers, 1902—1987）的非指导性教学就是这一流派的代表，其基本主张如下：

（1）教学目标。罗杰斯认为，最好的教育，目标应该是"充分发挥作用的人、自我发展的人和形成自我实现的人"。

（2）非指导性教学过程。罗杰斯把心理咨询的方法移植到教学中来，为形成促进学生学习的环境而构建了一种非指导性的教学模式。这种教学过程以解决学生的情感问题为目标，包括五个阶段：①确定帮助的情景，即教师要鼓励学生自由地表达自己的情感；②探索问题，即鼓励学生自己来界定问题，教师要接受学生的感情，必要时加以澄清；③形成见识，即让学生讨论问题，自由地发表看法，教师给学生提供帮助；④计划和抉择，即由学生计划并做出初步的决定，教师帮助学生确认这些决定；⑤整合，即学生获得较深刻的见识，并做出较为积极的行动，教师对此要予以支持。

（3）意义学习与非指导性学习。罗杰斯按照某种意义的连续，把学习分成无意义学习和意义学习。无意义学习（如记忆无意义的音节）只与心有关，它是发生在"颈部以上"的学习，没有情感或个人的意义参与，它与全人无关。意义学习不是那种仅仅涉及事实累积的学习，而是一种使个体的行为、态度、个性以及在未来选择行动方式时发生重大变化的学习。这不仅仅是一种增长知识的学习，而且是一种与每个人各部分经验都融合在一起的学习。这种意义学习主要包括四个要素：第一，学习具有个人参与的性质；第二，学习是自我发起的，即使有推动力或刺激来自外界，也要求发现、获得、掌握和领会的感觉是来自内部的；第三，学习是渗透性的；第四，学习是由学生自我评价的。这种意义学习实际上就是一种非指导性学习。非指导性学习既是一种理论，又是一种实践，它是一种教学模式。它的理论假设是：每个人都有健康发展的自然趋向，有积极处理多方面生活的可能性，充满真诚、信任和理解的人际关系会促成健康发展潜能的实现。它的基本原则是：教师在教学中必须有安全感，他信任学生，同时感到学生信任他，不能把学生当作"敌人"，倍加提防。课堂中的气氛必须是融洽、真诚、开放、相互支持的，以使学生自由地表达个人想法，自己引导个人的思想、情绪，自然地显示症结所在的情绪因素，并自己调整这种情绪的变化和决定变化的方向，从而改变相应的态度与行为。

（4）师生关系的品质。罗杰斯认为，教师作为"促进者"在教学过程中的作用表现为四个方面：①帮助学生澄清自己想要学什么；②帮助学生安排适宜的学习活动与材料；③帮助学生发现他们所学东西的个人意义；④维持某种滋养学习过程的心理气氛。罗杰斯认为，发挥促进者的作用，关键不在于课程设置、教师知识水平及视听教具，而在于"促进者和学习者之间的人际关系的某些态度品质"。这种态度品质包括三个方面：真诚、接受、理解。他认为，真诚是第一要素，是基本的。所谓真诚就是要求教师与学生坦诚相见、畅所欲言，不要有任何的做作和虚伪，喜怒哀乐要完全溢于言表。所谓接受，有时也称信任、奖赏，要求教师能够完全接受学生碰到某一问题时表露出来的畏惧和犹豫，并且接受学生达到目的时的那种惬意。所谓理解，罗杰斯常用"移情性的理解"一词，它是指教师要设身处地站在学生的立场上考察或认识学生的所思、所言、所为，而不是用教师的标准及主观的臆断去"框套"学生。

五、范例教学理论

范例教学法是在一组特定的知识中选出有代表性的、最基础的、本质的实例（或称范例），通过这些实例内容的讲授，使学生掌握同一类知识的规律，举一反三，获得独立思考、独立解决问题的方法。以范例作为传授知识的工具，是范例教学法的主要特点之一。

运用具有代表性的知识进行教学的思想，早在古希腊人文主义的"完满教育"和西塞罗的"人性研究"中已见端倪，在夸美纽斯、沃尔夫、康德、胡塞尔等人的教育学与哲学著作中也有所反映。但范例教学法作为一种教学理论流派的出现，始于20世纪50年代的联邦德国。

1. 产生的时代背景

20世纪50年代初，世界科学技术迅猛发展，联邦德国的各级学校为适应这种发展，不断扩充教材内容。教学中，教师只重视百科全书式的知识传授，学生则依赖于教师和教材死记硬背那些零碎无系统的书本知识，导致教学质量不断下降。1951年在杜宾根会议上，一些专家提出了尖锐的批评，并指出要改变这种情况，培养出具有真才实学的人才，中小学教育改革首先要从教材改革开始，教材中要有根本的、基础的、本质性的内容，借助这些精选内容的教材，通过接触教学内容的范例来提高学生的独立思考能力和判断能力，培养学生学习的主动性和创造性。

心理学家瓦根舍因首创了"范例教学理论"，他认为，范例教学法的基本思想在于，反对庞杂臃肿的传统课程内容和注入式的死记硬背教学方法。因为它实际上使学生获得的知识，往往是掌握得少，丢弃得多。提倡要敢于实施"缺漏"教学，让学生学习最基本的、有可能一辈子都记住的东西。理由是，在科学技术快速发展、知识量剧增的情况下，要想什么都教，无异于是在从事一项毫无希望获胜的竞赛。而只有注重发展学生"有教养性"的知识能力，使之在这个基础上改变思想方法，主动地去发现知识的规则、原理、结构，才能使知识如滚雪球般地扩展，使学生获得打开知识大门的钥匙。因此，范例教学法的目的在于，培养学生在校内外活动中的独立性和主动学习的能力，养成独立地批判、判断和决定事物的能力。

2. 范例教学的基本内容

所谓范例，就是那些在日常生活素材中隐含着本质因素、根本因素、基础因素的典型事例。范例教学就是通过基本性、基础性和范例性知识教学，使学生具有独立的判断能力和创造能力。

3. 范例教学的基本原则

范例教学提出了多种教学原则，其中基本性、基础性、范例性原则是最基本的三条原则。（1）基本性原则是针对学科内容而言的，是指教给学生的内容应当是一门学科的基本要素，如基本概念、基本原理和基本科学规律等，使学生掌握学科的知识结构，在教学内容上反对多而杂，力求去劣存精。（2）基础性原则是针对受教育者而言的。它要求教学内容的选定必须从学生的身心发展实际出发，适应他们的智力发展水平和已有的知识经验，并与他们的现实生活和未来发展需要密切相关，使他们在获得基本经验的过程中认识社会科学、自然科学的种种实质性关系，使他们的智能得到发展。范例教学理论认为，基础性是基本性的更高一个层次。（3）范例性原则要求教师教给学生的知识更新，是经过精选的基本性和基础性的知识，而且这种知识一定是能起到示范作用的，它是一个窗口，从这个窗口可以看到更广阔的场景。通过范例性知识，有助于学生举一反三，触类旁通，有助于学生的迁移和实际应用。所以，在教学内容上反对面面俱到，力求做到典型性、代表性。范例性是在基本性、基础性之上所做的更高度的抽象。

4. 范例教学的基本要求

实施范例教学，要求教师在备课时，应对教学内容进行五个方面的分析。（1）基本原理分析。分析这个课题表示和阐明了哪些重要的和带有普遍意义的内容，对这些内容的探讨可以使学生掌握哪些基本现象、基本原理、基本规律、基本概念以及方法和态度。（2）智力作用分析。分析这个课题的内容对学生努力活动应起什么作用。通过这个分析，教师可以知道学生对他所要教的内容了解到何种程度,以便在教学中突出重点,有的放矢地采取必要措施,强化学生的智力活动。(3)未来意义分析。分析这个课题的内容对学生今后生活和前途发展有么意义。如果学生了解某些课题同他们的今后生活密切相关,那么这些课题的教学是比较容易进行的。反之,教师应采取相应措施,启发学生认识这些内容对他们未来的意义,从而调动学生学习的积极性。(4)内容结构分析。分析这个课题的内容有哪些要素,这些要素之间的关系如何,是否分层次,教学内容的难点何在,学生通过学习应获得什么样的基础知识。(5)内容特点分析。分析这个课题有哪些特点,哪些内容能引起学生的兴趣,通过哪些直观手段引导学生提出问题,布置什么作业能使学生有效地应用知识。

5. 范例教学的实施程序

范例教学主张用课题形式来代替传统的系统形式,这种课题的选择应当是发现的突破口,即通过它可以认识一些重要的基本知识。课题选定后,如何完成它的教学,范例教学论专家们提出种种设想,其中教育学家施腾策尔提出的范例教学过程四个阶段的设想具有一定的代表性。他以地理教学中"乌克兰的防汛林带"课题为例,说明完成一个课题教学通常所要经过的四个阶段。

第一阶段:范例性地阐明"个"的阶段。这个阶段要求在课题性教学中以个别事实和对象为例说明事物的本质特征。如教学中,教师首先以乌克兰防汛林带这个个案为例,对它进行充分、彻底的探讨,使学生透彻地认识这个个案,真正地把握它,从而使学生了解俄罗斯南方草原景观这个整体的特征。

第二阶段:范例性地阐明"类"的阶段。这个阶段是对个别事例进行归类,对许多在本质特征上相一致的个别现象做出总结。比如,通过乌克兰防汛林带的个案的教学,使学生获得了关于俄罗斯南方草原景观的知识后,又通过归纳和推断,使学生了解一系列类似景观的本质特征,如美国中西部的草原景观等。

第三阶段:范例性地掌握规律的阶段。这个阶段教学要求在前两个阶段的基础上提高到规律性的认识上来。通过第一、第二阶段的教学把"个别"抽象为"类",再发掘出"类"里面的规律性的内容。如学生通过对各种草原景观的归类,就可以了解到草原化过程及抑制草原沙化过程所应付出的努力,并使学生认识人在特殊气候和地理条件下干预自然所造成的结果以及如何可以弥补这种结果。

第四阶段:范例性地获得关于世界与生活的经验。如通过乌克兰防风林带的教学的层层递进,最终使学生认识到人类与自然的关系,即人类要干预自然、改造自然,但人还不能彻底支配自然。这样,通过第四阶段的学习,不仅使学生更深刻地了解了世界,而且可以使他们加强自己行为的自觉性。

施腾策尔认为,这四个阶段教学所运用的是同一个范例,它们是从个别到一般、从具体到抽象的一个抽象化过程,其中第四阶段的教学过程是最重要的,因为这一阶段的教学目的才是真正的教学目的,因此,只有教学达到这个程度,才可以认为是成功的。

6. 对范例教学理论的评价

范例教学是西德教育改革的中心,它是在试图解决20世纪50年代西德的科技迅猛发展与当时的教学现状之间的矛盾的过程中而产生的。它打破了传统机械地进行系统教学的模式,提倡用精选的、带有基本性和基础性的范例内容来编制教材,通过范例教材教学,使学生遵从由特殊到一般、再从一般到特殊的规律来认识世界、了解事物,这是符合人类认识规律的。我国目前所面临的教育现状与当时西德的教育状况有许多相似之处,比如教材还是比较片面地强调系统性,教学侧重知识的掌握,而忽视对知识的实际应用以及学生智能的开发。因此,为改变这种局面,我们有必要吸收范例教学的某些思想:(1)教学要实现教学与教育的统一。范例教学理论要求教学既要传授知识、技能,同时又要进行思想教育、政治教育、道德教育,并要把这两个方面的教育结合起来、统一起来,使教学自始至终地贯彻教育性原则,这样培养出来的学生才会真正成为有用之才。(2)教学要实现问题解决学习与系统学习的统一。范例教学理论突出强调培养学生的问题意识,教学中要针对学生存在的或提出的问题组织教学,从一个个课题出发进行教学;同时要求这些课题应当是有系统的,因为每个课题都是学科系统中的一个有机组成部分,它们之间是有内在的逻辑联系,而不是各自孤立和支离破碎的。注意系统性,学生的学习材料虽是个别的、特殊的、典型的内容,但却有一个完整的知识系统。(3)教学要实现掌握知识和增减能力的统一。范例教学非常强调教师不仅要向学生传授知识的精华和重点,同时还要教给学生科学方法、学习方法,有意识地增减学生的多种能力,使学生在掌握知识的同时,其智力也能获得发展,从而使培养出来的学生能够较好地适应时代发展的需要。(4)教学要实现主体与客体的统一。范例教学要求教师不仅要了解、把握学生这个主体,同时还要深入研究教材这个客体,并在教学中把这两个主要因素结合起来,做到主体和客体的统一。为此,教师既要了解和熟悉教材,又要了解和熟悉学生的身心发育特点与个性品质,从而使教师传授的教学内容与学生的身心发展实际、认识能力发展水平以及兴趣、爱好、需要相适应,最大限度地调动学生学习的主动性和积极性。

范例教学虽然有诸多优点,但在具体实施过程中也存在一定难度,如科学地选定每门学科的范例性课题绝非易事,而且也不是每一个教师都能做得十全十美的;另外,范例教学理论对某些问题的论述还不够具体、明确,如它强调各门学科的基本性、基础性、范例性,但没有给出具体的确定方法,这些都给教师实施该教学理论增加了难度。为此,范例教学论的倡导者建议还要进一步探讨范例教学理论的有关问题。这也给我们在实践过程中留下了创造性教学的广阔空间。

六、发展性教学理论

赞科夫（1901—1977），苏联著名的教育家、教育理论家和心理学家，苏联教育科学院院士，曾担任过俄罗斯教育科学院儿童缺陷学研究所所长，著有《教学与发展》《和教师的谈话》等多篇教育著作。

赞科夫教育实验的指导思想是"教学要在学生的一般发展上取得尽可能大的效果"，目的是促进学生"理想的一般发展"。所谓一般发展，一方面是对特殊发展（即数学、语言、音乐等方面的发展）而言，另一方面也有别于智力发展。一般发展包括智力的发展、道德情感的发展、意志的发展、身体的发育等各个方面。学生在一般发展上取得的成绩是自觉而牢固地掌握知识、形成技能技巧的可靠基础。赞科夫依据维果茨基的教学与发展的关系及最近发展区的理论，提出了用整体性观点安排教学结构、组织教学过程时必须遵循的五条教学论原则。（1）以高难度进行教学的原则。他说："儿童的智力也像肌肉一样，如果不给以适当负担，加以锻炼，它就会萎缩、退化。"他以心理学家维果茨基的"最近发展区"理论为依据，强调教学要充分利用儿童智力上的潜在发展水平，适当超前进行。提出实行高难度的教学，目的在于以一定难度的内容，充分调动和发挥学生的精神力量，促其更快发展。（2）以高速度进行教学的原则。赞科夫主张应加快教学进度，尽量以新的丰富的知识满足学生旺盛的求知欲，扩大其知识面。他认为学习在原材料上踏步不前，必然会浪费学生许多宝贵的时间，大大压抑和阻碍学生的发展。他指出，新旧教材在内容上是相互包含的，学习新教材也就同时复习了旧教材。（3）理论知识起指导作用的原则。这项原则并不贬低学生掌握技巧的作用。他说："理论知识是掌握自觉而牢固的技巧的基础。""技巧的形成是在一般发展的基础上，在尽可能地深刻理解有关概念、关系和依存性的基础上实现的。"（4）使学生理解学习过程的原则。这项原则要求学生在学习过程中既要掌握知识和技能，还要理解知识和技能在拿捏过程中所包含的思维操作。此外，还要求学生密切注意所要掌握的一些知识之间是怎样联系的，学习中错误的产生及其防止机制如何等，目的在于使学生学会学习，培养其自学能力。（5）使所有学生包括差生都得到一般发展的原则。赞科夫认为后进生有以下心理特点：一是自我中心主义；二是求知欲较弱；三是观察力薄弱。为此，所采取的教育方法是：一要减轻其思想负担；二要树立其信心；三要利用一切机会引导他们观察事物；四是不要性急；五要吸引他们参加课外小组活动。

赞科夫的发展性教学理论，针对传统教学理论中的根本性缺点，把教学与发展问题放在核心地位，对传统教学进行了系统的改革。他的理论建立在真正有理论指导的、长达20年的教学实验基础之上，具有可靠的实践基础，是对传统教学论的一次有力的挑战和重大的突破。他所遵循的"实践——理论——实践"的科研道路，给人以多方面的启示。

七、课程结构理论与发现教学法

布鲁纳（1915—2016），美国著名的认知学派心理学家。1958年美国国会通过《国防教育法》，大量拨款改革中小学的学科设置和教学方法。1959年美国科学院召开了中小学教学讨论会，35名著名的科学家参加了会议，布鲁纳是大会主席，在会上正式提出课程结构论和发现教学法。其主要理论就"教什么，什么时候教，怎样教"提出了新见解。

1. 教什么

布鲁纳认为课程的中心是学习学科的基本结构。关于如何使学生在有限的时间内学到的东西受益终生，他主张"无论大中小学校的什么学科，首先要学生学习这门学科的基本结构"，"与其说是使学生掌握学科的基本事实和技巧，不如说是教授和学习基本结构"。所谓基本结构就是指知识和学科中具有普遍适用性的基本概念、基本原理和规律，包括研究本门学科的基本态度和方法。这些东西应该成为各学科课程的中心，也就是教学的中心。强调基本结构的理由是：（1）有助于理解学科知识。因为掌握了基本概念和原理就可以理解许多特殊现象。（2）有助于教材的记忆。详细的资料是靠简化的表达方式保存在记忆中，简化的表达方式具有再生的特性（公式、常数、图表、图像），"高明的理论不仅是现在用以理解现象的工具，而且也是明天回忆那个现象的工具"。（3）有助于知识的迁移。传统教学思想强调的是技能的迁移，布鲁纳强调的是一般的迁移，即基本原理和方法的迁移。基本原理可以缩小高级知识与低级知识之间的间隙，掌握了知识结构，迁移就较容易。（4）有助于激发兴趣和引起思维。学习的最好刺激就是兴趣，而不是外来的目标（奖励、分数……）。兴趣是内在的，掌握了这门学科的结构，能在变化的情况中运用它，就可以引起兴趣。他特别强调"原理和态度的迁移应该是教学过程的核心"。原理指具有广泛而又有力的适用性的东西。态度指研究这门学科的基本观点与方法，即把本学科的科学方法的基本程序教给学生。他认为，"如果你理解了知识的结构，那么这种理解会使你可以独立前进，你无须为了知道各事物的属性而与每事每物打交道，只要掌握某些深奥原理，便可推断出所要知道的个别事物，这是解决课程论实际问题的一个巧妙的'策略'"。他还认为，"每个认识活动也都有一定的认识结构"。人类认识在主观上的结构叫作图式。在认识过程中个体把客观事物纳入主体的图式之中叫作同化过程。同化后使图式发生量的变化。与主观图式不符的不能同化，为此就要调整原有图式创造新图式，这叫异化过程。异化后使图式发生质的变化。通过同化和异化作用，才能使认识达到平衡。

2. 什么时候教

布鲁纳提出了一个大胆的假设——"任何学科的基本原理，都可以用某种形式教给任何年龄的任何人"，这就是早期教育的可能性。其根据是：（1）生理学上的根据：大脑发育的早期成熟是早期教育的物质基础。研究表明，一个人出生后第五个月到第十个月之间是大脑发育的关键时期，到第二年末（满两周岁），大脑已基本完成了它的生理成长过程。（2）心理学的根据：人在发展的各个阶段（包括儿童）都有他自己观察世界和解释世界的独特方式。如果以17岁时的智力为100%，则4岁时为50%，8岁时为80%。（3）从学习行为的过程来看：学习任何一门学科都有一系列的学习单元。他认为人接受知识的程度，除和年龄有关外，在很大程度上要随文化教育的条件不同而加快或推迟，甚至停滞。在教学中向学生提出挑战性但又合适的课题可以引导智慧的发展。因此，他认为教科书和教师的一件大事是"发现那些学生既能解答得了，又能使之前进的难易适当的适中问题"。他认为小学生与物理学家的认识都属于同一类的活动，其间的差别仅在程度而不在性质。因此他认为一门课程在它的教学进展中，应反复回到那些基本概念上，以这些概念为基础，直至学生掌握与这些概念相伴随的完全形式的体系为止。他认为学科内容安排上应该是螺旋式的。

综合"教什么"和"什么时候教"，他在课程设计上提出了两条原则：第一，各门学科都要给予那些和基础课有关的普遍的和强有力的概念和态度以中心地位。第二，要把教材分成不同的认识水平，使之和不同年级、不同能力的学生配合起来，使它既能由普通的教师教给普通的学生，同时又能清楚地反映学科的基本原理，并要善于发现学生的认识结构，使课程设计与认识结构统一起来。

3. 怎样教

布鲁纳强调发现法教学。发现法指以探究性的思维方法为目标，以基本教材为内容，让学生自我去发现。发现指认识人类尚未知晓的东西和运用思维去掌握他还未知但人类已知的东西。

他认为运用发现法有四大优点：（1）提高学生的智力潜力，学生可以学会解决问题的方法，学会转换和组织信息，从中得到尽可能多的东西。（2）有利于外部动机向内部动机转化。（3）学会启发式的研究方法和工作方法，为进一步发现打好基础。（4）有助于记忆和回忆信息，有助于把所学的东西迁移到新的情景中去。

发现法教学可分为四个步骤：（1）提出问题。提学生既可能解答又能使之前进的难易适当的"适中问题"，以激起兴趣和探究要求，明确发现目标。（2）提出假说。让学生提出解决问题的可能的方案。（3）得出结论。搜集资料，发现依据，得出结论。（4）运用检验。

八、建构主义理论

建构主义（Constructivism）也译作结构主义，其最早提出者可追溯至瑞士的皮亚杰（J. Piaget）。他是认知发展领域最有影响的一位心理学家，他所创立的关于儿童认知发展的学派被人们称为日内瓦学派。皮亚杰的理论充满唯物辩证法，他坚持从内因和外因相互作用的观点来研究儿童的认知发展。他认为，儿童是在与周围环境相互作用的过程中，逐步建构起关于外部世界的知识，从而使自身认知结构得到发展。儿童与环境的相互作用涉及两个基本过程："同化"与"顺应"。同化是指把外部环境中的有关信息吸收进来并结合到儿童已有的认知结构（也称"图式"）中，即个体把外界刺激所提供的信息整合到自己原有认知结构内的过程；顺应是指外部环境发生变化，而原有认知结构无法同化新环境提供的信息时所引起的儿童认知结构发生重组与改造的过程，即个体的认知结构因外部刺激的影响而发生改变的过程。可见，同化是认知结构数量的扩充（图式扩充），而顺应则是认知结构性质的改变（图式改变）。认知个体（儿童）就是通过同化与顺应这两种形式来达到与周围环境的平衡：当儿童能用现有图式去同化新信息时，他处于一种平衡的认知状态；而当现有图式不能同化新信息时，平衡即被破坏，而修改或创造新图式（即顺应）的过程就是寻找新的平衡的过程。儿童的认知结构就是通过同化与顺应过程逐步建构起来，并在"平衡——不平衡——新的平衡"的循环中得到不断丰富、提高和发展。这就是皮亚杰关于建构主义的基本观点。在皮亚杰的上述理论的基础上，科尔伯格在认知结构的性质与认知结构的发展条件等方面作了进一步的研究；斯腾伯格和卡茨等人则强调了个体的主动性在建构认知结构过程中的关键作用，并对认知过程中如何发挥个体的主动性作了认真的探索；维果茨基创立的"文化历史发展理论"则强调认知过程中学习者所处社会文化历史背景的作用，在此基础上以维果茨基为首的维列鲁学派深入地研究了"活动"和"社会交往"在人的高级心理机能发展中的重要作用。所有这些研究都使建构主义理论得到进一步的丰富和完善，为实际应用于教学过程创造了条件。

九、最近发展区理论

维果茨基的"最近发展区"理论，认为学生的发展有两种水平：一种是学生的现有水平，另一种是学生可能的发展水平。两者之间的差距就是最近发展区。教学应着眼于学生的最近发展区，为学生提供带有难度的内容，调动学生的积极性，发挥其潜能，超越其最近发展区而达到其比较困难发展到的水平，然后在此基础上进行下一个发展区的发展。

什么叫"最近发展区"？简单而言，课堂教学"只有针对最近发展区的教学，才能促进学生的发展，而停留在现在发展区的教学，只能阻碍学生的发展。发展的过程就是不断把最近发展区转化为现有发展区的过程，即把未知转化为已知、把不会转化为会、把不能转化为能的过程。"要做到这点，就必须如奥苏伯尔说的，要了解学生的认知结构，就是教师在教学前首先要了解学生已经掌握了什么，要对学生的知识"有底"，如此，才能在这个基础上，让学生走向最近发展区。

理论意义：以素质教育为背景的我国当前教学改革则倡导面向全体学生、使学生全面发展的现代发展式教学观。这一观点认为，教学的本质是激励学生的学习积极性，帮助学生全面发展。而维果茨基的最近发展区理论所倡导的教学观恰好与之暗合。维果茨基的最近发展区理论认为，学习与发展是一种社会和合作活动，它们是永远不能被"教"给某个人的。它适于学生在他们自己的头脑中构筑自己的理解。而正是在这一过程中，教师扮演着"促进者"和"帮助者"的角色，指导、激励、帮助学生全面发展。

维果茨基的教育理论为当前建构主义教学的发展提供了有益的理论支持，从而进一步拓展了教学的含义。维果茨基的社会文化学说中一条重要的信条便是"搭建脚手架"这一概念。儿童依靠成人的帮助搭建起学习的框架，这对儿童的认知与心理发展是最为重要的。而"最近发展区"与"搭建脚手架"之间的关系在支架式教学这一教学模式中得到了最为真切的描述。支架式教学是以维果茨基的最近发展区理论为基础的一种新的建构主义教学模式，它是指通过支架（教师的帮助）把管理学习的任务逐渐由教师转移给学生自己，最后撤去支架。在支架教学中，教师作为文化的代表引导着教学，使学生掌握、建构、内化那些能使其从事更高认知活动的技能，这种掌握、建构和内化是与其年龄和认知水平相一致的，但是，一旦他获得了这种技能，便可以更多地对学习进行自我调节。研究表明：教师帮助学生搭建的"脚手架"是与"最近发展区"密切相关的，在支架教学这一模式中，只有根据学生的"最近发展区"搭建的"脚手架"对学生的发展才是最有效的。因此，我们不难看出，维果茨基的最近发展区理论对现代发展式教学观的确立具有重要的借鉴意义。

1. 建立新型的因材施教观

从古到今，人们对因材施教的最本质的解读是"依据学生的实际情况，施行相应的教育"。而当我们通过最近发展区这一理论来透视传统的因材施教观时，就会发现建立新型因材施教观之必要。在维果茨基看来，仅仅依据学生的实际发展水平进行教育是保守、落后的，学习依赖于发展，但是发展并不依赖于学习。有效的教学远远地走在发展的前面，应该超前于发展并引导发展。因此，教育者不仅应该了解学生的实际发展水平而且应该了解学生的潜在发展水平，并根据学生所拥有的实际发展水平与潜在发展水平，寻找其最近发展区，把握"教学最佳期"以引导学生向着潜在的、最高的水平发展。我们曾在上海的一所实验幼儿园观察过儿童摘果子的模拟游戏，孩子们各自挎着篮子，在教师的指导下，跳起来采摘挂在树上的各种各样的果子，他们跳一跳便能摘到果子的那种愉悦是难以用语言来描绘的。那么，在我们的教学实践中，我们为什么不引导鼓励学生"跳一跳"去达到他们最高的发展而要"依据学生的实际情况，施行相应的教育"呢？显然，传统的因材施教观应进一步发展，更新其含义。新型的因材施教观中，"材"不应该是一个单一的、静止不变的概念，而是一个动态的、发展的概念。它启发我们不仅要根据学生的"实际发展水平"来教，而且要根据学生的"潜在发展水平"来教，从而使教学引导学生全面而超前地发展。

2. 鼓励学生在问题解决中学习

对某一学科知识的掌握是重要的，但是对有效教学来说，通过问题解决鼓励学生学习，以超过他们的现有知识和技能发展水平是最为重要的。在维果茨基看来，学习应当被融入对日常不断产生的矛盾冲突的解决中；而教学则应当为学生提供重新解决问题的机会，鼓励学生在解决问题中学习，成为解决问题的主人。

近年来，教学与课程改革中，基于"最近发展区"这一基本思想，更加注重鼓励学生在问题解决中学习、在问题解决中探索，激发他们的好奇心，引发他们对问题解决的深层理解，从而通过问题解决使学生建构起对知识的理解。西方的一些研究者在教学理论与实践研究中还提出了"问题本位学习"（Problem-Based Learning）、"基于问题解决的教学模式"（Problem-Based Instruction）等与传统的知识讲授型教学模式相对立的学习与教学观，倡导通过问题解决来学习。温特比尔特认知与技术小组（CTGV）在杰斯帕系列的教学研究中为数学教学设计了一系列的课程，这些课程被认为是"基于问题解决的教学模式"的典范。研究表明，这一教学模式不仅引发了学生对不同类型学习的迁移，增强了学生创造性解决问题的能力，而且让学生在解决问题中，拓宽了知识面，学会了在小组中工作的技巧，提高了社交能力。"问题解决"历来就是学习与教学理论流派所关注的重要课题，加涅在其学习的分类中，把解决问题视为"最高级的学习"；作为其孪生姐妹的创造力则被视为"解决问题能力的最高表现"。而鼓励学生在问题解决中学习无疑将是培养创造型人才的最佳途径，同时，也是改革我国传统课堂教学的突破口。

3. 重视交往在教学中的作用

素质教育改革中，学生主体性的凸显，使得交往成为一切有效教学的必需要素，教学中的交往作为背景和手段，日益受到人们的重视。而建构主义教学流派的兴起则改变了现代教学的价值观念，真正把教学看成"一种交往的过程"。在教学中，师生之间、学生之间通过交往而沟通、交流、协调，从而共同完成教学目标。学生在交往中发现自我，增强主体性，形成主体意识；学生在交往中学会合作，学会共同生活，形成丰富而健康的个性。

维果茨基的最近发展区理论的创立启发了他的追随者们，使他们在实践中设计了各种各样教学活动，从而创设教师与学生、学生与学生进行学习与交往的情景，促进有效教学。近年来，随着计算机应用的不断普及，教学中的"人机交往"成为必然。在教学活动中，教师们运用各种各样现代科技方法设计先进的计算机程序，帮助学生在最近发展区内实现他们的潜在发展；计算机同样可以运用先进的程序测试出学生各种各样的发展区；计算机还可以消除存在于成人指导者与学生之间的不平等，在问题解决中激励并帮助学生。另外，在教学活动中，计算机让教师与学生都成为必不可少的参与者，所有这些参与者的不同在于他们的理解水平各异。维果茨基认为，参与者应该共同地解决问题以达到认知发展，而计算机可以提出问题并激励学生为达到他们潜在的认知发展而努力。可以预言，随着计算机技术的飞速发展，网络时代的日渐到来，"网上交往"必将在教学中发挥重要的作用，而如何利用计算机为学生创设一个以学生为中心的发现式交往学习环境，以促进学生对知识的建构，则有待于我们去不断地探讨。

综上所述，维果茨基的最近发展区理论对我国当前的教学改革具有深远而丰富的启示。随着我国教育教学改革的不断推进。这一理论也必将在新的背景下不断充实、丰厚，为未来我国的教育教学改革提供更有益的启迪。

第二节 学习理论的比较分析

我国当前正掀起探究性学习热潮，但到底为什么要开展探究性学习？应怎样开展探究性学习？这些问题有待深入思考与探索。从历史来看，持有唯心主义观、实用主义观或建构主义观的人，对学习问题都有各自的看法。了解这些观点的异同，广大教育工作者不仅能更好把握当前涌现出来的形形色色的探究学习现象与主张，而且能根据时代要求和教学目的，设计和开展更有针对性的探究学习活动。本节内容拟对探究性学习、柏拉图"回忆"学习、杜威"做中学"与建构主义学习观进行比较分析，以区分几种常用的教学理论的异同点。

一、"回忆"学习、"做中学"与建构主义学习观概述

每个时代的教育都不可避免地受到当时主流思潮的影响，从而产生不同的学习理论与实践。从历史来看，人们至少从三种不同的视角倡导开展问题解决学习，即唯心主义视角下的"回忆"学习、实用主义视角下的"做中学"以及建构主义视角下的"建构"学习。

1. 柏拉图唯心主义视角下的"回忆"学习

古希腊哲学家柏拉图认为，人类有两个绝然不同的世界：一个是现象世界，另一个是理念世界。存在于现象世界中的各种现象只是事物的外表或形象，人们通过感觉之眼就能看到它们，但这种认识只不过是事物的表象甚至是假象而已；而存在于理念世界之中的理念则是事物的真相，即事物的本真存在，人们需要通过灵魂即"理智之眼"才能看到它，而且，与人们的感觉器官显现出来的事物的存在相比，理念不仅更真实，而且更完美。柏拉图进一步认为，人们必须在他人的帮助下通过"回忆"才能获得对理念的认识。因为灵魂是不朽的，它曾经在那个尽善尽美的理念世界生活过，从而才拥有关于那个世界的完满知识。这些知识在灵魂降生到人体时并没有消失，而是埋藏在灵魂的深处，直到遇到合适的机会被重新唤醒。因而学习并不是获得知识，而是找回旧知识，学习只不过是"回忆"罢了。为验证自己的回忆观，柏拉图借用苏格拉底与一名童子的对话来说明。该名童子事先只知道整数运算，对无理数则一无所知，但通过一步步提问引导，苏格拉底终于使这个童子自己获得了有关无理数的知识。对话过程大致如下：苏格拉底先问童子，一个边长为2米的正方形面积是多少？童子回答说是4平方米。苏格拉底接着又问，一个面积2倍于这个正方形的正方形面积是多少？童子依然正确回答说是8平方米。苏格拉底反过来问，面积为8平方米的正方形边长是多少？童子不假思索地回答说是4米。苏格拉底这时并没有因为这个错误答案而嘲笑童子，而是在沙地上画了一个边长为2米的正方形，然后将各边都延长1倍，得出一个边长为4米的正方形。显然，这个正方形包含4个边长为2米的正方形。于是苏格拉底趁机问童子，边长为4米的正方形的面积应当是边长为2米的正方形的几倍？童子这时意识到自己犯了错误，考虑到面积为8平方米的正方形，是面积为4平方米的正方形的2倍、面积为16平方米的正方形的一半，因此童子又想当然地认为，它的边长应介于2与4之间，是3米。苏格拉底仍没有耻笑童子而是耐心地问道：一个边长为3米的正方形面积是多少？童子说是9平方米。这样，童子又意识到自己犯了错误，从而真正陷入思维的困境之中，但苏格拉底无意放弃而是继续鼓励和启发童子。他指着边长为4米的正方形，并将其所包含的边长为2米的4个小正方形的对角线首尾相连，从而得出一个新正方形。苏格拉底接着问童子，每条对角线是否将小正方形平分，童子回答说是。他又问面积是多少，童子回答说是2平方米。苏格拉底再问，对角线围成的新正方形面积是多少？童子回答说是8平方米，因为4个2平方米正好是8平方米。这样，童子终于知道，面积为8平方米的正方形的边长等于面积为4平方米的正方形的对角线的长度。

在柏拉图看来，上例中苏格拉底并没有将正确答案直接教给童子，而是通过一步步的启发诱导使他自己得出来，因而可以说，这个答案是从童子心中自己产生的。如果正确的知识不是从外部进入人的心中,那么一个显而易见的结论就是,它早就存在人的心里,只不过自己不知道,需要被人唤醒而回忆出来。

2. 杜威实用主义视角下的"做中学"

美国教育家杜威从实用主义哲学出发,认为社会发展变幻莫测,具有不确定性和不安定性,人类实际上处在一个充满问题的世界。在问题面前每一个存在、每一种观念及人的每一次活动都具有试验性。因而,"实用效果""有用与否"就成为衡量一切知识是否是真理的标准。鉴于社会变化不定,没有哪种知识能适用于所有问题,他进而认为世界不存在永恒真理。人在不安定的世界能延续下来不是靠所谓的"真理",而是靠不断改造的经验,或者从根本上说是凭借经验中所具有的反省思维(探究能力)。通过探究,经验之初所遇到的困难便被排除,从而使某种纷乱的情境转化为清晰、连贯、确定与和谐的情境。那么,怎样才能获得解决问题的探究能力呢?杜威认为应该通过科学方法的训练来获得,因为"科学由人类缓慢地设计的特殊的工具和方法所组成,在思考的程序和结果可以试验的情况下,人们运用这些工具和方法从事思考"。所以,它是一种最可靠、最有效的方法。在杜威看来,更为重要的是,科学方法的应用不应当局限于自然科学,科学智力活动是所有智力活动的楷模,它代表着被证明对任何学科都有效的唯一方法。所以科学方法本身有着无可比拟的巨大教育价值,它显然应当成为教育的基本目标,以此训练和培养学生的探究思维与习惯。

杜威根据自己的理解,把科学方法分成以下五个基本阶段:(1)出现一个问题情境;(2)将起初的疑难明确为一个有待解决的问题;(3)提出解决问题的种种猜想;(4)判断各种假设的含义和结果,从中选择最可能解决问题的假设;(5)投入解决问题,证明假设。杜威认为教学活动的要素与科学思维的要素应当相同,并由此提出了相应的"思维五步"或"问题五步"教学:第一,学生要有一个真实的经验的情境——要有一个对活动本身感兴趣的连续的活动;第二,在这个情境内部产生一个真实的问题,作为思维的刺激物;第三,他要占有知识资料,从事必要的观察,对付这个问题;第四,他必须负责一步一步地展开他所想出的解决问题的方法;第五,他要有机会通过运用来检验他的想法,使这些想法意义明确,并且让他自己去发现它们是否有效。为体现对科学方法的重视,杜威主张的科学课堂不是从深奥难懂的专业知识开始,而是从探究日常经验中的事物开始,如油漆、洗涤剂、漂白粉、加油泵等。因为前者只能使学生了解或背诵一些符号,不能理解符号的意义,更不能掌握处理材料的科学方法,而后者却能使学生探索自然界的相互作用,发现各种因果关系,这样学生的经验便被引向基本科学原理。在杜威看来,研究日常生活中的情境和现象而不是传统课业中的知识内容,既有利于将科学推理过程确定为教学目标,同样重要的是,又有利于学生将这种推理应用到日常生活世界。杜威在1916年发表的《科学教学中的方法》一文中哀叹说,对科学内容的过分重视无异于将马车置于马的前面。科学教学的目标应当是"用具体经验之马牵拉科学知识之车",因此"高中科学要做的不是将马车装满……而是做好牵拉工作,以使每个受其影响的学生总能产生这样一种倾向:将自己的粗糙经验转化为更加正式的科学形式,将他读到或听到的抽象科学转化为日常生活术语"。为把自己主张的教学落到实处,杜威反对传统上那种让学生坐在排列整齐的课桌旁"静听","单纯地学习书本上的课文"而没有活动的授课形式,他要求在课堂中为儿童准备能够充分展开活动的场所和适合儿童活动所需的各种材料和工具,要在学校里设实验室、工厂、园地等,让儿童在制作的活动中学习。也就是说,让儿童从"做"中学,在"做"中思维,通过思维提出和解决问题,在"做"中验证所获经验的有效性。

3. 建构主义视角下的"建构"学习

建构主义站在与客观主义认识论相对的立场上,强调人类的认识并不是对现实本来面目的客观反映,而是主体对个人或社会意义的建构,是通过主客体的相互作用完成的。而且,这种相互作用在性质上不同于非生物之间所发生的机械反应或被动适应,而是主体的认知结构对客体的能动作用过程。"认识既不能看作是在主体内部结构中预先决定了的——它们起因于有效的和不断的建构;也不能看作是在客体的预先存在着的特性中预先决定了的,因为客体只是通过这些内部结构的中介作用才被认识的。""认识是一种持续不断的建构。"进一步来说,建构性认识活动具有双重性:一方面,客体是认识的前提,没有客体就没有主体对客体的认识;另一方面,主体对客体的认识要经过主体认知结构的中介作用,主体的认知结构不同对客体的反映也就不同,没有认知结构的理解和创造也就没有对客体的认识。只有这两方面同时起作用,才会获得某种认识结果。当然,在主、客两方面相互作用中,主体是唯一的主动因素,它以自己原有的认知结构去选择和加工处理客体,最后产生对客体的认识。从形式和功能来看,这种认识仿佛体现了主体对客体的能动建构,即主体以自己的认知结构去分析、过滤、转化客体信息,在观念中建构客体的本质与规律,而不是对客体作原原本本的反映。建构主义虽然流派众多,观点庞杂,但大体都坚持这种认识建构观。

因此,在建构主义者看来,学习显然不是教师把知识传递给学生,而是学习者建构自己的知识的过程。学习者不是被动的信息吸收者,相反他要主动建构信息的意义,而且这种建构不可能由他人代替。这是因为学习者不是空着脑袋走进教室的,他们在以往的生活、学习和交往活动过程中,已逐步形成了自己对各种现象的理解和看法,这些理解和看法不可避免地参与到新知识的学习过程中,对学习起调节作用,即学习时他们会通过新知识与原有知识经验的相互作用,形成对新知识的独特理解，并使自己的原有认知结构得到充实、丰富与改造。那么，什么样的学习方式才有利于学习者建构自己的知识呢？由于建构活动的基础是原有知识经验或认知结构的参与，如果学习者缺乏或无法利用原有知识经验，学习时就不能开展建构活动，因此从理论上讲，凡是能使学习者新旧经验发生相互作用的学习都是建构性学习，如奥苏伯尔的有意义学习便是建构性学习。但在建构主义者看来，最有利于学生建构知识的学习是问题解决学习。因为一个令学生感兴趣的问题解决活动有可能使学习者更主动、更广泛、更深入地激活自己的原有经验，分析理解当前的问题情境，并经过积极的分析和推理得出新的结论，而新结论的合理性需接受它是否能够解决或解释问题的检验，检验结果或是使得原有知识经验更加丰富和充实，或对原有知识经验作调整与重构。换言之，与其他学习方式相比，在问题解决学习中新旧经验的相互作用得以更充分、更有序地进行，从而使得学习活动中真正切入学习者的经验世界中，而不只是按照教学设计者预先确定的框架和路线来建立联系。可以说，问题解决为新旧经验的同化和顺应提供了理想的平台。与此相应，建构主义者要求对传统教学进行改革。他们设计出许多新的教学活动方案，但其基本思路是让学生以问题解决为核心开展学习，如"锚式情境教学""课题式教学"以及"基于问题式学习"等莫不如此。在"锚式情境教学"中，教师将教学的重点置于一个大情境中，引导学生借助情境中的各种资料去发现问题、形成问题、解决问题，借此让学生将数学或其他学科的解题技巧应用到实际问题中。"课题式教学"主张针对课题内容设计出一个个的学习单元，每个课题围绕一个具有启发性的问题展开，学习者通过合作、讨论来分析问题、搜集资料、确定方案步骤，直至问题解决。通过问题解决，使学习者深刻地理解相应的概念、原理，建立良好的认知结构。"基于问题式学习"强调把学习设置在复杂的、有意义的问题情境中，通过让学习者合作解决真正的问题，学习隐含于问题背后的科学知识，形成解决问题的技能，养成自主学习的能力。

二、三种理论的异同比较

柏拉图的"回忆"学习、杜威的"做中学"以及皮亚杰建构主义理论倡导的学习，它们不仅名称不同，而且出现的时间也相距遥远，一个在公元前，另两个分别在20世纪初期和末期，似乎三者之间不存在什么关联。但只要稍作分析不难发现，它们至少有以下两个共同点：一是都重视问题的解决。三者都从"问题"开始，而且这些问题对学习者而言都没有现成答案，不可能通过简单的回忆来解决它们。如在前面的例子中，苏格拉底"面积为8平方米的正方形边长是多少？"的提问，以及柏拉图《对话录》中苏格拉底关于什么是"善""正义""勇敢"的提问，都是针对一般属性或规律而言的；杜威主张儿童解决的问题，也是通过做而产生的"疑难的问题情境"或"三岔路口的情境";建构主义者给学生设计的问题很多是学生现有知识经验不能解决,并引起他们强烈认知冲突的问题。对于这些问题或疑难,学习者须在他人帮助下经过积极的"回忆""探究""建构"才能加以解决。所谓"回忆""探究""建构",实际上就是我们所说的分析、比较、综合、抽象、概括等思维活动。简言之,三种学习的对象都指向事物的本质和规律,学习形式是问题解决,学习心理是思维活动。第二个共同点是,三者的根本目的都是为了实现或高扬人的本性。从表面来看,三者目的各不相同:进行"回忆"是为了使学习者认识事物的理念(本质或规律),而不至于被事物的表象或假象所迷惑;通过"做"是要促使学习者接受科学思维训练,以提高解决实际问题的探究能力;从事"建构"是为了使学习者建构自己的意义,丰富和发展自己的认知结构。但从更深层的含义上讲,三者的目的是相同的,都是为了实现或发扬人的本性,从而把人与其他事物区别开来,只不过时代不同,所要发扬的人性有所不同罢了。在柏拉图那个时代,哲学家的最大愿望就是希望唤醒人们的自知,即"认识你自己",而"人是理性的动物"则是那个时代少有而又难得的高见,因此柏拉图幻想通过"回忆"达到对理念的认识,以实现人的本性即"理性";而在受达尔文进化论影响颇大的杜威看来,人与其他事物的最大区别在于人能主动地适应和改造环境,而不是被动地适应环境,原因是人生来就具有特殊的"生物性",即初生婴儿的"不成熟性"(immaturity),它使得人具有应付环境的巨大潜能或可塑性,而"做中学"就是要使人的潜能得以最大限度地变为现实,从而完满实现人所特有的"生物性";20世纪后半期是所谓反对权威、去中心化、崇尚多元的后现代时期,学者们反思时弊,对于人自身感到的最大悲哀是人之为人的主体性的丧失,从很大程度上讲建构主义学习就是要在肯定个人的建构活动中发展或发扬人的主体性。

  当然,三者之间也存在显著的差异:一是解决问题的过程或方式不同。从思维过程来看,柏拉图所说的"回忆"显然与当今心理学上的"回忆"不是一码事,它实际上涉及分析、比较、抽象、概括等思维过程,但这些思维活动只是初步的,不是概念思维或抽象符号思维,而是属于直觉经验思维或形象思维,无明确的逻辑或规律可循。所以通过对话,童子只是形象地把握了面积为8平方米的正方形的边长等于面积为4平方米的正方形的对角线的长度,还谈不上发现了勾股定理,更不会用勾股定理去计算它的长度。在整个人类思维具有直觉性和形象性的古代,苏格拉底能引导童子达到这样的认识已经相当不易,我们对此不能苛求。相比之下,杜威所倡导的解决问题方式即科学思维五步则要高级得多,用杜威自己的话说,科学乃是认识的"完美过程"和"最后阶段",正因为如此,他甚至主张用它来解决包括非科学问题在内的人类所有问题。至于建构主义者所倡导的问题解决方式,显然是多种多样,因人而异,既有科学的,也有不科学的,一切视学习者认知结构的性质而定。简言之,在解决问题的思维方式的特点上三者分别是直觉思维、科学思维和个性化思维。第二点差异是认识论基础不同,进而引起不同倾向的问题解决学习实践。"回忆"学习的认识论基础是唯心主义的先验论,受此影响,开展问题解决或回忆学习时,解决问题的焦点会有意无意集中在问题解决者自身的能力上,甚至会认为只有那些天赋较高的孩子才能从事问题解决学习,而那些平庸的孩子则不合适。正如柏拉图借苏格拉底之口所说:"如果他是一直就有(某个理念)的,那么他就始终知道它们;如果他是在某个时候获得的,那么他就不可能在今世获得。""做中学"的认识论基础是实用主义,根据这个哲学观点的要求,既然科学方法能有效解决问题,那就按科学方法的步骤开展教学。而科学方法之所以有效,在于它接受了实验或实证的检验,因此学生在问题解决学习过程中也要十分重视实际事物的操作或实验,以保证得到实际经验的验证。这样,实际经验便占据着重要地位,以至于过分强调从实验或实际事物中寻找解决问题的办法,忽视间接经验的启示和指导作用,从而阻碍儿童在动手活动时也充分动脑。所以,尽管杜威希望儿童通过解决问题学习把经验上升到科学,但他所主张的教学实验或实践实际上却为经验所困,囿于经验,致使学校科学沦为"生活科学",导致教学质量的下降。与前两种认识论相对,建构主义认识论强调主体与客体的相互依赖与相互作用,在解决问题过程中既重视实际经验的获得,又重视主体能动性和创造性的发挥,促使认识实现从感性到理性的飞跃。就像以建构主义为指导的《美国国家科学教育标准》所要求的那样,学习时既要动手,又要动脑,以动手促进动脑,以动脑指导动手,手脑结合。概言之,三者认识论基础的不同,会导致问题解决学习相应出现重内部思考、重外部操作、二者并重这样三种倾向。

三、对探究性学习的启示

按《汉语大词典》的解释:探究指"探索研究",即努力"寻找答案、解决问题"的过程。所以从广义上说,柏拉图的"回忆"学习、杜威的"做中学"、建构主义名下的问题解决学习,实际上也是探究性学习。当前我国新一轮基础教育课程改革大力倡导开展以"探究为核心"的学习活动。实验近三年来,教育工作者围绕探究学习做了大量探索与实践,总体来说是既有心得也有迷惑,这在各种媒介上已有报道。那么,从三者异同的比较中,能得到开展探究学习的什么启示呢?不同的读者也许会有不同的结论,这里我们只针对探究学习的终极关怀谈一点看法。第一,探究学习的理想目标在于找寻迷失的人性。谈到新课改到底新在何处时,学者们争论不休。就新课程的实施方式而言，有的说是新在学习方式的转换上，即变被动接受学习为主动探究学习；有的说新在新出现的教学理念上，如"教学是对话""教室是实验室"。从某种意义上说，这些说法都没有错，只是还不到位。我们觉得较为贴切的说法是，新在"营造一种新的课堂文化"上，即要形成"自主、合作、探究"的课堂文化，以使学生养成课堂上敢于做主、善于合作、乐于探究的习惯。当然，仅如此理解还是不够深刻。根据前面的分析比较，我们认为新课程之所以强调以探究学习为核心，不仅是要营造一种新的课堂文化，其终极关怀更在于唤醒人们对自身的认识，对人性的觉醒，对迷失了的人性的探寻。这个要找回的人性即是当前倍受关注的人的主体性。认识到这一点，开展探究学习时，就不能只重视问题的解决或某个结论的获得，更应重视解决问题的多样性以及对其过程的反思，从而感悟和体验人的独特性与能动性、个性与创造性。第二，超越个体经验性探究。通过探究学习找寻和实现人的主体性，实际上是要在探究学习过程中逐步实现人的主体性，而不是对生而有之的人性的回归或发现。事实上，儿童开展探究学习时，主体性还非常有限，只有在吸收人类现有认识成就的基础上，他的主体性的次级属性如主动性、独立性、创造性、社会性等，才能真正得到加强。德国哲学家卡西尔在《人论》中说，人的本性"是人的劳作（work）。正是这种劳作，正是这种人类活动的体系，规定和划定了'人性'的圆周。语言、神话、宗教、艺术、科学、历史，都是这个圆的组成部分和各个扇面"。这段引言至少包含两层含义：一是不存在先天的人性，它是在劳作中形成的；二是人性也就是人的文化性，由各种文化组成。因此，我们认为儿童的探究学习必须超越个体经验的范围，逐步向人类探究各种文化的方式靠拢。就科学文化而言，"通过社会文化和科学机构建构和传播的科学观点，不可能由学习者个人通过经验性探究而发现出来，学习科学涉及被引入科学文化之中。如果想要学生掌握科学知识系统，知识的建构过程必须超越个人的经验性探究"。因此，科学教学"不仅要给学生获得有关物质世界的经验的机会，也要给他们提供了解常规科学模式和概念的机会"。为此，我们主张模拟科学探究开展探究学习。这样看来，探究学习时虽然鼓励学生充分发挥主体性，但不等于说让他们放任自流，怎么"建构"都行，每个人的答案都一样有价值。第三，探究学习要符合儿童的认知规律。就科学课程的探究学习而言，说它要超越个体经验，融入科学文化，模拟科学探究，并不是要学习者不论年龄大小，都从事严格的科学研究。前面说过，历史上所倡导的三种问题解决学习，在思维过程上分别体现直觉思维、科学思维与个性化思维的特征，而且这些思维实际上都是当时整个人类思维所能达到或力求达到的水平。心理学研究表明，儿童的思维发展需经过动作思维到形象思维再到抽象思维，所以我们不妨假设人类思维发展过程与个体思维发展过程相对应，引导儿童开展经历类似思维的探究学习。小学生的探究学习重直觉思维和经验思维，可多从事实物的操作与实验；中学生的探究学习重科学思维，加强对探究过程的反思，以提高思维的逻辑性、严密性和科学性，科学课程的探究学习尤其应当如此；大学生以及研究生的探究学习重个性化思维，鼓励从多种角度看问题，力争创新。只是这样做时，要注意吸取历史教训，坚持正确的建构观，避免出现片面重视感性经验或遗传能力的不良倾向。

第七编 实践篇

第九章 备课与说课

备课是教师依据课程标准和教材,结合学生实际,将教材中的知识转化为课堂教学内容的过程,是对教学过程的总策划和总设计。备课是教学过程的起始环节,备好课是上好课的前提。说课是教师在备课的基础上,面对同行或教研人员,用口头语言和有关辅助手段阐述某节课或某单元的教学设计及其理论依据,然后由听者评析,说者答辩,相互切磋,使教学设计趋于完善的一种教学研究活动。备课与说课是教师要掌握的基本功。

第一节 备 课

备课是教师上课的重要环节,是教师依据课程标准和教材,结合学生实际,将教材中的知识转化为课堂教学内容的过程,是对教学过程的总策划和总设计。

备课是为上课以及其他教学环节所做的准备工作,是整个教学过程的起始环节。课上得好不好,在很大程度上取决于准备工作做得充分不充分,如果把备课比作练功、排演,那么上课就是登台演出。平时排练不出汗不出力,演出就不可能成功。通常人们所说的"功夫在课外""台上十分钟,台下十年功"就是这个道理。特级教师斯霞说:"要上好课,首先要备好课,我常常把备课比作指挥员在组织战役,我总是反复推敲,直到自己认为满意的设计方案为止。备课是一项极其复杂的脑力劳动,容不得半点马虎。只有踏踏实实、认认真真地备好课,才能取得应有的教学效果。"[1]教师要想提高教学质量,必须认真做好备课环节的工作,做到脑中有课标、心中有教材、眼里有学生、手中有教法。

一、备课的类型

(一)常年备课

常年备课是指教师在教学的过程中,持续不断地钻研教材,不断总结提炼,丰富教学知识,日积月累,形成具有良好的知识储备和经验提升,促进专业发展的过程。北京市特级教师陈毓秀讲的"战国七雄"一课极为精彩。课后有人问她这节课用了多少时间备课,她回答说:"要说时间长,我准备了一辈子;要说时间短,我

---

[1] 斯霞:《我的教学生涯》,上海教育出版社1982年版,第21页。

准备了15分钟。""准备了一辈子"其实是个大实话,教师备课功夫全在平时一点一滴的积累,而不能"临阵磨枪"。平时要做"有心人",注意观察生活中的素材,积累各种教学资料,讲课时就会信手拈来、收放自如。

(二)学期备课

学期备课是指教师根据课程标准、教科书的体系和内容容量、学生情况以及教学时数等因素,确定学期的总要求、章节或课题编排、各章节或课题的教学时数、教学形式、课外自习或作业的时数。这个计划一般由教研室(组)集体备课商定。

学期教学进度计划最好以表格形式呈现,一式三份,一份交教务处以便学校掌握情况,第二份交教研室(组)以便教研室检查监督执行,第三份由教师自己保留以便参照执行。

【示例】

2016—2017学年第一学期教学进度计划

年级　　课程　　任课教师

月日	周次	章节课文的题目和内容要求	时数	教学类型与结构	作业、实验题目内容	时数	复习考试考查	时数	备注

(三)单元备课

一个单元教学开始前,教师必须对这个单元的教学作全面的考虑和准备,并制订出计划。内容包括:课题名称,教学目的,重点、难点和关键点,课时划分,各课时的主要内容,课的类型与主要方法等。

单元计划也可由教研室(组)集体备课商定,但不必强求一律如此。单元计划也可以表格形式展现。

【示例】

2016—2017学年第二学期第　　单元教学计划

年级　　单元（或课题）题目　　任课教师

日期	目的要求	重点难点	主要内容与程序	方法手段	课时划分	备注

（四）课时备课

课时备课是根据单元明确的教学目的、任务、要求、重点、难点及相应要求，进一步从每节课的实际出发，认真研究和解决单元各项计划的具体落实。

（五）课前复案

这是在上课前教师对教案内容再揣摩构思、默记熟练的过程。一个优秀的教师，即使他教过多少遍，每次走上讲台前，他还是会研读一下教案。这是一个习惯，是一种责任。特级教师张子锷说："我教中学物理五十年了，同教三个班，已讲了一百五十遍了，但是到最后一遍，不备课我还是不敢上课。"[1]

（六）课后备课

上完课后，教师一定会有一些体会、想法，哪些地方需要补充完善，哪些地方需要调整修改，哪些遗憾需要下次避免，等等。及时把它们写下来，作些反思总结，是十分必要的。现在，有些教师总感到写文章没有素材，也就是"没有话说"，其实，很大一个原因是没有及时进行"教学反思"。

二、备课的六项任务

（一）研读课标

课标，即课程标准，是国家关于基础教育课程的纲领性文件，是对基础教育课程的规范和质量的基本要求。我国的基础教育新课程改革把沿用多年的"教学大纲"改为课程标准。某一学科的课程标准反映了国家对特定年龄段的学生在该学科方面必须达到的统一的最低学习要求。课程标准规定了各科目所要实现的课程目

---

[1] http://lhljl46194619.blog.sohu.com/152232054.html。

标、课程内容，以及评价的内容和标准，是教学和评价的出发点和归宿点，也是编写教材的主要依据。《基础教育课程改革纲要（试行）》指出："国家课程标准是教材编写、教学、评估和考试命题的依据，是国家管理和评价课程的基础，应体现国家对不同阶段的学生在知识与技能、过程与方法、情感态度与价值观等方面的基本要求，规定各门课程的性质、目标、内容框架，提出教学与评价建议。"所以，课程标准在教学中扮演着非常重要的角色，教师要想上好课，必须对课程标准有正确、全面、整体的把握。

课程标准的内容一般分为以下四个部分。

1. 前言部分

规定课程的性质、地位、基本理念及教材设计的基本思路等，对这部分内容教师要反复研读，吃透其精神实质，以便树立正确的教学理念，明确整门课程的教学指导思想，对教学起到统领作用，确保教学的正确方向。

2. 课程目标部分

包括总目标和分学段目标，如语文，针对"识字与写字""阅读""写作""口语交际""综合性学习"五个领域分不同的学段分别提出了学习目标；数学把课程内容分为"数与代数""图形与几何""统计与概率""综合与实践"四个领域，并从知识技能、数学思考、问题解决、情感态度四个方面对每个学段的教学提出具体要求。教师备课必须对这部分内容细细研读，以便从"整体目标—学段目标—单元目标—课时目标"着眼，四位一体地整体设计每个单元、每节课。

3. 实施建议部分

包括教材编写、课程资源的开发和利用、教学与评价建议等，这部分内容有助于教师恰当地选择和设计相应的教学与评价的方法，提高教学的实际操作能力。例如，语文课标提出"阅读是学生的个性化行为，不应该以教师的分析来代替学生的阅读实践"，教师领会了这一点就应该摒弃一言堂，把时间腾出来，让学生直面文字，加强语言文字训练。又如，课标对作文教学提出要"为学生的自主写作提供有利条件和广阔空间，减少对学生写作的束缚，鼓励自由表达和有创意的表达"，为此，教师要抛弃"八股文"的格式，鼓励学生拿出自己的创意。

4. 附录部分

例如，语文课标的附录提出了背诵优秀诗文的篇目、课外阅读的书目和语法修辞知识的要点；数学课标的附录收录了几十个案例，指出了案例适用的年级，进行了学生相关知识背景的分析，并为教学中如何呈现教学内容、如何设计数学活动、如何运用这些素材提出了针对性、操作性强的建议等，许多案例可以直接或者经过"二次加工"用到课堂中来，这些都有助于教师准确地理解课标，减少课标在实施过程中的落差，对教师上好课有很好的参考价值。

特级教师于永正有个很好的备课习惯,即把课程标准中关于学段的教学目标复印下来,贴在备课本的首页,作为"教学指南"。当看到"指导学生正确理解和运用祖国的语文、丰富语言的积累、培养语感、发展思维"时,就坚定不移地在教学中引导学生读、背、写;当看到"培养广泛的阅读兴趣……"时,就坚决地把练习册丢到一边,努力在培养学生的阅读兴趣和学习习惯上下功夫……

(二)钻研教材

这是教师备课的核心环节。教材是教师在教学行为中所利用的一切素材,包括标准的教科书和有关的图书教材、视听教材和电子教材等。有人说,"这法那法,读不懂教材就没法;千教万教,教不好教材就白教",这话是有道理的。教材是教师实施课程标准的基本载体,是最基本的课程资源。教师通过解读教材来理解课程标准,又用课程标准来驾驭教材。教师要读懂、读透教材,对教材要滚瓜烂熟,真正把握教材的体系和精髓,内化教材的精神,找准教学的重点、难点、关键点和易错点,弄清教材的特点甚至疑点,探寻知识学习的方法和规律,挖掘教材内容所体现的思维深度和所蕴含的价值情感。正如邱学华老师所说:"课本,课本,教学之根本。掌握和驾驭教材是备好课的首要条件,也是教师的一项基本功。"[1]特级教师于永正备课的方法对新教师有一定的启发性,他把钻研教材分为四个步骤:理解字词句在课文中的意思;朗读课文;正确领会作者遣词造句、谋篇布局的意图;认真思考课后练习题的要求,有些自己还要先做一做。

当然,我们强调钻研教材、把握教材,不是说每堂课的教学必须完全和教材一致,"按教材教"不等于"教教材"。特级教师路培琦说:"教材就是提供给教师上课的素材,是给你一个教学思路,你要利用这个素材和思路,达到你的课堂教学目标,因此,不能照本宣科,不能把教材当作圣经来念。"教师备课要创造性地理解和使用教材,在"目标不偏离,要求不降低"的原则下对教材内容进行取舍整合。一般来说,教师对教材的处理可以概括为五个字,即"增""删""换""合""立"。[2]

增:新加内容,如补充材料或主题活动、实验操作等。

删:删除重复的、不符合标准的、不必要的内容。

换:更换不合适或不合理的内容。

合:整合不同知识点或不同学科的内容。

立:打破原来学科内容的次序,创立全新的框架结构。

教师对课标和教材的钻研,经过相当时间的积累,便能达到融会贯通、左右逢

---

[1] 邱学华:《邱学华尝试教学课堂艺术》,教育科学出版社2000年版,第44页。
[2] 崔允漷:《有效教学》,华东师范大学出版社2009年版,第122页。

源的自如地步，此时，教师才算具备了较强的备课能力。作为新教师，应向这样的目标努力。

（三）研究学情

教师备课时要做到"心中有学生"，加强对学生的研究，以全面了解学生的实际，有的放矢地开展教学，增强教学的针对性和实效性。教育心理学家奥苏伯尔说："如果我不得不把全部教育心理学还原为一句原理的话，我将会说，影响学习的最重要的因素是了解学生已经知道了什么，根据学生原有的知识状况去进行教学。"[1]美国学者海涅克指出："对学习者的一般特征，即使作一些粗略的分析，对教学方法和教学媒体的选择也是有益的。"

教师要通过个别谈心、课堂观察、作业调查等途径，深入了解学生的思想和情绪状况、知识和技能基础、兴趣和爱好、学习需要和对教学的期望、学习方法与习惯、思维特点和思维水平，学生学习新知识会有哪些困难，可能产生哪些问题，要采取哪些预防措施，以便根据课程标准和照顾大多数的原则，确定教学的重点和难点，把教学定位在学生的"最近发展区"，使对教材的处理较大限度地符合学生的实际，做到因材施教、因人施教。

（四）设计教法

科学合理地选择和有效地运用教学方法，是教师备课要解决的最主要和最基本的内容之一。教学方法包括教师教的方法和学生学的方法。我国中小学常用的教学方法有很多，如讲授法、谈话法、讨论法、演示法、实验法、练习指导法等，每种方法都有它的优势和适用的范围，教师要根据教学目的和任务要求、课程性质和教材特点、学生的状况、教学的时间、设备条件以及教师自身的业务水平和经验等加以恰当地选择和精心设计。一般来说，如果教学目标是强调掌握学科知识，则要采用以讲授为主的教学方法；如果教学目标强调的是掌握技能，则多采用以实验操作训练为主的方法。

初任教师，更多的是学习、借鉴老教师的方法，时间长了，要从自己的主、客观条件出发，探索、总结出适合于自己的、行之有效的教学方法。正如魏书生老师所说的："一个教师，要紧的……不是糊里糊涂地照搬某种教法到自己的课堂上，不加任何改变就用。他应当像蜜蜂一样，在教法的百花园中，到处采集有用的花粉，回来以后，酿制自己课堂教学的'蜜'。"几乎没有哪种教学方法是"放之四海而皆准"的，适合的才是最好的，正所谓"教学有法，教无定法，贵在得法"。

1　奥苏伯尔等著，余南星等译：《教育心理学：认知观》，人民教育出版社1994年版，扉页。

（五）选用媒体

"工欲善其事，必先利其器。"选择和使用恰当的教学媒体有利于提高教学效果。

随着科技的不断进步，从语言文字开始，发展到挂图、模型，再到录音机、投影仪、电视等，直至现在的多媒体教学设备，教学媒体越来越现代化。

现代教学多媒体手段的运用，大大提高了学生的学习积极性和学习效率。研究表明，仅通过听觉学习材料，3小时后保持率为60%，3天后为15%；仅通过视觉学习材料，3小时后保持率为70%，3天后为40%；视觉、听觉并用，3小时后保持率90%，3天后为75%。可见，声像媒体的有效组合可以使各种感官通道得到充分利用，对学生的学习非常重要。教师在备课时要充分考虑教学目标和教学内容的需要以及学生的年龄特征，选用恰当的教学媒体，以增强学生的学习兴趣，提高教学效率。

教师在选用教学媒体时要明确两点：一是教学媒体并非越现代越好。不管是现代的计算机多媒体教学系统，还是传统的挂图、模型、实物教具等，在传递信息的范围、表现力、重现力、受控性等方面各有不同，各有其适用的范围。对提高教学效果来说，并不是越现代的就越好，关键是要有利于教学目标的实现，要用得恰到好处。二是教学媒体并非用得越多越好。教学多媒体的功能再强大，它在教学过程中的作用总是有限的，对教学只能起到辅助作用，不能代替教师的启发和引导。如果说过去课堂上教师一讲到底的"口灌"是不对的，那么今天教师一味地依赖计算机多媒体对学生进行"电灌"同样是难以取得良好教学效果的。

（六）设计作业

作业（练习）对于学生巩固所学的知识、培养学生独立思考和分析问题、解决问题的能力有不可忽视的作用，也有助于教师获得学生学习状况的反馈信息，为后续的教学提供重要参考。所以，科学地设计学生的作业、练习是教师备课过程中必不可少的工作。教研组、备课组在研究课堂教学的同时，也要适当研究作业，把作业设计纳入教学设计之中。

当前作业设计中存在不少问题，如：现成的作业多，自编的作业少；全班统一的作业多，分层设计的作业少；机械记忆的作业多，探究创新的作业少；纯知识性的作业多，参与实践的作业少；反复训练的作业多，方法提炼的作业少；独立完成的作业多，合作互动的作业少。这不仅导致学生课业负担重，学习效率不高，也增加了教师批阅作业的工作量。

教师设计作业要注意以下几点：

（1）设计作业要紧扣教学目标，以充分体现教学重点，突破教学难点，帮助学生巩固所学的知识和技能，提高运用所学知识分析问题、解决问题的能力。

（2）设计作业要突出学生的学习主体地位，建立符合学生已有知识结构和基本技能的作业架构，设计由低到高的作业目标，根据学生的学习水平差异设计不同难度的作业，关注不同层次学生的学习需求，增加作业的选择性和针对性。

（3）作业的形式要多样，根据学习目标要求，可以设计书面作业，或社会调查、实践操作类作业，以增强学生学习兴趣和积极性。

（4）作业的数量要适当，以减轻学生的课业负担。教师切不可简单搬用市场上练习册里的内容，不顾学生的具体情况，要求"从第×页写到第×页"。这样做不仅会增加学生的作业负担，达不到练习的效果，而且时间长了还很可能会引起学生厌学。另外，布置作业前，各科教师要通气，避免看起来单科教师布置不多，但多个学科的作业加在一起作业的总量就很多，造成学生过重的作业负担。

（5）针对不同类型的作业做出科学的时间安排。如背诵的作业可以适当多留点时间，避免今天布置，第二天就检测，给学生造成心理压力；对于要花较多时间的实践作业，可以安排在双休日，还可以考虑让学生合作完成。

三、课时计划编写技术

（一）普通教案的编写

教案是教师以课时或课题为单位编制的具体的教学方案，也称为课时计划，是教师备课的文本记录。编写教案是教师备课过程中的一项基础性工作，也是衡量教师教学活动质量的一个重要依据。一个好的教案是教师的教育思想、教学理念、教育智慧和教学个性的综合体现。写好教案是保证有效教学、提高教学质量的基本条件。

1. 教案的一般格式

教案的编写因教师、学生、教学内容、教学环境的不同而有所差异，不同学科、不同学生、不同教学条件应有不同的教案，但无论新老教师，也无论是哪一学科，一份完整的教案都应反映以下10项基本内容。

（1）课题：本课名称，即教材的章、节、目。课题表述要明确、具体，通常用"××版××年级××内容的教学设计"来表示。

（2）课型：是新授课还是复习课。

（3）课时：说明所需课时，或属于第几课时。

（4）教学目标：即教学目的要求。"目标是一种预先设计的靶子，一种还没有实现而想要获得的东西"，也就是教学所要完成的任务。

（5）教学重点：本课要解决的关键问题。

（6）教学难点：本课易产生困难和障碍的地方。

（7）教学进程：这是教案的主体部分，说明教学进行的内容、方法、步骤、措施等。

（8）板书设计：上课时准备写在黑板上的内容。

（9）作业处理：须布置的书面或口头作业。

（10）教具：或称教具准备，说明辅助教学所使用的手段、工具。

撰写教案是一项非常个性化的工作，是教师的一项创造性活动，它有一定的格式要求，但又不限于某种格式。"教学进程"部分宜写得条理清楚、文字表述口语化。详略的处理因教师而异：老教师教书二三十年，对教学内容烂熟于心、如数家珍，临场经验丰富，可以写简案，即可以写得简略一些，写个提纲就行了；新教师临场经验少，对教学内容不是非常熟悉，建议写详案，尽量写得详尽一些。新教师要重视写教案的工作，一开始就养成认真工作的习惯，形成写教案的规范。

教案要及时补充、修订。教师在讲课中或讲课后在教案的旁边匆匆记下任何想法，对将来参考都是非常有用的。教案制定是一个不断改进的过程，每次上课都需要做些修改，做到常教常新。要想教学技能有质的飞跃，制定教案的技能就必须不断提高。

2. 教案编写的一般程序

（1）钻研课程标准和教材。

课程标准是教师备课的纲领性指导文件，教师必须认真钻研，吃透课标；同时要通览教材，准确把握本章节、特别是本次课的教学目标和要求。如有可能，教师应通读所任学科的各年级所有教材，便于对总体情况有所把握。正如苏霍姆林斯基所说："教师越是能够运用自如地掌握教材，那么他的讲述就越是情感鲜明，学生听课后需要花在抠教科书上的时间就越少。"[1]

（2）分析学生。

教师在编写教案时，要做到"心中有学生"，分析学生的现有水平、学习需要、学习环境、学习态度、学习方式、学习习惯、思维特点、生活经验、个性差异、认知规律等。著名特级教师于漪说："学生的情况、特点，要努力认识、悉心研究，知之准，识之深，才能教在点子上，教出好效果。"[2]教学最忌讳的就是不问对象，"对牛弹琴"者本身就是不高明的。

（3）查阅资料和汲取教学经验。

他山之石，可以攻玉。教学参考资料是由有经验的优秀教师或教研员编写的，

---

[1] 苏霍姆林斯基著，杜殿坤编译：《谈谈教师的教育素养》，《给教师的建议》，教育科学出版社1984年版，第425页。

[2] 赵国忠：《备课最需要什么》，南京大学出版社2010年版，第7页。

是教师备课的主要参考资料，可以帮助教师更好地理解教材，借鉴好的教学经验，从而更好地完成自己的教学设计。很多新老师在没有教学经验的情况下就是借助教学参考资料慢慢熟悉课堂教学，掌握教学规律，逐渐成长起来的。教师备课时认真查阅"教参"等资料，科学地用好教参，编写教案时可以达到事半功倍的效果。但要注意的是，教参仅仅是教师备课的参考，切忌过分依赖教参，甚至不加思考，对着教参亦步亦趋，人云亦云，照本宣科，久而久之，没有教参就不会教书了，最终失去自我，成了教参的奴隶，教学质量就无从谈起了。正如斯霞老师所说："教学参考书写得再详细、再具体，也不能代替自己钻研教材。有的青年教师有了参考资料就不去研读课文了，他们认为写参考书的人水平比自己和其他老师高，不必再花工夫去钻研教材。这种想法和做法是用别人的劳动直接代替自己的劳动。长此以往，必定会影响自己的业务水平和教学质量的提高。"[1]

（4）确定教学目标。

教学目标是一切教学活动的灵魂，是课堂教学的起点和归宿。美国行为主义心理学家马杰认为，教学设计由三个基本主题组成：首先是"我要去哪里"，即教学目标的制定；其次是"我如何去那里"，包括学习者起始状态的分析、教学内容的确定、教学方法和教学媒介的选择等；最后是"我怎么判断我已经到达了那里"，即教学监控和教学评价。显然，在这三个主题中，教学目标居于核心地位。

首先，教师要有目标意识，要重视教学目标的设计。

其次，教师在确定教学目标时要清楚目标之间的层级关系，整体把握教学目标。教学目标应该是课程目标的具体化，而课程目标又是教育目的的具体化。单就教学目标来说，又有学年目标、单元目标和课时目标，也就是说，课程目标是教学目标的上位目标，单元目标是课时目标的具体化。就某个知识点的教学来说，教师不仅要明确这个知识点在本单元的教学要求，还要了解这个知识点在本学年甚至相应学段的教学要求。据此，教师才可能依据知识与技能、过程与方法、情感态度与价值观这三维目标和学段目标、学年（学期）目、单元目标找准每堂课的教学目标。不能简单地对着教参抄写一二三条目标在教案上，这样做将导致教学的低效甚至无效。

最后，目标的表述要具体、明确，可观察，可测量。教学目标的叙写要明确行为主体、行为动词、行为条件和表现程度四个要素。行为主体即学生，规范的行为目标开头应该是"学生应该……"，书写的时候可以省略，但思想上要牢记；行为动词用以描述学生所形成的可观察、可测量的具体行为，如"写出""列出""认出""辨别""比较""对比""指明""绘制""解决""背诵"等；行为条件

---

[1] 斯霞：《我的教学生涯》，上海教育出版社1982年版，第21页。

指影响学生学习结果的特定的限制和范围等,如"根据地图""看完全文后"等;表现程度指学生对目标所达到的最低表现水准,用以评量学生学习表现或学习结果所达到的程度,如"至少写出3种解题方案""90%都对""完全无误"等。

【案例】叙写教学目标的正反例子[1]

正例:
①学生能自己组织语言完全无误地解释细胞分化的含义。
②学生在教师的提醒下能推断分化的特点,正确率至少达80%。
③学生在新的情境中能扩展分化的意义,至少能说出一点。
④学生能在具体的情境中区分分化程度和分化能力的关系,准确率至少达60%。

反例:
①以教育目的代替学习目标,如"使学生成为德、智、体全面发展的人"等。
②含糊其辞,难以评价,如"提高学生的写作技巧"。
③行为的主体是教师,而不是学生,如"拓宽学生的知识面"。
④行为动词没有指向具体的概念或内容,如"学生能获得发展"。

(5)确定教学重点和难点。

教学重点是教材中最基本的、最主要的,并对其他内容的学习起重要作用的知识点,是教学的核心所在。教学难点是那些抽象或深奥、学生难以理解、不易掌握的知识或技能。教学重点能否抓住、能否突破,教学难点能否找准、能否化解,直接关系到教学的成败。

教师要在理解学生接受能力的情况下,确定一堂课的教学重点、难点,并对重点怎么突破、难点怎么攻克有一个事先的预案。

(6)选择教学方法。

毛泽东曾说:"我们的任务是过河,但是没有桥或没有船就不能过……不解决方法问题,任务也只是瞎说一顿。"[2]确定了教学目标后,选择恰当的教学方法就像是给学生"搭桥"或"造船"一样,对目标的实现至关重要。

中小学的课堂不可能只采用某一种教学方法,往往要根据教学的具体内容、学生的年龄特征、知识基础和能力水平等,选择恰当的教学方法综合运用,一法为主,多法配合,以增强教学效果。

---

1 崔允漷:《有效教学》,华东师范大学出版社2009年版,第114页。
2 毛泽东:《毛泽东选集(第一卷)》,人民出版社1951年版,第125页。

（7）准备教具、教学媒体等。

为提高教学效率，要运用有关的教学媒体，刺激学生的多种感觉器官。教学媒体在上课前应选择好、调试好，并设计使用策略。

（8）设计教学过程。

这是教案的主体部分，也是教师编写教案时花费时间、耗费精力最多的部分。高效的课堂一定有个精彩的教学过程。

设计教学过程要以具体的教学任务和学生的认知规律为依据，以优化教师的教学行为、完善学生的学习方式为重点。将教学内容、教学手段、教学方式方法等因素进行纵横两个方向的合理联结。纵向是将教学导入、新课内容和要求的逐步展开、知识与技能的练习和巩固、课堂总结等顺畅衔接的一个流程；横向是围绕一定的主体内容，将学生的学习活动、教师的教学活动、教育媒体和教学情境等有有机结合，成为同步的、立体的互动性发展体。主要包括设计教学流程和安排教学活动两个方面的内容。

目前中小学常见的是以问题为中心的教学流程设计方式，即在对一连串问题的讨论与交流中，在"自主探究"和"合作分享"的过程中，实现教学目标。其教学流程包括以下四个环节。

第一，提出问题。包括创设问题情境（生活情境和虚拟情境），以新鲜有趣的形式引发学生的好奇心和积极的学习情感。

第二，解决问题。围绕学生已有的经验、体验来展开，设置合适的台阶，运用恰当的教学组织形式。引导学生主动参与讨论交流，从而解决问题。

第三，得出结论。引导学生自主得出结论。

第四，开展评价。通过评价，总结学习方法，反思合作性学习的有效性，分析彼此的长短处，从而提高学生的信心，促进学生的发展。

安排教学活动就是教师从教师的教和学生的学两个方面设计每个环节中教与学的双边活动。在各个环节中，要把情境、问题、探究、运用等作为重点进行研究，既要鼓励学生独立思考，积极参与，自主探究，自主建构，达成学习目标，同时又要强调师生之间、学生之间的交流沟通和合作。

在教师活动的设计方面，要考虑设计怎样的情境导入新课来激发学生的学习兴趣，怎样体现新课导入和教学结尾相呼应；怎样突出教学重点和突破教学难点，设计和指导开展哪些活动，选择哪些教学资源；通过哪些途径收集学生的反馈信息，调控学生的学习活动；怎样进行讲解，设计怎样的问题和练习供学生使用；怎样进行归纳小结，指导学生进行知识的迁移并使学习内容进一步整合内化；采用怎样的手段来测量或评定学生的学习效果；等等。

在学生活动设计方面，教师要根据学习目标与内容为学生设计相应的学习活动,包括阅读什么材料、观察什么实验、完成什么练习、如何进行实验、怎样开展讨论、如何进行自我反馈、如何实现知识迁移等。

教学过程设计的关键是,教师的讲解要"少而精";对重点教学内容和关键部分要有效点拨,适时疏导;对知识难点要设计合理的坡度,合理引导、突破;对容易混淆的概念,多用比较的方法区别其异同;应留出时间,鼓励学生多动手、多思考、多提问、多质疑、多交流。

(9)做好教学反思。

一个好的教案既要体现对教学过程的良好预见,更要体现对教学过程的深刻反思。这一环节初看上去不是教案编写本身的内容,但它是完善这一轮教案及做好下一轮教案的重要衔接,不可忽视。

(二)导学案的编写

导学案是在我国基础教育课程改革过程中,广大一线的中小学教育工作者在提高课堂教学效果的实践探索中逐渐形成的一种教与学的设计方案。

1. 导学案的内涵

导学案是在新课程理念的指导下,为达成一定的学习目标,由教师根据课时或课题教学内容,通过教师集体研究、个人备课、再集体研讨而制定的,旨在促进学生自主学习、合作探究的教与学的方案。

学案是集教师的"导案"(教师指导学生学习的方案)和学生的"学案"(学生自主学习的方案)、"练案"(分层次训练)和综合性评价于一体的导学性文本。

传统的教案着重解决的是教师"教什么""怎么教"的问题,而导学案不仅要关心教师"教什么""怎么教",更要关注学生"学什么""怎么学""学到什么程度"等问题。与传统的教案相比,导学案最大的特点是改变过去课堂以教师为中心、教师一言堂的状况,引导学生自主学习,把课堂还给学生,使学生真正成为学习的主人,因此,导学案被形象地比喻为学生学习的"路线图""指南针""方向盘""导航仪"。导学案的使用强调充分尊重学生的主体地位,积极发挥教师的主导作用,通过科学有效的训练,促进学生的学习,提高课堂的效益。

导学案是什么,不是什么[1]

第一,导学案不是让学生阅读的材料,而是指导学生动起来的活动设计。

导学案是给学生用的,不是给学生看的。导学案不是把学生要学的知识直接写在一张纸上,让学生看。……导学案是为学生设计一些活动,让他们通过这些活动来掌握知识。……假如我们要教"鲁迅的生平与创作"这个知识点,直接把这个知

---

[1] 李海林:《导学案是什么,不是什么》,载《教师月刊》,2013(4)。

识写在纸上发给学生，鲁迅哪年出生，哪年去世，代表作是什么，文学史上有什么地位，这是教材。如果是学习活动设计则可能是：上百度，搜索"鲁迅"条款，把每个条款中出现频率最高的关键词摘抄三个。前者是知识本身，后者是学生为了获得这个知识需要做的事。为学生学习某个知识设计一个或多个"事"（活动、动作），这是导学案最基本的特征。……其标志有两个：一是每一个条款必须有具体的动词出现；二是动词主语必须是学生而不是教师。主语是教师，那就是教案。

第二，导学案不是练习或试题，它是学生学习过程的设计。

导学案是学生学习活动的一个一个的动作设计。导学案的结构不是知识的逻辑结构，而是学生学习某个知识的心理结构：一个学生，要学一篇课文了，他翻开教材面对这篇课文时是一个什么状态，他会怎么想、怎么做，根据学生的这个状态和他的想法、做法，设计一个相应的动作。做完这个动作，学生又是一个什么状态，他的想法、做法会发生什么变化，会变成什么样子，根据已经发生的状态和他的想法、做法再设计一个动作……以此类推，一直到最后从学生到教师达到他/她想要的那个状态，出现教师想要他/她出现的变化。设计、使用导学案的根本目的，就是让学生在课堂里真正动起来……

2. 导学案的基本构成

导学案的基本构成要素因课型不同而有所不同。[1]

（1）综合课导学案的构成要素。

①学情分析：在教师的"导案"中体现，不出现在"学案"中。

②学习内容分析：包括学习内容的确定、学习内容的层次结构、学习内容的编排与组织、学习内容展示的程序和方式等，一般也只出现在教师的"导案"上。

③学习目标：它是整篇导学案的灵魂，起到统领作用。目标设计要科学合理、明确具体，具有可测性，叙写要简洁、明了、分层次。

④学习重点、难点：学习的重点、难点有些是教师根据教学目标、学情分析等预设的，有些可能是课堂生成的。教师应该做好教学预设和教学反思，将教学重（难）点找准。

⑤知识链接：提供给学生学习本节课的知识铺垫，类似"引桥"的作用。狭义上讲，指与本节课学习有关的学生所缺乏的关键性学习材料，包括旧知或拓展性材料；广义上讲，就是学生对知识学习的前挂后连，拓展延伸。

⑥学法指导：对学生的学习过程进行"指点迷津"，让学生学会学习、体验和

---

[1] 张海晨、李炳亭：《高效课堂导学案设计》，山东文艺出版社2010年版，第85页。

感受知识的形成过程，从而培养学生的学习能力。学法指导的呈现要具体明确，具有可操作性和指导性。学法指导的内容包括本学科的研究方法和一般的学习方法，如阅读的方法、做笔记的方法等。

⑦导学过程：这是导学案的主体内容和最核心的部分，是达成学习目标的关键，也是学生学习的主体环节，即通过帮助学生设计问题，引导学生发现问题、探究问题、解决问题，达到学生学会、会学、乐学、创造性学习的目的。

⑧整理学案：将知识由点到线、由线到面进行整合，对一堂课内容进行知识梳理、整理建构并回到知识体系的上位系统。其重点是双色笔标注的问题整理、课堂生成整理、易错点整理，最后绘出知识导图（思维导图）。知识导图可以是知识树、知识纲目、图标等各种形状。

⑨达标测评：包括测试、练习、学生自评、生生互评、对子测评、教师抽查等。要求教师根据学习目标精选精编练习（测试）题，难度、数量要适中，体现梯度，关照不同学习水平的学生。

⑩教与学反思：包括教师反思和学生反思。

（2）复习课导学案的构成要素。

①学情分析。

②复习导引：包括复习内容、复习目标、复习重点、复习方法。

③学习内容（问题）设计：包括知识梳理、典型问题设计、达标测评。

④学习过程设计：包括独学——自主复习，查漏补缺；对学/群学——合作探究，完善学案；展示——展示点评，达成共识；反馈——当堂测评，及时反馈。

（3）试卷讲评课导学案的构成要素。

①考情分析：成绩分布和走势、出错比较集中的题目、存在的共性问题分析等。

②错题归类剖析：将出错比较集中的题目按照出错性质或出错原因进行分类，每类错题中选取典型错例进行评析，分析出错的原因、审题技巧、相关知识的应用、解题方法、解题规范要求等。

③变式拓展训练：结合每类错题，进行变式拓展训练，确保这类题目真正得到落实。

④自我完善：要求学生在原卷的错误处进行修改，不要在旁边重做。

⑤学习过程设计：侧重学生的自查自纠。

3. 导学案的编写要求

导学案是学生学习的"路线图"。导学案编写的好坏直接影响着学生自主、合作以及探究学习的效果，也直接影响着学生课堂展示的效果和课堂教学是否真正达到高效。

导学案是对教与学的准备、教与学的实施、教与学的评价的系统、全面的设计，在正式编写之前要做好充分的准备，包括研读课标、吃透教材、对教材等课程资源进行创作和开发、充分分析和把握学情、构思教学策略等，在此基础上才可以顺利地编写文本材料——导学案。

导学案特别强调在学习目标、学习过程、评价标准的设计上分层次进行，尊重学生的个体差异。

（1）分层设计学习目标。学习目标的设计不仅仅要考虑学生的普遍性，达到"下要保底"，还要本着"上不封顶"的原则，考虑不同发展水平学生的学习需求，研究不同学生的"最近发展区"，提供"自助餐"式的学习目标。

分层目标的表述主要通过"行为条件、行为动词、表现程度"的不同来实现。例如：在10分钟之内并争取用更短的时间（行为条件），至少写出3种以上的解题方案（表现程度），80%的学生能写出（行为动词）5种解题方案（表现程度）。这个例子就为不同层次的学生提供了不同的学习目标。

分层次设计目标和学段（小学、初中不同）、学科、课题内容（难易度）及目标维度有关。三维目标中的知识与技能目标、过程与方法目标容易设计为分层次目标，而情感目标不太适合这样设计，比如"通过反复诵读，感受这篇文章的语言美""理解中国灾情重的国情，树立正确的减灾观"等，类似这样的情感目标就不适合设计为层次性目标。

（2）分层设计问题。导学案在学习内容的设计上，特别强调问题式设计，遵循"问题层次化，问题探究优化，问题情境化"的设计要求。就问题层次来讲，根据目标要求，一般从认知层面、学生层次、内容难易度等方面将问题分为A、B、C、D四个层次。

①A层：识记水平层次，由学生自主独立完成，一般在课前解决。

②B层：理解水平层次，要求学生能把新知识与原有知识和生活挂钩，形成融会贯通的衔接。通常由学生合作学习完成。

③C层：应用水平层次，学以致用，能解决例题和习题。通常由学生展示探究完成。

④D层：拓展水平层次，要求学生能把知识、经验和社会以及最新科研成果挂钩。通常由教师点拨学生完成。

案例：高一语文《雷雨》问题设计（山东兖州一中教师曹传鲁）[1]

学习过程：

（一）看课本注释，了解作者曹禺和《雷雨》的整个故事情节

（二）字词（A级）

1. 字音

汗涔涔　缜密　伺候　弥补　规矩　雪茄　惊愕　昧心　本分

2. 解释词义

汗涔涔：

谛听：

昧心：

规矩：

痛不欲生：

（三）阅读全文，把握情节发展的脉络（B级）

1. 文本中出场的人物主要有哪几位？他们之间的关系怎样？（点拨：本剧人物不多，但关系错综复杂，仔细体会作者这样安排的用意，是为了反映封建家族的什么特点。）

2. 本课一共节选了两场戏，试梳理这两场戏的情节。

（四）分析第一场戏

1. 周、鲁二人围绕三十年前在无锡的事件展开对话，周几次问到鲁侍萍姓氏和身份，这些问话和动作展现了周朴园怎样的心理变化过程？（B级）（点拨：注意分析两个人的对白，鲁侍萍的哪些言语举止会引起周朴园的怀疑？）

2. 周朴园是怎样看待侍萍突然出现在面前这件事的？他做出了怎样的反应？（B级）（点拨：注意思考此时周朴园最害怕的事情是什么。）

3. 精读有关周朴园的对话部分，找出能体现其性格特点的话，分析周朴园的性格特征。（C级）（点拨：注意体会人物性格的复杂性和多面性，周朴园为什么会怀疑鲁侍萍？）

4. 精读有关鲁侍萍的对话部分，找出能体现其性格特点的话，分析鲁侍萍的性格特征。（C级）（点拨：注意分析和三十年前相比，鲁侍萍的性格发生了哪些变化？）

（五）讨论

从周朴园三十年来所做的一切（打听下落、保留家具、记住生日等），可看出

---

[1] 张海晨、李炳亭：《高效课堂导学案设计》，山东文艺出版社2010年版，第75—77页。

他对鲁侍萍是真情还是假意呢？（D级）（点拨：曹禺先生后来曾经说："周朴园也是一个人，不能认为资本家就没有人性。为了钱，故意淹死两千多个小工，这是他的人性；爱他所爱的人，在他生活的圈子里需要感情的温暖，这也是他的人性。"请从人性的角度分析周朴园。）

分层设计问题还体现在课堂中难易点内容方面。要将难度较大的题目进行相应的层次分解，降低梯度，分散难点，沿着由浅入深、由易到难的顺序进行探究，分层设计学习程序。学习程序是指课堂学习内容各组成部分的学习过程安排，它决定着学生先学什么、后学什么、如何开展学习的问题。导学案的学习程序设计注重过程的关联性、层次的梯度性、过程的探究性和生成性、分层达标性，课型不同，程序不尽相同。

综合课型的学习程序：明确目标——自学（包括独学、对学、群学）——展示——整理学案——达标测评——学习反思。

自学课型的学习程序：明确目标——问题导学——自主交流——疑难反馈——成果总结。

展示课型的学习程序：明确目标——分工展示——互动生成——整理学案——达标测评。

反馈课型的学习程序：问题导学——自我反馈——对子帮扶——交互评价——全面提高。

分层设计展示板演。对于有层次、有梯度的综合性问题的展示，有时可以预设到导学案里，有时根据课堂进程即时性生成。比如预设中认为较难的问题，大家都已经掌握了，就不再按预设的要求机械地分工展示，而是由教师视具体情况做动态调整分工，并指导各学习小组进行题目的分解和内部分工。随着时间的推移，学生逐渐熟悉了展示要求，可以变为学习组长具体安排组内分工展示，以便让更多的学生参与到分工展示板演中来。

分层设计评价标准。主要通过学习目标的设计体现所要达到的标准，制定相应的评价体系。

分层设计达标测评。达标测评有很多方式，教师可根据需要选择运用，如对子测评、小组长检查、教师抽查、达标测试、开放性研究小课题等。设计达标测评题目时，一般按照由易到难5∶3∶2的难易层次来设计，以照顾不同层次的学生，尤其要关注学困生的学习情况，发现教学过程中的问题，以便教师改进教学。

4. 导学案的设计流程

通常，每周集体备课时，研究下一周的导学案，组内成员集体研究，并分配下一周的备课任务。基本流程是：个人初备，形成初案——备课组集备，形成共案——上课前个人复备，形成个案——课中续备，形成续案——课后补备，形成补案。

当周备下周的导学案，原则上每课一案，先个人初备，再返回学科组群议，形成共案，分配给相关任课教师，任课教师再根据自己班级学生的实际情况进行"个备"，最后结合实际的授课经历，做最后修补（补备）。

第二节 说 课

说课作为一种教学交流和研讨形式，自20世纪80年代诞生以来，通过一线教师和教研人员的实践和研究，已越来越日常化、规范化和专业化，它不仅成为教师教研活动的重要形式，也被应用于教师的培训、技能竞赛和各种评比活动中。说课也是近年来教师入职考试不可缺少的内容。

一、说课的含义

所谓说课，就是教师在备课的基础上，面对同行或教研人员，用口头语言和有关辅助手段阐述某节课或某单元的教学设计及其理论依据，然后由听者评析，说者答辩，相互切磋，达到相互交流、共同提高的目的，使教学设计趋于完善的一种教学研究活动。

说课的基础是钻研教材、吃透教材；说课的对象与上课不同，不是学生，而是同行、教研人员或评委；说课最核心的内容是要说出理论依据，即不仅要说"教什么""怎么教"，更主要的是要说出"为什么教这些""为什么这样教"。通过说"为什么"，可以帮助教师整理备课的思路，使教学设计更合理、更科学，也更能体现教师的教学理念和教育科学理论修养。

良好的说课能把理论与实践有机地结合起来，集"备中说""说中评""评中研""研中学"于一体，是优化课堂设计、提高教师教学能力的一种有效途径。

二、说课的类型

说课，因其目的、要求的不同，常有不同的分类。

1. 课前说课

课前说课，是指教师在认真钻研教材、分析教学资源、完成教学设计基础上的一种说课形式，是深层次备课后的一种教学预演活动。通过这个预演活动，可借助集体的智慧来预测课堂教学的效果，达到改进和优化教学设计的目的。因而，课前说课是一次预测性和预设性活动。

通过课前说课，使听说双方对课程标准的理解、教材的处理、教学目标的设置、教学资源的运用、学情的把握、教学环节的预设等有更深的认识。课前说课是培植教研组的教研文化、提升教研品质的有效途径。

2. 课后说课

课后说课，是指教师按既定的教学设计上课，并在课后向听课教师或教研人员阐述自己教学得失的一种说课形式，通过这种集体的反思与研讨，说课教师对教学的成败得失会有更清晰的认识，也就为进一步改进和优化教学设计提供了可能。因而，课后说课是一种反思性和验证性说课活动。

3. 评比型说课

评比型说课，是指把说课作为教师教学业务评比的内容或一个项目，对教师运用教育教学理论的能力、理解课标和教材的水平、教学设计的科学性等做出客观评判的活动方式。这既是发现和遴选优秀教师的一种评比方法，也是以此带动教师队伍建设、促进教师专业发展的有效途径。评比型说课既可以是课前的，也可以是课后的。参加评比型说课有助于提高说课教师及其所在的团队整体的教学专业水平。

4. 主题型说课

主题型说课，是指教师对教学中遇到的重点、难点问题，经过一段时间的实践和探索，以说课的方式向其他教师、专家和领导汇报其研究成果的教学活动。这是一种更深入的问题研究活动，在中小学教研活动中采用较多，有助于培育合作分享的教研文化，促进教师专业发展水平的提高。

5. 示范型说课

示范型说课，是由优秀教师做示范型说课，然后按其说课内容上课，再组织教师进行评议的教学研究方式。通过这种形式，听课教师可从听说课、看上课、参评课中增长见识，开阔视野，不断提高自己运用理论指导教育教学实践的能力，也是培养新教师的有效方式。

三、说课的特点

不论是何种类型的说课，一般都呈现以下特点：

（1）简便易操作。参加说课活动的是教师或教研员，规模小，形式灵活，不受时间、空间和人数的限制，又不牵涉学生，简便易行。

（2）理论与实践相结合。说课不仅要说"怎样教"，还要说"为什么这样教""这样教的理论依据是什么"。这就迫使教师积极主动地学习教育教学理论，确立运用理论指导教学实践的意识。

（3）智慧互补。说课是一种集体参与、集思广益的教研活动方式，对每位参与者来说，就是思想与思想的交流、碰撞。每一个观点、每一个补充或提示，都是一种教学智慧。教师们在交流中分享经验，在合作中共同提高，达到智慧互补。

（4）可重复修改和完善。教学设计是否科学，可通过说课来进行修改和完善。不足之处可以在课前修改，好的做法可以在课后提升。说课能够在课堂之外解决课堂教学中有可能出现的低效问题，不让学生在课堂学习中成为设计失误的实验品和牺牲品。

四、说课与备课、上课的关系

（一）说课与备课的关系

1. 相同点

从目的来看，备课和说课都是为上课服务，都属于课前的一种准备工作；从内容来看，说课是一种深层次备课后的"预演"活动，所以二者在主要内容方面是一致的；从活动过程看，二者都需要教师认真研究课标、教材及学情，并结合有关教学理论，选择合适的教学方式，设计最优化的教学流程。

2. 不同点

（1）内涵不同。备课更多的是教师独立进行的教研行为，说课是教师集体共同开展的教研活动。在对教学问题的研究与反思方面，说课比备课更深入、透彻、细致。

（2）对象不同。备课中，教师一般独立进行教学设计，不直接面对学生或教师；而说课是直接面对其他教师，说明自己备课及备课的依据。

（3）目的不同。备课是为了高效地开展教学活动，它以全面提高教学质量和不断促进学生发展为最终目的；而说课是为了帮助教师学会反思，改进和优化备课，它以整体提高教师队伍素质和实现教师专业化发展为最终目的。

（4）要求不同。备课强调教学活动安排的科学、合理和全面，其中，能为上课提供可操作性强、条理清晰的教学流程是其关键内容，因此，备课一般只需要写出教什么、怎样教就可以了，而无须说明为什么要这样教；而说课就不同，教师不仅要说出教什么、怎样教，还要从理论角度阐述为什么这样教。

（二）说课与上课的关系

说课与上课有很多共同之处。例如，在课前说课中，所展示的教学流程、教学内容、教学方式、教学媒体等，其实都会在上课时得到充分体现。再如，在课后说课中，说课者进行反思活动时所涉及的内容，则更多的是上课时师生活动的再现。然而，说课、上课毕竟是两种不同的活动过程，它们存在着一定的本质区别：一是要求不同。上课主要解决教什么、怎样教的问题，而说课除要回答"为什么这样教"。二是对象不同。教师上课的对象是学生，而说课的对象是同行和领导。

总之，说课是介于备课和上课之间的一种集体教研活动。对于备课而言，它是一种教学改进和优化活动；对于上课而言，它是一种更为缜密的科学准备过程。

五、说课的内容

（一）说教材

说教材，就是说课者在认真研读课程标准和教材的基础上，系统地阐述选定课题的教学内容、本节内容在教学单元乃至整个教材中的地位和作用，以及与其他单元或者课题的联系等，围绕课程标准对课题内容的要求，将三维目标化解到具体的教学环节中，确定教学的重点和难点以及课时的安排，等等。

基础教育新课程改革以后，教师在教材选择上有了更大的自主权。所以，说教材的第一项内容就是要说明所教内容的版本和具体所在的章（单元）节，以便听众对所教内容有整体的了解。

说教材的前提是读懂教材、钻研教材，创造性地理解和使用教材。在此基础上，说课者尽最大努力阐述自己对教材的理解和感悟，充分展示自己对教材的宏观把握能力和对教材的驾驭能力，力求做到既要"说"得准确又要"说"出特色，既要"说"出共性又要"说"出个性。一般来说，说教材主要包括以下两个方面的内容。

1. 剖析教材

在认真研读课程标准并分析教材编写思路及特点的基础上，按照课程标准中对学生学习方面的要求，简要阐述所选内容在本课题、单元、教材、年级乃至学段中的地位、作用和意义，"说"出所选内容的学习重点、难点以及确定这些重点、难点的依据等。

2. 课时安排

根据教材的编写思路和结构特点，充分考虑学生的认知水平和年龄特征，对所选内容或课题提出合理的课时安排，并阐述这样安排的依据。如所选内容需要安排2课时或2课时以上，则还要就每课时的教学重点与难点安排做出陈述。

案例：说教材"0的加减法"[1]（苏教版小学《数学》一年级上册）
1. 说教材内容的地位、作用和意义

《数学课程标准》指出：在数与代数方面，低年级要让学生学习整数及有关运算，体会数和运算的意义，打好学习数学的基础。作为"认数与计算"的内容之

---

[1] 孟晓东：《新课程教材说课系列（小学数学一年级全一册）》，江苏教育出版社，2002年版，第32页。

一，学好本课题有关内容，不仅有助于学生巩固0的意义和5以内的加减法，加深对加减法含义的理解，也可为学习10以内的其他加减法奠定基础。

2. 说教材的编排特点、重点和难点

从课题内容的整体安排来看，教材充分体现了由易到难、由"实"到"虚"、由形象到抽象的安排，符合儿童的认知规律。首先，教材以学生生活中常见的浇花场景为例（例1），让学生借助具体情境来理解得数是0的减法的算理，接着又通过设置例题2让学生来理解一个数加0的加法的原理。例题内容的设置充分体现了与学生生活实际的联系，关注了学生学习兴趣的培养和对生活中数学的感受。通过设置形式多样的"想想做做"练习，让学生结合观察、讨论、交流，巩固0的加减计算，从中体会和发现有关0的加减法的特性和规律，感受数学的意义和作用。

本课题重点：让学生在具体的情境中理解有关0的加减法的算理，学会有关0的加减计算。

本课题难点：让学生自己发现和体会有关0的加减法的特性和规律。

本课题教学的关键：用0来表示"没有"及利用加减法的含义进行教学。

3. 课时建议：1课时。

可见，说教材至少可以实现以下三个目的：一是依据学习内容确定教学的重点、难点，使教学活动能做到重点突出、难点分散，解决"教什么"的问题；二是依据课程标准对学习内容的要求，将三维目标化解到具体内容的教学过程中，有利于解决"怎样教"的问题；三是整体把握教材，根据学生已有的学习体验和认知特点，循序渐进地设计教学活动，为解决"为什么这样教"的问题提供教学参考。

（二）说目标

素质化的教学过程，它应该是一个在三维目标指导下的精神生产活动。围绕学习内容，全面化解三维目标（即知识与技能、过程与方法、情感态度与价值观），使各项目标与具体学习内容有机地整合，这既是顺利开展教学活动的前提，也是课堂教学取得预期效果的重要保障。说目标时不仅要说清楚"知识与能力目标""过程与方法目标""情感态度与价值观目标"，还要说明三方面目标之间的关系，即通过一定的过程与方法来实现知识目标，在实现这些目标的过程中会产生一定的情感态度。

（三）说学情

所谓学情，就是分析学生年龄特征、认知规律、学习方法及已有知识经验等在内的总和，它是教师组织教学活动的依据，是学生学习新知识的基础。说学情就是向听众说明所教学生的年龄特征、认知规律及思维特点，学生学习该课程内容需要具备的知识、能力基础,对该课程内容有没有学习兴趣,可能会遇到什么样的困难等。

(四)说教法、学法

说教法,就是根据本课题内容的特点、教学目标和学生学业情况,说出选用的教学方法和教学手段,以及采用这些教学方法和教学手段的理论依据,由于教学是教与学的双边活动,教的方法与学的方法是密不可分的,所以,说教法不仅要说教师教的方法,还应说明学生学的方法。

说教法重点是要说明教学理念、教学策略及其依据,所选用的教学方法及其依据以及不同方法使用的目的等。

说学法重点是要说明"学生要怎样学"和"为什么要这样学"。说学法一般围绕三个问题展开,即通过何种途径激发和培养学生的学习兴趣,教学目标与学习方法之间的逻辑关系,依据学习方法教师如何开展学法指导。

案例:说教法、学法《一株紫丁香》[1]

1. 创设情境

根据儿童的认知规律,结合教材特点,用图画再现情境,用音乐渲染情境,用语言描绘情境,唤起学生对老师的感情,与课文内容产生共鸣,从而使他们如临其境,极大地激起学生学习课文的兴趣,以至其能联系生活,入情入境,发挥想象,释放自己的情感。

2. 自主探究

《语文课程标准》指出:"学生是学习和发展的主体,语文教学必须根据学生的身心发展和语文学习的特点,关注学生的主体差异和不同的学习需要,爱护学生的好奇心、求知欲,充分激发学生的主动意识和进取精神,倡导自主、合作、探究的学习方式。"因此,在识字的过程中,教师可以采用多种形式,放手让学生自主识字。在朗读中教给学生学习方法,让学生自读自悟,使学生自问问题、体悟感情,从而真正成为学习的主人。

3. 朗读感悟

朗读是语文学习的重要手段,它能帮助学生理解课文内容,领悟课文情感,积累语言词汇,陶冶情操。《语文课程标准》中指出:"阅读是学生的个性化行为,不应以老师的分析来代替学生的阅读实践。"本文是一首语言清新生动、感情真挚动人的散文诗,在教学中应用更多的时间对学生进行朗读训练,通过多种形式的

---

[1] 孟晓东:《新课程教材说课系列(小学语文二年级全一册)》,江苏教育出版社,2003年版,第30页。

读,让学生感悟体验,再通过读来表达自己所体验到的情感。同时对学生的朗读要进行适时合理的评价,激发学生向更高的朗读目标努力。

4. 练习说话

语言是情感的载体,情感是语言的内涵。《语文课程标准》中指出:"要尊重学生在学习中的独特体验。"因此,在本课的教学中,我设计了"讲一件老师关心爱护自己的往事""如果让你去陪伴老师,你会为老师做些什么呢?"……说话练习,旨在激发学生发挥丰富的想象,引导学生运用学过的语言文字表情达意,以培养学生的语言表达能力。

(五)说教学程序

教学程序,是指教学活动的系统展开,它表现为教学活动演进的时间序列。通俗地讲,就是教学活动是如何发动的,又是怎样展开的,最终又是怎样结束的。

说教学程序是说课的重点部分,因为只有通过这一过程的分析,才能看到说课者独具匠心的教学安排,才能反映教师的教学思想、理论素养、教学个性、教学风格与教学智慧。也只有通过对教学程序设计的阐述,才能看到其教学安排是否合理、科学和艺术。一般来说,说教学程序应关注以下环节:

1. **教具学具准备**

这是指教师为提高教育教学活动的质量,根据授课内容的安排或优化过程的需要,选择使用如挂图、幻灯、录像带、录音带、新闻图片、实验仪器、计算机、网络等教学媒体。说课时,这部分内容一般可结合在具体教学环节中体现,也可单独列出。

2. **设计思路**

就是指对教学流程主要环节的概括,是教学的逻辑线索。说设计思路,有助于听者更清晰地了解和把握说课者关于教学活动的整体安排。例如,科学探究教学的设计思路一般可表示为:创设情境——提出问题——猜想与假设——制订计划——进行实验——收集证据——解释与结论——巩固运用等。这一环节,可以单独列出,也可以隐含在教学流程中。

3. **教学流程**

就是围绕教学设计思路,说具体的教与学活动安排及这样安排的理论依据。在说教与学的内容时,不能照搬教案,像给学生上课那样详细讲解,而要力争做到详略得当,重点内容重点说,难点突破详细说,理论依据简单说。只要让听者知道"教什么""怎样教""为什么这样教"就行。

4. 板书设计

即说明板书的结构、形式、版面设计、板书的意图、板书与其他教学手段的配合、学生板书的安排等。这项内容视具体说课的要求而定。一般而言，若是教学研究活动中的说课，这一环节可以省略；若作为业务评比，可以说明，也可以在说课的过程中直接在黑板上演示。

5. 作业布置

即说明作业的目标、作业时间、作业内容、作业形式以及作业设计的依据。

（六）说课中应注意的问题

1. 处理好课程标准与教材的关系，教材不是唯一的标准

课程标准是教学的依据，具有法定的指导作用。教师在说课前应认真学习课程标准中的基本概念、课程目标、内容标准等，把它作为确定教学目标、重点难点、教学结构以及教法、学法的理论依据。教材是根据课程标准编写的，是教师教和学生学的主要载体。教师说课应"以本为本"，但不能"照本宣科"，要充分发挥自己的创造性，理解教材、驾驭教材并超越教材。

2. 处理好说课和备课的区别，说课不能照教案说

备课是教师在吃透教材、掌握课程标准的基础上写出教案。教案有明确的教学目标、具体的教学内容，有连贯而清晰的教学流程，有启发学生积极思维的教学方法，有板书设计和目标测试题等。说课是教师在总体把握教材内容的基础上，说出在教学过程中教师对各个环节具体操作的想法和步骤，以及这些想法和采用这些步骤的理论依据。简单来说，说课主要是回答自己为什么这样备课的问题。因此，说课教师不能按照自己写好的教案详细讲解教学过程。

3. 处理好说课与上课的区别，说课不能视听课对象为学生

上课有鲜活的教学主体对象，有动态生成的师生活动，有严密的教学程序和系统的操作流程，是一种具体的教学实践活动。说课则不同，这是由说课教师给特殊听众唱"独角戏"，是教师"唱"给教师听的，它侧重于理性的阐述，因而它带有研究教学方法、促进教师成长的性质，也可以说，它是集体备课的一种特殊形式。

4. 说课要注意详略得当，突出"说"字，切忌"读"和"背"

说课教师对所说课内容应作详略取舍，切不可平均使用力量、面面俱到，对重点、难点、教学流程及理论依据等一定要详讲，对一般问题要略讲。而且，不能拿着事先写好的说课教案去读，更没必要根据事先准备好的说课教案只字不漏地背。

5. 备说课教案时要多问几个"为什么"

说课教师在备说课教案时应自己多问几个"为什么"，并力争自己做出令人满意的解释。如果对有些问题尚未搞清楚，应在准备说课前认真学习教学理论。研读

课程标准和教材，查阅一些资料或请教其他教师，切忌说课时使用"可能""大概""或许"等词语。当然，说课质量的高低还取决于教师的实践经验、语言表达及知识面等。

6. 说课的时间要把握好

既不要太长，也不要太短。一般来说，可以安排一节课的1/3至1/4的时间。

案例：《岳阳楼记》说课稿[1]

我要说的是《岳阳楼记》，我准备从文本分析、学情分析、教法设想、学法指导、教学过程和板书设计这六个方面展开说课。

一、说文本分析

1. 分析教材

《岳阳楼记》是人教版八年级《语文》下册第六单元第二课。本单元入选的课文都是古代诗文，除最后一课是五言古诗外，其余四课均是古代游记或名胜记，都是历来传诵的名家名篇，很能代表中国山水文学情境交融的特点。

《岳阳楼记》是范仲淹应老友滕子京之请，为新翻修的岳阳楼写的文章。作者以简洁的语言，先叙事后写景，进而由景入情，着重渲染了一悲一喜的情境，又因情而生发议论，提出了"先天下之忧而忧，后天下之乐而乐"的崇高理想。在记山记水的背后，蕴含着作者忧国忧民的感情。其人格魅力，千古传唱。

2. 教学目标

根据对教材的分析，我设计了以下两个教学目标：

（1）知识与能力目标：了解作者范仲淹及写作背景，能借助工具书、注释，疏通文义。

（2）情感态度与价值观目标：理解作者的旷达胸襟和抱负，激发学生形成正确的人生观和价值观。

3. 教学重难点

本文是一篇散文，以记为名，寓情于景，情境交融，多种表达方式综合运用的写作特色应是本文的学习重点，另一个重点就是疏通文义。

本文语言内涵深刻，对于八年级的学生来说，在理解上有一定的难度，因此，领会文章中名言警句的深刻内涵以及作者的志趣应是本文学习的难点。

---

[1] 彭小明、郑东辉：《课堂教学技能训练》，高等教育出版社2012年版，第340-345页。

二、说学情分析

八年级学生已经系统学习了三个单元的文言文，已经有一定的文言文基础知识，能借助课下注释和工具书初步阅读课文。学生已经具备了一定的分析和理解文言文的能力。但是学生学习文言文的兴趣不是很浓厚，在教学本文时应注意培养学生对文言文的学习兴趣。

三、说教法设想

学生是学习的主体，教法的设计要有利于学生主体能动性的发挥，而心理学研究表明，一节课中学生的注意力高度集中的时间大约为20分钟，所以又要不断地变换教法以吸引学生的注意力。

具体的教学手段我认为应以朗读为本。

文言文的教学，朗读是最基本的方法，也是最基本的任务，所以对重点的突破主要采用朗读法、质疑法和讨论法。在难点的突破上，引导学生结合作家的经历、写作背景来达成。

四、说学法指导

新课标提出要"充分激发学生的主动意识和进取精神，倡导自主、合作、探究的学习方法"；"阅读浅易文言文，能借助注释和工具书理解基本内容"。学习本文的方法主要是自主阅读法、质疑探究法。在疏通文义时，引导学生学习，采用朗读法和圈点勾画法。在赏析课文内容时采用探究阅读法，这样有利于提高学生阅读文言文的能力。

五、说教学过程

（一）导入新课

多媒体展示岳阳楼近景。

欣赏对联：后乐先忧，范希文庶凡知道；昔闻嘲今，杜少陵可与言诗。

同学们，范希文是谁？后乐先忧又是什么意思呢？让我们从对《岳阳楼记》的学习中找到答案吧！

【设计意图】屏幕上古色古香的岳阳楼，典雅唯美的对联，创设出浓浓的文化氛围，激发起学生的学习兴趣。

（二）走近作者，了解背景

先由学生交流收集到的有关范仲淹的资料：可同桌之间交流，也可四人小组之间交流。

学生交流后，多媒体呈现有关范仲淹的资料和写作背景。

【设计意图】培养学生收集、整合资料的能力。对作家生平的介绍、写作背景的了解，有利于学生理解文章的思想感情。

（三）整合感知，走进课文

1. 朗读课文，初步把握

从以下三个层面朗读感知文本：首先请同学们默读浏览课文，扫除阅读的文字障碍；其次听磁带中的录音朗读，初步感知文章的大致节奏和情感；最后在教师指导下"读准字音，吐字清晰，声音洪亮；读出节奏，停顿的方法正确；读出语气，读出情感"，之后全班齐读。

【设计意图】读书百遍，其义自见。对文言文的学习，朗读是极其重要的。朗读是文言文教学的基本方法，也是基本任务，要教会学生朗读文言文的方法。

2. 自读课文，疏通文义

形式：四人小组合作学习，圈点勾画出疑难词句，小组内质疑，记录下不能解决的问题，再交由班内讨论。

教师指导：

（1）用"猜""看""查"的手段理解词义。

猜：凭借自己的语言积累，根据对上下文大意的把握，猜测关键词的含义。

看：利用好课文下面的注释及文前文后提供的相关材料。

查：查词典，并且还要选择所需的义项。文章读得多了，词语的积累越多，猜测正确率就越高，词典就会翻得越少。

（2）采用卡片积累词语是学习文言文的一个有效方法。（多媒体呈现卡片）

【设计意图】新课标提出"评价学生阅读古代诗词和浅易文言文，重点在于考查学生记诵积累过程，考察他们能否借助注释和工具书理解诗文大意"，要教会学生学习文言文的基本方法，而不是由老师灌输。引导学生养成查工具书、看课本后注释的好习惯，培养学生自主学习的能力。小组合作方式，有利于学生合作意识的培养。

3. 课堂检测，巩固基础

重在词义句义。

多媒体展示：请解释下列加点的词和用现代汉语翻译下列句子。

加点的词：谪守　越明年　政通人和　百废俱兴　属予作文　巴陵胜状　樯倾楫摧　翔集　锦鳞　岸芷汀兰　尝求或异二者之为

翻译句子：

①衔远山，吞长江。浩浩荡荡，横无际涯。

②迁客骚人，多会于此，览物之情，得无异乎？

③不以物喜，不以己悲。

④先天下之忧而忧，后天下之乐而乐。

⑤居庙堂之高则忧其民，处江湖之远则忧其君。

⑥微斯人，吾谁与归？

【设计意图】新课标指出"语文教学要注重基本技能的训练，给学生打下扎实的语文基础"。通过练习落实基础知识，这是文言文教学的一个重点。另外，也要重视新旧知识之间的联系。

（四）研读课文，分析品味

1. 岳阳楼的美景"前人之述备矣"，作者侧重从迁客骚人的览物之情入手刻画描绘，给读者留下了深刻的印象。请同学们说说三、四两段所描绘的两幅画面魅力在何处？

教师指导：品读课文三、四两段。先找出原文读一读，再探究思考。可以从感受和表达方式等多角度研究。

【设计意图】这两段是全文中写景最精彩的部分。或阴冷或晴朗的画面，一暗一明，一悲一喜，情境交融，对比强烈，人生境界由此而出。这样的佳段就要引导学生品读，在读的过程中体会感受，这是学习文言文的基本方法，也是的重点所在。

2. 如此或阴或晴的画面，免不了或悲或喜的情感，但我们从中分明读出了另外一个境界——"不以物喜，不以己悲"的情怀。你是如何理解这种古仁人之心的？请分析感受作者的理想追求。

教师注意对学生进行评价引导。

【设计意图】通过对内容的分析，结合作者的背景资料来感受作者那种"不以物喜，不以己悲"的旷达胸襟，理解其"先天下之忧而忧，后天下之乐而乐"的崇高的理想追求。这样就突破了文章的难点。进而引导学生理解全文，从而把学生的感性认识上升到理性分析，意在培养学生的概括能力。

（五）探究作品，联系实际

教师创设情境，延伸迁移：同学们，父母不理解你时痛苦过吗？与同学发生不愉快时悲伤过吗？学了本文之后，你受到什么启示呢？请你以"……时，我想对自己说"为题写一段话，要求结合本文的学习来写。

【设计意图】为了唤起学生的主体意识，让他们更完整更深入地理解作者感情、更准确地把握范仲淹的忧乐观，同时培养学生的表达能力。

（六）课堂小结

说说学习文章后有什么收获，总结文言文的学法。

1. 正确读原文：读出节奏，停顿正确。
2. 会读文章：读出语气，读出感情。
3. 读相关材料：读作者介绍，读写作背景，读文史常识。
4. 疏通文义：猜、看、查。

5. 理解文意：结合背景，从原文中找依据。

（七）课外作业

1. 根据本文先叙事后写景、景中有情、情境交融、又因情生发议论的表达方式来背诵课文。

2. 课外阅读杜甫的《登岳阳楼》，并与本文比较，从内容、结构、情感等多角度对比阅读。

【设计意图】记诵积累是文言文的学习重点，故设计第一题作业。设计第二题是为了让学生更好地掌握本文的写作特色，也进行能力的迁移培养。

六、说板书设计

板书既要简洁明了，便于学生记忆；又应该是课文的线索图示，能囊括重、难点知识。基于此种认识，我设计了以下板书。

岳阳楼记
——范仲淹

迁客　　阴——悲　　不以物喜
骚人　　晴——喜　　不以己悲　　古仁人之心

以上是我就《岳阳楼记》从六个方面的说课，请各位老师批评指正，谢谢！

评析：

该说课稿不仅充分体现了说课的基本内涵和基本环节，也较好地体现了课前说课、对比性说课的特点：结构完整、理论阐述清晰，教材分析透彻，教学法适用，教学双边活动安排清楚有逻辑性，言简意赅等。

在说教材部分，对课题所在的教材版本、单元、课时作了简要介绍，使听众对教材有了基本了解。接着对课题的内涵、文章结构、主旨思想作了精要分析，揭示了这篇文章的魂，为后续的教学目标和重难点的确立打下了必要的基础。但教学目标的表述不够规范科学：一是没有采用行为动词来表达知识、技能、情感态度应达到的程度，依然采用心理动词来描述水平要求，原因是因为无行为动词的规定。二是没有呈现达成相应水平的行为条件，如让学生"理解作者范仲淹及写作背景"说课稿没有说明，这对教程中检测学习目标是否达成带来了困难。教学重、难点的分析与教学内分析具有一致性，表述规范科学。

接下来，说课人对学情、教法、学法都做了简要而到位的分析，既让听众明白了自己的教学意图，又与教学程序的详细阐述分工清楚、结合紧密，这也为能按时完成说课提供了保证。

本说课稿的精彩部分是"说教学过程"（说教学程序），说课教师以"教学过程设计——设计意图"为线索,清晰地展示了课堂教学设计;教学方法与学习方法的渗透、教学双边活动以及三者的紧密结合,这种教学程序的呈现方式具有很好的借鉴意义。此外,板书设计业非常合理,很好地揭示了这节课的教学主线,便于学生理解课文,与教学目标结合也很紧密。

第十章 上课与课堂管理

上课是教学工作的中心环节,也是教师工作中最复杂、最核心的部分。上课与课堂管理密不可分,课堂管理本身就是上课的有机组成部分,有效教学常常发生在管理好的课堂中。上好课、管理好课堂是教师的基本功。

第一节 上 课

上课是教学工作诸环节中的中心环节,是引导学生掌握知识、提高思想、发展能力的关键。上课也是教师工作中最复杂、最核心的部分。说"复杂",是因为教师上课的对象是活生生的、有思想、有感情、有个体差异的正在成长中的未成年人。苏霍姆林斯基在《致未来的教师》一文中写道:"未来的教师,我亲爱的朋友!在我们的工作中,最重要的是要把我们的学生看成活生生的人。"[1]社会职业中没有任何职业的对象能像教师职业的对象有如此的复杂性。教师要在课堂上随时掌握每个学生的状况,采用灵活多样且行之有效的方式,帮助学生掌握科学文化知识,实现培养目标。说"核心",是因为教师所有的备课准备都是为上课服务的,教师备课如果不能通过上课转化为学生的知识技能和道德水平的提高,那么课备得再好、教案写得再好都是白费,毫无价值。

一、课的类型和课的结构

(一)课的类型

我国中小学一般以45分钟为一节课,内容简单易学的章节一节课就能完成教学任务,而内容比较复杂或容量多的章节往往要用几节课才能完成。在前一种情况下,一节课中完成了课堂教学工作的各个阶段;在后一种情况下,一节课就不可能完成课堂教学工作的全部阶段,只能完成其中的一两个阶段。

课堂教学工作的阶段相当于"工序",一个"工序"完成一个任务。课就其完成的单一"工序"来说,可以分为教新内容的课(上新课)、复习课、练习课、检查课(测验)、实验课、参观课、实习课等。这些只含单一"工序"的课统称为单

---

[1] 苏霍姆林斯基著,杜殿坤编译:《给教师的建议》,教育科学出版社1984年版,第418页。

一课。一节课中有两个或两个以上"工序"的课称为综合课。

（二）课的结构

所谓课的结构就是一节课的操作程序。中国最早的传统课堂结构模式是"讲—听—记—练"。近代捷克教育家夸美纽斯以认识论原理为指导提出了"观察—记忆—理解—练习"结构模式。19世纪，德国教育家赫尔巴特运用心理学原理提出了"明了—联合—概括—应用"四段式结构模式。进入20世纪，美国教育家提出了"发生困难—确定问题—提出假设—推理—验证"五步教学法模式。苏联教育家凯洛夫提出了"感知—理解—巩固—运用"的教学模式。20世纪50年代后期，美国教育心理学家布鲁纳提出"发现学习"的教学模式："明确结构—掌握课题—提供材料—建立假说/推测答案—验证—做出结论"。20世纪60年代，美国著名教育家布卢姆根据目标分类理论提出了"掌握学习"的教学模式："确定教学目标—根据目标进行集体/单元教学—根据目标进行形成性评价—根据目标进行矫正学习—根据目标进行总结性评价"。从历史发展来看，教学结构模式总是在不断创新之中，这也体现了人们对教学境界的不懈探索。

不同类型的课的结构是不同的，人们把千千万万堂课的操作程序综合起来便形成了关于课的结构的一般认识。课的基本操作程序是：组织教学、检查复习、教新知识、巩固新知识、布置课外作业。

1. 组织教学

这既是指课堂管理又是指一节课的教学任务和引起学生注意的过程。说它是教学管理，是指教师要了解学生出勤情况，维持课堂纪律和秩序。一节课，一开始就抓好课堂管理是教学工作顺利进行的基础，十分重要。要做到这一点，教师要在上课前几分钟进教室，看看学生的情绪状态，掌握班级的形势，从而做出管理上的决策。上课一开始的组织教学除了达到课堂管理的目的，教师还要让学生明确一节课的任务、要求，把学生的注意力集中到学习任务上来。有时还要求学生为课的进行做好准备，如作业纸的准备、外语听音设备操作的准备、体育课的准备运动等。在课的进行过程中，在变换学习任务时同样有组织教学的事要做。由此可见，组织教学贯穿于课的始终。

2. 检查复习

这是指检查学生的课外预习或复习情况，以及对已学过的内容的掌握情况等。检查复习可起到旧课向新课过渡的承上启下的作用。如果是单一的检查或复习课，一般要对过去某一段时间内教学的内容作全面、系统的检查或复习。在带有教新知识任务的综合课上，检查复习是为顺利教授新知识服务的，或是为了检查学生学新知识可能发生的困难所在，或是复习与新知识有联系的旧知识。检查复习的方法，可以选用谈话、练习或讲授等。教师上课要发挥教学的灵活性,当堂检查的结果有时与备课时预期的情况不一致,这时教师就要根据检查获得的信息临时改变复习的侧重点和时间分配,因此也就有可能改变教新知识的分量和侧重点。检查复习的过程是反馈、矫正和巩固的过程。

3. 教新知识

其目的在于使学生通过掌握新的知识和技能获得进一步的发展,这是课的结构中最重要的一个程序。教新知识要努力贯彻各个教学原则,选用适当的方法或采取不同的教学模式;要着重考虑给学生提供发展的机会,通过教学活动使学生有所改变或发展。

4. 巩固新知识

这是要求学生在理解新知识的基础上,当堂牢记或熟练掌握新知识。为了巩固新知识,教师可以采用让学生复述、自学辅导、练习或概括性讲授等方法。在巩固新知识时,教师要注意引导学生对新知识的进一步理解和应用,同时要照顾学生的个别差异,对不同程度的学生提出不同的要求,对学习有困难的学生予以个别指导。

5. 布置课外作业

一方面要求学生进一步巩固和深化对新知识的理解;另一方面要求学生预习下一课或下一阶段的教学内容,为进一步发展作准备。预习是教学取得主动的重要保证,不可忽视。教师布置课外作业,要注意学生的用脑时间,练习要少而精,不要搞"题海战术"。为控制课外作业量,各科教师间要互相通气、互相调节,确保当天各科课外作业总量不超过教育行政部门的规定,保证学生的健康成长。

二、教师上好课的基本要求

(一)目标明确

教师要明白一堂课要让学生掌握些什么知识和技能,养成什么行为方式和品格,要有怎样的态度,要学会什么方法等。

(二)重点突出

在一节课上,教师要把精力主要放在重要内容的教学上,不要对所有的任务、所有的内容平均使用时间和精力。对细枝末节的知识可以一带而过、点到为止,对基本知识、概念和原理要花大力气教学,对重点内容要引导学生弄懂、吃透、熟练掌握。

(三)内容正确

教师教授的知识必须是科学的、确凿的、符合逻辑的，教师教的技能或行为要符合规范，并且应该要求学生做出的反应同样是正确的，如果不正确，教师就要及时予以纠正。教师并非万能，但学生心目中的教师往往是崇高的、万能的，他们会向教师提出各种各样的问题。教师对待学生的疑问应持谦虚、认真、实事求是的态度，不要轻易做出没有把握的回答。当没有把握回答问题时，教师可以考虑以下列方法应对："这个问题提得很好，是否有哪位同学能回答呢？""这个问题提得很好，等我查找资料弄明白以后再回答你们。""我对这个问题没有研究，是否可以请教某某教师呢？"……教师的虚心、严谨的治学态度能感染学生，使他们在潜移默化中逐渐形成科学的态度。

(四)方法得当

教师根据教学任务、内容和学生的特点选择较佳的方法进行教学。教学有法，但无定法，教师要善于选择方法，创造性地加以运用，力求使教学取得较好效果。

(五)表达清晰

教师上课在表达上要注意下列五点：一要坚持用普通话。二要注意语言流畅、生动、通俗易懂。一般来说，教师表达有四种方式，分别是深入深出、深入浅出、浅入深出、浅入浅出。教师表达的最高境界是深入浅出，本来是一个很高深的问题，但通过自己浅显的讲解，让人容易理解。比如说，爱因斯坦的"相对论"是个大学问，但好老师几句话就让你理解了。当你坐在一个漂亮的姑娘旁边，尽管你坐了很久，但你感觉就好像只是坐了一会儿；相反，当你坐在一个热火炉旁边，尽管只坐了一会儿，但你感觉好像是坐了很久很久。这就是深入浅出。三要注意语速要适合学生的可接受程度，特别是给小学低年级学生上课，语速要放缓一些。四要注意抑扬顿挫，长时间地大声讲课，学生听觉很容易疲劳，相反，讲课语调平缓，又像是"催眠曲"。五要注意板书的规范、准确、清楚。

(六)组织严密

课程的进程次序分明，有条不紊，课程的进行连贯紧凑，不同任务变换时过渡自然，课堂秩序良好。教师要有一定的组织才干，取得学生的积极配合，才能做到组织严密。

(七)气氛热烈

一堂课应自始至终在教师的指导下充分发挥学生学习的积极性。教师要边教边走进学生中间，观察学生的反应，根据学生的反应调节自己的教学。一旦发现学生反应漠然、注意力分散，就要立刻找到原因，发挥教学机智，通过调整内容、方法、管理三个方面去激起学生的积极状态。

以上七条是教师上课是否合格的标准，也是取得良好教学效果必不可少的条件。教师要把课上得如同艺术创造的精品，实非一日之功，要有意识地长期追求和探索。

三、导课技术

导课是教师在一堂课的开始时，运用多种方法，帮助学生集中注意力，激发学习热情，引起学习动机，引导学生进入学习状态的活动，是课堂教学的起始环节。常言道："好的开始是成功的一半。"课堂教学的导课虽然费时不多，但作用不可忽视。

（一）导课的方法

1. 直接导课法

开宗明义直接揭示课题，点明学习目的和要求，以引起学生的重视。

2. 温故导课法

利用新旧知识之间的逻辑联系，找准新旧知识的连接点，通过温习旧课达到启发新知的学习效果。

3. 悬念导课法

教学一开始，教师有意识地设置一些悬念，使学生处于一种急于求解、欲罢不能的状态，促使他们带着问题全神贯注地投入学习。比如，一位老师在讲到"相似三角形"时，对学生说："学了这节课，不上树可以测出树高，不过河可以量出河宽。"简短几句话激起了学生的新奇感和学习愿望，一个个跃跃欲试，急切地等待老师揭开"谜底"。

4. 实验导课法

通过演示和课文内容相关的实验来导入新课。这种方法在小学常识等课程中比较常用。

5. 情境导课法

教师创设一个与教学内容相关、具体而生动的教学情境，使学生为之所感，产生共鸣，从而激励学生进入新的教学情境。教学情境可以通过教师的语言，或多媒体手段，或课堂环境的布置等来创设。

6. 生活经验导课法

利用学生熟知的生活经验来导课。对于学生来说，生活中的经验有正确和错误两种，有时利用学生生活中的错误经验来导课，可以起到意想不到的效果。因为当教师对学生认为是"千真万确"的生活经验予以否定时,学生的思维一下子就被激活了,注意力也顿时集中到教师所提的问题上来,这样就巧妙地导入了新课。

7. 故事导课法

教师选取或寓意深刻,或轻松幽默,或鲜为人知,或扣人心弦的故事,通过讲故事的方式导课,也是学生喜闻乐见的形式。

8. 游戏导课法

一个好的游戏导入设计,常常集新、奇、趣、乐、智于一体,它能最大限度地活跃课堂气氛,消除学生因准备学习新知识而产生的紧张情绪,可以为学生营造一种轻松愉悦的学习氛围。编演课本剧,也属于这种导入法。

9. 图示导课法

教师巧用课文中或课文外的插图、图片导入新课,以激起学生的学习兴趣。

10. 比较导课法

教师把现学的知识与以往知识进行比较,从而导入新课。比如,小学语文《白杨》一课的开头出现"车窗外是茫茫的大戈壁,没有山,没有水,也没有人烟",而《草原》一课又说"在天底下,一碧千里,而并不茫茫"。细心的学生就会有疑问,由此而切入新课,会让学生感到新颖有趣。

(二)导课设计的原则

导课技能是极富艺术性和创造性的,教师要根据自己的个性特点、教学目的、教学任务以及学生的心理特点进行创造性的设计和灵活的运用。

1. 针对性

教师在设计导课时一定要以教学目的、教学任务、教学内容为根据,针对学习内容的需要,否则,设计得再别致、精彩、吸引人,也难产生好的效果。

2. 适用性

导课的设计要和学生的特点相适应,要尽可能顺应学生的心理需求。比如,在小学阶段要尽量多采用形式轻松愉悦的活动,或富有刺激、形式多变的方法来导课,这有助于小学生集中注意力。

3. 简洁性

导课环节只是课堂教学的一个"引子",起到集中注意力、激发兴趣、组织引导的作用。不能占用太多时间,一般3至5分钟为宜,否则就会喧宾夺主,影响正课的讲解。因此,在导课时一定要合理取材,控制时间,做到恰到好处,适可而止。

4. 多样性

导课的方法要灵活多变,不同的内容要选用不同的方法,相同的内容也要根据所教班级的具体特点,以及教学时间、学情反映、外部环境等而变换,创造出更多不同的导课方法，使教学保持新鲜感、富有创造性。

5. **整体性**

导课环节不是一个孤立的教学环节，它只是整个教学过程中的一个环节，它与其他的教学环节构成一个整体。因此，在设计导课时，教师要有教学的整体概念，要避免为导课而导课，过分做作。

6. **启发性**

导课要有利于集中注意力、唤起兴趣、激发动机、启迪智慧。尽量做到"导而弗牵，开而弗达"，"引而不发"；尽量以生动、具体的事例和实验为依托，引入新知识、新概念。提问与讲述要能做到激其情，引其疑，发人深省。能否引起学生的积极思维，能否为学生创造出思维上的矛盾冲突，能否使他们产生"新奇"感，是导课成败的关键。

四、讲授技术

讲授法是教师通过简明、生动的口头语言系统地向学生传授知识、发展学生智力、培养学生品德的一种方法，它是课堂教学中最古老而又最具生命力的一种教学方式。

人们常以为讲授仅仅是教师口讲面授，是教师唱"独角戏"，以至于把讲授教学与"填鸭式""满堂灌""注入式"教学混为一谈，并把教学的呆板、照本宣科、学生缺乏主动性等统统"归罪"于讲授教学，甚至有人把它看作是启发式教学的对立立面。其实，这是一种误解。美国当代著名教育心理学家奥苏伯尔认为："讲授法本身并不一定导致机械学习，只是某些教师对讲授法的误用才导致了机械学习。"事实上，建立在师生双边活动、信息双向交流、心理相互沟通和学生积极参与基础上的讲授是十分必要的。展望未来，这种形式在相当长的时间内不会发生太大的变化。

（一）讲授的类型及基本程序

1. **讲授的类型**

一般来说，它可分成以下四种类型：讲解、讲述、讲读、讲演。

（1）讲解。讲解是教师向学生说明、解释问题，或论证原理、法则、概念、公式，讲解法在中小学各科教学中都有广泛运用。讲解又分解说式、解析式、解答式三种方式。

新教师对于向全班同学作清晰的讲解常感困难。表3-1中给出了许多提高教师讲解技能的策略，可以作为借鉴参考。

表10-1　教师有效讲解技能

```
1. 用逻辑清楚的步骤讲解话题／问题——在头脑中排演你将运用的顺序和序列。
2. 用直白的语言并避免专业术语。
3. 向学生呈现信息的速度恰当。
4. 运用例子描述观点。
5. 重复难点。
6. 同时运用多种交流方式（如投影仪、幻灯片和口头论述）。
7. 用生动有趣的语调。
8. 用眼光接触保持注意。
9. 在整个讲解过程中给学生提问的机会。
```

（2）讲述。讲述是教师运用生动的语言，向学生叙述事实材料或描述学习对象，说明它的发生发展的过程与结果，一般在文史类学科中运用较多，如介绍作者或时代背景、故事梗概等。讲述可分为叙述式和描述式。两者相同之处在于：都是说事，而不是说理，大多用于讲授具体的知识、提供表象，发展学生的形象思维，不适合讲授抽象的知识，难以培养学生的理论思维能力。两者不同之处在于：叙述式的语言简洁明快，朴实无华；描述式的语言细腻形象，生动有趣。

（3）讲读。讲读是结合阅读进行讲解或讲述的一种综合的方式，包括讲、读、练几个方面。通常是一边读一边讲，以讲导读，以读助讲，讲读并进，随读指点、阐述、引申、论证或进行评述，一篇课文读完了也就讲完了。讲读教学的特点是讲不离文、解不离句，能把学和练结合起来，对于要求口头练习的课，特别适用，主要用于语文和外语教学。讲读主要有五种方式：范读评点式，词句串讲式，讨论归纳式，比较对照式，辐射聚合式。

（4）讲演。讲演是讲授的最高形式，是教师长时间地讲授教材内容，不仅向学生描述事实，而且深入分析和讨论事实，并此基础上做出科学结论，向学生传授理论知识，培养学生正确的立场、观点、方法。

2. 讲授的基本程序

讲授一般按以下三个基本程序进行：

（1）导论。又称引入，这是讲授的"开场白"，其目的是提出讲授话题，引出讲授主体，引导学生注意。讲授的引入一般是简洁明了的一两句话，它要求迅速切入正题。

（2）主体。这是讲授的重点和主干，是讲授内容的充分展开。讲授的主体要求围绕中心、突出重点、层次分明、思路清晰。讲授的主体部分内容较为集中，时间也相对长些。在设计时，教师应避免单调、冗长的讲授，要有变化，要适当穿插一些简短的师生双边活动（如质疑、答问、插话等），注意调动学生的求知兴趣；还可以适当插入启发性提问和引导学生注意设问，引导学生跟着同步思维。主体又可分为以原理为中心和以问题为中心两种方式。

以原理为中心的讲授的特点是"先告诉你想说的内容,再说明这些内容"。教师从对基本点的陈述出发,向学生提供证明材料,最后总结各种证明,并且复述基本观点。

以问题为中心的讲授把学生从该问题的提出引导到对解决办法的掌握。首先是从对学生有意义的问题出发,然后讲授者把导致产生结论的证据和实例放在一起,以便使学生发现解决问题的办法。

(3)结论。这是讲授的结束和结尾。讲授的结尾通常是直接自然的小结,极其简明扼要地道出结论或强调教师的观点。在学生对讲授内容充分理解后,教师也可以不直接得出结论,而通过提问让学生自己得出结论。

(二)讲授的一般技术

科学而艺术地讲授应注意以下一些基本技术:

1. 语言技术

讲授离不开语言,语言运用的恰当与否在很大程度上决定着讲授的效果。在语言运用上,需要注意以下要点:

(1)针对性。教师课堂讲授的针对性,是指教学内容必须切合学生的实际,适合于学生的知识、经验、思想感情、兴趣、需要和认识能力;表达必须适合学生的接受能力,深入浅出,通俗易懂,简单明了。

(2)简明性。课堂讲授中,教师的语言必须准确、简洁。一节课,时间有限,"多余信息"占用超量,也是一种课堂浪费。再者,不要过于在概念上纠缠不清,诚然,概念很重要,是理解有关知识的"抓手",但如果一堂课中用去半堂课解释概念,有时候也未必就能收到好的效果。甚至有些概念不解释大家都知道,一解释反而都不知道了,比如说"时间"等。

(3)启发性。教学语言的启发性,就是在教学时"用语言把人们的心灵点亮"。实现讲授语言的启发性,首先要注入丰富的经验情感,"亲其师,信其道";其次,要尽可能把抽象的概念具体化,使深奥的道理形象化,从而激发学生丰富的想象和联想。

(4)教育性。这是教师职业性或角色性的要求。教师不论从事哪一学科的教学,都应充分挖掘有关素材,藏而不露地、潜移默化地、"润物细无声"式地对学生渗透思想教育、政治教育、品德教育,或者审美的艺术教育,或者爱国主义教育,做到教书与育人的有机结合。只教书而不管育人的老师,只是"教书匠",是"匠"而不是师。

(5)个性化。教师的讲授要根据自身的条件,形成自己的语言特色。有的老师语言简洁而富有哲理,有的老师语言流畅而优美,教师要在吸收、借鉴的基础上,找到最适合自己的教学语言。

2. 设疑技术

疑,能激发学生的好奇心和求知欲,它往往是豁然开朗的"前奏"。明末清初思想家黄宗羲说得好,"大疑则大悟,小疑则小悟,不疑则不悟"。讲授时,如果教师能够巧设疑阵,就能引发学生的探究兴趣和求知的渴望。学生有了疑问,他们的思维就会处于欲罢不能的状态,他们自主学习的积极性就会被大大激发,从而由被动地接受知识转变为积极主动地去获取知识。

设疑的技术要点如下:

(1)在"最佳点"设疑。最佳点的寻找必须从学生的实际出发。由于种种原因,学生在课堂上不可能一直集中注意力,所以,必须抓住时机设疑。例如,上课一开始设疑,能抓住学生注意力;在学生注意力分散时设疑,可使注意力回升;结课时设疑,可承上启下,形成另一个高潮。

(2)在"三点"处设疑。在难点、重点、关键点处设疑,这样可以使学生带着问题学习,并能更好地掌握教材内容。

(3)在"平淡"处设疑。教材中有些地方看似平淡,但却与"关键处"相关,如能在平淡处设疑,让学生从无疑变为有疑,形成疑问、质疑、解疑的良性循环,就能使学生的学习积极性不断强化,取得更好的课堂教学效果。

3. 运用对比的技术

对比是人们认识客观事物的一种科学方法。课堂教学中如能善用对比,就能够更好地提高课堂教学效果。

对比的具体做法较多,列举如下:

(1)正误对比。将正确的与错误的加以对比,让学生明白对在哪里,错在何处,又该如何加以改正。在各科教学中,教师均可以把学生做错的问题写在黑板上,然后写出正确的答案供对比,使学生领会更深,掌握更好。

(2)正反对比。在学习正面的东西时,适当地引入一些相反的东西,以帮助学生准确地辨别两者的差别,更好地掌握所学知识。

(3)新旧对比。旧知识是新知识学习的基础,讲授中恰当地将新旧知识进行比较,能收到一箭双雕之效。

(4)相似对比。讲授过程中,可将某些既有联系又有区别的相近似、易混淆的内容进行比较。

(5)异同对比。即把两种事物的共性与差异进行比较,以使学生明白其间的区别与联系。

(6)综合对比。多用于阶段性总结,因其具有很强的概括性,能使学生对某单元或某知识块有一个总体的把握。

4. 创设情境的技术

创设教学情境,就是在教学过程中,教师出于教学目的的需要,依据一定的教学内容,创造出师生情感、欲望、求知探索精神的高度统一、融洽和步调一致的情绪氛围。苏联教育家赞可夫认为,"智力活动是在情境高涨的气氛里进行的","这种气氛会给教学带来好处,同时也有助于完成教育任务"[1]。复旦大学"十大人气教授"、《英汉大词典》主编陆谷孙在谈到自己的教学经验时说:"我每堂课一定要让学生至少大笑三次。"研究表明,人的心理状态能提高或降低人的各种心理机能。活动效率对人的心理状态的依赖的变化幅度在70%左右。积极愉快的课堂气氛能使学生的大脑皮层处于兴奋状态,有利于智力活动,让学生思路开阔、思维敏捷、想象丰富、记忆力增强、精力旺盛、积极主动。反之,则学生大脑受到抑制,思路狭窄、呆板拘谨,学习效率降低。所以说,创设良好的课堂情境是教师上好课的重要保证。

(1) 师情感染法。情感即以情感人,这是教师创设教学情境最常用的方法。教师饱满的情绪和满腔的热情,会使学生也带着满腔的热情进入学习情境中。如果老师自己一副萎靡不振、无精打采的样子,又如何能使学生百倍振作地参与学习?只有当老师有了希望和信心,才有可能把希望和信心带给学生,只有当老师有了成就感,他们才可能去激发学生的成就感,"种瓜得瓜,种豆得豆"。

(2) 生动讲述法。讲述是课堂讲授中最基本的形式,因此教师生动的讲述也是创设教学情境的最基本的方法之一。生动讲述法要求教师将丰富的感情寓于形象化的叙述之中,以师情激生情。

(3) 观察演示法。教师通过生动有趣的实验来吸引学生的注意力,围绕实验讲理论,得出生动直观的实验结果,如果再辅之以画龙点睛的讲解及条理清楚、层次分明、字迹工整的板书,效果就更好了,它会使学生置身于一个立体、直观的可视场景中,令其充分享受到上课的乐趣。

5. "布白"的技术

画家作画,总要留点空白,"踏花归来马蹄香""蛙声十里出山泉",都是有名的"布白"之作,目的是留给欣赏者遐想的余地。文人写文,讲究含蓄。教师讲授也应如此,在细针密线、鞭辟入里的同时,给学生留一点回味思考的余地,这就是课堂讲授中的"布白"。课堂讲授中的"布白",是课堂教学中美的升华。

课堂教学中的"布白"艺术一般有以下几种方法:

(1) 蜻蜓点水法。教师只在重点、关键处点拨一二,给学生以简单的提示,

---

[1] 赞可夫:《和教师的谈话》,杜殿坤译,教育科学出版社1980年版,第27页。

而把大量问题留给学生去思考。

（2）蓄势推测法。为揭示某个问题的结论，教师旁征博引，讲出故事的部分或大部分内容，或者给出一定的条件，打出一连串的比喻，余下的部分让学生自己去分析、想象和推测。

（3）故意停顿法。在处理新课或解决疑难问题时，讲到一定程度，故意卖个关子，给学生留一小段时间，让学生默默地思考，在静思中孕育贯通的种子。

（4）存疑激活法。在某些问题的讲解中，教师故意留下一点没有完全解决的问题，让学生动脑筋思索，或者当学生回答某个问题、提出某种设想后，教师不急于做出评价，不匆忙做出结论，而是再问一句："真是这样的吗？"然后留有一定时间，启发其再思考。

（三）讲授的基本原则

1. "讲"而得法

课堂讲授的效果优劣，取决于讲授的技能和艺术，因此教师必须在"讲"字上狠下功夫，讲课时，应该做到讲准、讲清、讲透、讲活、讲精。

2. 不应讲得"一览无余"

对于要求学生掌握的教学内容，教师当然要讲清楚。这里所说的"清楚"，主要是"思路清楚"和"要点清楚"，而不是说教师一讲到底，讲烂讲透。

3. 知识性与思想性的统一

讲授时传授科学知识的基本方式，应准确地解释概念、原理、定理，严密地论证问题，科学地进行推理判断，不允许出现知识性的错误。讲授也应注意思想性，教师的讲解对学生的思想、感情、行为始终有着潜移默化的影响。知识性与思想性不是"两张皮"，互不关联，而是同一个教学讲解目的的两个方面。

4. 充分利用反馈信息

讲授过程是师生间的一种交流过程，为使这种交流能顺利开展，作为主导者的教师必须及时利用反馈信息，以使教学过程达到最佳状态。

以上就是关于讲授技术介绍。表10-2列举了一些好的讲授的重要特点。

表10-2　好的讲授的重要特点

> 保持有趣的声调，运用表情，并保证学生都能听见。
> 鼓励学生提问。
> 运用多媒体辅助材料、模型。
> 在课的开头，陈述主要观点。
> 用一种生动的、活跃的方式讲授从而调动学生的积极性。
> 保证讲授能表现教师对于主题的强烈热情。
> 把讲授的时间控制在20分钟以内，并使内容适合学生的兴趣和能力。
> 关键的地方使用技巧性的停顿和提问。
> 在讲授中插入学生的名字并使内容与学生的兴趣领域相关。
> 有节制地使用提示以保证显著的最佳效果。

五、提问技术

李政道博士有一次给学生讲课时，突然将身体侧过去，让学生看他头部的侧面形象，并比画着说："假如由我的眉毛，沿着额角、头顶心、后脑勺、头颈直到脊柱，画一条弯曲的线，那是标点符号中的什么号？"学生立刻回答说："问号。""对了，我们人类头脑的侧面形象就是一个大大的问号。人生在世，一定要勤于、善于提出问题。假如我们不善于提出问题，我们就对不起自己的模样，就不配称为人！"这段话确实很耐人寻味。

很多人喜欢把"学问"二字挂在嘴边上，经常说"某某人很会做学问""某某人学问做得很大"，等等。其实，在我国的教育中，做得淋漓尽致的倒是"学答"，学习怎么回答，怎么回答得跟标准答案一样，越是一样，越是可以拿高分。答案不"标准"，写得再好、再有见地也是枉然，徒费笔墨而已。今天看来，教育实在是到了该教教学生做"学问"的时候了。

美国教学专家斯特林·G.卡尔汗说："课堂提问是教师促进学生思维、评价教学效果以及推动学生实现预期目标的基本控制手段。"教师设问的内容和形式决定了学生思考的方向，高质量的提问，是提高教学质量的关键环节，也是教学艺术的重要组成部分。

（一）课堂提问的基本类型

提问是课堂教学经常采用的教学形式，是教学的"常规武器"。但研究表明，中小学教师平均每堂课的有效提问仅56%。[1]也就是说，还有近一半的提问是无效的。因此，研究课堂提问的理论和技术，对于提高课堂教学质量有着至关重要的作用。

---

[1] 阎承利：《教学最优化艺术》，教育科学出版社1995年版，第100页。

1. 根据课堂提问的目的分类

（1）基础性提问。即按照"双基"的要求，帮助学生领会教学内容的提问。这类提问，只要学生仔细阅读课文、留心课文下面的解释，就能得出正确的答案，目的在于使学生养成认真读书的好习惯。

（2）探究性提问。即针对课文的重点、难点、关键点，引导学生开展积极的思维活动，以排除障碍、突破难点、找到知识真谛的提问。

（3）开拓性提问。即引导学生在运用已学知识的基础上进行创造性思维，从而对已学到的知识进行比较、整理、归类，以及进行联想、想象的提问。

2. 根据教学提问的信息交流形式分类

美国的查尔斯·C.狄诺凡把教学提问分成以下五类。[1]

（1）特指式提问。这是对某个特定学生直接发问。这种提问可以使学生集中注意力，用于检查个别学生的学习效果。

（2）泛指式提问。这种提问不先确定某一个人来回答，其目的是为了引起全班同学的思考或讨论。当一个泛指性问题提出后，教师应期望学生有多种答案。

（3）重复式提问。在某个学生提出一个问题后，教师重复这个问题，让别的学生来回答。这种提问可以突出教学的重点和难点，调动学生质疑和解惑的积极性，不过这种提问只有在估计其他学生能回答时才能采用。

（4）反诘式提问。当教师提出的问题得不到学生的正确回答时，不要急于去纠正其中的错误，而是针对错误提出反问，使学生原以为正确、完善的答案被证明是错误的、有漏洞的。这就使他们原有的观点被瓦解，迫使他们重新思考问题，逐步得出新的、正确的结论。

（5）自答式提问。这是并不期望学生回答的问题。教师先提出问题，稍作停顿，让学生思索一下，然后自己作答。这种提问常常用来实现教学内容之间的顺利过渡。

3. 根据课堂提问的具体方式分类

李如密将教学提问分为以下四组八种[2]。

（1）直问和曲问。这组提问是根据提问方式的意向来划分的。直问即"问在此而意在此"，教师向学生直截了当地提出问题，学生直接回答，而不必拐弯抹角；曲问即"问在此而意在彼"，教师的本意是要解决甲问题，却偏不直接问，而是绕个弯提出乙问题，乙问题的解决又以甲问题的解决为前提，所以，只要学生解答了乙问题，甲问题便等于是"不答而解"。

---

1 朱作仁：《小学语文教学法原理》，华东师范大学出版社1988年版，第185页。
2 李如密：《教学艺术论》，山东教育出版社1995年版，第357页。

（2）正问和逆问。这组提问是根据提问方式的视角来划分的。正问即正面提问，就是教师根据教学内容从正面提出问题，让学生顺藤摸瓜，在探求问题答案的过程中获取知识，发展智能；逆问又称倒问，教师为促使学生深入思考，不从正面提问，而是从相反的方面提出假设，让学生通过对照比较，自己得出正确结论。一般问题总是问："文章这样写有什么作用？"而逆问则提出假设："不这样写行不行？"这种问法可训练学生的逆向思维，培养学生思维的深刻性。

（3）单问和复问。这组提问是根据提问方式的对象范围来划分的。单问又称常规提问，这种提问的对象是一个学生，要求他站起来口答或到讲台上板书回答问题；复问又称并行提问，在同一时间内提问多位学生，具体做法是教师一次提出一个或几个问题，让学生有的在黑板上做题，有的到讲台上扮演角色作答，有的在座位上进行口答，然后逐个总结评定。

（4）快问和慢问。这组提问是根据提问方式的时间速率来划分的。快问又称急问抢答，教师发出快速急问，促使学生争先恐后地抢答，以训练学生思维的敏捷性和灵活性。慢问又称深求慢问，教师为了深化重点、突破难点、解决疑点，训练学生思维的深刻性和批判性，提出问题后给学生留有充足的思考时间，让学生通过周密思考组织语言，以对问题做出完善圆满的回答。

4. 根据教师发问的方式及其作用分类

史洁莹、刘小禾将发问的方式分为以下12类。[1]

（1）是非式提问。问题的表述形式为"是不是"。是非式提问是教师在提出某个命题（如知识的陈述、教学内容的理解等）后要求学生对其正误进行判断、辨识的提问。这种形式可以作为启发学生思考的起始问题，后面随着学生答问的情况接问"为什么"，则可以将思考引向深入。

（2）选择式提问。问题的表述形式为"是……还是……"。选择式提问是同时提出几个意思相关、相近或相反的命题，要求学生做出选择判断的提问。这可以锻炼学生的比较、分析、综合的思维能力。

（3）比较式提问。这是为了使学生对所学内容有明晰认识，引导学生将相近、相关或相反的内容进行比较、发现异同的一种提问方式。进行比较的内容可以是同一篇文章中的，也可以是不同文章之间的。

（4）查考式提问。这种提问方式既可用于了解学生对旧知识的记忆和掌握，又可了解学生对新知识的学习情况，目的是获得反馈信息，以便根据需要调整教学内容和教学进程。

---

[1] 史洁莹、刘小禾：《提问技能　讲解技能》，人民教育出版社2000年版，第77页。

（5）直接式提问。直接就问题本身作正面提问。长处是问题明白无误，不令人费解；不足是由于问题直白显露，如果问题本身难度不够或启发性不强，则易降低思维训练的效度。

（6）婉曲式提问。这种提问方式也是就问题的表达而言，它与直截式提问相反，不是就问题本身作正面提问，而是改变发问的方式，或变换发问的角度作"迂回"提问。婉曲式提问可以变直线思维为曲线思维，因而有利于对学生思维的训练。

（7）磋商式提问。教师用商量的语气提出问题或要求。这种提问方式不把教师的意志强加给学生，是教学民主的体现，也是将学生置于学习主体地位的体现。磋商式提问在知识类答问中应慎用。

（8）故谬式提问。教师故意设置谬误的命题提出疑问，以引起学生深入思考。这种提问方式具有很强的启发性，不但可引起学生的注意，有利于对所学内容的准确理解，更重要的是，可激发学生思考和发表见解的欲望。

（9）反问式提问。教师在学生提出问题时，不直接正面回答，而将问题反问于学生。设计反问式提问应以鼓励、引导学生积极思考，踊跃提出问题为前提。运用的关键是选择的问题应是有一定思维价值的，应该是与学生的旧知识结构有一定联系的，是学生经过再思考有可能自行解决的。

（10）扩展式提问。这是意在引导学生从不同方向、不同角度、不同侧面进行思考的提问。扩展式问题犹如一个中心原点，从这里出发，学生可以向不同方向寻求答案，因而扩展式提问的答案不是唯一的，也不必强求统一。

（11）假想式提问。这是假设与原来实际情形不同，要求学生思考想象可能发生的情况的一种提问方式。提问的语言形式是："假如不是这样……"可以从文章内容和文章形式，从教学方法等不同角度提出假想要求。

（12）推想式提问。这是要求学生对原文所叙结果之后的情境进行推测想象的一种提问方式。其语言形式为："……将会怎么样？"意在引导学生将文内所读所悟向文外延伸、扩展，在延伸、扩展中深化推测和想象。

5. 根据问题的水平分类

（1）低级认知提问。知识水平的提问、理解水平的提问和应用水平的提问等都属于这种类型，主要用于检查学生对知识的掌握情况，一般只有一个答案。学生只要照原样回答即可，不需要更深入的思考，教师判断学生的回答也比较容易。

（2）高级认知提问。分析水平的提问、综合水平的提问和评价水平的提问等都属于这种类型，它是在学生的头脑中引起新知识的提问，通常不止一个答案。学生需要在原有知识的基础上对所学内容进行分析、综合和概括等，才能得出正确答案。教师判断学生的回答时，主要根据提问的意图，判断答案是否有道理，有无独创性,或在几个答案中比较哪一个更好。

以上从五个方面介绍了教师课堂提问的分类,除此之外,还有其他的分类方式也可作为参考。

第一,把提问分为分析的、经验的、价值的三类。像"49的平方根是多少?"这类分析的问题主要是检查学生对名词术语、符号或概念的理解;像"如果你把一盘冰块从冰箱里拿到桌子上,它会变湿还是保持干燥?"这类经验的问题需要通过我们的感觉来检验;像"你最喜爱的中国探险家是谁?为什么?"这类价值的问题目的在于诱导学生的赞美、责备、批评或以某种方式表现价值的倾向性。

第二,布卢姆等人提出的认知领域分类系统已为教师广泛用于课堂提问,主要包括以下六个专门领域:

①知识。要求学生认知或回忆信息。例如:"新中国是哪一年成立的?"

②领会。要求学生理解正在交流什么并在头脑中进行组织和排列,然后用自己的语言描述它。例如:"这一段的段落大意是什么?"

③运用。要求学生把规则、方法运用于新的具体的情境。例如:"如果J=2并且y=4,那么2J+3y=?"

④分析。要求学生批判地思维并有一定深度,将整个交流分解成它的构成成分。例如:"现在我们已经结束了模拟游戏,你有什么经验可以支持国与国之间的合作是切实可行的这条原则?"

⑤综合。要求学生对要素或部件进行加工并组合产生新的模式或结构。例如:"如果我们准备为我们班成立一个学生管理组织,它应该是一个什么样子?"

⑥评价。要求学生根据一定的标准判断一个观点、结论或问题。例如:"澳大利亚应该成为一个共和国的重要论点是什么?"

第三,有些研究者提出了一种更简单而又有效的分类方法,"五W"——"WHAT""WHEN""HOW""WHO""WHY"。

①事实问题(引导知识、回忆观点)。如:"中国的人口是多少?"

②时间问题(引导关于时间顺序的信息)。如:"什么时候亚洲人种占到了澳大利亚人口的10%?"

③方法问题(引导关于方法的信息)。如:"青年志愿者政策是怎样运作的?"

④人物问题(引导特定事件中关于个人或群体的信息)。如:"当前负责少先队工作的老师是谁?"

⑤原因问题(引导特殊行动或事件的原因)。如:"为什么20世纪90年代以来沙尘暴天气越来越频繁?"

（二）课堂提问的一般技术

问题设计的好坏在一定程度上决定了课堂的教学效率。因此，在教学过程中，教师需要掌握一定的提问技巧，这样可以增强教学的艺术性。

1. **科学性：深钻教材，精心设问**

好的提问来自教师对教材的潜心钻研，对课标的谙熟于心，对学情的了如指掌。所以，要以严谨的治学态度备好课，吃透教材，把握教材中知识的关键点、问题的兴趣点、文本的疑难点、思维的发散点、内容的矛盾点、学生认知的模糊点。这样，事先设计的问题也好，课堂中即兴发问也好，才会有质量，才能将学生思维引向深入。

2. **可接受性：与学生的能力、知识水平相适应**

在设计课堂提问时，教师需要对学生的整体情况和个别差异有一个正确的把握，这样，才能做到既可提出一般性的问题，又可根据不同程度的学生有的放矢地提出不同层次的问题，启迪程度不等的学生的思维。一般来说，难度较大的问题由优等生回答，难度适中的问题让中等生回答，较容易的问题让学习有困难的学生回答，较专业的问题让这方面有特长的学生回答。

3. **导向性：指向教学过程中的各项具体目标**

课堂教学的每个环节都有其特定的教学目标。因此，教师要找出有思考价值的问题，引导学生去探究、寻觅，使教学过程紧紧围绕着目标进行，体现主题性、导向性。

4. **新奇性：激发学生的求知欲望**

课堂提问就是有意识地激发起学生认识中的矛盾，促使学生新旧知识之间发生激烈冲突，从而产生问题情境。这种以矛盾冲突为基础的问题情境的产生和解决，能激发学生的求知欲望，满足学生好奇的心理。当然，新奇不等于猎奇，提出的问题应该健康、富有教育意义。

5. **针对性：引导学生关注现实生活**

新课程改革的一个显著特点是教学生活化，关注学生身边的知识。所以，教师提问也要引导学生"走出书本"。近年香港一些大学在内地招生的面试考题"无一不含苍生情"，几乎都是与社会生活的具体问题相结合的，也很值得我们思考。只有引导学生关注社会现实生活，他们才能更好地学以致用。

6. **启发性：变最近发展区为现实发展区**

维果茨基认为："如果问题创设全在知识范围内，只是大脑皮层的简单探索，就引不起学生的兴趣。例如若提出的问题过高，大脑皮层模糊一片，就不会有特别明显的兴趣点，引不起大脑在多种形式、多种层次的交错综合。只有把问题设在最近发展区，才能引起兴奋点。"要使学生凭借知识和经验，"跳一跳"就能达到这个区域，教师设计的提问就应该略为超越学生现阶段认知的内容，不宜太浅，也不要太深。好的课堂提问要发"悱愤"之功，收登堂入室之效。

7. 时间性：捕捉最佳时机

提问可以在任何时间进行，但在不同时间进行提问，效果是不一样的。这就要求教师善于捕捉提问的最佳时机，在学生的新旧知识发生激烈冲突之时、在学生意识中的矛盾激化之时提出问题，往往会有出乎意料的效果。

8. 评价性：展示结果和答案

提问结束后，教师要对学生的回答给予及时的评价，并适当地给予表扬和鼓励。如果提问结束后不作评价，学生答对了受不到鼓励，答错了也不知道错在何处，就会使提问流于形式。

9. 实效性：不图形式

不要为了提问而提问。有的老师一堂课向学生提出几十个问题，美其名曰启发式教学搞得好。其实，不是问题提得越多就越是启发式教学，有的老师一堂课没有提出什么问题，他可能同样是启发式教学。特别要说明的是，要避免"同学们，这个对不对呀？"或"好不好""行不行"之类的假问题。

10. 间隔性：给学生思考的时间

教师提出一个问题后，要稍作停顿，运用目光接触把问题分配到全班，给学生一些思考的时间（低难度的问题3至4秒，高认知水平的问题10秒），然后点名让某个学生回答。

（三）课堂提问的注意事项

高质量的问题设计是提问成功的基础，高超的提问操作艺术是发挥提问最佳效果的保证。为了使课堂提问取得最佳效果，必须注意以下一些问题：

1. 抓住提问的时机

在知识的关键和本质之处及时提问，可引导学生正确掌握所学知识的实质，把学生带入积极的学习情境之中，促使他们积极思考，顺利掌握所学知识，形成技能。

教师把握提问时机的立脚点，应主要放在理解教材内容的需要上，务求在下列情况下适时发问。

（1）教师通过创设情境引起学生注意时。

（2）新知识引起学生好奇心时。

（3）学生的原有信念和见解发生冲突时。

（4）学生理解知识有疑惑时。

（5）认知教材的关键时。

2. 控制问题的难易度，合理选择对象

问题的难易度，一方面是就知识本身的难易而言的，另一方面也是就学生的实际学习水平而言的，问题过难过易都不能有效地促进学生智力的发展和能力的提高。因此，教师提问要看对象，使不同发展水平的学生都有回答问题和获得发展的机会。尤其是一些害羞和腼腆的学生，要加以鼓励，多给机会。

3. 语言表述要简明扼要

提出的问题要简单明了、表述清晰，使学生清楚、确切地理解和把握教师的要求，以利于他们迅速地按照教学意图思考问题和寻找答案。在进行高级认知提问时，这一点显得尤为重要。

4. 要有一定的指向性

对于比较复杂的问题，教师提问时要作适当的提示，使学生少走不必要的弯路，沿着正确的思路去思考和解答问题。如果问题太大，没有一定的指向性，学生无从答起，就会造成思维的混乱，达不到提问的目的。

5. 要富有启发性

提问应富有启发性，起到激起学生思维的波澜、发展学生智力的作用。那种单调肤浅、教师问上半句学生答下半句的提问，或设计不当、不得其法的提问，不但不能启发学生思维，反而会使学生养成不动脑筋、随声附和的不良习惯，久而久之，就会弱化学生智力的发展。

6. 切忌把提问作为整治学生的手段

应尽量避免提问那些没有答题准备和答题欲望的学生，对平时不爱举手发言的学生要善于察言观色，注意他们的神态和表情。如果学生目视教师、神态自若，表示胸有成竹，则教师可以提问；如果他们眉头紧皱、作苦苦思索状，则表示他们还未得出正确的答案，教师不合时宜的提问会打断他们的思考，引起他们的反感；如果学生竭力回避教师目光，说明他们心中无数，害怕提问，若教师此时提问，会被看成是有意和他们过不去而造成对立情绪。对于这些学生需要在适当的时机向他们提出难易适中的问题，逐步培养他们回答问题的兴趣和能力。

六、课堂讨论的技术

课堂讨论作为一种契合新课程标准要求的学习方式，已全面地走进我们的课堂，深受老师们的青睐：它不仅能促进学生思想的发展，还有利于增强学生的参与与合作意识，活跃课堂气氛，提高课堂效率，实现课堂教学的最优化。

（一）课堂讨论的功能和形式

课堂讨论，是学生在教师的组织之下为解决某个问题，在课堂中进行探讨、辩论，以获得知识的一种教学方法。

1. 课堂讨论的功能

（1）提高课堂效率。讨论这种学习方式，往往是学与思、学与论的结合，它对于巩固和加深已学知识起着重要的作用。课堂及时开展讨论，让学生带着问题思考探索，交流学习体会，就可以纠正某些模糊认识或错误观点。尤其是对一些重点和难点问题展开讨论甚至争论，更能加深印象，巩固理解。

（2）培养能力，促进学生社会性发展。在课堂教学中有效地开展讨论，可以增加师生之间、学生之间的直接交往，有利于促进学生社会性的发展。

（3）教学相长功能：课堂讨论是教师和学生相互汲取营养的好机会。它既能发挥教师的主导作用，又能调动学生的主动性、积极性；既能使学生畅所欲言，相互启发，各有所得，又能使教师受到启发，有所收获。

2. 课堂讨论的形式

课堂讨论的形式是灵活多样的，可以根据论题的类型及难易程度、师生的准备情况及讨论目的具体选择。从时间安排上，可以是整节课的较长时间的讨论，也可以是几分钟的短暂讨论；从组织形式上，可以是全班集体性的课堂讨论，也可以是自由组合式——可以是座位前后同学组成的四人小组讨论，也可以是同桌组成的两人小组（也可叫互助组）的讨论。

（二）课堂讨论的组织技术

1. 讨论的准备技术

讨论的准备包括教师和学生两个方面。就教师方面而言，讨论质量的高低主要取决于讨论题目的质量。教师在考虑讨论题目时，要注意到这么几点：问题要出自教学内容的重点或难点；要符合教材和学生的实际，并采用不同的提问形式；可选一些具有不确定性和不一致性的问题；可选用一些目的在于改变或纠正学生的态度和行为的问题。就学生方面而言，学生在讨论前的准备是保证讨论取得成效的基础。学生要通过审题了解讨论题目的中心内容与具体要求；在认真自学、独立钻研的基础上写出发言提纲，提高发言的质量；对那些自己难以理解的地方要准备好质疑题目。

2. 讨论过程的组织技术

课堂讨论是在教师主持下有领导、有组织、有步骤地进行的。教师仍是讨论的"主导"，学生是课堂讨论的"主体"，所以教师要注意从教与学两方面组织课堂讨论。要善于在讨论中启发和诱导；要指导学生有理有据地阐述自己的观点；要发现意见分歧，抓住争论的焦点展开辩论；要有课堂调控的能力。

3. 总结讨论的技术

讨论结束后，教师要作总结、评价。对有独到见解的意见，必要时加以引申和提高，以调动学习积极性，激发开拓性思维；对于错误、片面的观点，要及时指出并分析原因，帮助其纠正；对于意见不一的问题，教师应提出自己的基本观点，供学生参考、借鉴。教师在总结的时候，还可以把评判权交给学生，或鼓励学生与教师共同评判。

（三）课堂讨论的注意事项

1. 课堂讨论的忌讳

（1）忌滥用讨论。一味追求时髦，一讲讨论式教学好，就不假思索、不顾实效地滥用，课堂是热闹起来了，但讨论的多是一些价值很小甚至无价值的问题，耗时多，收效低。

（2）忌无准备的讨论。有的教师一提出问题就急于让学生讨论，不给他们准备讨论的时间，学生头脑空空，如何讨论？

（3）忌无充足讨论，匆匆收场。有些教师担心讨论费时多了，完不成一堂课的教学任务，当讨论正在激烈进行的时候，就敲响教鞭勒令停止，结果讨论蜻蜓点水似的走走过场而已，既不可能广泛，也不可能深入，远远达不到讨论的目的。

（4）忌少数人讨论，大多数人陪衬。课堂讨论中一个最值得注意的问题是，让每一个学生参与到讨论中来，避免让部分学生成为"边缘人+观望者"。为此，教师要树立成绩中、下等学生的自信心，鼓励他们大胆、积极地参与讨论。

2. 课堂讨论的注意事项

（1）讨论有其适用范围。有些教学内容适宜运用课堂讨论的教学形式，但不是所有课程所有内容都要去组织讨论。从学生的年龄考虑，也不是所有年级都适合开展课堂讨论，小学低年级不宜多用，高年级可就一些内容比较简单、具体和生动的问题展开讨论。

（2）从课堂讨论的组织方式来讲，是选择先分散后集中，还是先集中后分散，没有固定的模式。但是，在时间和场所允许的情况下，要尽可能地采用先分散后集中的方式。

（3）要确立良好的讨论"礼仪"。例如，要勇于发表自己的见解，且要言之有理，持之有据；要乐于与人分享自己的见解；要给他人开口的机会；要冷静听取别人的意见；要虚心向别人学习；要在平等的气氛中展开争论或辩论；等等。

（4）合理确定讨论的主持人和时间。课堂讨论最好由学生自己主持，教师不要过多包办代劳，而可作为讨论的一个成员参与，但要注意掌握讨论的方向等有关问题。讨论的时间要根据需要灵活掌握,一般来说,小型讨论可常使用,而班级集中式大型讨论不宜搞得太多,每学期2至3次为宜。

七、结课技术

一堂生动活泼的具有教学艺术魅力的好课犹如一支婉转悠扬的动听乐曲,"起调"扣人心弦,"主旋律"引人入胜,"终曲"余音绕梁。因此,结课技术和导课技术一样,是衡量教师教学技能高低的重要标志。一个富有新意、恰到好处的精彩结尾会为一堂课的最终完成画上一个圆满的句号,甚至起到画龙点睛之功效。

(一)结课的意义

结课是指在课堂内完成一定的教学内容或活动后,教师进行归纳总结,使学生对所学的知识形成系统认识,并加以升华的行为方式方法。结课技术具有强化学生学习兴趣,帮助学生巩固和深化所学的知识和技能,促进学生智能的发展等功能。

(二)结课的一般技术

同导课艺术一样,结课也没有固定的模式可以遵循,须根据教学内容的特点和学生的实际进行创造性的设计。小学常用的结课方式有下面几种:

1. 总结归纳式

即用准确简练的语言,提纲挈领地把课的主要内容加以总结概括归纳,给学生以系统、完整的印象,促使学生加深对所学知识的理解和记忆,以培养其综合概括能力。总结可以由教师做,也可以先启发学生做,教师再加以补充、修正。用于总结的语言不应是对所讲述过的内容的简单重复。

2. 同中探异式

对于课文中一些人人认同但并不十分准确的见解或结论,教师在结课时,不妨引导学生质疑探异,通过讨论得出全新的见解。

3. 比较辨析式

结课时,教师可以把刚学的知识与过去学过的知识联系起来,进行归类辨析,比较异同,使学生从中掌握知识的特点和规律,加深记忆。

4. 启发回味式

在课堂教学结束时,教师用含蓄深沉的话语促人深思,使学生感受到"言已尽而意未穷",课后咀嚼回味,展开丰富想象,进而推动学生进一步探求新知。

5. 练习巩固式

学生在课堂上获得的主要是间接知识,容易遗忘,必须及时、反复练习和运用，才能巩固。课堂教学将要结束时，教师可根据教学内容中阐明的原则、规律和方法等布置练习和作业来帮助学生复习、巩固所学知识，并形成实际操作技能、技巧。

6. 提问解答式

在不少情况下，教师结课时总是针对教学的关键知识，如某些重要概念、原理公式、含义深刻的语句，按教学目标要求，进行提问，以检查课堂教学效果。选择答问的学生，往往可以挑中等生，甚至后进生，这样容易发现问题，便于及时查漏补缺。

7. 延伸拓展式

叶圣陶说："结尾是文章完了的地方，但结尾最忌的却是真个完了。"所以，优秀的教师在教学结课时，常常使用设立悬念的方法，在学生"欲知后事如何"时却戛然而止，从而给他们留下一个有待探索的未知数，激起他们学习新知识的强烈愿望，使"且听下回分解"成为其学习期待。这样，课讲完了，不是成了学生学习的结束，而是把课尾作为联系课内外的纽带，引导学生向课外延伸、扩展，开辟"第二课堂"。

（三）结课的注意事项

课堂结课要体现其科学加艺术的效果，其基本原则是：自然、完整、适度、拓展。结课时应尽量避免虎头蛇尾、画蛇添足、平淡无奇、前后矛盾等情况。

八、语言运用技术

从广义上讲，语言包括口头语言、书面语和体态语。这里主要介绍口头语言和体态语运用的一些基本问题，有关书面语（特别是板书）的技术将在下一点中再作介绍。

（一）口头语言的运用技术

1. 口头语言的作用

口头语言是教学活动开展的重要手段和工具。可以说，如果没有了口头语言，教学活动就难以进行。孟子说："言近而旨远者，善言也；守约而施博者，善道也。"现代教学艺术论的开创者之一赫修特也认为，如果善于语言表达，即使他是一个二流的学者，也可以是一个优秀的教师。口头语言的作用具体体现在以下几个方面：

（1）较强的语言表达能力有助于提高教学效果。苏霍姆林斯基说："教师高度的语言修养,在很大的程度上决定着学生在课堂上脑力劳动的效率。"[1]国外有研究表明,"学生的知识学习同教师的表达的清晰度有显著的相关","教师讲解的含糊不清则与学生成绩有负相关"[2]。因此,在教学过程中,教师应发挥语言的磁化功能,用富有魅力的语言吸引学生,抓住学生;应发挥口头语言的感化功能,用富有情感性的语言,消除学生的恐惧、防备及胆怯心理,使之主动参与教学活动;应发挥口头语言的调节功能,用得体的礼貌语言,调节人际关系,形成舒畅的学习氛围,调动学生学习的积极性;应使用激动有趣的口头语言,激发学生的好奇心和求知欲。

(2)较强的口头语言表达能力有助于提高学生的语言能力。教师在运用口头语言教书育人时,不仅把知识、技能和能力传授给学生,而且教师对语言的运用本身就具有鲜明的示范性,对语言学习、语言模仿都起着潜移默化的影响,使学生从模仿到灵活地运用,提高了他们的语言表达能力和语言审美能力。

(3)较强的口头语言表达能力有助于学生的身心健康。研究发现,学生听到缓慢抒情的音乐时,皮肤的温度上升;听到快速紧张的音乐时,皮肤温度下降。同样的道理,教师语言要力求优美,抑扬顿挫,像美妙的音乐般给学生以美的享受,促进学生的身心健康。如果教师始终以过高的声音讲授,学生听起来会容易疲劳,甚至产生烦躁不安的情绪;如果语音过低或平缓单调,没有抑扬顿挫,则会抑制学生的大脑活动,起到催眠的作用。

2. 口头语言运用的技术

(1)从口头语言的内在要素来看,要做到发音准确、语调丰富、节奏感强、言辞恰当。

①语调是有声语言的腔调,即通常所说的高低强弱、抑扬顿挫。语调的变化不仅能使教师充分表达自己的情感,同时也能使学生辨音明意,增强口语表达的感染力,使听者倾心聆听,声声入耳。

②节奏是指声音形势回环往复变化。节奏的变化能对人的知觉和感情产生强烈的吸引和感染作用。造成节奏感的主要方法是语速与停顿。例如,对于重点、难点或须引起注意的地方,可以慢讲;对于容易理解或非重点的部分可以快讲;在讲完一个长句时应停顿一下;在讲到关键的地方,听者又急切地想听下去时,也应稍有停顿;在一个问题转向另一个问题时,或讲述主要论据或反驳论点时,都需要适当停顿。

③言辞是指口语表达中词汇和语法的结合体。运用恰当的生动的言辞表达,会

---

[1] 王彦才、郭翠菊:《现代教师教学技能》,北京师范大学出版社2010年版,第90页。

[2] 张武升:《教学艺术论》,上海教育出版社1993年版,第168页。

对听者产生巨大的感染力。言辞的语意明确，能使听者充分理解表达内容；言辞的感情色彩浓厚，有助于唤起听者强烈的情感；言辞的哲理性、喻义性强，能使听者有豁然开朗之感。可见，口语表达的效果如何，全在于讲者运用言辞的功力上。因此，要选择那些形象、生动、简洁、深刻、流畅的言辞，或渲染、感召、说理、说明的言辞，以及幽默、风趣和富有哲理的格言警句等。

（2）口头语言的表达应注意明晰性与模糊性的统一。教师的教学语言首先应当追求准确、明晰，不能出现差错，例如在数学教学中，"提高了多少"与"提高到多少"，"除以多少"与"除多少"，虽只一字之差，意思却完全不一样。但是有时候又提倡一点模糊性，特别是在语文教学中，假如把那些本来具有朦胧美的语言含义全挑明了，反而破坏了意蕴。

（3）口头语言的表达应注意逻辑性。教学语言要做到逻辑严密，条理清晰。概念不明、判断不清、推理没有逻辑性，都会影响教师的教学质量和学生的听课效果。

（4）口头语言应具有教育性。教师教学语言的教育性，可以是直接的，如使用一些肯定性、表扬性、鼓励性、督促性、指导性的语言（如"我相信你""你一定行""你一定能成功"等），给学生积极、正面、健康的影响；也可以是间接的，如使用具有积极暗示、启发作用的教学语言，这种语言虽然表面上看不出其教育意义，但寓教育性于其中。

（5）口头语言的运用要蕴含教师丰富的情感。教师的教学语言要富有激情，并以自身激昂的情绪去感染学生，动之以情，真正达到教书育人的目的。如果教师无视教材内涵，为讲课而讲课，视情感为任意附加的身外之物，就不能引起学生感情的共鸣，效果当然就不可能好。

（6）要适当地运用幽默语言。苏联教育家斯维特洛夫说过："教育家最重要的、也是第一位的助手是幽默。"教师如果能够恰当地运用幽默，则可以含而不露地启发学生的联想、出神入化地推动学生的领悟；在良好的氛围中引起宽松愉悦的心理共鸣，使学生在笑声中既学到知识，又学会做人。当然，幽默不是贫嘴；幽默应以尊重学生为前提，不能用讽刺性的"幽默"语言挖苦学生；幽默语言的运用还要适合学生的知识水平。

教师口头语言的禁忌[1]

1. 喋喋不休，一堂满灌；2. 天马行空，离题万里；3. 华而不实，啰里啰

---

[1] 王彦才、郭翠菊：《现代教师教学技能》，北京师范大学出版社2010年版，第13页。

唆；4. 语言平淡，和尚念经；5. 信口开河，不懂装懂；6. 讽刺挖苦，出语伤人。

（二）体态语的运用技术

心理学家保罗·艾克曼曾经说过："我们用声带说话，但是却用面部表情、声调，整个身体来进行交流。"英国教育心理学家M. 鲍门也说："教师在课堂上犹如一个演员在舞台上，通过声音、衣着、体态、语言以及静默来表演、传播或接受信息。"心理学实验表明，信息的效果=7%的文字+38%的声调+55%的面部表情和动作。由此可见肢体动作的重要性。教师无须非用有声语言来表达，一个眼神、一个手势、一个微笑都可以产生教育效果。这种除语言文字之外的交际因素，如目光、面部表情、手势、姿态、空间距离、教态等都可以被称为体态语。

1. 体态语的类型及运用

（1）面部表情。面部是人体语言的"稠密区"，教师在运用有声语言的同时，要充分运用自己的面部表情，作用于学生的视觉器官，以形成知识信息、情感器官对学生的综合性"多觉辐射"。教师在运用面部表情时，应注意：面部表情必须和颜悦色；面部表情和所讲内容的协调一致；必要时要戴上"假面具"，正如苏联教育家马卡连柯所说的："我从来不让自己有忧愁的神色、抑郁的面容，甚至有不愉快的事情，我生病了，我也不在儿童面前表现出来。"

（2）眼神视线。眼神视线的变化，属于面部表情的范围，但因为它特别重要，在整个语言中起着非常重要的作用，因此这里单独列出来作一介绍。通常人们都说，"眼睛是心灵的窗户"，可见，眼睛具有传递信息、情感、意向等作用。有经验的教师总是恰当而又巧妙地运用自己的眼神，表达出丰富的情感，以影响和感染学生。同时，他们还善于读懂学生眼神的变化，通过眼神，了解学生的学习情况，从而调整自己的教学方法，以收到最佳的教学效果。

在课堂教学中，教师应注意以下几种眼神的使用和反馈。

①学生在课堂上做了一些不该做的事情，教师应直视或长时间凝视学生，表示对学生的批评。

②在课堂上，教师应有意将学生分成五块，前后左右各为一块，中间为一块，视线要光顾到每一块，以便和学生交流情感、沟通思想，使讲的内容与学生产生共鸣。但不能一直看着某一块或几个人，以免影响学生听讲；也不能一直不看某一块，使学生有失落感。

③在课堂上，学生的视线接触教师的面部时间一般应占讲课时间的30%至60%。超过这一平均值，可以认为学生对讲课内容感兴趣，反之则表示不感兴趣。

④学生几乎不看教师,表示思想可能"开了小差"。

⑤如果学生目光闪烁不定,反映学生情绪不稳定或在下边干一些别的事情。如果学生瞪大眼睛,眼光特别亮,则表示对讲的内容极感兴趣。

⑥人一般每分钟眨眼5至8次,学生在课堂上眨眼若超过这一平均值,微皱眉头,表示对老师讲的内容疑惑不解或有异议;低于这个平均值,则表示学生对教师或教师所讲的内容厌烦。

(3)手势语。手势和眼神是体态语言中表现力最强的部分。在课堂上,学生的视线总是停留在教师的眼和手的部位,而且是随着教师讲课中手势的指挥节奏来调整自己的思路的。因此,教师在教学中应恰当地运用各种手势,以增强有声语言的活泼性和感召力,使有声语言表达得更直观、具体、生动、形象。

教师在运用手势语时,应注意以下几点。

①手势语要简单,不能过多、过乱,动作不能太复杂,不能手舞足蹈。

②手势动作总是代表着一定的含义,而且往往与口语、表情紧密联系。因此,教师在运用手势语时,应注意手势语与其他体态语及口语的配合协调,手势语应该与所讲的内容相一致,不能过于生硬。

③教师应该熟记生活中和教学中一些约定俗成的手势,提高手势的技巧。

(4)身姿语。身姿语是人体躯干动作所传递的信息,主要包括站立姿、行走姿、稍息姿、坐姿。例如,站立姿是教师身姿语中一个最为重要的组成部分。教师不同的站立姿态会给学生以不同的感觉体验,如过于挺胸抬头,显示出一副不可一世的傲慢神态。再如行走姿,教师在课堂上来回走动是不可缺少的,教师行走要快慢适中,走动太快,令学生感到紧张、慌乱;走动的频率也不能太高,频繁走动会让学生应接不暇。

(5)教态语。教态语主要指教师的衣着打扮、仪表风度所传递的信息。教师的教态语应做到:活泼而不失端庄,华丽而不致庸俗,入时而不过于新潮,严肃而不过于拘谨,随和而不过于邋遢。比如,女教师上课时(包括在校园)不宜穿吊带裙,不宜佩戴过多的饰品,穿金戴银,珠光宝气。

2. 应避免的消极体态语

在教学过程中,教师恰当地使用各种积极的体态语,可以加强教师有声语言的作用,获得良好的教学效果。与此同时,也要注意避免一些消极的体态语,如摇头、消极的注视、掌心向下、单指(通常是食指)指点、双臂交叉、过近的空间距离。例如空间距离,教师教学过程中与学生的距离一般应保持在365至762厘米之间,过于走近学生,学生会感到私有空间受"侵犯",尤其是性格内向的学生。

九、板书技术

板书是教师的基本功之一。板书有助于教师语言的表达力，有助于培养学生的兴趣，增强学习动机，有助于引导和调节学生的思路，有助于学生学习和掌握教学内容，能帮助学生掌握学习方法、提高学习技巧。

板书的内容是教学内容的精华部分，包括教学内容的知识结构、重点、难点以及需要补充的知识等。

（一）板书的类型

1. 从板书的形式上分类

（1）词语式。就是在对教学内容进行深入研究的基础上，从中找出一些关键性的词语或总结出一些能准确反映教学内容的词语，按一定的顺序进行板书。

（2）纲要式。这是板书设计中最常见的一种方式。它是在对讲授内容作全面分析的基础上，按其内容的先后、主次关系，加以归纳概括，列出提纲。

（3）图示式。即用图画、线条、箭头符号等展示教学内容的板书形式，有时可配以必要的文字说明。这种板书图文并茂，生动形象。

（4）列表式。即将教学内容以表格的方式展现出来的板书形式。这种类型的板书对比性强，条理清楚。

（5）线条网络式。即根据知识点间的各种关系，用线条将教学内容中的知识点串联成"网"的一种板书形式。

（6）阶梯式。即根据教学内容层次递进、逐步开展的特点而设计的板书形式。它的特点是能直观、形象地展现出教学内容内部的关系。

（7）回环式。这种板书格式是从一个起点出发，经过一系列环节，最后又回到起点而组成的一个闭合回路。回环式板书往往由几个字和几条线构成，既简练又美观。

（8）卫星式。也称开花式，即围绕一个中心或重点向四面散开，形成一个众星拱月的形状，这类板书造型优美，中心突出。

（9）波浪式。这种板书的形式犹如波澜起伏，"起"为高潮，"伏"为低潮，它比较能够表现出故事情节的曲折和人物感情的起伏，而且能较好地引导学生理解课文的内容。

2. 从板书的结构上分类

（1）并列式。即将并列的教学内容集中在一起而设计，可以反映出教学内容之间的并列关系。

（2）总分式。这种类型的板书能反映出教学内容中总写与分写的关系。总分式板书又可细分为总分式、分总式、总分总式。

（3）对比式。即将相互对立的教学内容集中在一起进行设计，它可以使相关的内容形成鲜明的对比，使学生清晰地看出内容之间的联系与区别。

（4）递进式。这种类型的板书可以反映出教学内容之间层层递进的关系。

3. 从板书的作用上分类

（1）情节展现式。即将故事情节用板书的形式展现出来的板书形式。

（2）分析归纳式。分析式即借助板书逐步分析教学内容的板书形式，这在数学等学科中较为常用。归纳式是将教学内容归纳概括成简要的字、词、句等的板书形式；

（3）问题启发式。即将教学内容设计成具有启发性的问题呈现于学生面前的板书形式。

（4）因果揭示式。即通过板书揭示事件的原因、经过及结果的板书形式。

（5）线索梳理式。即通过板书将教学内容的主要发展线索提取出来，使之成为教学的主要思路的板书形式。

（6）中心概括式。即通过板书巧妙地揭示课文的中心的板书形式。

（7）图表形象式。即通过图形并结合必要的文字说明，直观形象地展现教学内容。

（二）板书设计应注意的问题

好的板书可以准确地体现教师的教学思路和教学内容的内部结构，可以帮助学生理解和掌握教学内容，同时还可以起到陶冶性情、愉悦心情、榜样示范等作用。因此，在设计板书时，应注意以下几个问题：

1. 板书要做到纲要性和启发性相结合

板书版面的有限性决定了教师不可能"大书特书"，板书要提纲挈领，重点突出；同时，板书的容量虽然是有限的，但板书的内容具有生长性，即"它应该能使学生通过板书联想到整个教学学内容，并引发思考，产生求知欲和创造性想象力"。

2. 板书要富有科学性和准确性

板书是教学内容的浓缩，对于学生的学习有着重要的作用，有时候甚至是口头语言所无法比拟的。因此，板书的字、词、表等都必须精确，富有科学性和准确性。

3. 板书要富有针对性和层次性

板书要针对不同年级学生的心理特点和教学内容的水平而设计，它的内容、形式可随年级的递升和教学内容的加宽加深而逐步由简到繁、由浅入深、由具体到抽象地发展。

4. 板书要富有创造性和个性

板书虽有一定的格式可以选用，但这并不意味板书就没有艺术创造，教师完全可以根据教学需要和自己的风格进行创新，使自己的板书成为一种真正艺术的、成熟的、有风格的板书。

总之，板书的内容和格式在备课时就要做好精心设计，做到条理清晰、一目了然、详略得当、布局合理，切不可随心所欲、凌乱不堪，更不能有错字。另外，教师写板书时不能太慢，以免占用过多讲课的时间。

第二节 课堂管理

教学和课堂管理密不可分，课堂管理是教学的有机组成部分，有效教学常常发生在管理好的课堂中，没有好管理不可能有好教学。马格里特等人通过专项研究后指出："在影响学生学习的二十八种变量中，课堂管理是作用最大的直接变量之一。"[1]教师要想上好课，必须掌握课堂管理技术。

一、课堂管理概述

（一）课堂管理的含义

课堂管理是指教师为了保证课堂教学的秩序和效益，协调课堂中人与事、时间与空间等各种因素及其关系，营造良好的课堂氛围，引导学生有效学习，从而实现预定教学目标的一系列行为方式。

在课堂教学中教师除了要完成"教"的任务外，还要承担"管"的任务，即协调师生、生生关系，维护好课堂纪律，营造积极和谐的学习氛围和环境，使课堂中各种因素成为一个和谐、有序的整体，从而保证教学活动顺利进行。教师绝不能把课堂管理看成仅仅是班主任的事情，认为自己只要把课上好就行，课堂一旦出了问题就找班主任或者用简单粗暴的方式去处理。其实，课堂上的教学和管理是相互依存的，没有良好的管理，就不能提供安静、和谐的学习环境，就会影响教学目标的达成。当然，教师的教学水平低、不恰当的教学设计等也会增加课堂管理的难度。教师只有研究课堂，掌握了课堂管理的策略，才可能为教学目标的顺利实施创造良好的前提条件。

有效、科学、合理的课堂管理不仅有助于维持良好的课堂教学秩序，约束和控制有碍学习的问题行为，而且有利于激发学生潜能的发挥，引导学生从事积极的学

---

[1] 胡森：《国际教育百科全书（第六卷）》，李进等译，贵州教育出版社年版1990，第22页。

习活动，提高学习效率，增强教学效果，促进教学质量的提高。

（二）课堂管理的影响因素

1. 学校管理水平

班级是学校的一个组成部分，课堂管理是学校管理的一个方面，学校管理水平直接决定着课堂管理的质量。教师是课堂管理的主体，同时又是学校管理的对象，领导的管理方式潜移默化地影响着教师。专制型管理可能导致教师对领导产生依赖性，缺少主见，课堂上的管理也比较专制，多采用权威命令，缺乏人情味，导致课堂气氛压抑。民主型的管理则有助于教师积极、自觉、主动地与学生建立良好的关系，能创造性地开展教学和管理。放任型管理必然导致教师对学校事务不闻不问，工作态度消极应付，课堂常处于失控状态，秩序混乱，管理效果较差，工作绩效不显著。

2. 班集体的特点

课堂管理实际就是在上课时间内对班集体的管理，因此，班集体自身的特点也是影响课堂管理方式的重要因素之一。

首先，班集体的规模不同，课堂管理方式也不同。对于规模较大的集体，学生内部之间交往频率较小，师生之间关系相对冷淡，不容易形成统一的课堂规范，已有的课堂规范也不容易被真正地遵守。同时，大班集体中的学生由于交往时空的限制，往往容易形成固定的小集团，如不对这些小集团进行正确的引导和教育，通常会产生一种离心力，甚至形成破坏力量，影响整个班集体教学目标的实现。因此，规模较大的班集体更需要高超的管理技巧。

其次，班级风气会影响课堂管理。不同性质的班级有不同的群体规范和不同的凝聚方式，教师应根据不同的班级性质决定其管理方式。有的班级本来就比较优秀，对于这样的班级，教师应利用其固有的凝聚力，充分发挥学生的自觉性和主动性，侧重于让学生自控自理。而对于那些纪律相对涣散的班级，教师则要更多地使用权威，对学生给予足够的监督和指导。

3. 教师的素质

课堂管理的主体是教师，管理的效果如何，很大程度上依赖于教师自身素质。教师的工作态度、业务水平、教学能力、管理经验等直接影响着课堂管理效果。教师如果讲课有艺术，能通过教学内容深深地吸引学生，课堂管理就容易得多。实践中，一些优秀教师的课堂上甚至不存在管理问题。此外，教师个性特点也会影响着课堂管理。教师性格外向、应变能力强会有助于课堂管理；相反，性格内向、不苟言笑的教师在课堂管理上可能相对困难些。

4. 学生的学习行为习惯

学生既是课堂管理的对象，也是课堂管理的主体。学生的学习态度端正、学习积极性高、学习能力强、行为习惯良好、学习自律性强就有利于形成良好的课堂规范，方便顺利开展教学活动。反之，课堂就容易混乱，难以管理。

5. 学校文化

学校文化直接反映一所学校的个性特质。学校的教育理念、办学思想，学校的人际关系，学校一切规章制度、教风、学风、领导风格乃至学校传统等，都会直接影响教师的思想意识、观念和教育行为方式，从而影响课堂管理的效果。

（三）课堂管理的基本原则

1. 学生为本原则

在课堂管理中教师要把学生看作课堂的主人、学习的主体，充分尊重学生，充分考虑学生的需要和潜能，按照学生的年龄特点和身心发展规律来进行教育教学和管理，创设适合学生的课堂环境和活动，充分调动学生的主观能动性。同时，要充分了解并尊重学生的个性差异，针对个别学生的特点，予以个别化的指导。

2. 规范性原则

课堂是教学的场所，为了保证教学活动有条不紊地进行，必须有一个统一而稳定的课堂规范，学生要遵守如上课不迟到不早退、迟到了要征得老师同意方可进入教室、上课时不得无故大声喧哗、发言要举手等基本的行为准则。

课堂规范应是课堂管理的依据，制定规范时应考虑到学生的实际及对教学活动正常进行的必要性。课堂规范一旦形成，就对集体成员产生了普遍的约束力。学生入学时起，教师就应让学生了解规范及其必要性，使学生正确认识行为习惯，使学生不仅用规范来约束自己的言行，而且通过班级舆论以纠正偏离规范的其他人的行为。

3. 科学高效原则

教师在解决课堂问题时要有方法，讲策略，追求高效率，尽可能用最短时间和最少精力解决课堂问题，以保证课堂教学活动的正常进行。因为学生在课堂中的时时间是有限的，不能因为处理课堂问题而影响教学目标的实现。好的课堂管理应该关注班级的大多数，关注课堂的整体情况，不要因为个别学生的问题而影响全班学生的学习。

4. 教育性原则

好的课堂管理具有教育功能。有效的课堂管理要与课堂的教育教学过程紧密结合，课堂管理行为的每一个方面和每一个步骤，课堂中人、事、物等各种因素的组织与安排等都要有助于实现教育教学目标。另外，课堂管理行为本身应发挥教育作用，课堂中教师所有行为都应该具有表率作用，并将教师的课堂管理行为限定在教育目标所规定的范围之内。

5. 安全性原则

这里的"安全"包括学生的人身安全和心理安全。

教室的布置上要考虑学生的人身安全，教室尽量不要放置容易破碎、有毒、尖锐等有危险性或者可能伤到学生的物品；悬挂物品要牢固，避免掉落伤人。

教师的课堂管理行为、教师对课堂问题的处理要有助于营造安全、积极、健康的课堂氛围，建立和谐、融洽的师生、生生关系，避免让学生产生焦虑、恐惧和孤独感，使学生能精神饱满、专心致志地参与课堂学习活动，实现高效课堂。

二、课堂常规管理

课堂需要规则，有秩序的课堂环境是实施有效管理的前提。校有校纪，班有班规，没有规矩，不成方圆。课堂教学要想取得预期的效果，就必须以恰当的课堂常规为基础。缺乏规则就缺乏对学习活动应有的约束力，就不会有良好的课堂秩序。良好的课堂常规是教师有效教学的必要条件。要管理好课，就必须首先建立好课堂常规。

（一）课堂常规含义

课堂常规是指教师和学生应该遵守的基本行为规范和要求，是以实现教学目标、促进学生发展为宗旨，以适当、积极地处理影响课堂教学的诸因为前提，教师和学生共同参与制定的学生在教室里必须遵守的行为规范。它规范学生在课堂中的行为，使学生明白在课堂学习活动中应该做什么、不做什么。

课堂常规不同于班主任进行班级管理所制定的班级公约，它强调的是课堂气氛，从而促进学生发展良好的课堂行为，激发学生的成就动机和进取心。

（二）良好的课堂常规的特征

良好的课堂管理首先要让学生的不良行为降到最低程度，促进了学生之间的合作。其次，良好的课堂应该始终让学生持续有意义的学习活动。

一个班级几十个学生，一个学校几百上千学生，没有秩序，没有纪律是不行的。但秩序和纪律都是手段，不是目的。目的应该是创造良好的学习环境。

台湾学者方炳林认为，影响课堂教学的因素主要有：人的因素——教师、学生以及师生、生生关系；物的因素——教室里一切的物质环境与设备；事的因素——人与人、人与物之间所发生的一切活动。[1]课堂常规的制定就是要有效地处理好这

1　方炳林：《普通教学法》，教育文物出版社1976年版，第306页。

些因素，使课堂教学平稳、有序、高效运行。

美国著名教育学家梅里尔·哈明博士认为，一个好的课堂应该是"鼓舞人心的"，这样的课堂可以观察到以下五种品质。

（1）清晰的尊严感。不管有没有天赋，学生们都昂首挺胸，大胆地发表意见，显得自信、无忧无虑。他们相信自己，也把自己视为有价值的、值得尊重的人。

（2）流淌着轻松的活力。学生们显得生机勃勃，有活力，健康。所有学生都忙碌着，参与着。

（3）自主性。学生们做出恰当的选择，主导并约束自己，持之以恒地自愿学习，没有被逼迫学习的现象。

（4）集体感。共享合作，相互依赖，亲密无间。学生们彼此支持，也支持老师，没有对抗和拒绝。

（5）觉察。学生是机灵又富于创见的，他们知道自身和周遭正发生的一切，能驾驭自己的思想和情感，也能适应周围人群的思想与情感。

毫无疑问，这样的课堂会产生最好的教学效果。制定课堂常规的目的不是约束学生的行为，把学生"管住"，甚至"管死"。在课堂上一味地对学生约法三章，把学生管得没有生气，没有灵性，这本身与教育的目的是背道而驰的。真正良好的课堂常规管理应该能促进学生专心于课堂活动，在师生之间建立良好人际关系，并逐步培养学生的自我管理能力。

（三）课堂常规的内容

课堂常规的内容是多种多样的，几乎涵盖课堂所有方面，通常有以下三种分类方法。

（1）依照课堂常规的活动性质不同，课堂常规可分为出入课堂、点名、上下课、值日生等内容。

（2）依照适用常规的项目性质不同，课堂常规可分为礼貌、秩序、整洁、勤学等几方面。

（3）依照常规所适用的场合不同，课堂常规可分为教室规约、上下学规约、集会规约、运动场所规约等。

中小学设置的课堂常规通常包括以下内容：

按时上课，不迟到、不早退，不随意缺课；

因特殊原因迟到者要向教师报告，因事因病无法上课者应请假；

听到上课铃响，立即进教室，准备好书籍用具，静待上课；

按排定的座位入座，不可私自随意调换座位；

上课和下课时随班长或值日生的口令而起立、问候，向教师表示敬意；

提问和回答问题要先举手，经允许后起立发言，语言要清楚、简洁；

课前要预习，课后要复习；

上课专心听讲，勤于思考，仔细观察，不看无关书籍，不做无关事情；

按时完成作业，做到独立思考、书写整洁、字迹清楚、格式规范；

离开座位、走动要轻声，不妨碍他人；

保持正确的看书写字姿势，注意用眼卫生；

保持课堂内外整洁，不乱丢纸屑杂物，不随地吐痰；

课前课后，值日生做好教室清洁卫生，要擦净黑板，整理好讲台；

尊敬教师，注意礼貌，关心同学，相互帮助；

进出课堂要依照次序，保持安静，不影响他人学习；

在教室和走廊只能走，不能跑、跳、追逐、游戏或大声喧哗；

不能打人、推人、撞人或伤害别人。

（四）课堂常规的制定

课堂常规应该由教师（尤其是班主任）和学生一起共同协商制定。具体的途径和方法主要有以下四个方面：

（1）自然形成法。就是将原来已经存在并被广泛认可的常规加以具体化，形成课堂规则，一些自然形成的良好行为经过师生共同讨论加以强化，就形成课堂常规。

（2）引导制定法。可以先由教师设计某些常规，交由学生讨论后形成课堂常规；也可以先由部分学生发动并建议，经学生讨论和教师许可后形成课堂常规；还可以在师生共同的课堂活动中，针对某些具体的情形、问题讨论制定，形成课堂常规。

（3）参照指定法。指教师或者学生发现其他班级的某些良好行为规范，而这一规范正好是自己班级所缺乏的，于是师生共同讨论，参照制定为课堂常规。

（4）移植替代法。就是将其他课堂中好的常规直接移植过来，作为要求本班学生遵从的课堂常规，或者用来替代原来不合理的常规。

（五）课堂常规的执行

课堂常规一经制定就要持之以恒地加以执行，并定期对执行的情况进行检查；在常规执行过程中要保持公平性和一致性，确保在规则面前人人平等。好的课堂常规可以发挥隐性课程的作用，对学生起到良好的教育效果。教师要充分认识常规的内涵，并以积极的态度接纳、遵守常规，逐步养成良好的课堂行为习惯。

1. 运用恰当的方法给学生讲解课堂常规的内涵及行为要求

研究者发现,有效的管理者在开学的初期花大量的时间教学生如何做,最初的指导过后,他们会继续花大约三星期的时间复习和强化这些规则。教师在上第一节课的时候就应该告诉学生课堂的规则要求以及做的程序,如怎么传递上交作业、如何参与小组讨论、如何倾听他人的意见等,并对学生在执行过程中的表现给予及时的反馈和指导。

2. 确保课堂常规执行的持续性、一致性和公平性

教师对学生执行课堂规则的要求要常抓不懈、持之以恒、前后一致,对所有学生要一视同仁,不能朝令夕改,更不能厚此薄彼,确保规则面前人人平等。一开始发现学生违规就要及时制止,并提醒学生注意规则。对那些有意考验教师的学生,教师要通过处理违规行为来展现执行规则的坚定性。

3. 争取得到班主任和家长的支持

执行课堂常规除了教师和学生的努力外,还应该取得班主任和家长的支持。班主任老师要与任课教师多沟通,了解各自的课堂规定,避免规则相冲突而导致学生无所适从。可以通过书信的方式告诉家长课堂规则要求,取得家长的理解和支持。对学生在课堂上的行为表现和要处理的问题及时向家长反馈,争取家长的配合,共同努力帮助学生内化规则。

三、课堂时间管理

有效的课堂时间管理是有效教学的基础。

(一)课堂时间浪费现象分析

从目前课堂教学状况看,有些教师时间观念不强,存在课堂时间显性和隐性浪费的现象,主要表现在以下两方面。

1. 显性时间浪费

现象一:上课铃声响过之后,不见教师身影,教室里乱哄哄的,空耗30秒至1分钟。有的教师未听到打铃,有的忘课、误课,由课代表到办公室提醒,耽误3至5分钟。

现象二:距离下课还有几分钟,教师提前回办公室休息,让学生自习,时间失控1至3分钟。

现象三:教室后站(蹲)一排违纪的学生,有的站在教室门外。教师点名批评学生,维持课堂纪律,累计占用时间1至3分钟。

现象四:教师忘带教具、挂图、小图板,上课之中临时派人去取,耽误1至2分钟。

现象五：教师往黑板上抄写例题、习题，全班学生观看等待，每次占用时1至2分钟。

现象六：第一次实验没做成功，又进行第二次、第三次实验，耽误时间1至5分钟。

现象七：录音机、录像机未事先备好，等到用时才临时启用，费时半分钟左右。

现象八：投影仪等电教仪器未事先摆好、调好，投影片顺序混乱，放置颠倒，课堂临时调试，耽误1分钟左右。

现象九：学生做完分组实验，由实验室回教室上自习，这段时间失控，学生到处乱跑，并影响别班的教学秩序，浪费时间5至10分钟。

现象十：教师讲完新课，习惯留3至4分钟让学生看书，消化理解所学知识，本来是件好事，但由于教师监控不力，学生实际并没有去看，时间白白流失3至5分钟。

现象十一：多数学生已做完课堂练习，等待个别未做完的学生，耽误大多数人的时间30秒至3分钟。

现象十二：教师，主要是老教师，讲课途中忘记了某些教学内容，或者对有关解题步骤、答案、数据记不准，临时翻看课本或教案，每次耗时20秒左右。

2. 隐性时间浪费

现象一：教师组织教学能力差，课堂秩序混乱，讲课无人听，或少数学生听，多数学生不听，造成实际上的时间浪费。

现象二：教师上课一盒粉笔、一本书、一本教案，一讲到底，不与学生交流，不作信息反馈，发现不了问题，课内损失课外补，属较大的隐性时间浪费。

现象三：有现代化教学手段如录音机、投影仪而不使用，本可以节省的时间却没有得到节省，相对浪费了时间。

现象四：一两个学生演板，其余学生观看，多数学生不动脑、不动手，实际是在耗费多数学生的时间。

现象五：教师课堂提问，点名请个别学生作答，其他人被动听答，实际上占用了绝大多数学生的思维时间。

现象六：教师在全体学生面前解答个别学生的个别问题，如讲评课讲少数学生出现的错误，占用了大部分学生的时间。

现象七：教师启发的问题过于简单，学生抢答踊跃，课堂气氛看似热闹，实则教学目标并未达到，也属于隐性的时间浪费。

现象八：教师提出的问题过难，启而不发，或者出示的例题、习题梯度过大，学生反应不过来，造成教学时间的白白流失。

现象九：某些教师生怕学生不懂，习惯在复习巩固、强调重点时将新课内容再重述一遍，造成不必要的时间浪费。

现象十：习题课、复习课简单重复已学过的概念、公式、定理、定律及原例题、习题，因讲课缺乏新意，学生不积极，在一定程度上等于浪费时间。

现象十一：课内练习的题目过于简单，有的练习题目一字不变，重复出现多次。有的老师让学生将字词、拼音当堂抄写几遍、十几遍，还美其名曰加深记忆。这种机械式的重复，既使学生产生了强烈的厌学情绪，又人为造成课堂时间的严重浪费。[1]

（二）课堂时间浪费的原因

不论是显性的时间浪费，还是隐性的时间损耗，都可以归结到以下几种原因。

1. 教师责任心不强

一位称职的优秀教师，爱岗敬业，克己奉献，责任心、事业心很强，即使教学条件不具备，也会克服困难，创造条件，上好每一节课；反之，责任心不强，不认真备课，不认真研究教材、教法、学法、学情，根本不考虑如何提高自身素质、教学水平，甚至不备课就上课的现象也有发生，如此等等，最终导致课堂教学效率低下。

2. 教师备课不充分

备好课是提高课堂教学效率的前提。备课不充分，教师讲课就不流畅，吞吞吐吐，课堂节奏不连贯，客观上浪费的是时间，实质是降低了工作效率。

3. 教师组织教学不力

教师课堂经验不足，对课堂监控不得力。当出现一些突发事件和其他问题时，不得不占用教学时间处理课堂的突发事件，影响课堂教学效果。

4. 教师教学方法、手段落后

教学方法陈旧、教学手段落后也是影响教学效率的重要原因。

（三）提高课堂时间管理效率的措施

要科学管理好课堂教学时间，必须明确：课堂教学时间和教学质量呈正比，"一张一弛""疏密相间"是课堂教学时间管理的基本原则。具体要做到以下几点：

1. 坚持时间效益观，最大限度地减少时间损耗

教师要认识到自身职业品德修养对提高课堂教学效率起着决定性作用，要把珍惜课堂教学时间视作热爱学生、减轻学生负担、提高教学质量的重要措施，从而

---

[1] 郑州市第二十九中学校园网。

增强紧张感和责任感。具体要做到以下几点：（1）课前充分准备。包括精心设计教案，备好所用教具、实验仪器等，以免因准备不足而造成时间的浪费。（2）准时上课，不迟到早退，不占用教学时间批评学生。（3）适时安排自学讨论。要注意效果，做到实而不死、活而不乱，以免学生处于失控状态。（4）精心提问。问题不宜过难，既具有思考价值，引导学生思维处在"最近发展区"，又要紧扣重点关键发问，纠正"串问"和以"齐答如流"衡量教学效果的倾向，注意培养学生自疑、解疑能力。（5）精心设计板书。要提纲挈领，克服冗长烦琐，对实在需要大量板书的内容要提前写在黑板上。（6）讲究语言艺术。要提炼语言，不拖泥带水，速度适中。表达明白，要讲在"点"子上，即重点难点处，揭示规律，重在引导点化，不要全盘授予。

2. 把握学生注意力变化的规律，把核心问题放在关键时间段来解决

据研究，学生在课堂45分钟里注意力是会变化的。一般来说，开始5分钟，由于刚刚结束课间休息，学生注意力还不能很快集中或转换到课堂上来，需要教师用精彩的开头（导入），让学生尽快进入角色；6至20分钟，是学生注意力集中的稳定期，教学内容的重点、难点应尽量在这段时间内完成；21至35分钟，是学生注意力容易分散的时期，教师可以安排一些小组讨论、互动、板演、小故事等来过渡；36至45分钟，是学生注意力反弹的时间，可以用来对学生进行学习的巩固、检测和反馈。这样安排可使课堂教学保持合理的节奏。

3. 一堂课信息量要适度，做到张弛有度

课堂上信息量过少，环节松散，松松垮垮，是时间的浪费，会降低学习效率；但反过来，在一节课里，快节奏、大容量，教师不停地翻PPT，讲解例题一道接一道，不给学生一点思考的时间，也会导致学生烦躁、疲劳，降低学习效率。正如苏霍姆林斯基所说："在课内不放过一分钟、一刹那，一直要学生积极进行脑力劳动——在教育人这样细致的工作中，还有什么能比这么干更为愚蠢的呢。教师对工作抱有这样的目的，简直就是要榨干儿童全部的精力。"[1]

心理学研究表明，学生在课堂的学习是一个获得并加工信息而不断调节完善认知结构的过程。信息的单位是"组块"，可以是一个字、一个词、一句话、一项公式、一条定律……一个学生在一节课能掌握4至20个"组块"，这就是课堂教学的量限。信息过量，密度过大，学生疲劳加重，学习效率会下降。

另有研究表明，人连续工作时间太长，会丧失头脑的清醒和独创性，而暂时的放松则利于消化、利用、沟通已有知识，有利于冷静回味以往的得失和忽略掉的线

---

[1] 苏霍姆林斯基：《苏霍姆林斯基选集（第3卷）》，教育科学出版社2001年版，第161页。

索，也有利于缓解大脑的疲劳，使之再度兴奋投入战斗。因此，课堂45分钟，一定要科学安排，合理设计，张弛有度，使学生始终保持活跃情绪和积极进取的心理状态。

4. 创设条件，提高学生的有效学习时间

课堂的实际效果其实不在于教师的讲，而在于学生有效地学。在课堂时间管理中可以通过提高学生的课堂学习参与度，改变课堂教学节奏，加强学生心理教育来提高全体学生的有效学习时间。

（1）提高全体学生的课堂学习参与度。充分利用学科与社会生活的联系以及学科特点，利用学生已有的生活经验来帮助学生理解、掌握和运用知识，并在此基础上提高学生课堂学习的参与度；在要求学生解决问题时尽可能选择适度问题，使学生通过思考获得一定的成就。

（2）教学节奏要有变化。呆板的教学节奏将会导致学生思维的停滞或精力的分散，从而造成学生学习效率的降低或课堂问题的发生。在课堂教学中，教师要通过细致的观察，和学生进行及时、充分的交流来了解学生学习的具体情况，并以此为依据来进行教学节奏的调整，使课堂教学朝着良性的方向发展。

（3）加强学生心理教育，提高学生专注于课堂的能力。教师应从以下几方面教育学生：①用心思考。学习的过程应当是思考的过程，无论是用眼睛看，用口读，或者用手抄写，都是辅助用脑的手段，真正的关键还在于用脑子去想。②乐观自信。让学生在日常生活中保持较为开朗的心境，为学生营造一个轻松的氛围，他们学习起来也就感到格外有精神。只有积极主动地学习，才能感受到其中的乐趣，才能对学习越发有兴趣。有了兴趣，效率就会在不知不觉中得到提高。③排除干扰。通过对自身的优势、缺陷等的深刻认识，培养"专心、用心、恒心"等基本素质。只有做到全身心地投入，手脑并用，才能让手和脑与课本交流，收到最大的学习效果。

5. 调动多种感官参与感知，提高课堂时间利用率

不同声像媒体的有效组合使各种感官通道得到充分利用，有助于提高学习效率。

教师应充分而适宜地用应用传统教学设备和现代教学手段，体现出教学技术应服务于课堂教学实际需要的原则。教学目标的表达、重点难点的揭示以及思考题、例题和作业题词的出示或提供等能用设备手段辅助的，就通过设备手段来快速实现，以减少不必要的语言描述、板书和学生书写时间。总之，在课堂教学中，能够调动学生多种感官协调活动的教学方法和手段，我们都可以使用，从而刺激学生的眼、耳、手、脑并用，真正做到眼到、手到、心到，让不同感官上激发起来的兴奋点，像"接力棒"一样彼此衔接，让课堂教学时间的使用最经济最有效。

6. 注重处理课堂问题的时机和方式

课堂问题的出现会阻碍课堂教学的顺利进行，造成课堂教学时间的损耗。解决课堂问题的关键是要营造出适合学生学习的课堂气氛，调动全体学生主动学习、积极参与课堂学习活动，以此来防止课堂问题的发生或扩大。

四、课堂问题行为的处理

（一）课堂问题行为的含义

课堂问题行为即学生在课堂教学中发生的违反课堂教学规则，妨碍及干扰课堂教学活动正常进行或影响教学效率的行为。[1]

鉴别学生某个行为是不是课堂问题行为，主要看三个要素：是否在课堂上发生；是否由学生发出；是否对教学具有破坏性，是否会干扰正常教学。

教学对象千差万别，教学过程千变万化，课堂上各种预想不到的情况都有可能发生。所以，课堂问题行为具有普遍性，哪里有课堂，哪里就有问题行为。无论哪种类型的学生都有可能发生问题行为。课堂问题行为具有消极性，会干扰教学秩序，分散学生注意力，教师处理问题行为会耗费教学时间，也影响学生本人的学习情绪，最终降低全班的学习效果。对课堂问题行为处理不当或不及时有可能会导致严重的后果。

（二）课堂问题行为的类型

课堂问题行为的表现多种多样，国内外学者对之从不同角度作了分类。

1. 奎伊将问题行为分为品性性质的问题行为，性格性质的问题行为，以及情绪上、社会上的不成熟行为

（1）品性性质的问题行为带有神经质特征，表现为退缩行为。例如，有的学生在课堂上忧心忡忡，不信任教师，害怕教师提问及批评；有的学生坐在教室里焦虑不安，心神不定，常常手足无措，答非所问等。

（2）性格性质的问题行为主要具有对抗性、攻击性和破坏性等特征。如有的学生缺少耐心，容易冲动，不能安静；有的学生多嘴多舌，交头接耳；有的学生坐立不安，乱涂乱画，传送字条，扮怪相逗人发笑等。

（3）情绪上、社会上的不成熟行为主要是由于学生过度焦虑、紧张和情绪多变而导致社会障碍的问题行为。例如，有的学生漫不经心，冷淡漠视，态度忸怩；有的学生过分依赖教师和同学，不敢自作决定，不独立完成作业；有的学生胆小怕事，害怕失败，不敢举手发言等。

1　崔允漷：《有效教学》，华东师范大学出版社2009年版，第216页。

2. 坎吉罗西将中小学最常见的课堂问题行为分为不合时宜的讲话和不合时宜的活动

（1）不合时宜的讲话包括过多的讲话、不按顺序的讲话、不必要的讲话等。

（2）不合时宜的活动包括搞笑、离开座位等。

3. 鲍立奇把课堂问题行为按不同程度分为轻微、中等和严重三类

（1）轻微行为包括没举手发言、离开座位、上课睡觉、上课吃东西等。

（2）中等程度的问题行为包括擅自离开座位、侮辱他人、打架等。

（3）严重的问题行为包括偷窃、占有或者变卖他人的财物、逃学等。

4. 我国学者把问题行为分为严重破坏行为、中等程度的问题行为和轻度问题行为三类

（1）严重破坏行为是指严重干扰课堂秩序致使教学无法正常进行的攻击性行为，如对老师进行身体或语言上的攻击、同学之间打架、大吵大闹、武力威胁同学、因身体不适突然昏厥等。

（2）中等程度的问题行为是指影响周边同学正常学习的言行不当行为，如恶作剧、轻微的语言和身体侵犯、离开座位乱窜、乱扔东西、随意打断教师上课等。

（3）轻度问题行为是指与集中注意力和完成学习任务有关的不影响他人的隐蔽性问题行为，以及只影响同桌或前后桌的干扰性行为，如上课看其他书籍、吃零食、做其他学科的作业、打瞌睡、坐立不安、乱写乱画、讲悄悄话、敲桌子或发出声音、打断别人的发言、同桌小摩擦等。

课堂问题行为以轻度为主。那些较不严重的"课堂干扰或游手好闲"等问题行为在教师常遭遇到的问题行为中占99%。我国中小学生在课堂上出现的纪律问题轻度的占84%，比较严重的占14%，非常严重的仅占2%。[1]

（三）课堂问题行为产生的原因

课堂问题行为的产生受到来自学生、教师和环境等多种因素的影响。

1. 学生方面的原因

大量的课堂问题行为是由学生自身的因素引起的。这些因素主要包括以下方面：

（1）心理需求。包括想要逃避、寻求注意和报复等。想要逃避是指一些学生在日常学习生活中，学业成绩不良、人际关系不协调、对教师教学要求不适应等，因而产生挫折感，并引发紧张、焦虑、惧怕甚至愤怒等情绪反应，在一定条件下这种情绪反应就可能演变为课堂问题行为。寻求注意是指，一些自尊心较强但因为成

---

[1] 彭小明、郑东辉：《课堂教学技能训练》，高等教育出版社2012年版，第203，204页。

绩较差或其他原因得不到集体和教师承认的学生，往往故意在课堂上制造一些麻烦以引起教师和同学的注意。报复是指一些学生在班上遭到了实际或假想的伤害，会故意制造事端以向同学或老师实施报复。

（2）性别差异。在小学阶段，男孩活动量大，精力旺盛，喜欢探究，但他们的心理成熟程度和自控能力比同年龄的女孩普遍要低些，因而出现课堂问题行为的可能性要高于女孩。

（3）人格因素。学生的课堂行为问题在一定程度上与其个性心理特征如能力、性格、气质、情绪等也有联系。例如，内倾化的人格，常表现出抑制退缩行为，不愿与人交往，自我意识强，易受暗示；而外倾化的人格，则喜欢交际，迎合热闹，胆子较大，善于接受新事物，自制能力较弱，违反纪律的情况相对较多，一些容易冲动的学生更容易引发课堂问题行为。

（4）生理因素。生理上的不健康（无论是短期的还是长期的）、发育期的紧张、疲劳和营养不良等都会影响学生的行为，这些生理方面的因素在日常学习生活中往往容易被忽略。另外，还有些学生的过度活动是由于脑功能轻微失调（MBD）造成的，教师对这些学生要更热情地关心，帮助他们掌握控制冲动的方法。

2. 教师方面的原因

课堂里的有些问题行为是由教师方面的原因造成的，包括以下因素：

（1）教学不当。教师由于备课不充分，缺乏教学组织能力，或表达能力差而造成教学失误，进而引起课堂问题行为。常见的教学不当有：教学要求不当，如对学生要求过高或过低；教学组织不当，如教学从一个活动跳跃到下一个活动时缺乏顺利"过渡"的环节，使学生无法参与教学过程；讲解不当，如果教师在学生面前讲课时显得无能、迟钝、笨拙，而且在一段时间里只困死在一个问题上，那么学生就有可能置功课于脑后而捣乱。

（2）管理不当。这是教师引起课堂问题行为的最主要因素，这方面最突出的问题是教师对学生的问题行为反应过激，滥用惩罚手段。例如，有些教师对学生的个别不良行为经常做出过激反应，动辄中断教学大加训斥，有的甚至不惜花费整堂课时间进行冗长的训斥，这种失当的管理方法往往会激化矛盾，使个别学生的问题行为扩散开来，产生"病原体传染"效应。还有些教师过于相信惩罚在解决问题行为方面的效力，常常不分青红皂白地运用各种手段对学生进行惩罚。研究发现，滥用惩罚手段特别是体罚或变相体罚学生，不仅不能很好地维持课堂秩序，还会大大降低教师的威信，甚至引起学生对教师的怨恨情绪，诱发学生攻击性的课堂问题行为。

（3）丧失威信。在学生心目中失去威信的教师是很难管好课堂的。丧失威信也是由多方面因素造成的，前面提到的教学不当、管理不当均会造成教师威信下降。一般说来，有以下行为的教师容易在学生心目中丧失威信。

①业务水平低，教学方法不好；
②对教学不认真负责，上课懒懒散散；
③对学生的要求不一致，做出规定以后却不检查；
④向学生许愿，但总是不兑现；
⑤不关心学生，待人冷漠；
⑥缺乏自我批评精神，明知错了也要强词夺理；
⑦带有偏见，处事不公。

3. 环境方面的原因

校外环境和校内环境中的许多因素，都会对学生的行为产生一定影响。例如，大众传播媒介、家庭环境、班级人数与课堂座位编排方式、教学环境的温度和色彩等环境因素对儿童的课堂行为都会产生十分明显的影响。有的研究发现，在父母不和、经常打闹的家庭中生活的孩子，在课堂上经常表现得或孤僻退缩，或烦躁不安，甚至挑衅生事；家庭教养方式有问题或家庭教育与学校教育有冲突也会对孩子的行为产生负面影响。

学校制度、人际关系、管理状况等精神环境层面的因素也会潜移默化地影响学生的行为。如果教师之间相互信任，师生关系和谐，教师敬业负责，学校上下关注、关心学生的学习和情感体验，就会感化学生，课堂上的师生对抗也会减少许多。

另外，教室墙壁和家具的色彩过于强烈和鲜艳，容易使儿童在课堂上兴奋好动，注意力分散，不专心听讲。教室内温度过高，通风不好，光线灰暗，用具摆放杂乱，则容易使学生烦躁、倦怠，课堂上的不友善行为和冲突性行为也随之增加，课堂秩序不易维持。

在日常教学中，我们也可以发现，人数较少的班级课堂纪律往往较好，教师用于课堂管理的时间也较少；而人数较多的大班中，学生的个人活动空间相对受到他人挤占，这往往成为诱发学生好动争吵和产生破坏课堂纪律行为的一个主因。此外，座位安排摆放的方式也影响学生的行为，坐在中间或前排的学生与教师距离较近，交流更经常、更积极，而坐在后面或角落的学生，因离教师较远，更容易产生问题行为；所以教师上课不要一直站在讲台上，应尽量多走到学生座位中间，与更多的学生产生近距离的交流。

（四）课堂问题行为的处理策略

针对不同的问题行为要采取不同的处理方法。日常教学中大多数教师遇到的一般都是轻度的问题行为。

1. 正确对待课堂问题行为

要处理问题行为首先要对问题行为有个正确的认识。一方面，教师要看到问题行为对教学的负面影响；另一方面也不能过分夸大问题行为的严重性，更不能把问题行为与学生品德败坏等同起来。教师应该明确，课堂问题行为是普遍存在的，即使是优秀的学生也可能产生问题行为，不是说课堂越安静就越好，越安静学习效率就越高。对待问题行为教师要沉着冷静，处变不惊，急中生智，巧妙应对，切忌惊慌失措、冲动恼怒，最需要的是体谅、宽容、尊重和帮助，不能忙于责难、歧视，更不能讽刺、挖苦、嘲笑和恐吓。毕竟学生是成长中的未成年人，自制力差，教师应该体谅、理解学生，做到不谩骂，不恶语伤人，不伤害学生的自尊心，不侮辱学生的人格，用温和的语气说话，以宽容的态度对待学生。正如苏霍姆林斯基所说："教师只有不是消极地承认所发生的一切，而是自己去积极地影响它们，创造它们，他才能成为对学生个性发生积极作用的力量，他的劳动才具有创造性。"[1]实践表明，宽容比训斥更能感化学生，更有利于学生心悦诚服地接受老师的批评和教育。

在处理问题行为时，教师要注意的是：你要处理的是学生的这个"行为"，而不是学生这个"人"；要处理的是发生问题行为的"这个"学生，而不是"株连"全班同学；对不同学生发生的相同的问题行为或同一个学生在不同时间发生的相同的问题行为，处理的方式要一致和公平，避免给学生留下老师偏心和喜怒无常的印象。

2. 预先建立课堂常规，让学生明确课堂行为标准

对待课堂问题行为与其处理在后，不如预防在先。教师应该从上第一堂课起就给学生定好课堂规则，使学生明白什么行为是好的，什么行为是不好的，什么应该做，什么不应该做。积极、正向、有序的课堂规则能规范课堂行为，维持课堂秩序，使问题行为没有出现的机会。

3. 善用一些基本的处理技巧

（1）忽略。对一些小小的、转瞬即逝的、对课堂教学不构成威胁的问题行为，教师可以忽略不计。

（2）非言语提示。当学生做出违规且无法忽略的行为时，教师可以运用简单的"非言语提示"来使其行为终止或转移，如用眼神注视、摇头、运用脸部表情、做手势、走近或接触等。接触的部位可以是背、肩、手臂等，不可以是脸、脖子、头、大腿等，接触的时间应是短暂的，不能长时间接触。

（3）细小停顿。教师在讲话时运用细小的停顿可以隐秘地提醒学生调整自己的行为。

---

[1] 苏霍姆林斯基：《和青年校长的谈话》，教育科学出版社2001年版，第672页。

（4）言语提醒。当非言语提醒无效时，教师可以使用正面、积极或幽默的语言提醒学生。言语提示的内容不要纠缠于学生的不良行为，而应是学生应该怎样做的正面提示，清晰地告诉学生要改进的地方，不可含糊其辞或者反面提醒。教师也可以用请学生回答问题的方式提醒学生注意。以下列举一些正面的引导语言和反面的引导语言：

正面的语言：

关门要轻一点。自己多想方法试着做。看谁做得好。如果你能回答问题就举手。你尽最大的努力就能进步。你完全可以考得更好些。如果你能把东西收拾整齐该多好啊！

负面的语言：

不要"砰"的一声关门！不许抄袭同学的来骗人！不要没精打采地坐在椅子上。怎么不举手？你怎么老是这样不争气！你怎么这么笨！

（5）口头警告。当言语提醒无效时，教师可以运用清晰、坚定和强硬的语态来警告学生。清晰，即要清楚地指出学生哪儿做错了；坚定，即要明确表达"我的意思是……"；强硬，即在必要的时候教师要表达自己的愤怒。

（6）暂停。对一些侵犯、敌对、攻击性行为，在上述方法不能奏效时，教师可以将发生问题行为的学生请离学生集体或不让他参加他感兴趣的活动。教师要注意的是：暂停只在教室里，不能把学生请出教室或隔离到其他教室；暂停的时间要短，一般5至10分钟，时间长了可能会导致学生对教师的怨恨，也影响学生的学业；暂停的区域应该是安全且便于教师监督的地方，如教室的角落或讲台旁；要求学生为因为暂停而缺失的功课负责，并利用其他时间补上。

（7）惩罚。当教师遇到严重的课堂问题行为而暂停又无效时，在迫不得已的情况下，就只能采取严重的惩罚措施。惩罚的方法可以是剥夺学生的课间休息或某些权利，如停止学习一节课、让学生放学后留下或请家长来。教师要注意的是：惩罚不能滥用；惩罚要及时，在最短的时间内采取适合学生的惩罚办法，及时阻止问题行为；所用的惩罚的方式与要惩罚的行为在逻辑上应该是相关的，并与学生所理解的惩罚是一致的。例如一个学生交上来的作业写得很差，合理的做法是让他重写，而不是让他放学后留下来或布置额外的家庭作业；又如，数学课上让一个经常搞破坏的学生站在走廊上，对于一个不喜欢数学的学生来说是奖励而不是惩罚。[1]

4. 增强教学魅力吸引学生

这是最根本、最持久，也是最有效的方法。好的纪律来自好的教学。"亲其师，信其道。"一旦学生喜欢你这位老师，喜欢听你的课，那在听你的课时，他的精神状态肯定是最好的，也就会减少问题行为的产生。教师最大的失败是学生不爱听你的课。因此，教师要有效地设计和组织课堂教学活动，根据学生注意变化规律及思维特点调整学生的注意，采用灵活多样的教学方法，设疑和激发兴趣相结合，激发学生的求知欲，增强讲授的吸引力；要精神饱满，以激情感染学生，增强教学的魅力。

五、课堂环境管理

课堂环境包括物理环境和心理环境，其对学生的行为以及学习效率有很重要的影响。

研究表明，教室的设计会直接影响学生花费在学习上的实际时间、课堂中的学习氛围与信息传递、学习小组的构成，以及学生中的相互联系。良好的空间安排有助于学生集中注意，有助于学生在学习过程中产生安全感；良好的课堂物理环境可以减少产生问题行为的可能性，甚至可以消解许多潜在的问题行为。比如教室的墙壁最好是白色、淡蓝或淡绿色，使教室显得素净淡雅，令师生心境开阔。墙面装饰要简洁、朴素，色彩搭配要和谐，给人以书斋学舍之感。除了正面黑板两侧分别贴课程表和值日表之外，在不分散学生听课注意力的原则下，教室里最好能有一张世界地图、一份放大的《学生守则》、几张哲理名言条幅，走廊的墙壁可以挂古今中外著名学者、科学家的照片或画像，并在上面写上这些学者、科学家的国籍、出身、生卒年份和主要成就等。这些布置可以对学生起到良好的潜移默化的影响，有助于减少问题行为的产生。

所谓课堂心理环境，通俗地说就是课堂气氛，它是指在课堂活动中师生、生生相互交往所表现出来的相对稳定的知觉、注意、情感、意志、定式和思维等心理状态。[2]

课堂气氛可以分为积极的、消极的和对抗的三种类型。[3]积极的课堂气氛是恬静与活跃、热烈与深沉、宽松与严谨的统一；消极的课堂气氛通常表现为学生紧张拘谨、心不在焉、反应迟钝；对抗的课堂气氛则是失控的气氛，学生表现出过度兴

---

1 彭小明、郑东辉：《课堂教学技能训练》，高等教育出版社2012年版，第210-213页。
2 崔允漷：《有效教学》，华东师范大学出版社2009年版，第202页。
3 皮连生：《学与教的心理学》，华东师范大学出版社2003年版，第398页。

奋、各行其是、随便插话、故意捣乱等行为状态。

教师要采取积极的课堂管理行为，妥善处理课堂中的各种矛盾和冲突，努力营造安全、积极、健康、和谐的课堂氛围，消除课堂上的紧张、焦虑、害怕、恐惧等负面情绪，给学生以安全、安心、放松、信任的心理体验，促进学生高效率地学习。正如日本著名学者佐藤学说："学生只有具有安心感和稳定感，才能走向本质的学习。""在这样的课堂里，学生处于平静的状态，不用紧张，无须伪装，以自己的步调自然然地参与其中。"

为了营造良好的课堂气氛，教师可以做好以下几方面：

1. 科学合理地安排座位

研究表明，学生对座位的选择反映出他们对学习的情感。坐在前排的学生一般对学习持积极态度，而坐在后排的学生则对学习持消极态度，对自己获得成功的能力也缺乏信心；当儿童被任意重新安排在新座位上时，坐在前排的学生是全班最专心的；在重新分配座位时移向前面坐的学生更受到教师的喜爱，而那些移向后排的学生觉得不大受到教师的喜爱。因此，通过对学生课堂座位的分配和调整，能达到调节课堂气氛的效果。例如，当纪律不良学生有所进步时，教师马上给他换个座位，调到前排或中间位置上，以示鼓励，让他体验到教师对自己的期望，并让新近出现的纪律不良者补其空缺。

此外，教室里全班座位的编排形式不同也会产生不同的课堂效果，教师应根据教学目标、学习活动的需要灵活安排。表10-1介绍几种座位编排形式的优缺点，供教师选用时参考。

表10-3　几种座位编排形式的优缺点

座位安排形式	优点	缺点
秧田形	使教师易于观察和控制全班学生的课堂行为，易于系统讲授； 学生人数相对不受限制，学生之间减少干扰，注意力容易集中。	学生的人际交往在质量上和数量上受到很大影响； 如果座位一直不变的话，对学生社会性的发展就更加不利。
马蹄形或新月形	全班学生能更多地参加课堂活动； 教师与学生、学生与学生之间信息交流方便，如教师与学生目光接触频率会提高； 有利于课堂民主气氛的形成。	不利于两侧学生之间的交流，学生人数也受到限制； 可能产生或增多问题行为的机会； 不利于教师控制全班学生的课堂行为。

续表10-3

座位安排形式	优点	缺点
方形或圆桌形	有利于学生之间及时交流和讨论； 学生的参与度较高； 便于学生发展合作技能； 有利于课堂民主气氛的形成。	座位不容易变动，小组人数也较少； 学生容易左顾右盼、扭动身体，这些非言语行为的出现频率趋于增加； 不利于教师控制全班学生的课堂行为； 将大大增加教师的准备工作量。
模块型	有利于学生之间及时交流和讨论； 学生的参与度较高； 便于学生发展合作技能； 有利于课堂民主气氛的形成； 使每位学生都有自己的活动空间，走道便于走动而不会导致相互干扰。	相比上述三种类型，模块型不适合于小组活动或个别学习； 不利于教师控制全班学生的课堂行为； 将大大增加教师的准备工作量。

2. 科学合理地安排时间

研究表明，人的心理机能在一天中不同的时间段里是有差异的。大脑最敏捷、学习能力最强的时间是上午，运动能力最佳的时间是下午，所以，主要学科的教学一般安排在上午，下午多安排各种课外活动。此外，不同年龄段的学生持续学习的时间也不一样，一般来说，6至8岁为30至40分钟，9至12岁为40至50分钟，13至15岁为50至60分钟。教师在课堂上要合理安排活动的内容和节奏，变换活动方式以集中学生的注意力，减少学生的疲劳度。否则，学生对学习内容没有兴趣、疲劳等都不利于形成良好的课堂气氛。

3. 建立良好的师生关系

良好的师生关系表现为教师既关心、爱护学生，又与学生保持一种"礼节性"的距离；既发挥积极的主导作用，又摒弃一言堂和居高临下，发扬民主风范，给学生提供更多表达意见的机会。通过多种努力，建立良好的师生关系，营造和谐、融洽的课堂气氛。例如，及时记住每位学生的姓名以缩短与学生的距离，了解学生的个性和心理需求，在课堂上多讲正面鼓励的话，用真诚的态度表扬表现好的学生，用正面积极的方式处理事务，诚恳积极地帮助学生，平等公正地对待学生，充分尊重学生的人格，对学生充满爱心，对"差生"或"后进生"给予积极的帮助和个别指导，多创造一些与学生平等交流的机会，以坦诚与可亲的态度接纳学生、倾听学生的不同意见并给予积极的反馈，等等。

4. 以积极的情感感染学生

课堂教学中如果师生之间能达到情感的共鸣就有助于营造良好的课堂气氛。教师要有意地增加情感投入，给知识附加情感色彩，使所传授的知识让学生产生强烈的求知欲望、积极的思维活动和强烈的内心体验，唤起学生的情感共鸣，以教师的情感和爱心去打动学生。

【案例】教师应掌握的十种课堂效应

1. 皮格马利翁效应。皮格马利翁是古希腊神话中的一位年轻国王，他倾注全部的感情和心血，用象牙精心雕刻了一位美丽的姑娘，并希望雕像能够变成活人，最终他的长期热情使象牙姑娘获得了生命，成了他梦寐以求的爱侣。心理学家用这种效应说明：只要热情期待和肯定，就能得到希望的效果。教师在教育过程中，应注意这种效应，对学生倾注全部的爱心和热情，提出合理的目标和要求，对他们寄予热切的希望，肯定应多于否定，方能达到希望的效果。

2. 马太效应。"马太效应"一词，始于美国科学家罗伯特·默顿。他用这样一个名词来概括一种社会观象——对已有相当声誉的科学家做出的贡献给予很高的荣誉，而对那些还未出名的科学家则不肯承认他们的成绩。部分教师眼里只有优生，充分肯定并不断强化优生的成绩，而忽视甚至看不起中间生和差生，对他们的闪光点和取得的成绩不予肯定，这正是"马太效应"的表现。因此，教师应防止马太效应，对教育对象要一视同仁，在给优生"锦上添花"时，一定要注意为中间生、差生"雪中送炭"，使其向优生转化。

3. 边际效应。边际效应是经济学上的概念，意思是指一样东西的价值同它满足需要的程度成正比，这就是雪中送炭远比锦上添花更令人感动的原因之所在。因此，教师应深入学生中去，洞悉学生的要求和存在的问题，及时伸出援助之手，满足其需要，解决其困难，排解其忧难，这样就能使学生更信服老师，从而达到事半功倍的教育效果。

4. 相容效应。心理相容是取得良好教育效果的前提。教育学生时，必须先让学生在心理上接受你，认可你，才能使学生消除心理戒备，坦诚相告，推心置腹，才能达到教育效果。因此，教师要注重自己的师德，努力寻找并且主动创造条件，使双方处于"相容"的情境中，从而提高教育的有效性。

5. 威信效应。威信是个人提高影响效果的重要因素，在其他条件相同时，有威信的人具有更大的影响力和感召力。教师的威信来自于教师的职业本身和教师的人格力量，特别是后者。教师应不断加强自身修养，提高自己的德、才、识，树立教师的威信。唯如此方能发挥"威信效应"作用。

6. 相长效应。现代社会是一个有机整体，人们之间的联系日益紧密。教师应开放自己，广交同行朋友，交流教育、教学信息，改进教学方法，从而共同提高教学能力。另外，教师应利用教学相长规律，向学生学习，以提高、丰富自己。

7. 异性效应。曾有一位心理学家从一次实验中得出结论：男性在男女同桌就餐时要比纯男性就餐时要文明得多，因为大多数人在异性面前更注意自己的形象。"异性效应"能使青少年在愉悦的情感状态中积极进取，充分发挥内驱力，树立超常的良好形象。教师应适当运用"异性效应"，发挥"异性效应"的吸引力、激发力、约束力、净化力等作用，从而构建良好的班集体，改变学生的不良行为。

8. 首因效应。在处理关于他人的信息、形成对他人的印象上，输入信息的顺序有重要影响。一般说来，最先接收的信息在印象形成中起较大作用。这就是首因效应，第一印象正是首因效应的结果。教师在学生心目中的第一印象在很大程度上决定了学生对教师的看法，影响教师的威信建立和教师对学生的教育管理。因而教师要特别注意和同学的第一次见面，上好第一课堂，充分发挥"首因效应"的积极作用。

9. 定式效应。定式是指在过去经验影响下，心理处于一种准备状态，从而在人际知觉中常有一定的趋向性和专注性。定式效应有积极和消极之分：它可使认知过程更加简捷、迅速；但由于在定式的影响下，人们常常根据过去的经验来判断眼前的人或事，因而往往形成知觉中的偏见。教师在教学时，要防止定式的消极效应，树立发展的观念，因人、因事、因时具体处理教学进程中的问题。

10. 从众效应。从众是个体由于受到群体的引导或臆想的压力，而在认知及行为上表现出来的与群体中大多数人保持一致的心理和行为倾向。从众是个体社会化的基础，有助于形成和维护群体的规范、秩序和价值；但其负面效应往往使人良莠不分、人云亦云、缺乏创造性。教师应发挥"从众效应"的积极因素，建设好班集体，形成积极向上的舆论氛围，对消极的从众行为要加强预防、控制或制止。

第十一章 教学评价

第一节 教学评价概述

一、教学评价的含义

所谓教学评价,主要指依据一定的客观标准,通过各种测量和相关资料的收集,对教学活动及其效果进行客观衡量和科学判定的系统过程。

由此可以看出,教学评价从本质上讲是一种对教学活动及其效果的价值判断。要很好地完成这一判断,得出科学结论,评价者必须在一定的客观标准下,认真地进行各种测量,系统地收集教学活动各方面的资料或证据。在这里,所谓测量是指评价者对评价对象进行的某种数量化的确定。测量的最基本特征是将事物进行区分,它只以数学方法对事物进行描述而不管其价值如何。而评价则要以这种描述为基础确定事物的价值,即根据测量结果对事物做出价值判断。例如,一个学生在考试中得了70分,这只是一个简单的测量结果,这个成绩表示什么意义,还需进一步判断,即给予评价。此外,与教学评价密切相关的另一个概念是测验。简单来说,测验就是引起某种行为的工具,是一种测量的工具或测量量表。在前面的例子中,考试即是一种测验,而考试的实施过程则是测量,对考试结果的分析评判是评价。测量、测验、评价是教学评价中经常使用的三个基本概念,搞清这几个概念的含义,有助于理解教学评价的基本意义。

二、教学评价的类型

(一)总结性评价、形成性评价与诊断性评价

根据教学评价在教学过程中发挥的不同作用,一般将教学评价分为总结性评价、形成性评价和诊断性评价。

1. **总结性评价**

总结性评价一般指在课程或一个教学阶段结束后对学生学习结果的评定:这类评价的主要目的是评定学生的学业成绩,确定学生达到教育目标的程度,证明学生掌握知识、技能的程度和能力水平,以便为确定学生在后继教程中的学习起点,预

言学生在后继教程中成功的可能性，以及制定新的教育目标提供依据。

总结性评价着眼于某门课程或某个教学阶段结束后学生学业成绩的全面评定，因而它的概括水平一般比较高，考试或测验所包括的内容范围也比较广，评价的次数不多，一般是一学期或一学年两三次。学校中常见的期中考试、期末考试或考查以及毕业会考都属于这类评价。

2. 形成性评价

形成性评价主要指在教学进行过程中为改进和完善教学活动而进行的对学生学习过程及结果的测定。形成性评价有点类似于教师按传统习惯使用的非正式考试和单元测验，但它更注重对学习过程的测试，注重利用测量的结果来改进教学，使教学在不断的测评、反馈、修正或改进过程中趋于完善，而不是强调评定学生的成绩等级。正因为形成性评价以获取反馈、改进教学为主要目的，所以这类测试的次数比较频繁，一般在单元教学或新概念、新技能的初步教学完成后进行，测试的概括水平不如总结性评价那样高，每次测试的内容范围较小，主要是单元掌握或学习进步测试。相比较而言，总结性评价侧重于对已完成的教学效果进行确定，属于"回顾式"评价；而形成性评价侧重于教学的改进和不断完善，属于"前瞻式"评价。

要使形成性评价在改进教学方面真正发挥作用，教师应注意做到：（1）把评价引向提供信息，而不要把它简单地作为鼓励学生学习或评定成绩等级的手段；（2）把形成性评价与日常观察结合起来，根据测试的反馈信息和观察的反馈信息对教学做出判断和改进；（3）仔细分析测试结果，逐项鉴别学生对每道试题的回答情况，如果大部分或相当数量的学生对某道试题的回答都有误，那就表明自己在这方面的教学有问题，应及时加以改进。

3. 诊断性评价

诊断性评价指为查明学生的学习准备状况及影响学习的因素而实施的测定。

在教学过程中，教师要想形成一套适合每个学生特点和需要的教学方案，就必须深入了解学生已有的知识、技能的掌握程度，了解他们的学习动机状态，发现他们学习中存在的问题及原因，等等。教师获取这些情况的方法和途径是多样的，其中最常用、最有效的手段之一就是诊断性评价。诊断性评价的主要用途有三个方面：

（1）检查学生的学习准备程度。常在教学前进行，如在某课程或某单元开始前进行测验，可以帮助教师了解学生在教学开始时已具备的知识、技能程度和发展水平。

（2）确定对学生的适当安置。通过安置性诊断测验，教师可以对学生学习上的个别差异有较深入的了解，在此基础上经过合理调整使教学更好地适应学生的多样化学习需要。

（3）辨别造成学生学习困难的原因。在教学过程中进行的诊断性评价，主要是用来确定学生学习中的困难及其成因的。

（二）常模参照评价与标准参照评价

根据评价所依据的不同标准与解释方法，可以将评价分为常模参照评价和标准参照评价。

常模参照评价是以个体的成绩与同一团体的平均成绩或常模相互比较，从而确定其成绩的适当等级的评价方法。这种评价方法重视个体在团体内的相对位置和名次，它所衡量的是个体的相对水平，因而又将这类评价称为"相对评价"或"相对评分"。常模参照评价以常模为参照点，常模实际上就是团体测验的平均成绩，以学生个体的成绩与常模比较，就可以确定学生在团体中的位置，知道他的成绩在团体中属于"差""中下""中上"还是"优"。常模参照评价具有甄选性强的优点，因而可作为分类排队、编班和选材的依据。它的缺点是在排队选优时，对个人的努力状况及进步的程度不加重视，对后进者的努力缺少适当评价。例如，在几次考试中，某学生学习的实际成绩在提高，但他在班级里的相对位置（名次）也许仍没变化，因而缺乏激励作用。

标准参照评价是以具体体现教学目标的标准作业为准，确定学生是否达到标准以及达标的程度如何的一种评价方法。标准参照评价是用来衡量学生的实际水平的，它关心的是学生掌握了什么或没掌握什么，以及能做什么或不能做什么，而不是比较学生之间的相对位置。用来评定的所谓标准就是具体的教学目标，教师编制测试题的关键之处是必须正确反映教学目标的要求，而不是这些题目的难易和鉴别力。为准确体现教学目标的要求，客观测得学生的实际水平，必要时过难或过易的试题也应保留，不要轻易删除。评分时学生该得满分就给满分，该得零分就给零分，一切按既定的标准评分。因此，标准参照评价的评分方式又称为"绝对评分"，这种评价也被称为"绝对评价"。通过标准参照评价可以具体了解学生对某单元知识、技能的掌握情况，哪些学得较好，哪些没学好需要补救。因此，标准参照测验主要用于基础知识、基本技能的测量，适用于形成性测验和诊断性测验，利用测验提供的反馈信息，可及时调整、改进教学。但是，由于测题的编制很难充分、正确地体现教学目标，因此，教师还不能充分利用严格意义上的标准参照评价或绝对评价。

（三）标准化测验评价与教师自编测验评价

根据评价工具的编制和使用情况的不同，可以将教学评价分为标准化测验评价和教师自编测验评价。

标准化测验评价是近年来发展很快的一种评价方式，这类评价是凭借专家或专业的测验发行机构编制的标准化测验进行的。由于标准化测验的试题取样范围大，题量多，覆盖面宽，因而具有较高的信度和效度。另外，它的试题一般难度适中，区分度高，施测有严格的要求，测得的结果有可资比较的标准作对照，评分客观、准确、迅速，从命题、阅卷到计分等各个环节都减少或避免了误差，因而具有客观性、真实性、准确性较强等突出优点，是目前评价学生学业成绩的重要方式之一。但由于标准化测验的编制难度较大，施测的要求、条件较高，建立标准化试题库更是一项艰巨的工程，因而要广泛推行这一评价方式会遇到不少困难，需不断努力，逐步推行。

教师自编测验评价是依据教师自行设计与编制的测验，根据教学需要对学生的学业情况进行检测的一种评价方式。这类评价的突出优势是自编测验的制作过程简易，使用灵活方便，适用范围广，可以满足不同学科、不同教学阶段的不同测试要求，因而，它是学校中应用最多和教师最愿意使用的评价方式。从试题类型来看，教师自编测验主要有客观测验和论文式测验。要编好测验，教师必须遵循一些基本的原则，例如，测验应真实反映教学目标，测验要有效、可靠，测验应依据所预期的学习结果来选择试题类型，试题内容取样要有代表性，试题的文字力求浅显简短但又不遗漏必要的条件，试题的正确答案应是没有争议的，施测和评分要省时，等等。在实践过程中，如能将自编测验和其他评价手段结合起来使用，则可以发挥出各类评价方式的长处，取长补短，提高评价质量。

（四）系统测验评价与日常观察评价

根据评价方式的不同，可以将教学评价分为系统测验评价和日常观察评价。运用各种测验的手段对教学过程及其结果进行测量与评价，是教学实践中应用最普遍的评价方式，例如，前面介绍的常模参照、标准参照等评价方式基本上都属于系统测验评价的范畴。运用测验手段进行定期、系统的评价，可以为教师提供大量有关教学情况的信息，有利于教师及时总结教学、改进教学、提高教学质量。但是，实践表明，并不是教学中的一切情况都可以通过测验的手段测出来，学生的许多复杂的心理机能是目前的测验技术所难以测量的。因此，在教学评价过程中，要想使获得的信息更加全面和客观，教师除要进行定期、系统的测验评价外，还应当重视另一类评价方式——日常观察评价在教学中的作用。

日常观察评价是借助于对学生日常学习活动的观察而对他们的学习行为及结果进行的评定。日常观察评价在课堂内外应用的机会很多，教师实际上每天都在对学生进行着观察，这种观察是在没有受到如测验或考试那样的气氛干扰的自然状态下进行的，因此它往往可以得到一些其他任何方式都不能得到的有价值的真实的资料。要使日常观察评价的作用得以充分发挥，教师应注意以下几个问题：

1. 观察要有明确的目的

要观察哪方面情况，如学生的认知发展状况、情绪变化、注意力集中情况等，事先应确定。

2. 观察要有计划

目标明确后，教师还应对观察的范围、重点观察对象、时间安排、工具使用等多方面情况加以全面考虑，做出周密计划。

3. 要对观察结果进行及时、系统的记录

做好观察记录，是积累评价资料、实施观察评价的重要方面。目前常用的记录方法有行为摘录法、行为评等法和日记法。

（1）行为摘录法：有两种做法，一是将观察到的行为表现如实记录下来，这种做法费时较多，教学任务多的情况下不易做到；另一种是事先将要观察的事项分类，列成"项目检核表"，在观察到学生的有关行为后立即在相应的项目上画"√"号。这种方法省时、简便，易于操作，关键是要设计好项目检核表。

（2）行为评等法：根据观察到的情况对学生的行为表现分等记录的方法。教师可以将学生的各种行为分类，然后将每类行为再分出等级，根据学生的不同表现，在相应的行为等级后画上"√"号。

例如，可以将学生课堂注意力分为以下几个等级：

A. 能够整堂课聚精会神地听讲。

B. 大部分时间能集中注意听讲。

C. 注意力集中程度一般。

D. 注意力经常涣散。

E. 整堂课中都没集中过注意力。

（3）日记法：即通过记日记的方法记录课堂观察结果，这也是教师最常使用的一种记录方法。这种方法的优点是简便易行，不须事先准备各种其他记录工具，只要教师养成记日记的习惯就可随时记录下所观察的结果。但这种方法最大的缺点是教师本人的偏见、期望、好恶有可能掺入记录并影响他根据记录做出的判断。因此，用日记记录观察结果时要尽可能客观、实事求是，应当主要记录学生可观察的具体行为及行为发生的特定环境，要把自己的主观印象和事件的本来面目区分开来。

总之，教学评价的种类很多，从不同的角度就可以划分出不同的类型，以上所举只是其中的一部分。例如，从评价的对象来分，还可以分出学的评价与教的评价；从评价的内容来分，可分出智力、学业成绩、人格等的测验评价；等等。本节将各类评价逐一列举出来，目的是为了更好地研究、学习和掌握。其实，在实际的评价过程中，我们是很难将这些评价类型分得清清楚楚的。例如，学校对学生进行了一次测验评价,从测验编制的角度看,它可能是一次教师自编测验评价;从评价的标准来看,它可能是一次标准参照测验;而从评价的作用来看,它可能又是一次诊断性评价。所以,了解各类教学评价的关键,是要掌握这些评价方式的特点、作用和适用范围,以使它们在实际评价过程中相互配合、优势互补,发挥出应有的作用。

三、教学评价的内容

教育评价可以拓展到教育的方方面面。在宏观层面,涉及教育目标、教育结构和教管理体制等方面;在中观层面,包括教师队伍、办学条件、学校各项工作等;在微观层面则主要关注学生的学习和发展。在中小学教育活动中,学生发展评定、教师授课质量评价、课程和教材评价是最主要的评价活动。此外,诊断学校中存在的特殊问题,评价教改实验,评估学校的总体表现的评价也较为常见。下面具体介绍三种主要的评价活动。

(一)学生发展评定

学生发展是衡量学校办学水平的关键指标。它不仅是升学与就业指导以及因材施教的基础,还能帮助学生正确估计自己,了解和发展自己的特长。评定学生要考虑许多方面,最基本的有学业成就、行为表现和身体状况三方面。

学业成就不仅包括学生在知识领域的学习成绩,还包括技能和情意(即情绪、意志)领域的学习表现。由于知识更新特别快,学生在学校里主要是学习基础知识,打好基本功。在此基础上,培养学生学习知识及运用知识的能力是关键所在。在培养学生运用知识的能力时,实际技能的训练应当引起重视。小学课程比较强调技能的培养。语文课的听、说、读、写都有具体的技能要求,例如识字方面运用拼音、分析字形和查字典就是最起码的技能要求,而自然、手工和音、体、美等课程注重实际操作、运动及艺术技能。情意领域的学业表现包括态度、兴趣、习惯和鉴赏力等学习品质。在评定学生的学业表现时,知识和技能只是学习的结果,而态度、兴趣与习惯则反映了学生在学习过程中的表现和特点。在终身教育背景下,知识的积累并不是最重要的,爱学习、会学习等学习品质对学生的发展更具影响力。因此,情意领域的学业表现评价十分重要。

行为表现评价也就是操行评定,用以考查学生在道德品质和行为处事上的优点与不足。我国正处于经济转型时期,一些学校中存在着偏重智育、忽略生活和品德教育的现象。操行评定应考查学生在品德修养和性格特征等方面的特点和表现,如礼貌、勤奋、进取精神、合群性、公德心、朴实性、集体意识、责任感、社会适应性等。一份好的操行评语不在于面面俱到,而要能反映学生的独特特征。在评定小学生的行为表现时,要多挖掘学生的优点,同时有针对性地提出进一步改进和提高的意见。

身体状况评价的内容包括体质、体力、精力、卫生习惯和良好的生活方式等方面。体质评价要考查下述五个方面:(1)身体发育水平;(2)生理机能水平;(3)身体素质和运动能力;(4)对外界环境的适应能力;(5)心理状况。中小学生身体状况是全面发展的一个重要方面,应在学生发展评定中得到足够的重视。

评定结果应当是对整个评定过程的记录和说明,而不仅仅是测验得分。评定可以针对各种情境,考查学生在具体活动中的表现。例如,要评定学生的学习兴趣,就要观察学生在课堂上的表现,评定时还要根据课程内容,对照学生以前的学习状况做出综合的考查。同样是听课不专心,原因却是多种多样的。教师要针对实际情况,做出具体分析。由此可见,评定比测验结果蕴含了更多信息,能够起到更好的反馈作用。

(二)教师授课质量评价

在小学教学中,教师起着特别重要的作用。小学生由于年龄小,尚不具备很强的自学能力,他们的学习兴趣、学习方法、学业成绩都要受到教师授课质量的影响。上好每一堂课既是对教师的基本要求,也是关系到下一代健康成长的大事。授课质量评价能让教师清楚地知道自己的教学特点,了解长处与不足,从而扬长避短;也可以提供新老教师相互学习的机会,促进年轻教师的成长。

在进行授课质量评价时,首先要确定评价的标准,这个标准要明确、具体、相对独立,要能够全面衡量教学的各个方面。

苏联著名教育学家巴班斯基认为教学质量可以从以下方面去衡量:(1)对新事物的感受;(2)教育分寸;(3)本学科的知识;(4)发展学生的思维;(5)培养学生的一般学习技能;(6)培养学生对学科的兴趣;(7)以个体方式对待学生;(8)学科课外活动的组织。

实施授课质量评价时,不同的学校可能会选用不同的评价标准,但基本都会涉及以下几个方面:(1)教学目标完成情况;(2)学生的课堂参与情况;(3)内容安排;(4)教学方法;(5)语言表达;(6)教学原则的贯彻。具体到每一个方面还应当具体化,如"学生的课堂参与情况"可能要考虑以下特征:能跟上教师思路,积极思考,善于提出问题,有独特见解,等等。

教师授课质量评价包括专家、同行、学生评价和自我评价。现代教育评价强调教师要增强自我评价意识,加强评价的形成性功能。在进行自我评价时,教师既不要妄自尊大,也不要妄自菲薄,要善于自我衡量,找出自己的长处与不足。作为一名年轻教师,教学上存在一些问题是难免的,如果善于反省,问题反过来也可成为动力。学校在开展评价活动时，也应注意评价结果的协商和反馈，减轻教师的心理顾虑。

对教师的授课质量进行定量评定虽然能够在一定程度上反映教师的教学水平，但其形成性功能并不是很强。在小学教学实际中，应多采用听课、评课的深入交流形式评价授课质量。评课时也不是局限于固定的评价指标，而是能够结合具体情况分析教学的特色和问题。对小学教师而言，评课是很重要的一种能力，也是教学常规的一部分。

（三）课程和教材评价

课程和教材是教育评价中容易忽略的部分。事实上，课程是学校教学改革的基础，只有站在分析和评判教材的高度，才能使教学内容的安排更为合理。如果不从课程入手，教学改革很难深入。在评判学校教育重智轻能、批评教育质量不高时，首先应该检讨的就是课程和教材是否适当。

我国香港地区教育署在全面检讨学校课程时，曾经提出以下问题：（1）今后我们的学生应该学些什么？（2）学生应该怎么去学习才能学得更好？（3）从以往课程发展的经验中，我们得到了哪些启示？（4）现在的课程要怎么改，才能使我们的学生学得更好？

虽然全面的课程分析总结不是个别教师可以完成的，但对以上问题的思考会影响教师的教育观念。在开展课程和教材评价时，教师的意见会倍受重视，因为教师最了解学生对课程内容的看法以及自己在教材处理上的困难所在。例如，在评价语文教材时，研究人员可以请教师就教材的内容、组织编排、练习活动、辅助材料、外观等方面进行评议。具体到每个方面，应给出评价标准。如内容的评价标准为：深浅适当，以学生为本位，切合学生的生活经验，能引发学生的学习兴趣等。再如，语文练习的评价标准为：练习题能够配合教学重点，深浅配置适当，具有启发性和趣味性。对于这些问题，教师都是很有发言权的。

在教学过程中，教师也可以开展微观的课程或教材评价。如教学内容是否适当，是否考虑了农村或少数民族地区的特殊性；语文教材对听、说、读、写的要求是否得当；处理教材过程中有哪些困难。总之，教师在教学中遇到的问题都可以成为评价的议题。

四、教学评价的要求

（一）更新观念，把握评价"促发展"的本质

教学过程是思维活动的过程，评价是联系教师与学生思维情感的重要纽带，它直接影响学生的心理活动，教师的评价对学生特别是小学生来说非常重要，因此教

师要牢牢把握评价促发展的本质。对学生的学习评价，既要关注学生学习的结果，更要关注他们学习过程的变化和发展；要关注学生学习水平，更要关注他们在教学实践活动中所表现出来的情感和态度。师生评价互为主客体，达成师生互尊、互爱、互敬、互帮、互教，走向教学相长，体现人文关怀。

（二）运用不同的尺子评价学生，关注学生的水平差异

多一把尺子就多一批好学生。教师要因材施教，设计不同的学习目标，让学生根据自己的情况来选择，达到不同的目标。教学设计要体现评价关注学生的个性差异，让每个学生根据自己的实际情况达成目标时都有成功的喜悦，尊重学生的个性差异，使每个学生都在各自的知识、能力的起点上获得发展。

（三）注重评价语言，展现评价的激励功能

（1）评价语言具有亲切性；（2）评价语言注重准确性；（3）评价语言充满激励性；（4）评价语言充满人文关怀。

（四）即时评价与延时评价相结合，重视学习过程

通过即时评价，老师可以把握课堂学习状况，调控教学活动，调动学生学习的积极性，但也存在挫伤学生自尊心与错过思维训练的好时机的问题。因此，在课堂教学上，采用即时评价与延时评价相结合的方式，不仅有利于引发学生间的讨论和评价，让他们能完整地表述自己的思想和观点，还有利于学生情感的调动和创新思维的发展。

（五）自评与互评相结合，发挥评价的交流功能

1. 鼓励自我评价

只有当学习者自己决定评价的准则、学习的目的，以及对达到的目的程度负起责任时，他才是真正的学习者，才会对自己学习方面真正地负责。自我评价法树立了现代的评价观，使评价从外部的转化为内在的，从形式的转化为实质的，从被动的转化为主动的。自我评价确立了学生在评价活动中的主体地位，有利于调动学生的主动性、积极性和创造性，培养学生的认知能力。

2. 提倡相互评价

互评是指互相评价和反馈，针对别人的观点发表自己的看法，或肯定或否定，或作补充，并陈述出自己的理由。在评价过程中，由于评价者与被评价者之间的相互接触、交流，能够看到他人的长处，同时也能注意到自己的不足，有利于相互学习、取长补短、共同前进。也可进行学生与老师的互评，让学生评价老师这节课的表现，从而有利于教师不断改善教学方法。

总之，评价在教学过程中，既要关注学生知识与技能的理解和掌握，更要关注

他们的情感与态度的形成和发展,充分关注学生的个性差异,发挥评价的激励作用,呵护学生的自尊心和自信心,培养学生的良好习惯,以及乐于合作、勇于创新的精神。教师在今后课堂教学中,还要不断探究和反思评价方法,提高自己教育教学能力,促进自我价值的实现。

第二节 听课与评课

一、听课与评课的含义

听课是一种对课堂进行仔细观察的活动,它对于了解和认识课堂有着极其重要的作用。课堂上许许多多司空见惯的问题经由听课者自觉的观察,听课者就可洞见到很多值得探索与深思的地方。听课是提高教师素质,提升教学质量的重要方式。

所谓评课,顾名思义,即评价课堂教学,是在听课活动结束之后的教学延伸,是对执教教师的课堂教学的得失、成败进行评议的一种活动;是加强教学常规管理,开展教育科研活动,深化课堂教学改革,促进学生发展,推进教师专业水平提高的重要手段。

二、怎样去听课与评课

(一)教师听、评课的目的

(1)听、评课是学校教学研究的一种重要活动,主要目的是帮助教师提高教学设计和组织水平,提高课堂教学实效。

(2)"听课"或"看课",是对课堂教学活动的观察、分析和研究。课堂教学,学生是学习的主体,观察分析、研究的对象当然不能离开主体。但教师是课堂教学的设计组织者,观察分析、研究的对象当然也不能忽视教师的教学行为。教学是教师教和学生学的辩证统一。离开教师的教学行为分析来考查学生在课堂上的学习行为和效果,对研究教学是没有意义的。

(3)听、评课要以学评教。观察学生在课堂上的学习情绪、学习行为表现、学习的效果,对照教师的教学行为,考察教师对教学内容的理解、把握,评价教师的课堂设计、组织能力和教学基本功。只有综合分析学生的学习行为表现和教师的教学行为,才能正确判断课堂教学是否激发、调动了学生的学习积极性,教学策略、方法、手段的运用是否适合学生的学习基础和心理特征,学习活动的设计、组织是否有效促进了学生的学习。从学生的学习行为着眼,把学生在课堂上的学习行为和教师的教学行为联系起来分析研究,这才是听、评课的要义。

（二）一堂好课的标准

一堂好课的基本要求是什么？华东师范大学终身教授叶澜女士的看法包括以下几个方面：

1. 一堂好课应是有意义的课，是一堂扎实的课，而不是图热闹的课

学生在课中，要学到新的知识，进一步提高学习和运用知识分析解决问题的能力，产生进一步学习的强烈要求，对今后的发展有良好的、积极的情感体验，越来越主动地投入学习中去。学生上课，要了解他们"进去以前和出去的时候是不是有了变化"，如果没有变化就没有意义。

2. 一堂好课应是有效率的课，是充实的课、有内容的课

有没有效率要看该堂课对全班多少学生是有效的。课还必须是充实的。若在整个过程中，学生都发生了一些变化，整个课堂的效率就很高。

3. 一堂好课应是有生成性的课，是丰实的课，内容丰富，气氛活跃，给人以启迪

课不完全是预先设计好的，而是在课堂中有教师和学生真实的情感、智慧、思维和能力的投入，有互动的过程，气氛活跃。在这个过程中既有资源的生成，又有过程状态生成。

4. 一堂好课应是常态下的课，是平实的课，教师要做到心中只有学生

不少教师一旦开课，容易出现准备过度。教师课前很辛苦，学生课前准备很兴奋，到了课堂上都拿着准备好了的东西来表演，再没有新的东西呈现。课前准备有助于学生的学习，但课堂有它独特的价值，这个价值就在于它是一个公共的空间，需要有思维的碰撞和相应的讨论，最后在这个过程中师生互动，生成许多新的知识。课应该是平实（平平常常、实实在在）的，是平时都能上的课，而不是有多人帮着准备，然后才能上的课。

5. 一堂好课应是真实的课，是有缺憾的课

课不可能十全十美，十全十美的课造假的可能性最大。真实的就会有缺憾，有缺憾是真实的一个指标。公开课、观摩课要上成是没有一点点问题的，那么这个预设的指标本身就是错误的。

（三）怎样听课

教师听课一般包括三个过程。

1. 课前准备

听课忌盲目性。教师听课前应准备哪些工作呢？

（1）熟悉教材，明确这节课教学的三维目标，领悟课标或大纲对本节内容的具体要求。了解编者意图，弄清新旧知识内在联系，分析教学内容的重、难点。

（2）自己思考、设计课堂教学初步方案，勾勒粗线条的教学框架，找出存在的困惑与问题。

（3）大致了解所听课的班级的类型（文、理科；物化、政史班等）或学生的成绩水平的情况。

（4）了解什么样的课是一堂好课，因为这样才好对所听的课有一个大致的定性。

2. 观察和记录

听课是复杂的脑力劳动，听课需要听课者多种感官和大脑思维的积极参与，从以下方面观察、记录：听课时间、学科、班级、执教者、课题（课时）等；教学过程，包括教学环节和教学内容，以及教学时采用的方法、主板书；各个教学环节的时间安排；学生学习活动情况（合作、交流、探究）；教学效果。在观察记录中，要注意考察以下几个方面的问题：教学内容的科学性，教材处理与教学思路、目标，教学重点、难点、关键，课堂结构设计，教学方法的选择，教学手段的运用，教学基本功，教学思想。

3. 听课、思考和整理

听完课后应进行思考和整理。比如回顾听课记录，与执教者交谈，将几节"互相牵连"的课作比较，写"听课心得"，或者吸取执教者的优点用于自己的教学。要注意分析、比较，准确地评价各种教学方法的长处和短处，吸取长处，改进自己的教学；要注意分析执教者课外的功夫，关注执教者的教学基本功和课前准备情况。

（四）听课需要注意的两个问题

1. 听课不仅要关注教师的教，更要关注学生的学

对于教师的教，听课时重点应该关注的是：

（1）课堂的教学目标（学哪些？学到什么程度？情感如何？）。目标在何时采用何种方式呈现？

（2）新课如何导入，导入时引导学生参与哪些活动？

（3）创设怎样的教学情境，采用哪些教学方法和教学手段？

（4）设计了哪些教学活动，培养学生哪些方面的技能，达到什么地步，渗透哪些情感价值观教育？

（5）知识的系统化、复习巩固和提高的内容、方法。

（6）课堂教学氛围如何？

对于学生的学习活动，听课时应该关注：

（1）学生是否在教师的引导下积极参与学习活动，有怎样的情绪反应，是否

乐于参与思考、讨论、争辩、动手操作？

（2）学生是否经常积极主动地提出问题？

（3）学生的学习效果如何？

2. 听课者应是教学活动的考察、研究者，而不是旁观者

听课者要有"备"而听，注意观察、思考授课教师的课堂教学活动，从学生视角考察、研究学习活动及其效果。

（五）如何评课

评课要注意几个原则：和授课教师保持零距离，依据授课教师的实际情况实事求是、就课论课进行分析，有针对性，有激励性，考虑教师的个性特征与差异。

1. 把学生的发展状况作为评价的关键点

教学的根本目的在于促进学生的发展，因此学习者学习活动的结果势必成为评价课堂教学好与坏、优与劣、成功与否的关键要素。学生在学习活动过程中，如果思维得到激发，学业水平得到充分（或较大程度）的发展与提高，学习兴趣得到充分（或较大程度）的激发并产生持续的学习欲望，则可以认为这就是一堂很好的课。

2. 评课的基本要求

（1）分析教学目标。教学目标是教学的出发点和归宿，它是否正确制定和达成，是衡量课好坏的主要尺度，所以分析课首先要分析教学目标。

看教学目标制定是否全面、具体、适宜，是否依据课标，体现学科特点，符合学生年龄实际和认识规律，难易适度。看教学目标是不是明确地体现在每一教学环节中，教学手段是否都紧密地围绕目标，为实现目标服务。重点内容的教学时间是否得到保证，重点知识和技能是否得到巩固和强化。

（2）分析教材处理。评析一节课还要看教材的组织和处理，讲授得是否准确、科学，教材处理和教法选择上是否突出了重点，突破了难点，抓住了关键。

（3）分析课堂教学设计的思路、程序和结构。教学思路是教师上课的脉络和主线，它是根据教学内容和学生水平两个方面的实际情况设计出来的。教学程序、课堂结构反映一系列教学活动组织的编排、组合与衔接过渡。

教学思路设计多种多样。评教学思路，一看思路设计符不符合教学内容，符不符合学生实际；二看教学思路的层次、脉络是不是清晰；三看教学思路的设计是不是有一定的创造性，是不是新鲜、引人入胜；四看教师在课堂上教学思路实际运作效果。教学程序、课堂结构反映教师课堂教学活动的层次、环节、教学技法，以及它们之间的联系、顺序、时间分配。

在教学环节的时间分配上，要看：教学各环节时间分配和衔接是否恰当，避免前松后紧或前紧后松，讲与练时间搭配是否合理；教师活动与学生活动时间分配是否与教学目的和要求一致；学生的个人活动与集体活动时间的分配是否合理，不同程度学生活动时间的差异；非教学时间所占的比例。

（4）分析教学方法和手段。分析教师在教学过程中为完成教学目标、任务而采取的活动方式。包括教师"教"的方式，还包括学生"学"的方式。"教"的方式与"学"的方式是统一的，互为依存的。教学有法，但无定法，贵在得法。教学方法的选择要量体裁衣，灵活运用；要多样化；要有创造性、富有艺术性；要考察现代化教学手段的运用。

（5）分析教师教学基本功。

板书：设计科学合理；言简意赅；条理性强；字迹工整，板画美观、娴熟。

教态：明朗，快活，庄重；富有感染力；仪表端庄，举止从容；热爱学生，态度热情，师生情感交融。

语言：准确清楚，精要简练，生动形象，有启发性；语调高低适宜，快慢适度，抑扬顿挫，富于变化。

操作：运用教具，进行演示实验、示范动作、操作仪器设备的规范和熟练程度。

（6）分析教学效果。

教学效率：学生思维活跃，气氛热烈；受益面大，不同程度的学生在原有基础上都有进步，知识、能力、思想情操目标达成；有效利用课堂教学时间，学生学得轻松愉快，积极性高，当堂问题当堂解决，学生负担合理。

课堂效果的评析，有时也可以借助测试手段。即当上完课，评课者出题当场对学生的知识掌握情况做测试，而后通过统计分析来对课堂效果做出评价。

3．评课的几个误区

（1）只听不参加评课。不评课听课就没有意义了。（2）蜻蜓点水，不痛不痒，只拣好话说，使上课者和听评者没有充分认识不足和遗憾。（3）评课没有主次，没有重点。（4）专挑毛病，只说不是与不足，或者当面不说，背后评论。（5）脱离实际，套话、空话多，没有指导作用。

三、听课和评课的意义

在当前新课程改革的背景下，客观、公正、科学地评价课堂教学，对探讨课堂教学规律、提高课堂教学效率、促进学生全面发展、促进教师专业成长、深化课程改革有着十分重要的意义。主要表现在以下几个方面：

（一）有利于促进教师转变教育思想，更新教育观念，确立课改新理念

教育思想，通俗的说法，就是教育的观念，对教育的认识，或对教育的主张。教育思想人人有之。教育思想有层次之分：教育认识、教育观念、教育理念。教育理念也称为教育理想、教育信念、教育信条等，是教育思想的最高境界。教育理念是一种思想，一种观念，一种理想，一种追求，一种信仰。所以，可以说，教育理念是一种理想化、信仰化了的教育观念。教师一定要确立自己的教育理念，它是教师的主心骨。先进的教育思想不仅是课堂教学的灵魂，也是评好课的前提。所以，评课者要评好课，首先必须研究教育思想。在评课中，评课者只有用先进的教育思想，用超前的课改意识去分析、透视每一节课，才能对课的优劣做出客观、正确、科学的判断，才能给授课者以正确的指导，从而促进授课者转变教育思想，更新教育观念，揭示教育规律，促进学生发展。若用传统陈旧的、僵化的教育思想去评课，不仅不能给授课者以帮助，反而可能会产生误导。

（二）有利于帮助和指导教师不断总结教学经验，形成教学风格，提高教育教学水平

我们经常可以看到，同一个学科、同一节课或同样的教学内容，不同的教师表现出的教学风格不同。有的教师的教学风格是精雕细刻，把课上得天衣无缝；有的教师的教学风格是大刀阔斧，紧紧抓住重点难点，使疑难问题迎刃而解；有的教师的教学风格是善于归纳推理，用逻辑思维本身的魅力把学生吸引进去；有的教师的教学风格是运用直观、形象、幽默的优势，使学生在课堂上感到轻松愉快，享受学习的乐趣。同时，我们还可以看到，同一个班的学生，面对不同教师上的课，有不同的表现。平时表现异常活跃的班级，面对新教师，表现出沉默寡言；平时不愿参与课堂教学的班级，却在新教师的引导下积极、主动地学习。以上事实告诉我们，在评课中，评课者必须十分注意去发现和总结授课者的教学经验和教学个性，要对教者所表现出来的教学特点给予鼓励，帮助总结。让教者的教学个性由弱到强，由不成熟到成熟，使其逐步形成自己的教学风格。

（三）有利于信息的及时反馈、评价与调控，调动教师教育教学的积极性和主动性

通过评课，可以把教学活动的有关信息及时提供给师生，以便调节教学活动，使之始终目的明确、方向正确、方法得当、行之有效。首先，通过评课的反馈信息可以调节教师的教学工作，了解、掌握教学实施的效果，反省成功与失败原因之所在，激发教师的教学积极性、创造性，及时修正、调整和改进教学工作。其次，通过评课的反馈信息，可以调节学生的学习活动。心理学研究表明，肯定的评价

一般会对学生的学习起鼓励作用,通过评价,学生学习上的进步获得肯定,心理上得到满足,强化了学习的积极性;否定的评价虽会使学生产生焦虑,但某种程度上焦虑,也具有积极的动力作用,可以成为学生学习的内动力。其实,学生从评课中获得自己学习的有关信息,加深了对自我的了解,为下一步的学习提供了帮助,矫正以往学习中存在的不足,提高学习效率。评课的目的不是为了证明,而是为了改进,以有利于当前新课程的教学。它集管理调控、诊断指导、鉴定激励、沟通反馈及科研为一体,是研究课堂教学最直接、最具体、最有效的一种方法和手段。

第三节 教学反思

一、教学反思的概念

教学反思是指教师在教育教学实践中,以自我行为表现及其行为为依据的剖析和修正,进而不断提高自身教育教学效能和素养的过程。教学反思是一种有益的思维活动,是教师专业发展和自我成长的核心因素。它一方面是对自己在教学中的正确行为予以肯定,不断地积累经验;另一方面是找出自己在教学过程中失误或缺漏的地方,进行自我批评,并且予以改正,不断地完善自己的教学行为,使自己以后的教学行为更加完美。教师的成长离不开这种自觉的、深刻的反思,特别是对自己的教学行为与教学实践进行的反省与审视。通过反思,能有效促进教师业务能力的提高。

二、教学反思的基本特征

教学反思以追求教学实践合理性为目的。教学反思可以发现新问题,进一步激发教师的责任心。教学反思并不是一般地回想教学情况,而是在教学中不断发现问题,并针对这些问题调整教学方案,使教学方案更合理。教学反思追求更多更好的方法,提高课堂实效性。教学反思对教学理论和实践持有一种健康的怀疑,并及时地把思想变为行动。一个教师如果能不断进行教学反思,经常研究总结,那么其教学水平将不断提升。

教学反思具有探索性。任何教师都有理论上的迷茫、实践中的困惑,反思作为一种教学手段让教师在探索中奋进。存在问题就整改,发现问题则深思,反思的真谛就在于教师要敢于怀疑自己,敢于和善于突破、超越自我,不断地向高层次迈进。教学实践的过程,既是教师探索的过程,也是教师反思的过程。

教学反思贯穿于整个教学活动。它既有对教学内容的反思,又有对教学方法的反思,还有对学生试卷评卷方法的反思;既有常规课的反思,也有专题活动的反思；既有教师根据自己实践后的感受进行的教学反思，也有教师借学生的眼睛作为"镜头"来质疑自己的教学行为的反思。

三、教学反思的内容

从宏观层面讲，教学反思要考虑教学行为本身的有效性和合理性，以及隐藏在行为背后的观念。因而，教学反思的内容应包含教师的教学行为与教师的教学理念两个方面。

教师行为模式的形成与确立常常受一定"先在"观念（或知识）的导向支配和影响，习惯是人的第二天性，教师的观念和行为一旦结成某种结构或体系，形成习惯，便处于一种"自以为是"的"固执"状况。因此，反思教师的教学行为是教学反思的重中之重。

在实际的教学中，教师已有的一些观念（或知识）深深地根植于自身的经验、习惯、先例、意见或者仅仅是印象之中，而且教师通常认为理论就是一整套有组织的知识，常常把理论看作某种与真理相关的东西，是确定的和不容怀疑的，所以教师的教学理念，也是必须反思的一个重要内容。

从微观层面上讲，教学反思是以教师的教学行为过程为对象的，反思的内容至少包含以下几个方面：

（一）反思教学态度

教师的教学态度对教学的实施及效果有很大影响。为了更好地实施教学，教师对自己的教学态度需要时常反思。反思教学态度要做到以下几个方面：

（1）反思自己的工作态度是否严谨、认真，这种态度对学生的学习热情有无感染。（2）反思自己对教学资源的搜集与设计是否用心，能否调动学生积极性与主体性。（3）反思教学过程是否在严格要求的基础上，发挥了教学民主。（4）反思在教学过程中，对学生的探究过程以及表现出来的求知欲是否关注。

（二）反思教学目标

教学目标是影响课堂教学成败的重要因素，教师要根据整节课的教学实践及学生掌握知识的情况，检验学生通过该节课的学习是否达到教学目标的要求。反思教学目标要做到以下几个方面：

（1）反思是否以总体课程目标为指导，以适应社会进步和学生发展的需要为目标，全面综合设计教学目标。（2）反思是否将教学目标变为学生的学习需要，让学生主动参与，发挥其主观能动性。（3）反思是否在学生原有的知识经验基础上，以学生为本，因材施教，适时调整教学目标。（4）反思教学目标是否符合新教材的特点。（5）反思教学目标是否符合学生的实际情况。

（三）反思教学计划与教学结构

教学计划是教学目标落实中的具体设想，是选择教学策略、完成教学任务的依据。教师要反思教学计划的制订和实施，包括一节课、一个单元、一个学期或更长远的教学计划。应注意以下两个方面：

（1）反思教学计划是否适合学生的实际，是否体现因材施教的原则。

（2）反思教学计划实施的效果。

教学系统由教师、学生、教学信息和教学媒体四个基本要素构成，这四个要素相互联系、相互作用构成了一定的教学结构。对教学结构进行反思需要注意：①反思教学结构是否按照学生的身心发展水平和认知水平划分学生认知的不同阶段；②反思教学结构上对学生学习方式的取向是否将接受式学习和探究式学习有效统一；③反思是否结合教学实践选择和运用恰当的教学模式，使教学达到艺术水平。

（四）反思教学内容

任何教学目标的实现都需要通过特定的教学内容的学习来达成，教学内容也是教学反思的重要内容。反思教学内容要反思以下几个方面：

（1）反思教学内容是否与教学目标相符。（2）反思教学内容的科学性、思想性和趣味性，以及是否符合学生的年龄特点。（3）反思能否根据学生的差别设计教学内容，促进学生的个性发展。（4）反思能否根据教学过程中学生学习进程以及突发事件，及时调整教学内容。

（五）反思学习过程与课堂组织管理

新课程改革强调教育是"为了每一个学生的发展"，这就要求教师在反思自己的教学行为的同时，观察并反思学生的学习过程，检查、审视学生在学习过程中学到了什么，形成了怎样的能力，发现并解决了哪些问题。通过反思，教师可以及时调整自己的教学行为和教学节奏。

在课堂教学中难免有一些突发事件发生，教学反思不能忽视课堂教学的组织管理。反思组织管理要注意以下几个方面：

（1）反思是否运用多样化教学手段，调动学生的学习积极性。（2）反思课堂教学管理手段是否得当，是否营造了良好的学习气氛。

（六）反思教学策略

反思教学策略的选用过程，也是反思理论如何联系实际的过程。例如在小学语文教学中，就可以反思是否运用了发挥学生主体作用的教学策略，积累知识、培养语感的教学策略，提高学生作文水平的策略，以及提高学生课外阅读质量的策略等。对教学策略的反思要注意以下几个方面：

（1）反思是否以系统的观点为指导，选择合适的教学策略。（2）反思是否根据教学策略的外部形态和学生认识活动的特点，优化教学策略。（3）反思教法与学法是否统一，能否促进学生的自主发展。

（七）反思媒体的配置与使用

在小学教学中，教学媒体的功能与作用是毋庸置疑的。对教学媒体配置与使用的反思要注意以下两点：

（1）反思教学媒体是否合理选择与配置。（2）反思教学媒体是否合理使用。

（八）反思教学评价

教学评价一直是教学改革的瓶颈，如何完善教学评价、建构科学系统的评价体系是当前课程改革背景下急需解决的问题。反思教学评价，需要做到以下几个方面：

（1）反思包括教与学在内的评价方案是否符合现代教育思想，是否符合现代教学观、人才观。（2）反思自己的教学评价是否具有差异性、多样性、开放性、发展性和综合性等特点，注重知识与能力、过程与方法、情感态度与价值观的多维评价。

四、教学反思的意义

任何一个教师，不论其教学能力起点如何，都有必要通过多种途径对自己的教学进行反思。教学反思有着其现实的意义。

（一）通过教学反思，教师能建立科学的现代的教学理念，并将自己新的理念自觉转化为教学行动

反思的目的在于提高教师自我教学意识，增强自我指导、自我批评的能力；让教师冲破经验的束缚，不断对教学诊断、纠错、创新，从而能适应当今教育改革的需要，逐步成长学会教学。帮助教师从"操作型"教师队伍中走出来，走向科研合作型。从教师的培养角度看，教学反思不失为一条经济有效的途径。作为教学变革与创新的手段，教学反思能够提高课堂教学效益，实现教学教育最优化。

（二）通过教学反思的研究，解决理论与实践脱节的问题，构建理论与实践相结合的桥梁

将反思理论指导实践，融于实践，反过来，通过实践的检验进一步提升理论。

（三）提高教师的教学科研意识

良好的教学素质要求教师必须参加教学改革和教学研究，对教学中发生的诸多

事件能予以关注，并把它们作为自己的教学研究对象。一个经常并自觉地对自己教学进行反思的教师，就有可能发现许多教学中的问题，越是发现问题，就越是有强烈的愿望去解决这些问题。关注问题并去解决问题的过程，也就是教师树立自己的科研意识，并潜心参与教学研究的过程。

（四）整体推进教学质量的提高

教学反思不单是指向个人的，它也可以指向团体。前面谈到的说课、听课与评课都可以是团体的。在这种团体的教学观摩、教学评比、教学经验的切磋与交流中，每一个参与者都提供了自己独特的教学经验，同时也都会从别人的经验中借鉴到有益的经验。多种经验的对照比较，可以使每一位教师对自己的教学进行全方位的反思。这样做的结果是，普遍提高了教师的教学水平，从而在整体上推进了教学质量的全面提高。

（五）教学反思，不仅要求确立学生的主体性地位，更重要的是发挥教师的主导地位

教学在让学生主体性充分发挥的同时，更要让教师的主体性率先得到发展。因此教学反思，要求将发展教师与发展学生相统一，教学反思不仅要"照亮别人"更应"完善自己"。因此教学反思是教师自我成长的一条经济有效的途径。

五、教学反思的类型

（一）课前反思，课中反思，课后反思

1. 课前反思

针对所设计的教学方案，渴望达到较好效果的各种设想，处理教学内容的实施方案进行反思。课前反思既是上好课的重要环节，也是激活教师思维的好方式。

2. 课中反思

课中通过反思自我监控教学过程，机智地处理好课堂上出现的新情况、新问题。教学中的反思具有监控作用，可强化教学调控和应变能力。

3. 课后反思

课后反思是教师主动地对自身的教学观念、教学设计、教学行为等进行深刻审视和系统总结的过程。课后反思可以使感性认识上升为理性认识，使教学经验上升为教育教学理论，从而加深对教学规律、教学本质的认识。课后反思，有利于教师教学经验的积累和教学质量的提高，是教学活动中必不可少的重要环节。

(二) 自我反思和集体反思

1. 自我反思

"课后思":一场课下来就总结思考,写好课后心得或教学日记,这对新教师非常重要。

"周后思"或"单元思":也就是一周课下来或一个单元讲完后反思,摸着石头过河,发现问题及时纠正。

"月后思":对于自己一个月的教学活动进行梳理。

"期中思":通常意义上的期中质量分析,这是比较完整的阶段性分析。通过期中考试,召开学生座谈会,听取意见,从而进行完整的整合思考。也可以对一个学期、一个学年或一届教学进行宏观反思。

2. 集体反思

集体反思指与同事一起观察自己的、同事的教学实践,与他们就实践问题进行对话、讨论。集体反思是一种互动式的活动,它注重教师间分享成功、合作学习和共同提高,有助于建立合作学习的共同体。俗话说:"旁观者清,当局者迷。"以旁人的眼光来审视自己的教学实践,能使自己对问题有更明确的认识,并获得解决问题的广泛途径。教师可以互相观摩彼此的教学,详细记录所看到的情景,还可以用摄像机将教学活动拍下来,组织观看。之后每个观摩的教师都写教学反思,都以自己的教学实践去分析,促使大家各自思考,然后共同研讨,重在针对教学中普遍存在的困惑进行团队反思,让每个教师发表自己的见解,提出解决问题的思路。即使出现认识上的冲突,也是一个智慧碰撞和切磋学习的机会。注重教师之间的合作与对话是与外界的沟通与交流,也是进行教学反思的重要途径,这是由教与学的社会性本质所决定的。除了同事之间的集体反思外,还可请教育教研学者介入,提出有促进性、针对性的建议,促使教师不断反思,从而获得更新、更全面的认识。

新课程改革的不断深入,要求教师有全新的教育理念、全面的教育教学能力、全新的教学行为。为此,政府教育行政部门以及学校对教师进行了各层次各方面的教育教学培训,以期提高教师的专业水平,推进教师的专业发展,使教师能够真正肩负起实施新课程的重任。因此,教师必须在此基础上,通过各种方式实现自我完善,以推进自己的专业发展。而在众多自我完善的方式中,教学反思无疑是非常有效的一种。但教师的个人反思活动属于个体反思,由于受到自身素质、观察视角、知识与经验、专业发展水平等因素的影响,其反思内容较浅显,程度也较低。为此,在教师个人反思的基础上,引入集体反思非常必要,正如俗话所说:"个人智慧不过是草间露珠,集体智慧才是长河流水。"集体反思能够有效弥补教师个人反思的不足,利用集体的智慧,激活每一位教师的教学智慧。它能够集思广益,将个体反思融入集体反思中,个体反思才有更广泛的价值,个体从集体反思中才能获得更多的收获。同时,集体反思能够在教师教育教学培训和自我完善之间建立起有效的联系,使集体培训与个人成长有效整合,共同推进教师的专业发展。

(1)集体反思的意义。

①认识和改变自己。这种学习方法的提出本身就是在如何改变性格这个议题基础上思考的,通过对思想的追本溯源可以达到认识自我和改变自我的目的,集体反思学习最终就是要改变教师的思想、行为和性格。从无意识到有意识,从有意识到潜意识和下意识,这个过程本身就是认知、理解、学习、行动、习惯的过程。集体反思学习的方法可以实现这个过程,让优秀变成一种习惯。

②培养良好思维模式。集体探讨是打破思维定式、突破思维局限的有效方法,每一个人的思维有其局限性,这是每个人都有的,且一旦拥有就会固化从而变得根深蒂固。有时候大家不能理解别人不一样的想法,而这种不一样的想法就代表了不一样的心智模式、不一样的思维模式,通过反思学习可以修正教师的思维模式和心智模式;世界应该是多元的,也允许不同的声音,教师应该包容各种思想和思维。

③提升解决问题能力。这种解决和分析问题的思路做法毫无疑问可以锻炼和提升教师解决问题的工作能力,教师循着这种思路可以彻底找到问题发生的根源,找出预防问题的有效方法。这种方法与企业中所倡导的全员持续改善的管理手法也不谋而合,只是集体反思学习有更进一步的深入。

④掌握一种学习方法。反思作为哲人们的工作方法,越来越被普通人,特别是管理者所使用。反思是经验学习的工具,经历必须经过反思才能升华为经验知识。生活和工作都需要反思,其实每一个人无时无刻不在思考中,但我们对思想的思考还需要进一步加强。

(2)集体反思的局限分析。

①对学习的理念方法认知不够。当今社会和环境的快速变化要求组织和个人具备优秀的学习能力,学习和适应这种变化对我们提出了新的挑战,让我们对学习有了新的认识。个人学习已经延伸为终身学习、组织学习,不仅是学习理论知识,而且更要在实践中、新事物中快速学习,向社会经济生活中所有对象学习;学习的方式也在不停地更新,除了传统学习方式,基于网络媒介的学习更是为我们的工作生活带来了巨大的变化,培养学习型组织和知识管理为我们的未来提供了方向,认识不到学习的这些变化就给集体反思学习带来了一定困难。

②难以超脱自我意识。摆脱不了自我意识的束缚,想法和行动经常还是笼罩在"自我意识"的阴影下。本来是要求大家把"我"置之度外的,可是还是跳不出"我"这个怪圈,自我潜意识的影响太深了。难以进行自我主观判断,无法认清客观事实,这种客观事实包括客观事实的人和客观事实的事。大部分人在集体反思学

习时仍然夹杂个人情感的因素和根深蒂固的观念,这是集体反思学习的严重障碍。

③个人和组织开放度不够。现代社会充满了信任危机,不信任的社会文化使我们每个人都戴上了面具,努力伪装隐藏自己真实的想法,不愿意轻易表露真实的自我。人们思想趋于保守和故步自封,每个人心理上习惯于设防,如何克服组织防卫心理,也是组织性行为学的研究重点,个人和组织开放度不足会限制每个人内心的开放程度,从而影响集体反思。

④学习成果难以跟踪和检验。集体反思学习成果在工作层面的绩效是可以衡量的,而个人修养层面却是很难度量的,而且时间是长期的,并非短期就能看得到效果,也就是存在很长的"时滞"。学习的心得成果只有经过长期调整修正,才能变成习惯,才能根深蒂固在思想里,也才能成为性格中的一部分,而这些都是难以跟踪和检验的。而出于人的本性,我们比较倾向于能看到短期好处,不太重视长期影响,不愿意进行长期投资。

(三)纵向反思和横向反思

1. 纵向反思

即把自己的教学实践作为一个认识对象放在历史过程中进行思考和梳理,同时不断地获取学生的反馈意见,并把它作为另一个认识对象进行分析,最后把两个具体的认识对象揉在一块儿整合思考。小学教学反思贯穿于教师的教学生涯,而不是某一阶段的特殊任务。我思故我在,我思故我新。

2. 横向反思

教学反思需要跳出自我,反思自我。所谓跳出自我就是经常开展听课交流,研究别人的教学长处,他山之石,可以攻玉,通过学习比较,找出理念上的差距,解析手段、方法上的差异,从而提升自己。当然,无论是运用行动研究法还是比较法,教师都需要学习先进的教育教学理论,提高自己的理论水平,达到"会当凌绝顶,一览众山小"的境界。

(四)理论反思和经验反思

根据教学理论深浅程度,教学反思可以分为理论反思和经验反思。

理论反思是指通过学习或通过理论与实践的对照进行的反思,它是对教学的宏观反思。经验反思是指总结个人教学经验的反思,它是对教学的微观反思。

六、教学反思的原则

(一)自主性原则

教师在教学中不仅是知识的传授者,更是问题的发现者。教师对我们平常意识不到的教学行为、没有深思的教学观念等诸多问题进行及时反思与研究，并将研究成果直接应用于教学实践，可以改进教学，提高教学效果，丰富教学策略，进而提高自己的专业水平。

（二）真实性原则

教学反思大多反馈的是课堂教学的主观感受，要使教学反思有实用价值，必须如实地反映每堂课教学的优劣，包括教学目的要求落实与否、教学原则贯彻与否、教学方法运用的利与弊、教学内容的完整与疏漏、教学效果的高与低等。

（三）及时性原则

教师必须坚持教学反思的及时性，且坚持不懈、持之以恒。教学反思只有及时，才能保证其真实有效、有极强的针对性，为以后的教学奠定坚实的基础，等到再次授课时，在"扬弃"中进行教学更新，为教学注入新的活力。

（四）个性化原则

教学反思虽然有时也需要同伴的支持，但其性质还是个人行为，是依靠教师个体独立思考来进行的。教学反思使教师形成个性化的教学魅力、个性化的教学模式、个性化的教学风格。

七、教学反思的方法

（一）行动研究法

行动研究法是提高教师教育教学能力的有效途径。比如合作、自主、探究是新课程倡导的重要的学习理念，然而，在实际教学中看到的往往是一种流于形式的讨论，课堂看似积极、活跃，实则是乱成一团，收效甚微。那么如何使讨论有序又有效地展开即是教师应该研究的问题。问题确定以后，教师在此基础上提出假设，制定出解决这一问题的行动方案，展开研究活动，并根据研究的实际需要对研究方案做出必要的调整，最后撰写在教案中。这样，通过一系列的行动研究，不断反思，教师的教学能力和教学水平必将有很大的提高。

（二）自我提问法

自我提问法是指教师对自己的教学进行自我观察、自我监控、自我调节、自我评价后提出一系列的问题，以提高自身反思能力的方法。这种方法适用于教学的全过程。设计教学方案时，可自我提问：学生已学过哪些语法知识和短语，怎样依据有关理论和学生实际设计易于为学生理解的教案，学生在接受新知识时会出现哪些情况，出现这些情况后如何处理，等等。备课时，尽管教师会预备好各种不同的教学方案，但在实际教学中，还是会遇到一些意想不到的问题，如学生不能在计划时间内回答完问题，师生之间、生生之间出现理解分歧等。这时，教师要根据学生的反馈信息，思考为什么会出现这样的问题，如何调整教学计划，怎样的策略与措施更有效，从而顺着学生的思路组织教学，确保教学过程沿着最佳的轨道运行。教学后，教师可以这样自我提问：我的教学是否有效？教学中是否出现了令自己惊喜的亮点环节？这个亮点环节产生的原因是什么？哪些方面还可以进一步改进？我从中学会了什么？……

（三）教学诊断法

课堂教学是一门遗憾的艺术，而科学、有效的教学诊断可以帮助教师减少遗憾。教师可以通过自我反省法或小组头脑风暴法，收集各种教学病历，然后归类分析，找出典型病历，对病理进行分析，重点讨论影响教学有效性的各种教学观念，最后提出解决问题的对策。

（四）比较法

教师在时间和条件允许的情况下，还应该加强与同事间的交流对话，因为活动不仅仅是个体行为，它更需要群体的支持。和同事进行对话，不仅可以使自己的思维更加清晰，而且来自交谈对象的反馈往往也会激起自己更深入的思考，激发自己更多的创意和思路。老师个人不妨以中心发言人的形式，将自己对某一问题的思考与解决过程展现给小组的其他成员，在充分交流、相互诘问的基础上，反观自己的意识与行为，从而进一步加深对自己的了解，了解和借鉴其他人的不同观点。

（五）阅读新知法

阅读新知法是指教师采取各种手段搜集所要解决的问题的信息，通过阅读相关的信息获取与自己过去不同的想法和价值观，帮助教师接受新的信息和观点，为自己所要解决的问题提供新的解释、见解和可能的新方案。事实上，在教学实践中轻视理论，甚至拒绝理论的指导，只能在低层次上进行摸索或重复。教师接触到的新知识与原来掌握的知识差别越大，越能启发教师的思维，更新教学理念，改进教学行为。反思不排斥理论学习，相反，阅读相关的新知是教师反思时的必要手段之一。学校应指导教师开展专业理论的学习，鼓励、引导教师增强研究的意识，以研究者的眼光审视、分析和解决自己在教学实践中遇到的问题，克服被动性和盲目性。阅读相关的新知的过程实质上就是在与教育"大家"对话。

八、教学反思的过程

教师反思的过程是怎样的呢？有人以经验学习理论为基础，将教师反思分为以下四个环节：具体经验→观察分析→重新概括→积极验证。

（一）具体经验阶段

这一阶段的任务是使教师意识到问题的存在，并明确问题情境。在此过程中，接触到新的信息是很重要的，他人的教学经验、自己的经验、各种理论原理，以及意想不到的经验等都会起作用。一旦教师意识到问题，就会感到一种不适，并试图改变这种状况，于是进入反思环节。这里关键是使问题与教师个人密切相关。使人意识到自己在活动中的不足，这往往是对个人能力与自信心的一种威胁，所以，让教师明确意识到自己教学中的问题往往并不容易。作为教师反思活动的促进者，在此时要创设轻松、信任、合作的气氛，帮助教师看到自己的问题所在。

（二）观察分析阶段

这时，教师开始广泛收集并分析有关的经验，特别是关于自己活动的信息，以批判的眼光反观自身，包括自己的思想、行为，也包括自己的信念、价值观、目的、态度和情感。获得观察数据的方式可以有多种，如自述与回忆、观察模拟、角色扮演，也可以借助录音、录像、档案等。在获得一定的信息之后，教师要对它们进行分析，看驱动自己教学活动的各种思想观点到底是什么、它与自己所倡导的理论是否一致、自己的行为与预期结果是否一致等，从而明确问题的根源所在。这个任务可以由教师单独完成，但合作的方式往往会更有效。经过这种分析，教师会对问题情境形成更为明确的认识。

（三）重新概括阶段

在观察分析的基础上，教师反思旧思想，并积极寻找新思想与新策略来解决所面临的问题。此时，新信息的获得有助于更有效的概念和策略办法的产生，这种信息可以来自研究领域，也可以来自实践领域。由于针对教学中的特定问题，而且对问题有较清楚的理解，这时寻找知识的活动是有方向的、聚焦式的，是自我定向的，因而不同于传统教师培训中的知识传授。同样，这一过程可以单独进行，也可以通过合作的方式进行。

（四）积极验证阶段

这时要检验上阶段所形成的概括的行动和假设，它可能是实际尝试，也可能是角色扮演。在检验的过程中，教师会遇到新的具体经验，从而又进入具体经验第一阶段，开始新的循环。

在以上四个环节中，反思最集中地体现在观察和分析阶段，但它只有和其他环节结合起来才能更好地发挥作用。

第四节　校本教研

校本教研是一种融学习、工作、研究于一体的学校活动和教师行为，它对于促进教师的专业成长、提高教育教学质量具有重要的意义。

一、校本教研的含义

校本教研是"以校为本的教学研究"的简称。"校本"即"以校为本"，以学校（发展）为根本；"教研"即"教学研究"；校本教研是以"教——教师怎么教"和"学——学生如何学"为主要内容的研究，是学校为提高教育教学效果而开展的一项日常性业务活动。

我国中小学开展教研活动的传统从新中国成立初期就开始了。1952年3月教育部颁发的《小学暂行规程（草案）》提出："教导研究会议由全体教师按照学科性质，根据本校具体情况，每两周举行一次，必要时得召集临时会议，或联合各教研组，举行联席会议。规模小的小学，不能举行教导研究会议的，得由同地区内几所小学联合举行。"同时颁发的《中学暂行规程（草案）》规定："中学各学科设教学研究组，由各科教员分别组织之，以研究改进教学工作为目的。""各科教学会议由各科教学研究组分别举行之，以组长为主席，校长、教导主任分别参加指导。其任务为讨论及制定各科教学进度、研究教学内容及教学方法。各科教学会议每两周举行一次，必要时得举行各组联席会议。"据此，各中小学的教研制度得以建立，并以"制定各科教学进度、研究教学内容和教学方法"为主要内容。

1956年以后，省、地市、县教研室相继成立，是在当地教育行政部门领导下，承担基础教育教学业务工作的事业单位。之后，逐渐形成了一个以各级教研室为龙头、各类教研员为骨干、一线教师广泛参与的省教研室、区县教研室、片乡中心校、学校学科教研组四级教研网络。

2001年开始的我国基础教育课程改革推行的是一套全新的课程体系，它不仅是课程内容的改革，也是教和学的方式的变革，对我国实施了半个多世纪的教研模式提出了前所未有的挑战。《基础教育课程改革纲要（试行）》提出："在教育行政部门的领导下，各中小学教研机构要把基础教育课程改革作为中心工作，充分发挥教学研究、指导和服务等作用，并与基础教育课程研究中心建立联系，发挥各自的优势，共同推进基础教育课程改革。"

2002年12月，教育部颁发《关于积极推进中小学评价与考试制度改革的通知》，提出："学校应建立以校为本、以教研为基础的教师教学个案分析、研讨制度，引导教师对自己和同事的教学行为进行分析、反思和评价，提高全体教师的专业水平。"

2003年3月，教育部颁布的《普通高中课程方案（实验）》指出："学校建立以校为本的教学研究制度，鼓励教师针对教学实践中的问题开展教学研究，重视不同学科教师的交流和研讨，建设有利于引导教师创造性实施课程的环境，使课程的实施过程成为教师专业成长的过程。学校应与教研部门、高等院校建立联系，形成有力推动课程发展的专业咨询、指导和教师进修网络。"从此，校本教研成为广大教育理论和实践工作者研究和探索的热点问题。

所谓校本教研，是指为了学校和教师的发展，在学校中、以学校为主体组织发起，以教师在教育教学过程中面临的各种具体问题为研究对象，并将研究成果运用于实践的教育教学研究活动。这里的"校本"意即"以学校为根本""以学校为基础"。具体来说表现在以下几方面：

（1）"为了学校"。以改进学校实践、解决学校自身的问题、形成可持续发展的机制为主要目标，既要解决学校存在的种种问题，也要提升学校的办学水平。校本教研关注的不是宏观层面的一般问题，而是校长和教师在日常的教育教学工作中遇到的、亟须解决的实践问题。

（2）"在学校中"。置身于学校教育情境中，贴近学校生活和教育过程，形成解决问题的方案在学校实施。学校自身的问题要由学校中人来解决，要经由校长和教师的共同探讨、分析来解决。

（3）"基于学校"。一切从学校的实际出发，所组织的各种培训、所展开的各类研究、所设计的各门课程，都应该充分考虑学校的实际，以学校的文化环境和资源为基础，挖掘学校的种种潜力，让学校资源更充分地被利用起来，让学校的生命活力释放得更彻底。

当然，"校本"不等于就局限于"本校"，"校本"的出发点是学校自身存在的问题，落脚点是解决学校面临的关键问题，过程是以学校自身人员参与为主。但是如何确定"校本"的出发点，如何帮助解决学校存在的问题，以及校本实施的过程等，都有可能需要专业研究人员或其他人员参与。[1]

概括地说，以校为本的教研，是将教学研究的重心下移到学校，以课程实施过程中教师所面对的各种具体问题为对象，以教师为研究的主体，理论和专业人员共同参与。强调理论指导下的实践性研究，既注重解决实际问题，又注重经验的总结、理论的提升、规律的探索和教师的专业发展，是保证新课程的实施向纵深发展的推进策略。

校本教研是一种融学习、工作、研究于一体的学校活动和教师行为。校本教研强调，研究的主体是学校和教师，研究的内容是教师在教育教学过程中遇到的各种

---

[1] 郑金洲：《校本研究指导》，教育科学出版社2002年版，第6页。

问题，研究的目的是提高教育教学质量，促进教师的专业发展，最终促进学生的全面发展。

二、校本教研的特征

校本教研与教育科研人员所开展的教育研究有所不同，有其自身的特点。

（一）以教师作为教研的主体

校本教研的主体不是校外的专家、学者，而是学校和教师自己，是整天生活和"浸染"在学校日常生活中的教师本人。校外专家、学者只是教师研究的合作伙伴，是提供意见和指导、咨询的协作者。

教师即研究者，是基础教育新课程的基本理念之一。教师在教学实践中发现问题、明确问题，并以此作为自己的研究课题。教师在教学过程中是以研究者的身份置身于教学情境之中，以研究者的眼光审视和分析教学理论和教学实践中的各种问题，对出现的问题进行探究，对积累的经验进行总结，使其形成规律性的认识。通过校本教研，把教学研究与教师的日常教学实践、学习与培训融为一体，在教学中开展研究，在研究中开展教学，边工作边研究成为教师的一种职业生活方式。

早在20世纪60年代，西方国家就形成了"教师即研究者"运动。人们认识到，如果没有教师的参与，再优秀的研究成果也难以在教育实际中运用，更谈不上对教学实践的改进和提高。"教师即研究者"的理念强调，教师扎根于自己的教学实践，从中发现问题，提出有价值的研究课题，着手研究，并将研究的结果用于改进教学实践。所以说，校本教研就是教师"开展自己的研究，发表自己的看法，解决自己的问题，改进自己的工作"，是教师在自己的教育实践中为解决困惑和问题而展开的研究。

（二）以学校作为教研的基地

校本教研不同于学术性的专业研究，而是一种实践性研究。这种研究的重心在学校，基地也在学校。校长是第一责任人，教师是研究的主体，专家及其他教研人员参与到学校之中，与教师形成研究的共同体，为学校提供指导和帮助。

学校不是教育行政部门的"派出所"，也不是教育专家的"实验田"。学校是师生交往、建构知识的场所，学校应该拥有充分办学自主权。学校发展的主体力量是校长和教师，他们才是学校真正的主人，只有充分调动他们的积极性、创造性，学校才能充满生机活力。学校校长和教师是学校的当事人，对学校的发展状况、问题有真切的感受和全面的把握，拥有真正的发言权。同时，他们也具有解决问题的潜能和智慧。校本教研就是要把校长和教师的个人发展与学校的命运联系起来，引导校长和教师积极主动地从学校实际出发，规划学校、发展学校。所以，以学校为基地开展的教学研究，可以获得真正解决问题的研究结论，可以弥补校外专业人士的研究不能关照学校具体情境的缺陷，从而提高研究的针对性和研究成果的可行性。

（三）以教学实践中的问题作为教研的对象

校本教研强调把教学研究的重心置于学校具体的教学情境中，研究的问题不是上级下达的任务，也不是校外专家给出的课题，而是教师自己的问题——凡是发生在教师身边的各种活生生的教育问题、现象、难点、困惑等，都可以成为研究的对象。校本教研需要理论的指导、支撑和提升，但着眼点和归属点还是教师自身的实践和创造，是真正有助于自我经验的反思、生成表达的方法。

教学研究向学校回归，着眼于教学实践问题，是当今各国教学研究的共同趋势。从研究的问题来看，中小学教师研究的课题是自己教学实践中的问题；从研究的过程来看，中小学教师的研究与自己的教学实践紧密联系，在教学过程中寻找解决问题的方案；从研究的目的来看，中小学教师研究主要是为了解决自己教学实践中的问题，疏解教师的困惑和矛盾，求得工作的改进和提高，促进教师的发展；从研究的性质来看，中小学教师的研究是一种基础性的应用研究，强调实践性和操作性，是一种把行动和研究结合起来的行动研究。

（四）以促进师生共同发展作为教研的目的

校本教研的直接目的都是为了改善学校实践，提高教学质量，促进教师的专业发展和学生的身心健康发展。毫无疑问，教师作为研究主体，通过发现问题、研究问题、改进自己的教学实践，可以促进自身专业水平的提高。

从一个普通教师成长起来的全国特级教师、全国劳动模范魏书生老师对基于科研促进教师的发展做过很好的阐述，他说："为什么同样是教师，斯霞、于漪、钱梦龙、欧阳黛娜等许多优秀教师却感到幸福、快乐，充满新奇感，工作充满了创造性？重要原因之一，在于他们总是从科学研究的角度看待教育教学工作。教师进行科研，能使教师发现一个新的更广阔的教育教学天地，促进教学效率的提高。同时，还能收获看得见的科研成果。另外，还能取得在研究过程中意志的增强、胸怀的拓展、学识的增长等许多潜移默化的效果。"[1]

就学生来说，尽管校本教研不直接面对学生，但研究的最终落脚点是学生的发展。

---

[1] 魏书生：《引导教师进行教育科研》，载《中国教育报》，1991-06-06。

三、校本教研的类型

（一）教师个体的研究

教师个体的研究指教师个人以自己在教育教学、班级管理等工作中遇到的问题为研究对象，通过对自己工作中的问题的诊断，确定需要研究的课题，独立开展研究，提出解决问题的方案并付诸实施的教学研究行为。

校本教研制度要求每位教师充分发挥主观能动性，加强对教学问题的反思和研究。教师个人研究的深度和广度直接体现了一所学校校本教研的质量和水平。

（二）教师群体的研究

教师群体的研究指学校教师以教研组（或跨教研组）为单位组成研究小组，根据学校发展和学生成长需要，对教育教学、班级管理等工作中存在的共性问题进行分析、诊断，确定研究课题，开展群体攻关研究，提出解决问题的方案，并付诸实施的过程。

校本教研制度的实施，不仅要求教师个人开展有效研究，更强调教师集体加强合作，协同攻关，共同进步。事实上，学校中的教师由于处于一个相同的工作环境下，面对同样的教育对象，需要完成相同的教学任务，都会面临相似的问题，把相似的问题提炼成共同的研究课题，集思广益，更有助于问题的解决。同事间的共同学习和研讨是校本教研的重要形式。

（三）校内外合作研究

校内外合作研究指学校教师和校外专业人员合作开展的教学研究。

校本教研强调教师是研究的主体，并不排斥校外的专业人员的参与、支持和指导。实际上，校内教师和校外专业人员在研究上各有所长，校内教师丰富的教学经验和校外专业人员深厚的理论可以形成互补，有利于教育教学实践问题在理论指导下得以正确地解决。校外专业人员参与教学研究的目的不在于理论的验证和构建，而在于为教师提供理论指导，帮助解决实践问题。

校内外合作的教研的开展也是一线教师以教学实践问题为依托学习教育理论，提高教育理论素养的很好的平台。一线教师只有在解决教学实践问题的过程中将教育理论知识内化到自己的知识结构中，才能真正实现高水平的专业发展。

四、校本教研的意义

（一）校本教研有利于促进课程改革的落实，教育质量的提高

基础教育课程改革尽管已有十多年了，但在总结十多年来课程改革的经验和教

训的基础上，在新的形势下，继续深化课程改革，全面落实新课程的理念，转变课程思想，切实改变教师教的方式和学生学的方式仍然是当今基础教育的一项中心工作。总结、回顾课改十多年来的变化，我们取得了很大成绩，但当初课程设计中的许多理念、要求和亮点并没有在实践中落实，教学中仍然有许多问题亟待解决，如三维目标的落实问题、课堂教学的效率问题、如何让学生真正成为学习主体的问题、大班额下如何开展学生小组合作学习、课堂教学中如何实施分类指导等。这些问题的解决没有现成的模式可以套用，只能置身于学校的具体情境中才可能找到解决问题的策略。校外的研究机构和研究人员由于置身在校外，必然对学校和教师面临的问题把握不够，了解不深入，其研究的问题也难以切合学校的实际，研究的成果也很难直接转化为教师的教学行为和策略。

基础教育课程改革要求立足于教师自身，充分利用学校的教育资源，共同研究、解决课程实施中的问题。校本教研就是最直接、最有效的形式。在校本教研中，教师不再是教学研究成果的被动执行者和专家所开发课程的忠实实施者，教师即教学研究者，教师即课程开发者，教师以研究者的眼光、带着研究者的头脑，直面自己课堂里的问题，以研究者的状态开展教学，在教学中开展研究，必然带来教学质量的提高。

（二）校本教研有利于促进中小学有特色的可持续发展

有特色的可持续发展是每一所中小学的办学追求，是社会对培养有个性的创造性人才的现实需要。学校要实现有特色的可持续发展需要许多条件，其中之一就是科研的支撑。科研兴校已经成为一线校长和教师的共识。但是，如何通过科研兴校，还需要一线的校长和教师作更多的探索。而校本教研制度就赋予了学校研究的职能。在校本教研过程中，学校从实际出发，组织教师从事适合本校实际的教学研究，把教师个人的智慧、经验和思想转化为教师集体智慧，确定学校的发展方向，提升学校的办学理念，形成学校的特色，促进教育质量的提高，实现由教师的发展推动学校的发展。此外，校本教研还有利于促进学校成为真正意义上的学习型组织，基于学校实际问题的解决来推动教师的专业自主发展，让教师学会教学、学会研究，提升教师的科研能力和理论素养，实现学校教学质量的提高和整体办学水平的提升。由此可见，校本教研是学校特色发展的一个突破口，有利于学校形成自我发展、自我提升、自我创新、自我超越的可持续发展机制。

（三）校本教研有利于促进教师专业成长

在自己的职业生涯中获得专业成长是每一位教师的共同追求。但是，长期以来，中小学教师教学任务繁重，满负荷甚至超负荷工作，教师专业知识与技能"透支"现象严重，致使教师教学工作在低水平上简单重复，教与学的效率都不高。要改变这种状况，就需要创立一种有利于教师专业发展的新机制，为教师的专业发展提供有力保障。在新课程改革中应运而生的校本教研，让教师以研究者的眼光审视自己的教学活动，从中发现问题，带着问题去学习、研究，并把研究的成果用于自己的教学实践，能促进教师在学习中成长，在反思中成长，在同伴合作与互助中成长，已成为教师专业发展的必然选择。实践证明，校本教研的开展使教师成为一名研究者，实现教学、研究与学习的有机统一，不仅可以促进教学质量的提高，同时还有助于提高教师的教学反思能力、课程创新能力和教育科研能力，最终实现教师的专业成长。正如苏霍姆林斯基所说："凡是感到自己是一个研究者的教师，则最有可能变成教育工作的能手。"[1]

更为重要的是，有效的校本教研将使教师把研究自己的教育教学行为作为一种工作方式，养成在研究中教学、在教学中研究的习惯，以研究者的状态开展教育教学工作，这将在根本上实现基础教育新课程所要求的"教师成为研者"的角色转变。而且，当教师把在教育教学活动中遇到的困惑和问题通过研究一个个得到破解的时候，将给教师带来源源不断的成就感，为教师的自主专业成长提供强大的内驱力。

（四）校本教研有利于学校形成合作的教师文化

教师文化涉及教师群体的思想和行为方式，关涉整体教育文化氛围的构建，对教育质量提升和学校的发展具有深远影响。

校本教研是一种靠团队的力量来从事的研究活动。因为，校本教研的问题主要是教师集体的共性问题，要解决这些问题不是靠个人力量可以完全做到的，必须借助教师集体的力量。从这个意义上说，校本教研的开展体现的就是一种集体协作，它强调教师在自我反思的基础上，开放自我，相互切磋，共同研究问题、解决问题。形成研究共同体，这不仅可以消除在传统教研体制下教师的孤立和服从的心态，还有利于营造整体、合作的教研氛围。所以，校本教研制度的推行有助于打破教师个人主义和科目本位主义的做法，加强彼此之间的沟通与交流，共同分享经验，互相学习，彼此支持，共同成长，形成新型的合作的教师文化。

（五）校本教研有利于促使学校成为学习型组织

校本教研是教师的教学、研究和学习三位一体的活动，教师不断学习是开展校本教研的内在要求，而且这种学习是一种面向实践、服务实践的学习。如果教师群体能在活动过程中不断学习相互切磋，那么，教师所在的学校无疑就成了一个学习型组织。在这个组织中，教师有共同的学习基础、共同的发展目标，促使教师不断

1　苏霍姆林斯基著，杜殿坤编译：《给教师的建议》，教育科学出版社1984年版，第507页。

学习并充分发挥学习的成效。

五、校本教研的要素

一般认为，教师个人的自我反思、教师集体的同伴互助和专业研究人员的专业引领是校本教研的三种基本力量，三者缺一不可。

（一）自我反思

1. 自我反思的意义

反思，即反省、思考，不是一般的回顾。"反思的本质是一种理论与实践之间的对话，是这两者之间相互沟通的桥梁，又是理想自我与现实自我心灵上的沟通。"[1]教师的自我反思就是教师将自己的职业作为思考的对象，对自己的教育教学活动的理念、过程及结果进行审视和分析。

自我反思是教师与自我的对话，自己审视教学中的问题，这种审视带有研究的性质，是校本教研的基础和前提，也是教师经验提升和能力提高的重要途径。美国学者舒尔曼说："对于专业人员来说，最难的问题不是应用新的理论知识，而是从经验中学习。学术知识对于专业工作是必需的，但又是远远不够的。因此，专业人员必须培养从经验中学习和对自己的实践加以思考的能力。"经验是教师教学专业知识和能力的最重要的来源。众所周知，对于教师的工作来说，一定的经验是必不可少的，但仅有经验是远远不够的。没有反思、提炼、升华的经验不仅是肤浅的，还有可能成为前进的包袱甚至障碍。反思是教师教学专业知识和能力发展的最根本的机制。因为教师这个职业是应用性很强的职业，也是挑战性和创造性很强的职业。教师面对的是永远变化的环境和变化的个体，很难确定一个固定不变的目标和与之相应的一成不变的教育教学手段，而且没有任何一种教育措施是符合所有学生的，也没有任何一种教学策略永远是最佳的。教师只有不断地研究新情况、新问题，不断地反思自己的教育教学行为，才能不断地改进自己的工作以适应、促进教育工作，取得满意的效果。

如果说，经验是一种量的积累，那么，反思就将促进质的飞跃。教师只有通过对自己的教学中的问题反省、思考、探索，并做出理性的选择和判断，才能促进教学观念的更新和教学能力的提升。赞可夫曾说："没有个人的思考，没有对自己教学的寻根究底精神，提高教学水平是不可思议的。"[2]也有学者说，教师二十年的教学经验也许只是一年经验的二十次重复，除非他们善于从经验中汲取教训，否则

---

1 朱小蔓：《教育的问题与挑战——思想的回应》，南京师范大学出版社2000年版，第337页。
2 邹尚智：《校本教研指导》，首都师范大学出版社2011年版，第20页。

就不可能有什么改进。美国学者波斯纳提出教师成长的公式：优秀教师=经验+反思。所以说，"反省是教师专业发展与自我成长核心因素""是由经验型教师向专家型教师转化的核心要素"。"教师的反思过程实际上是使教师在整个教育教学活动中充分体现双重角色：既是引导者又是评论家，既是教育者又是受教育者。"[1]

2. 自我反思的类型

（1）实践前的反思。实践前的反思是教师在教学活动之前的反思，是教师在开展教学活动之前，基于自己或他人过去的经验和教训，对教学设计，包括对教学目标的设置、选择教学内容的难度、教学材料的处理、教学行为的选择、教学方法的选择、材料的呈现方式、学生的现有水平、学生的学习动机等进行思考。这种反思重视经验教训对未来的指导，具有前瞻性，反思的结果是形成更加成熟的教学方案。

（2）实践中的反思。实践中的反思是教师在教学活动过程中，根据教学中的及时反馈，灵活地调控教学活动。这种反思属于过程性反思，具有监控性，强调解决发生在教学现场的问题，使教学高质量地进行，有助于提升教师的教学应变能力。最明显的例子就是，在课堂教学中，教师根据学生的反映及时调整教学内容和教学方法。

（3）实践后的反思。实践后的反思是教师在教学活动之后，对整个教学活动过程进行回顾性思考。对教学的成败进行理性的分析和总结，并思考改进的措施。这是一种回顾性反思，可以使实践的经验得到升华。

此外，还有学习性反思和批判性反思。批判性反思就是"教师运用更合适的教育理念来反思现实中的教育问题、教育弊端，在批判中开拓教育的新思路，创造教育的新经验，形成教育的新模式，在教学中前进，在创造中发展"[2]。

3. 自我反思的方式

（1）录像反思。即通过课堂教学录像等手段再现课堂教学过程，让教师以旁观者的身份反思自己的或他人的教学。在观看录像时注意比较教学设计与课堂教学设施的差异，找出有哪些调整，并分析调整的原因、效果等。

（2）对话反思。即教师与同伴对自己的教学开展研讨。中小学普遍开展的评课活动可以看作是一种对话反思。

（3）反思日记。即教师针对自己的教学撰写反思日记，特别是对一些关键事件进行记录和反思，其实质是一种对自己教育行为的自我评价，是改进教学策略、积累教学经验、提升教学水平的好方法。反思日记包括以下内容：

---

[1] 朱小蔓：《教育的问题与挑战——思想的回应》，南京师范大学出版社2000年版，第337页。

[2] 邹尚智：《校本教研指导》，首都师范大学出版社2011年版，第29页。

①教学的成功之处，如活跃的氛围、新颖的方法、精彩的片段、成功的发挥、突发的灵感、经典的对话、巧妙的问题处理等。

②教学的失误之处，如教材处理、课堂组织、学法指导、教学演示、知识错误、解答不了学生的问题等。

③教学的创新之处，如教学中突然产生的与教学设计不同的教学策略等。

④教学实施与教学设计的差别之处，如在教学目标、教材处理、教学方法、教学手段、教学重点、教学难点、教学容量等方面与课前的设计有无不同，有哪些不同，是什么原因等。

⑤教学方法选择与运用有无效果。

⑥如果再教会怎么设计。

⑦学生对教学内容的理解接受情况，如学生对所学的内容的接受程度、对重难点的理解掌握情况、遇到的困难、普遍存在的问题等。

⑧学生在课堂学习过程中的反应和表现。

⑨学生在学习过程中的独到见解。

⑩学生对教学的意见和建议等。

（4）行动研究。即教师为了改善教学实践，对自己在课堂上遇到的问题进行调查和研究，并将研究的成果运用于课堂实践，边实践边研究，是教师学习理论、提升经验、改进教学的很好的方式。

（二）同伴互助

1. 同伴互助的意义

校本教研强调教师在自我反思的同时开放自己，形成相互交流经验、切磋心得的研究团队，分享经验，互相学习，彼此支持，共同成长。同伴互助的实质是教师作为专业人员之间的对话、合作和互动。通过这种对话、合作，形成学校的"研究共同体"，共同来面对教学中真实而复杂的问题，展开分析、研究，解决问题，建构知识，提升教学能力。

日本学者佐藤学强调，要改变一所学校，需要不断开展校内教研活动，让教师敞开教室的大门，进行相互评论，除此以外，别无他法。他在实验的日本滨之乡小学，创建"学习共同体"，规定每个教师每年至少上公开一次课，每月开展1至2次全校性公开课；教师的教案不固定形式，由教师独立完成，甚至允许没有教案；教研活动的重点是课后反思，每次课后研讨至少2小时，一边回看公开课录像，一边研讨；讨论的内容不是课的好坏，而是根据在课堂上观察到的情形——什么地方学生学习了，什么地方学生的学习受阻了，是什么触发了学生的学习等；研讨的目的不是为了创造公认的"优质课"，而是为了保障每个人的学习目标得以实现；并允许公开课失败及多次挑战同一节课。[1]这些做法值得借鉴。教师集体的同伴互助和合作文化是校本教研的标志和灵魂。朱小蔓教授强调,今天的教师已不是个体的劳动者,他要把同事关系变成一个协作、互动、共同专业成长的教师群体。那些充满生机、教育质量较高的学校,同时是一个个充满创新活力的学习型组织,这种健康的组织文化,保障着教师同伴德业相劝、相互鼓励与欣赏。因此,要改变学校、提升教师,就必须倡导教师之间敞开心扉、开放自我、彼此接纳、互相学习、共同进步。正如佐藤学所说:"在校内建立所有教师一年一次的、在同事面前上公开课的制度。之所以有必要让所有的教师至少上一次公开课,是因为必须把许多陋习,如对自己教学中存在的问题避而不谈,却无所顾忌地批判别人的陋习,不愿被别人在背后指点,用坚实的盔甲把自己严密地包裹起来的陋习,只认可自己的行为方式,而不肯向别的老师虚心学习的陋习等,一并清除、克服,让所有教师超越自己,构筑起和同为实践者的同事们的团结合作关系,这正是所有学校改革的前提。"

2. 同伴互助的方式

同伴互助的方式很多,常见的几种如下:

(1) 信息交流会。大家把自己拥有的信息公之于众,共同分享。

(2) 读书汇报会。彼此交流所读过的书的观点以及心得体会。

(3) 经验交流会。大家把自己成功的事例和体会、失败的教训和感想与同事分享、交流。

(4) 教改沙龙。针对教改中的教研、问题展开交流、讨论,是一个自由、开放的发散过程,会诱使教师把深藏于心的甚至连自己都意识不到的看法、思想、智慧展示出来、表达出来;教改沙龙可以有主题,也可以无主题。

(5) 专题辩论。大家在一起围绕某个问题畅所欲言,提出各自的意见和看法。在这个过程中,每个人都为自己的意见辩护,同时也不断思考和质疑他人的意见。大家互相丰富着彼此的思想,不断地提高自己和同事对问题的认识,知识也因此不断地变更和扩张。在有效的讨论中每个教师都能获得单独学习所得不到的东西。

(6) 教学观摩。教师之间相互观摩,是同伴互助的重要形式,也是学校教研活动的传统形式。将这种形式落到实处的关键是创新听课的方式和课后讨论的方式。

(7) "工作坊"式的集体备课。这是一种传统的教研方式,也是有效的实践训练方式。其基本思路是:组织教师围绕一个单元或一节课,通过任务分工,进行

---

[1] 沈晓敏:《创建学习共同体的学校》,载《上海教育:环球教育资讯》,2012 (2)。

教学设计，交流、讨论教学设计，改进教学设计，学习教学设计，以提高教师的教学设计能力。

（8）师带徒活动（老带新）。这有助于实践性知识的学习。具体做法是为新教师和经验不足的教师指定一名导师（或"导师团"），师徒共同设计在职指导计划，包括自身修养、教书育人、班主任工作、教学研究、现代教育技术、学历进修等各个方面。师带徒要取得好效果的关键是加强对指导过程的检查，将指导过程落到实处。

（9）教学诊断。即现场教学分析，其基本过程是：确定"诊断"对象和目的——进行必要的准备，如诊断量表和测量工具等——收集诊断所需信息——围绕问题分析研究，形成改进意见——与教师交换意见，共同研究，达成共识。

（三）专业引领

1. 专业引领的意义

校本教研强调立足"校本"，但不局限于"本校"，需要专业人员的参与和支持。专业人员包括教研人员、科研人员、大学教师等相关的理论工作者。相对一线教师而言，他们有更系统的理论知识和专业素养，熟悉研究的方法，可以与一线教师形成很好的互补。

专业引领的实质是理论与实践的结合。对于一线教师来说，如果缺乏理论的指导，可能囿于经验，难于在研究中获得实质性的进展。一线教师需要理论指导，加强理论学习，这是提高教师专业素养、加强理论思维、成为研究型教师的必由之路。没有理论指导的实践是盲目、被动的，没有专业引领的教研只会是同水平的重复。对于理论工作者来说，则需要接触基础教育的现实，了解课程和教学现状并解决实践问题，这是理论走向实践实现其价值的主要途径。

2. 专业引领的方式

专业引领的方式很多，较常见的有如下几种：

（1）学术专题报告。定期邀请专家到学校作专题报告，可以让教师及时掌握先进的教育思想，有助于于教师开阔视野，更新观念，提高认识，形成新的工作思路。

（2）教学现场指导。专业研究人员与一线教师共同备课（设计）、听课（观察）、评课（总结），并指导改进，使专业研究人员与一线教师零距离接触。这是促进教师专业成长的最直接、最有效、最受欢迎的形式。

（3）问题咨询。专业研究人员通过网络、电话、座谈等形式，解答教师教育教学中的疑难问题，并提出解决问题的方案。

（4）课例指导。专业研究人员深入课堂，与教师一起对教学中的问题进行讨论、交流。这既可以帮助解决课堂教学的问题，又可以以课例为载体加深对理论知识的学习和理解。

（5）课题研究。专业研究人员与一线教师一起开展课题研究。

六、校本教研的基本模式

（一）常态化教研

常态化教研是指学校日常定期开展的教研活动，如许多中小学规定大学科（语文、数学、英语）每周一次，其他学科每两周一次的教研活动。这种教研与教师的日常教学工作紧密结合，并借助学校的教学常规管理制度来保证教研活动的顺利开展。

常态化教研的内容通常与教师教学过程的各个节点，如备课、上课、作业与辅导、考试、试卷分析等工作要求结合起来，针对每个环节的操作建立起相应的规范，以此来加强教学工作各个环节的管理，从而保证教学的质量。目前，多数学校做得比较多的是集体备课，其一般操作程序如下：

（1）分头钻研。一个备课组的教师分别承担某一单元或教时的主备任务。要求深入钻研课标或教材，形成教学设计的基本方案、教学设计的思路说明，以及相关教学资源的准备。

（2）集思广益。备课组集体学习教材，分析教学重难点，再由主备教师阐述自己的教学设计思路，其他成员就此讨论发表意见，主讲教师根据大家的意见整理形成集体教案（供参考）发给大家。

（3）个性加减。每位教师根据自己的教学形式和特色，在集体教案中做个别的增补或删减，形成实际使用的活页教案。

（4）教学反思。针对课堂中发生现象，及时记录与反思，并对教案进行必要的修改和评析。在下一次集体备课讨论中提出来与大家分享。

（5）研讨笔记。每个备课组设"集体备课研讨记录本"，供研讨过程记录用。各备课组应该经常整理分析集体备课中提出的问题，形成集体研讨的主题或课题。集体备课的开展使教师的思考方式慢慢有了转变，大家渐渐从遭遇问题变成寻找问题，从应对问题变为主动改革。[1]

就教师个人来说，不能完全依赖备课组讨论的方案，在集体备课之前应该先钻研教材，结合本班学生的状况提出教学的初步设想。在集体备课时，待主讲教师发言后，辅备教师应从不同角度、不同层面提出自己的个人意见，以便形成更加完善的教学方案。教学设计与实际实施的教学一定是有差距的，教师应该在课后将分析

---

[1] 周小山、严先元：《教研的学问》，四川大学出版社2010年版，第149页。

反思记录在教案中,并对教案做出调整,在下一次教研活动时进行交流。这样就使教案不断完善,成为备课组集体智慧的结晶。可见,这种常态化的教研活动是非常必要的,尤其对提高青年教师的教学设计能力非常有好处。

常态化的教研除了备好教案以外,还要根据学校工作需要组织经常性的听课、评课、业务学习、阶段性的教学总结、经验交流等活动。

除了按照学校规定有组织地开展的正式教研活动以外,在教师日常工作中,同事们围绕教育教学问题进行的对话、交流、讨论等也同样具有教研活动的效果,可以看作是常态化的非正式教研活动。我国有学者曾经做过相关研究,请教师回顾对他们启发、影响最大的教研活动,很多教师说出的竟然不是平时意义上的教研活动,而是教师围绕教学、学生等问题在办公室、走道上、饭厅里等一些场合的交谈、对话等一些平时不被关注的、不被我们称为教研活动的活动——非正式教研活动。在这个非正式的教研"平台"上,教师之间随时交流,大家相互交换信息和"情报",从而使教师之间的相互开放、合作有了可能。教师之间非正式的交流(非正式教研活动)和学校日常安排的"正式教研活动"对教师具有同样重要的作用。正式的教研活动和非正式的教研活动具有同等重要的力量,两者共同构成学校的教研文化。

表11-1 正式教研活动和非正式教研活动的比较

正式教研活动	非正式教研活动
集体备课、说课、听课、评课	围绕教学工作的随意谈话
讨论考试命题、试卷分析	针对个别学生的集体会诊
集体业务学习,传达贯彻上级指示,业务考核	对学校焦点(热点)问题的自由讨论
专题研讨活动或正式课题研究	教师自发的学术沙龙或聚会
出外参观考察、学术会议或在职进修	围绕教师工作的网上聊天
优质课评比、研讨	教师反思性阅读,撰写专业日志
师带徒,结对子	教师与研究人员或校长的平等对话

资料来源:王洁、顾泠沅:《行动研究——教师在职学习的范式革新》,华东师范大学出版社2007年版,第82-83页。

(二)案例式教研

案例式教研即围绕某个教育教学案例展开的教研,也就是对案例所反映的事件产生的原因、条件、影响因素和对策的讨论和研究。

教育中的案例研究是从医学、法律、工商管理等领域借鉴而来的。所谓案例是指包含了困境、问题在内的真实发生的典型事件。一个案例就是一个故事，它不是一般的故事，但必须包含典型的时间、真实而复杂的情景、出现多个问题或扩展（也可以只提出问题，使用者共同讨论解决问题的方法）。一个好的教育案例就是一个在校园里发生的生动故事加上精彩的点评。一般来说，用来开展教研的案例需要满足三个条件：问题与当前在真实环境中发生的事件和行为有关，我们对此类问题几乎没有控制能力，是有关"怎样"和"为什么"的问题。[1]

开展案例教研一般经过以下六个步骤。[2]

（1）研究前的准备。将案例的文本印发给参与研讨的教师，使全体参与者明确案例教研的目标；同时，给参与者一些时间，让参与研讨的教师搜集各种信息，如文献资料、访谈、观察、实物资料等，做好研讨的准备。

（2）组织者作一次简短的辅导报告，讲明必需的教育科学理论、学科知识背景和注意事项，巧妙地将案例引入事先设计好的校本教研情境。

（3）讨论案例。案例教研是一种互动的研究，是一个共同参与、共同构建的过程，教师参与程度的高低决定了案例教研的成效。因此要充分调动参与者的主动性、积极性，分析思考案例中教师的行为和对策的合理性，鼓励参与者主动通过自己的思考、感悟、理解，不断提出新的设想、新的思路。

（4）设计解决问题的方案。通过讨论，提出解决问题的假设和方案。讨论中可以提出多个方案和不同的思路，通过比较、论证，筛选出最佳方案。

（5）实施解决问题的方案。案例教研的参与者将解决问题的方案付诸实施。

（6）反思与总结。认真反思方案中提出的问题解决了没有，哪些设计是正确、有效的，哪些是无效的。教师通过案例教研把形成的共识和见解进行概括、总结、提炼，可以加深对教育教学规律的认识，提高教育理论水平和研究能力。

（三）课例式教研

所谓课例就是真实的教学案例，是对一个教学问题或教学决策的再现和描述。课例式教研即对实际的教学例子进行研究，以课例为载体，分析教学实施的经验和困惑、疑难和问题，共同探寻教学策略，分享教学经验，是围绕一节课课前、课中和课后所做的反思和研讨。我国的课例研究是在传统的"观摩教学""公开课""备课——听课——评课"等教研活动基础上发展起来的一种新的教研方式。

课例教研一般经过以下环节：

（1）确定研究的问题。课例教研活动是围绕教学中的问题而开展的，课例研

---

[1] 徐慧美：《如何开展案例研究》，载《教研发展研究》，2004（2）。
[2] 邹尚智：《校本教研指导》，首都师范大学出版社2010年版，第139页。

究的关键是直击教师在课堂里的困惑和需求。课例研究的问题来源于真实的教学情境，一般是学生学习的薄弱方面，或教师所面临的教学困难。参与研讨的教师要充分考虑自己的研究基础和研究条件，寻找有研究价值的问题。

（2）设计教学方案。先由执教教师进行"研究性备课"，自己独立进行教学设计。"研究性备课"不仅以教材、学生、教法和教具等为对象，而且同时将它们作为研究的对象，创造性地组织教材，形成个人的体验和认识。然后由执教教师同教研组的教师和教研员、课改专家等一起提出修改建议，进行集体备课，完善教学方案。这是一个集体商议、共同讨论、精心备课的过程，教案成为教师集体智慧的结晶。

（3）实施教学方案，观摩记录教学过程。把设计好的教学方案付诸实施，由执教教师上研究课，其他成员参与听课、观摩。有条件的可以全程录音、录像，供研讨时参考。执教教师上研究课时要有一颗平常心，不演"教案剧"，不搞"友情演出"。研究课只有回到日常教学中才能实现其价值。观摩的教师要明确观察指向，不仅关注教师的教学行为，也要关注学生课堂表现和课堂教学氛围。

（4）对话反思。执教教师上完研究课后，带着研究的问题参与教师群体的教学评议。教师群体教学评议的过程就是教师提出存在的共性问题，进行集体讨论和协商，提出解决问题的方案的过程。执教者要充分表达对课堂教学的认识和感受。观摩者在评议时重点是要寻找教学行为与课程目标之间的差距，而不是针对教师上课好与坏的评价，因为"对上课好与坏的议论只会彼此伤害。研讨的焦点应对授课中的'困难'和'乐趣'所在，大家共同来分享，以达到教研的目的。因此，互相谈论这节课哪里有意思，哪里比较困难，学生有哪些表现，并通过相互交谈让学生学习时的具体样子重新浮现出来，这样的教学研讨才是每位教师所期待的"[1]。

评议的过程也就是反思的过程。因为教案是集体研讨的产物，集体中参与教案研讨的每位教师都对这节课负有责任。反思就是对整堂课的教学观念、教学行为、学生的表现及教学的成功与失败等方面进行理性的分析。反思的内容主要包括三个方面：一是备课时遇到什么困惑，是否调整了教材，其目的在于显现教师的内隐理论；二是在课堂教学中是否发现了预料之外的问题，是怎样及时地处理这些问题、利用这些问题作为教学资源的，其目的在于提出教师在多大程度上关注了教学中"人的问题"；三是下课后感到有哪些比较满意的地方，有什么困惑。其目的在于通过教师的自我评价、自我表现和自我欣赏形成教师的自我意识，这将成为教师理

---

[1] 佐藤学：《静悄悄的革命——创造活动、合作、反思的综合学习课程》，李季湄译，长春出版社2003年版，第67页。

解教学实践、提升教学理念的生长点。

参与研讨的教师、专业人员和执教教师是同伴关系,一起面对真实的教育信息,把共同存在的问题坦诚地说出来,在共同探讨、相互对话中寻求解决问题的办法,最后形成解决问题的方案和策略为所有参与者共享。评议后教师个人或合作撰写案例分析或教学反思。

(5)重新修订教案,形成新课例。在反思的基础上,对原先的教案进行修改,把大家讨论过程中的合理建议和对策融入新的教案中。然后再进行上课与对话反思,把上一次研讨积累的经验,作为后一次实践的起点,变换班级、变换授课教师,在这样反复修改、反复上课、反复研讨的过程中,每位教师都以一种评鉴的眼光审视自己的教学实践,思考如何更好地教学,直至问题解决,实现教学的卓有成效。

(四)专题式教研

专题式教研即对教育教学工作中存在的对全局工作有重大影响的共同性问题进行专项研究。其一般步骤如下。[1]

(1)确定专题。选择一个在学校教育教学中产生、为全体教师共同关注的问题作为教研的专题。

(2)公布专题。通过宣传、网络等形式在全校公布专题。

(3)组织教师研究。围绕专题教师个人或合作进行调查研究、搜集信息,分析信息资料,提出解决问题的初步方案。

(4)举办教师论坛。采用讨论、辩论、案例分析、名师专题报告、调查汇报、教研总结、专题发言等形式,就多问题进行多层次、多角度的探讨,让各种教育思想以及教学实践探索的感悟、体验在论坛上汇集、交锋、交流、切磋,促进教师通过论坛这一平台对教育问题进行系统的学习和反思。

(五)课题式教研

课题式教研即教师围绕一个课题开展的教研。这里说的课题可以是在全校层面上依据学校改革发展中最关切、最重要的矛盾而提出的课题,也可以是教师个体或几个志同道合的人一起按照自己的教学需要或偏好、特长、兴趣等提出的"小课题"。教师通过课题研究不仅可以提高教学和教育科研能力,而且也是一次系统的学习和积累。可以说,教师每做一个课题就是教师专业发展道路上的一个前进的脚印。其操作步骤一般如下。

(1)选择课题。课题应该来源于教师的教学实践,一般由教师自己提出,不

---

1 邹尚智:《校本教研指导》,首都师范大学出版社2010年版,第143页。

是学校或研究人员强加给教师的任务,是教师在自己的教学实践中面临的真实问题。

（2）确定课题研究的合作对象。课题研究的主体是教师,是全体教师,不是少数几个"科研骨干"。根据课题研究的需要,由课题组自主寻找专业研究合作伙伴,组成课题研究小组,制订研究计划。

（3）开展课题研究。课题组成员围绕课题学习相关理论,搜集相关信息资料,开展研究。研究过程中要注意理论与实践相结合,教学与经验相结合,个人学习与集体研讨相结合,教师学习与专业人员指导相结合,校内与校外相结合,教师与学生相结合。

（4）形成课题研究成果。研究成果应该与教师教学行为的改善、教学能力的提升相结合。课题组长要组织全体成员交流、讨论、总结,形成研究成果,完成研究报告或论文。

（5）课题研究成果的反馈。组织教师对研究成果进行分析、汇报、反馈,以促进同伴之间的交流,提升教师专业发展水平。

（六）联片式教研

对于一些规模较小、教师人数较少、同一学科只有一两位教师、难以组成教研团队的学校,可以采用联片式教研的方式,即由一所学校牵头,按照就近原则,联合相近的几所学校,共同开展校本教研,达到资源共享、共同提高的目的。

在组建校本教研联合校时,注意发挥城市学校的优势,组建城乡联合学校。在校际资源互相支援的基础上,合作共享、平等交流,积极开展多层次的教研活动,提高教研的效果。

七、校本教研的保障体系

校本教研要取得成效除了需要教师的主动积极参与以外,还需要学校在组织机构、制度等各方面提供相应的条件和支持,营造良好的氛围。

（一）校长是校本教研的第一责任人

校长要切实履行好"第一责任人"的职责,在思想上重视、资源上统筹、专业上引领。

（1）校长在思想上要重视校本教研,树立向科研要质量的意识,加强对校本教研的组织领导,扎实开展和深入推进校本教研,切实促进教师的专业发展和学校教育教学质量的提高。江苏省泰兴市洋思中学提出"先学后教、当堂训练"的模式,江苏省溧水县东庐中学师生共用"讲学稿",山东省茌平县杜朗口中学把课堂教学分为"预习——展示——反馈"三大板块,在全国产生了广泛影响,三所学校都是由学校主要领导为校本教研把脉播种，举旗引领。

（2）校长要统筹好教研资源。校本教研不仅仅是传统意义上几个老师围坐在一起"集体备课"，随着形势的发展，教研活动的形式和内涵都更为丰富了。要有效提升校本教研的水平，必须提供资源上的支持，包括人力、物力、财力、时间、场地等各种资源。校长要有"第一责任人"的担当，统筹学校各项资源。必要时要出面协调校外的有关资源，促进教研管理与教研实施，包括给教师提供信息资料和时间上的保证。创造条件后，就要给教师提出明确的要求；最后还要检查、落实。

（3）校长要做好专业上的引领。要明确办学理念，形成教研愿景，制订教学改进计划和教师专业发展计划；鼓励教师"能者为师，相互为师"，互相听课评课，"相观而善之"，实现共同成长；引导教师把校本教研的重点放在课堂，加强对课堂教学问题的研究，提高课堂教学效率，积极争取或创造条件，取得教育行政部门特别是教研部门的支持，促进教研水平提升。

（二）建立组织机构

校本教研的组织机构依据其性质和承担的任务不同分为三个层次：校本教研的领导机构、校本教研的职能机构和校本教研的执行机构。

（1）校本教研的领导机构。学校一般要成立由校长或分管副校长牵头，由校长室、教科室、教务处等相关成员参与的领导小组，负责对全校校本教研工作的统筹协调。

（2）校本教研的职能机构。学校成立教科室作为校本教研的职能机构，负责依据校本教研领导小组的决定，发动和组织教师开展校本教研，具体管理校本教研的相关工作，如制订校本教研工作计划，开展课题管理、经费管理、成果管理，组织校本培训，为教研组、备课组、年级组开展工作提供服务。

（3）校本教研的执行机构。主要的教研组或备课组，是具体开展校本教研的教师团队。

（三）加强教研组建设

教研组是校本教研的具体策划、实施的基层专业组织。校本教研质量的高低主要取决于教研组的建设状况。加强教研组建设主要应抓好以下几方面工作：

（1）要科学、合理地设置教研组。一般以学科为单位，兼顾学段和年级，教研组下设备课组。语文、数学教研组以学段为单位，语文、数学备课组以年级为单位，其他以学科为单位。教研组、备课组人数要适宜，一般教研组6至12人之间，备课组4至6人之间。

（2）要选好教研组长。教研组长是学科教研组建设的规划者、教研活动的组织者、学科研究的引领者，是一个教研组的灵魂，是教研组建设的关键。学校应该选拔那些师德高尚、热爱教育事业、具有丰富的教育教学工作经验和较高的科研水平、有较强的组织协调能力、在教育教学和本学科领域取得一定成绩、在师生中有较高威信的教师担任教研组长。教研组长自身要注意不断提高自己的专业素养。

（3）要做好教研组发展规划。教研组长应该带领本组教师集体讨论，制定切实可行的发展规划，内容包括以下几点：

①教研组基本情况分析，如教师结构，各类教师的比例、年龄、性别、职称、教学骨干等；教研组的传统、特色、优势；教研组面临的主要问题。分析既要与自己的传统比较，也要与周边学校比较，实事求是，摸清底子，吃透情况。

②教研组发展目标，包括组风建设目标、特色建设目标（教研组形成有特色的建设规划）、队伍建设目标（健全教师发展情况档案）、个人专业发展目标、学科资料建设目标（建立充足适用的教学资料库）、教学质量目标、教学研究目标（课题、案例、论文等）。所确定的目标要明确，具有可检测性。

③实现目标的具体措施，要具有可操作性。

④实现目标所需要的条件分析，如需要学校在教学环境、教学设备、资源等方面提供哪些支持。

（4）要加强教研组文化建设，营造教科研氛围。要创设教师之间相互交流切磋、互相帮助促进、共同成长进步的教研文化，强化问题意识，形成在教学中研究、在研究中教学的氛围，共同开展课题研究。在研究问题、解决问题的过程中，提高教研组整体的研究能力，并通过开展丰富多彩的活动促进教研组成员之间思想上、心理上、感情上、精神上的凝聚和融合，真正把教研组建设成教师心灵的港湾和专业成长的基地。

（四）健全规章制度

苏霍姆林斯基说："如果你想让教师的劳动能够给教师一些乐趣，使天天上课不至于变成一种单调乏味的义务，那你就应当引导每一位教师走上从事一些研究的这条幸福的道路上来。"[1]因此，学校要通过加强教研制度建设，形成校本教研的导向、激励和保障机制，促进校本教研的规范化和制度化。

校本教研的制度主要包括：校本教研规划，校本教研实施计划，学校各处室、各相关人员校本教研职责，校本教研经费管理办法，教师学习制度，校本教研工作制度，课题研究管理制度，校本教研奖惩制度，校本教研成果评价与推广制度，等等。

---

1 苏霍姆林斯基著，杜殿坤编译：《给教师的建议》，教育科学出版社1984年版，第507页。

(五)搞好校本教师培训

校本教研的质量和成效与每个参与教研的教师的专业素质直接相关。很难想象,一批观念落后、知识陈旧、信息闭塞的教师在一起能够取得什么样的教研成果。因此,学校相关职能部门规划、组织好校本教师培训,提高全校教师的专业素质,是保障校本教研成效的重要方面。

为做好校本教师培训,学校教科室要通过问卷调查、教师访谈等形式,对教师的培训需求进行调查摸底,在充分了解、分析教师专业需求的基础上,制订校本教师培训工作方案和年度培训工作计划,为不同发展阶段、不同学科教师提供有针对性的培训;同时加强校本培训的规范化管理,精心组织,严格执行,强化考核,注重对培训工作定期开展总结,发扬优点,改进不足,提高校本培训的实效。

参考文献

奥恩斯坦，丹尼尔，2003.教育基础.杨树兵，等译.南京：江苏教育出版社.

奥苏伯尔，等，1994.教育心理学：认知观.余南星，等译.北京：人民教育出版社.

蔡宝来，等，2015.慕课与翻转课堂：概念、基本特征及设计策略.教育研究（11）.

曹孚，1979.外国教育史.北京：人民教育出版社.

陈桂生，2000.教育原理.上海：华东师范大学出版社.

陈理宣，2015.教育学原理——理论与实践.武汉：武汉大学出版社.

陈翔林，1933.教育社会学概论.上海：中华书局.

陈永明，1999.现代教师论.上海：上海教育出版社.

崔允漷，2009.有效教学.上海：华东师范大学出版社.

董纯才，等，1985.中国大百科全书·教育卷.北京：中国大百科全书出版社.

杜威，1981.教育论著选.赵祥麟，王承绪，译.上海：华东师范大学出版社.

杜威，1990.民主主义与教育.王承绪，译.北京：人民教育出版社.

樊香兰，孟旭，2009.逻辑与走向：当代教师教育道路的演变.教育研究（10）.

范梅南，2001.教学机智——教育智慧的意蕴.李树英，译.北京：教育科学出版社.

方炳林，1976.普通教学法.北京：教育文物出版社.

费斯勒，克里斯坦森，2005.教师职业生涯周期——教师专业发展指导.董丽敏，等译.北京：中国轻工业出版社.

高觉敷，2001.西方近代心理学史.北京：人民教育出版社.

顾明远，1998.教育大辞典（合编本）.上海：上海教育出版社.

管培俊，2009.我国教师教育改革开放三十年的历程、成就与基本经验.中国高教研究（2）.

国家教育标准体系课题组，2015.国家教育标准体系的发展与完善.教育研究（12）.

胡森，1990.国际教育百科全书.第六卷.李进，等译.贵阳：贵州教育出版社.

扈中平，2005.现代教育理论.北京：高等教育出版社.

怀特，1992. 再论教育目的. 李永宏，等译. 北京：教育科学出版社.

皇甫全，2002. 课程与教学论. 北京：高等教育出版社.

季诚钧，陈于清，2004. 我国教师专业发展研究综述. 课程·教材，教法（12）.

《教育百科辞典》编委会，1988. 教育百科辞典. 北京：中国农业科技出版社.

靳玉乐，2006. 教育概论. 重庆：重庆出版社.

李海林，2013. 导学案是什么，不是什么. 教师月刊（4）.

李如密，1995. 教学艺术论. 济南：山东教育出版社.

联合国教科文组织国际教育发发展委员会，1996. 学会生存——教育世界的今天和明天. 华东师范大学比较教育研究所，译. 北京：教育科学出版社.

列宁，1979. 列宁论教育. 北京：人民教育出版社.

刘厚成，张泽厚，1989. 中国教育结构研究. 太原：山西经济出版社.

刘捷，2002. 专业化：挑战21世纪的教师. 北京：教育科学出版社.

刘微，2002. 我国教师专业化的现状. 中国教育报，2002-1-4.

刘旭，白解红，2006. 我国教师教育转型期师范大学办学模式改革略论. 教师教育研究（3）.

刘旭东，2007. 对教育与生活关系的思考. 教育研究（8）.

毛泽东，1951. 毛泽东选集. 第一卷. 北京：人民出版社.

孟晓东，2002. 新课程教材说课系列（小学数学一年级全一册）. 南京：江苏教育出版社.

佩西，1988. 人的素质. 邵晓光，译. 沈阳：辽宁大学出版社.

彭小明，郑东辉，2012. 课堂教学技能训练. 北京：高等教育出版社.

皮连生，2003. 学与教的心理学. 上海：华东师范大学出版社.

珀金，1991. 论教师的作用. 王英杰，译. // 瞿葆奎. 教育学文集·教师. 北京：人民教育出版社.

邱学华，2000. 邱学华尝试教学课堂艺术. 北京：教育科学出版社.

邵瑞珍，1988. 教育心理学. 上海：上海教育出版社.

沈晓敏，2012. 创建学习共同体的学校. 上海教育：环球教育资讯（2）.

史洁莹，刘小禾，2000. 提问技能 讲解技能. 北京：人民教育出版社.

斯宾塞，1997. 斯宾塞教育论著选. 北京：人民教育出版社.

斯霞，1982. 我的教学生涯. 上海：上海教育出版社.

苏霍姆林斯基，1984. 给教师的建议. 杜殿坤，编译. 北京：教育科学出版社.

苏霍姆林斯基，2001. 和青年校长的谈话. 赵玮，等译. 北京：教育科学出版社.

苏霍姆林斯基，2001. 苏霍姆林斯基选集. 第3卷. 蔡汀，王义高，祖晶，译. 北京：教育科学出版社.

孙培青，1992. 中国教育史. 上海：华东师范大学出版社.

檀传宝，2000. 学校道德教育原理. 北京：教育科学出版社.

王建磐，2004. 中国教师教育：现状、问题与趋势. 教师教育研究（5）.

王善迈，1989. 教育经济学概论. 北京：北京师范大学出版社.

王彦才，郭翠菊，2010. 现代教师教学技能. 北京：北京师范大学出版社.

魏书生，1991. 引导教师进行教育科研. 中国教育报，1991-06-06.

吴康宁，1998. 教育社会学. 北京：人民教育出版社.

吴式颖，等，1995. 外国教育史简编. 北京：教育科学出版社.

徐慧美，2004. 如何开展案例研究. 教育发展研究（2）.

许政援，等，1996. 儿童发展心理学. 长春：吉林教育出版社.

阎承利，1995. 教学最优化艺术. 北京：教育科学出版社.

叶澜，1991. 教育概论. 北京：人民教育出版社.

叶文梓，2006. 教师专业化制度建设的进展、问题与策略. 教育研究（8）.

赞可夫，1980. 和教师的谈话. 杜殿坤，译. 北京：教育科学出版社.

赞可夫，1980. 教学与发展. 北京：文化教育出版社.

张斌贤，李子江，2008. 改革开放30年来我国教师教育体制改革的进展. 教师教育研究（6）.

张传燧，1999. 中国教学论史纲. 长沙：湖南教育出版社.

张海晨，李炳亭，2010. 高效课堂导学案设计. 济南：山东文艺出版社.

张人杰，1989. 国外教育社会学基本文选. 上海：华东师范大学出版社.

张武升，1993. 教学艺术论. 上海：上海教育出版社.

赵昌木，2004. 教师成长论. 兰州：甘肃教育出版社.

赵国忠，2010. 备课最需要什么. 南京：南京大学出版社.

郑金洲，2002. 校本研究指导. 北京：教育科学出版社.

中共中央马克思恩格斯列宁斯大林著作编译局，1995. 马克思恩格斯全集. 第19卷. 北京：人民出版社.

周小山，严先元，2010. 教研的学问. 成都：四川大学出版社.

朱小蔓，2000. 教育的问题与挑战——思想的回应. 南京：南京师范大学出版社.

朱智贤，1981. 儿童心理学. 北京：人民教育出版社.

朱作仁，1988. 小学语文教学法原理. 上海：华东师范大学出版社.

邹尚智，2011. 校本教研指导. 北京：首都师范大学出版社.

佐藤学，2003. 静悄悄的革命——创造活动、合作、反思的综合学习课程. 李季湄，译. 长春：长春出版社.

佐藤学，2003. 课程与教师. 钟启泉，译. 北京：教育科学出版社.

FOUCAULT M, 1979. *Discipline and Punish: The Birth of the Prison*. Alan Sheridan, trans. New York: Vintage Books.

GARG R, KAUPPI C, LEWKO J, and URAJNIK D, 2002. A Structural Model of Educational Aspirations. *Journal of Career Development*, 29 (2): 87-108

HARRISON D, 1988. *The Sociology of Modernation and Development*. London: Unwin Hyman.

HIRST P H, 1983. *Educational Theory and Its Foundation Disciplines*. London: Routledge & Kegan Paul.

HOYLE E, 1969. *The Role of the Teacher*. London: Routledge & Kegan Paul.

MANEN M V, 1996. Phenomenological Pedagogy and the Question of Meaning. In VANDENBERG D, ed. *Phenomenology and Educational Discourse*. Durban: Heinemann Higher and Further Education: 39-46.

MOORE T W, 1974. Educational Theory: An Introduction. *British Journal of Educational Studies*, 23 (3): 436-444R.

Oxford Advanced Learner's Dictionary of Current English with Chinese Translation. Hong Kong: Oxford University Press, 1984.

PETERS R, 1966. *Ethics and Education*. London: George Allen & Unwin.

PRIBESH S, DOWNEY D B, 1999. Why Are Residential and School Moves Associal with Poor School Performance. *Demography*, 36 (4): 521-534.

TEACHMAN D J, 1987. Family Background, Educational Resources, and Educational Attainment. *American Sociological Review*, 52 (4): 548-557.

WEINSTEIN R S, 2002. *Reaching Higher: The Power of Expectation in School*. Cambridge: Harvard University Press.